La comédie cinématographique
à l'épreuve de l'Histoire

Champs visuels
Collection dirigée par Pierre-Jean Benghozi,
Raphaëlle Moine, Bruno Péquignot et Guillaume Soulez

Une collection d'ouvrages qui traitent de façon interdisciplinaire des images, peinture, photographie, B.D., télévision, cinéma (acteurs, auteurs, marché, metteurs en scène, thèmes, techniques, publics etc.). Cette collection est ouverte à toutes les démarches théoriques et méthodologiques appliquées aux questions spécifiques des usages esthétiques et sociaux des techniques de l'image fixe ou animée, sans craindre la confrontation des idées, mais aussi sans dogmatisme.

Dernières parutions

Philippe LEMIEUX, *L'image numérique au cinéma. Historique, esthétique et techniques d'une révolution technologique*, 2012.
Pierre DEVIDTS, *Andreï Tarkovski. Spatialité et habitation*, 2012.
Angélica Maria Mateus MORA, *Cinéma et audiovisuel latino-américains. L'Indien : images et conflits*, 2012.
Daniel WEYL, Mouchette, *de Robert Bresson ou le cinématographe comme écriture*, 2012.
Claude HODIN, *Murnau ou les aventures de la pureté*, 2012.
François Amy DE LA BRETEQUE, Emmanuelle ANDRE, François JOST, Raphaëlle MOINE, Guillaume SOULEZ, Jean-Philippe TRIAS (dir.), *Cinéma et audiovisuel se réfléchissent. Réflexivité, migrations, intermédialité*, 2012.
Catherine BRUNET, *Le monde d'Ettore Scola. La famille, la politique, l'histoire*, 2012.
Angela BIANCAFIORE, *Pasolini : devenir d'une création*, 2012.
Vincent HERISTCHI, *La vidéo contre le cinéma. Neige électronique. Tome 1*, 2012.
Vincent HERISTCHI, *Entre vidéo et cinéma. Neige électronique. Tome 2*, 2012.
Florent BARRÈRE, *Une espèce animale à l'épreuve de l'image. Essai sur le calmar géant*, 2012.
Marguerite CHABROL et Pierre-Olivier TOULZA (sous la direction de), *Lola Montès, Lectures croisées*, 2011.

Sébastien FEVRY

La comédie cinématographique
à l'épreuve de l'Histoire

© **L'Harmattan, 2012**
5-7, rue de l'École-Polytechnique ; 75005 Paris

http://www.librairieharmattan.com
diffusion.harmattan@wanadoo.fr
harmattan1@wanadoo.fr

ISBN : 978-2-336-00657-4
EAN : 9782336006574

Remerciements

Cet ouvrage est la version condensée et remaniée d'une thèse défendue à l'Université catholique de Louvain en décembre 2007, *La comédie cinématographique à l'épreuve de l'Histoire. Enjeux référentiels et pragmatiques.* Je tiens à remercier ici les personnes qui m'ont soutenu au cours de ce travail. Merci donc à mon promoteur de thèse, Jacques Polet, pour ses encouragements et la pertinence de ses remarques. Mes remerciements s'adressent également à mes parents pour leurs marques d'attention.

Pour le présent ouvrage, ma reconnaissance va plus particulièrement à Romain Rihoux dont l'aide à la mise en pages fut précieuse. Je remercie aussi Raphaëlle Moine pour sa relecture.

J'exprime enfin ma gratitude à Stéphanie Dambroise pour son accompagnement tout au long de ce périple, depuis les tâtonnements initiaux jusqu'à la rédaction finale.

« A l'origine, le rire est donc du domaine du diable. Il a quelque chose de méchant (les choses se révèlent soudain différentes de ce pour quoi elles se faisaient passer) mais il y a aussi en lui une part de bienfaisant soulagement (les choses sont plus légères qu'il n'y paraissait, elles nous laissent vivre plus librement, elles cessent de nous oppresser sous leur austère sérieux). »

Milan Kundera, *Le livre du rire et de l'oubli*.

Sommaire

Avant-propos	15

Première partie
Anatomie de la comédie historique

Ouverture panoramique	21

Chapitre I
Histoire et comique : approche croisée — 25
1. De l'histoire au comique — 25
2. Du comique à l'histoire — 30

Chapitre II
La vision comique de l'histoire : une histoire contrariée — 35
1. Le comique comme mécanisation du vivant — 35
2. L'histoire événementielle sous l'angle du vivant — 36
3. L'histoire comique au cinéma : automatisme et régularité — 39
4. Inversion, interférence et répétition historiques — 41

Chapitre III
Une approche en tension générique — 47
1. La comédie historique comme genre ? — 48
2. La tension générique — 50
3. De l'utilité des sous-ensembles : une tension actualisée — 52

Deuxième partie
Le héros comique face à l'Histoire

Note d'orientation	57

Chapitre IV
Le burlesque à l'épreuve des tranchées — 59
1. Le burlesque comme confrontation au réel — 60
2. Le burlesque et la Grande Guerre — 61
3. *Charlot soldat* : le burlesque en première ligne — 62
4. Les enseignements de *Charlot soldat* — 69
5. *Harry monte en grade* : guerre et fiction mélangées — 73
6. *La Soupe au canard* : d'une guerre à l'autre — 78
7. L'attaque burlesque et le vif du combat — 82

Chapitre V
Le double jeu des comédies de la Résistance — 87
1. Mise en perspective historique — 87
2. Quiproquo et comique de situation — 92
3. Trois comédies significatives — 94
4. Portrait du Français moyen — 95
5. Eloge de l'incompétence — 96
6. Petite et grande histoire — 98
7. Résolution(s) de la méprise — 103
8. Du mépris à la méprise — 107

Chapitre VI
L'incorporation historique : *Zelig* et *Forrest Gump* — **113**
- 1. L'histoire comme second berceau — 114
- 2. Les images d'archives comme points d'incorporation — 116
- 3. *Zelig* : se reconnaître soi-même comme un autre — 120
- 4. *Forrest Gump* ou la fin du temps historique — 125
- 5. Le double sens de l'incorporation — 130

Reprise (1) :
trajectoires du héros comique — **133**
- 1. Singularité du corps comique — 133
- 2. Stratégies de négociation avec l'événement historique — 134
- 3. Les comédies dans leur rapport à la mémoire collective — 135
- 4. Des attitudes mémorielles spécifiques — 137

Troisième partie
L'Histoire renversée

Chapitre VII
L'inversion en question — **143**
- 1. L'inversion : une définition problématique — 143
- 2. Satire et inversion — 145
- 3. Vers une perception temporelle du renversement — 148

Chapitre VIII
De la guerre nucléaire à la guerre-spectacle — **153**
- 1. Logique anticipante et parole agissante — 153
- 2. Comédies et autres films de la menace nucléaire — 155
- 3. *La Souris qui rugissait* : l'autorité de la bombe — 157
- 4. La machine infernale du *Docteur Folamour* — 163
- 5. Sur-performance de la parole — 172
- 6. Un pas en avant dans l'histoire : les comédies de la guerre-spectacle — 173
- 7. D'un rire cathartique à un rire désenchanté — 177

Chapitre IX
Les métaphores de la guerre du Vietnam : dégradation et rabaissement — **181**
- 1. La logique transposante ou l'actualité renversée — 181
- 2. Images de la guerre du Vietnam — 183
- 3. *M.A.S.H.* et *Catch 22* : deux films au destin contrasté — 184
- 4. La référence dédoublée — 186
- 5. La verticalité comme principe organisateur — 189
- 6. Rabaissement de l'autorité hiérarchique — 190
- 7. Mort et renaissance symboliques — 196
- 8. Ouverture temporelle : le rire liquidateur — 200
- 9. Retour sur le renversement transposant — 201

Chapitre X
Les comédies de la Shoah : l'appel à une mémoire du bien — **205**
- 1. Mouvement ascendant et inversion référentielle — 205
- 2. Rire de la Shoah — 206
- 3. Le retournement de l'histoire comme fiction — 209
- 4. Bienfaits de l'inversion référentielle — 214

5. La mise à mort du menteur	218
6. Dénouement heureux et apparition du mouvement ascendant	220
7. Vers une mémoire du bien	225

Reprise (2) :
la triple orientation temporelle de l'inversion — 233
1. Le présent comme point originaire — 233
2. Révélation et transformation — 234

Partie conclusive
Triple retour et ouverture
1. Retour méthodologique : l'approche en tension générique — 244
2. Retour configuratif : la comédie comme système homéostatique — 248
3. Retour pragmatique : l'expérience du rire — 255
4. Les répétitions comiques de l'histoire — 261

Bibliographie sélective — **269**

Index — **275**

Avant-propos

Curieusement, quand on demande de citer quelques grands films historiques, les titres évoqués sont d'abord et toujours ceux d'œuvres sérieuses, animées d'une intention noble, à savoir celle de faire revivre et d'éclairer le passé. En fonction de son expérience, votre interlocuteur citera pêle-mêle *Naissance d'une nation*, *Le Cuirassé Potemkine*, *Le Jour le plus long* ou *La Liste de Schindler*. Par la suite, si vous faites remarquer que *Charlot soldat*, *M.A.S.H.* ou *Forrest Gump* sont aussi des films historiques, il y a fort à parier que ce même interlocuteur vous adressera une moue quelque peu complaisante. Pareille grimace ne signifiera pas qu'il n'a pas vu les films. Au contraire, il les connaît très bien et peut-être même que leur vision lui a procuré davantage de plaisir qu'il ne veut l'avouer. Non, ce qui lui semble étrange, pour ne pas dire déplacé, c'est que vous acceptiez de considérer ces films avec sérieux, alors que, précisément, ce sont des comédies, comprenez des divertissements sans prétention, chargés avant tout de distraire le spectateur.

Derrière cette situation (en partie seulement) imaginaire se dessine déjà l'enjeu de cet ouvrage. En tant que spectateurs, nous avons tous vu des comédies historiques et il est clair que ces films nous ont autant influencés dans notre perception de l'histoire que des représentations plus sérieuses. Et pourtant, nous ne leur accordons qu'un intérêt distrait, vaguement méprisant. Sans doute un tel phénomène est-il à relier au discrédit dont souffre la comédie dans la hiérarchie des genres. Alors que des formes 'nobles' comme le film historique tirent leur légitimité d'une prétention à dire le vrai, les comédies se trouvent souvent dépréciées, car elles ne se rangent aucunement sous l'autorité rassurante de la raison et de la vérité. Au contraire, elles s'amusent à brouiller les frontières du bon sens, à renverser l'ordre des réalités établies.

Encore présente aujourd'hui, la suspicion à l'égard du genre comique risque de cacher l'intérêt fondamental des comédies historiques. Quand on se retourne sur les événements du siècle écoulé, on s'aperçoit que ces productions réussissent un pari fou, presque impossible : faire rire le spectateur à propos de sujets aussi graves que la Grande Guerre, la menace nucléaire ou le Vietnam. Par les libertés qu'elles prennent avec la matière historique, ces comédies invitent à penser sous un jour inédit la question des relations entre l'histoire et le cinéma. Comment, en effet, concilier, au sein d'une même représentation, le plaisir comique et le poids dramatique du passé ? A quels rôles mémoriels obéissent ces films qui oscillent constamment entre une volonté de délassement et le souci de rappeler certaines tragédies du siècle écoulé ?

Cette double interrogation est d'autant plus cruciale que l'alliance entre comique et histoire a été peu abordée. Du côté des études cinématographiques, on trouve certes de nombreuses analyses portant sur des films isolés comme *Le Dictateur* ou *Le Docteur Folamour*, mais la question de savoir quelle(s) vision(s) de l'histoire pouvait bien exprimer la comédie n'a guère monopolisé l'attention critique. Dans la perspective ouverte par Marc Ferro et Pierre Sorlin[1], certains historiens se sont également penchés sur la représentation de l'histoire à travers le genre comique, mais là aussi de manière épisodique et sur des sujets nettement circonscrits. Dans son ouvrage *Les écrans de l'ombre*, Sylvie Lindeperg consacre, par exemple, un chapitre sur l'image de la Seconde Guerre mondiale dans la comédie française des années 50 et 60.[2]

A notre connaissance, seul l'article de Pierre Sorlin, intitulé « Rire de l'horreur ? Le comique de guerre »[3], propose une réflexion plus générale sur l'alliance entre le comique et l'histoire. Toutefois, cette réflexion se base sur un corpus relativement réduit, ce qui ne manque pas de limiter la portée du propos. Cela étant, il est indéniable que Sorlin dégage des notions décisives qui éclairent grandement le travail des comédies historiques. L'historien insiste notamment sur les stratégies d'évitement mises en place par certaines productions pour ne pas montrer frontalement le conflit, ou encore sur le caractère libérateur du gag qui viendrait soulager le spectateur de l'horreur guerrière en le ramenant « à l'air libre, à l'éclat de rire mécanique »[4].

Jusqu'ici, l'approche de la comédie historique est donc restée partielle et fragmentaire. Au fil des pages qui vont suivre, il s'agira de dépasser ces analyses ponctuelles pour aborder de front les rapports entre le comique et l'histoire. Cependant, face à pareille ambition, certaines limites doivent être posées, tant il est évident qu'un sujet aussi vaste pourrait donner lieu à de multiples interprétations.

Précisons tout d'abord que notre perspective a été de favoriser une démarche transversale en multipliant les rapprochements entre des groupes de films éloignés dans le temps et dans l'espace. Aussi ne doit-on pas s'attendre à trouver ici l'examen détaillé d'un sous-genre comique particulier, pas plus que des études empiriques visant à éclaircir les stratégies de production ou de réception de certaines comédies emblématiques. Notre approche n'a pas été guidée par le souci d'explorer l'amont et l'aval d'un ensemble de films déterminé, mais par une volonté de mettre en résonance des sous-groupes comiques insérés dans des espaces socioculturels distincts.

Une autre limite, tout aussi importante, concerne le substrat historique étudié. Puisque notre propos est de saisir le rôle mémoriel de la comédie dans le champ social, on comprend que seront retenues les reconfigurations comiques d'événements dont l'impact émotionnel est encore vif dans les consciences. C'est pourquoi notre attention portera principalement sur l'histoire du XXe siècle. Même si la comédie peut détourner les mœurs et les coutumes d'époques aussi anciennes que la Préhistoire ou le Moyen Age, on se concentrera avant tout sur les grands bouleversements du siècle dernier, de la Grande Guerre à l'effondrement du mur de Berlin.

Ces délimitations posées, il reste à baliser le futur parcours de lecture. Avant d'engager l'analyse proprement dite, une première partie s'efforcera de proposer une définition opérationnelle de la comédie historique et d'établir une méthode de travail appropriée. Le moment le plus décisif de cette entreprise inaugurale s'effectuera sous l'égide de Bergson, lorsque les principes comiques de répétition, d'interférence et d'inversion seront appliqués aux figurations de l'histoire. Parallèlement, du point de vue de la méthode, on orientera la réflexion de telle sorte qu'elle puisse se centrer sur les lignes de faille de la comédie, ces moments où le rire côtoie soudain le tragique.

Partant de ces premiers acquis, notre deuxième partie se centrera sur l'action du corps comique dans l'histoire. Trois sous-genres distincts seront alors examinés : les films burlesques ayant trait à la guerre de 14-18, les comédies françaises portant sur la Seconde Guerre mondiale, et enfin un groupe de films plus réduit, mettant en scène le personnage d'un naïf exposé au défilement d'images d'archives. A chacun de ces sous-genres répondra une modulation distincte de l'interférence. Dans les comédies burlesques de la Grande Guerre, le personnage se confronte à l'événement sur le mode du coup et de l'esquive. Les comédies françaises de la Résistance déploient, quant à elles, une stratégie du double jeu qui permet au héros de s'immiscer sans heurt dans l'époque troublée de l'Occupation. Enfin, des comédies comme *Zelig* ou *Forrest Gump* suivent les aventures d'un personnage candide, lequel s'incorpore avec facilité au sein des grands événements du siècle.

Plus complexe, la troisième partie se penchera sur le mécanisme d'inversion. C'est là un processus comique à la définition relativement floue, qu'il faudra tout d'abord éclaircir. Pour ce faire, nous considérerons ce processus selon une triple orientation temporelle. Nous parlerons ainsi d'inversion anticipante, quand les comédies se projettent dans le futur pour retourner la teneur d'une situation présente. Une telle logique se manifeste avec une acuité particulière dans les comédies de la menace nucléaire, mais aussi dans des films plus récents mettant en cause la guerre-spectacle. Une autre façon d'inverser l'histoire consiste non plus à se projeter dans le futur, mais à saisir l'envers d'une actualité perçue comme menaçante. Ce deuxième type d'inversion, que nous nommerons transposante, s'observe notamment dans les satires de la guerre du Vietnam qui proposent un reflet dégradé de l'histoire en cours. Enfin, l'inversion sera dite ascendante quand elle remonte par-delà la mémoire douloureuse d'un événement passé pour déboucher sur le souvenir d'une époque heureuse, antérieure au traumatisme. Ce dernier mode d'inversion s'actualise avec force dans les comédies de la Shoah où la prégnance du mal historique est contrebalancée par la mise en place d'une mémoire du bien, porteuse d'espoir en l'avenir.

Le présent ouvrage se donne donc pour ambition de saisir les enjeux de la comédie quand elle se confronte à l'histoire, qu'il s'agisse de l'histoire en train de se faire ou de celle déjà inscrite dans les mémoires. Lors de la partie conclusive, nous insisterons sur les différents modes d'intervention possibles de la comédie historique dans le champ social. C'est aussi, dans ce dernier tournant de la réflexion, que le rire viendra occuper la place centrale qui est la sienne. Plus qu'une simple écume de surface, il apparaîtra comme un indicateur précieux, renvoyant aux positions qu'une société entretient à l'égard d'un passé proche ou lointain, à la manière dont elle s'en libère ou dont elle le refoule.

Quelques précisions pour terminer. Afin de ne pas alourdir inutilement le corps du texte, nous avons pris le parti de donner les titres des films en français, les titres originaux se trouvant relégués dans l'index situé en fin d'ouvrage. De la même manière, une fois que la date de sortie d'une production aura été précisée, nous ne la rappellerons pas à chaque nouvelle mention de la production. Toujours dans un souci d'allégement, nous n'avons pas jugé utile d'écrire l'histoire avec une majuscule. Quand une confusion pourra s'opérer entre l'histoire des hommes et l'histoire récit, entre l'history et la story, le contexte de la phrase sera suffisamment clair pour enlever toute ambiguïté sémantique.

---

1 On se rapportera aux deux ouvrages fondateurs suivants :
Marc FERRO, *Cinéma et Histoire*, Paris, Gallimard, 1993 (édition refondue), coll. « Folio Histoire ».
Pierre SORLIN, *Sociologie du cinéma. Ouverture pour l'histoire de demain*, Paris, Aubier Montaigne, 1977, coll. « Histoire ».
2 Sylvie LINDEPERG, « Le jour le plus drôle », dans *Les écrans de l'ombre. La Seconde Guerre mondiale dans le cinéma français (1944-1969)*, Paris, CNRS Editions, 2001, pp. 362-374 ; voir aussi, sur le même sujet, Ignacio RAMONET, « Guerre et comédies », dans *Propagandes silencieuses. Masses, télévision, cinéma*, Paris, Gallimard, 2000, coll. « Folio actuel », pp. 207-233.
3 Pierre SORLIN, « Rire de l'horreur ? Le comique de guerre », dans Francis RAMIREZ et Christian ROLOT (textes réunis par), *Cinéma. Le genre comique. Actes du colloque de Montpellier, 9 et 10 mai 1996*, Montpellier, Centre d'étude du XXe siècle, Université Paul-Valéry, 1997, pp. 153-165.
4 *Id.*, p. 164.

Première partie
Anatomie de la comédie historique

Ouverture panoramique

De *Charlot soldat* (Chaplin, 1918) à *Intervention divine* (Suleiman, 2001) en passant par *Jeux dangereux* (Lubitsch, 1942) ou *La Grande vadrouille* (Oury, 1966), les comédies de l'histoire couvrent plus d'un siècle de cinéma[1] et surgissent en n'importe quel lieu d'une carte cinématographique mondiale. Dans ces conditions, la dénomination 'comédie historique' a surtout pour but de souligner l'objectif commun de ces représentations : faire rire de l'histoire. En aucun cas, cette dénomination ne prétend masquer la diversité des productions, leur hétérogénéité manifeste.

Cette hétérogénéité apparaît, de manière flagrante, dans le choix des sujets traités : les deux guerres mondiales, la crise de 29, le Vietnam… Chaque période de l'histoire peut engendrer sa repartie comique, celle-ci venant prendre à contre-pied la gravité du discours officiel, qu'il soit véhiculé par le cinéma ou d'autres médias, la télévision notamment. Bien sûr, certains événements, en raison de leur caractère dramatique, ne se prêtent pas directement au détournement comique. Une période de deuil est parfois nécessaire avant que la société ne s'autorise à rire de certains traumatismes de l'histoire. Cependant, à mesure que l'on s'écarte du passé, les censures et tabous se font moins vifs et la représentation comique peut s'en prendre à des sujets qui jusque-là étaient considérés comme intouchables. Révélatrices à cet égard sont les comédies consacrées à la Shoah comme *La Vie est belle* (Benigni, 1998), *Train de vie* (Mihaileanu, 1998) ou *Jakob le menteur* (Kassovitz, 1999).

A cette diversité thématique s'ajoute la diversité des procédés comiques utilisés. Comme le souligne Vincent Pinel, la comédie est le genre « le plus vaste mais aussi le plus difficile à cerner »[2]. Nombreuses sont les expressions de la comédie et les frontières sont parfois floues entre les différents procédés employés. Pour se moquer de l'histoire, la comédie dispose de registres variés : burlesque chez les Marx Brothers avec *La Soupe au canard* (1933), comédie de mœurs dans *Le Père tranquille* (Clément, 1948), humour noir et satire avec *Des hommes d'influence* (Levinson, 1997)…

L'hétérogénéité des comédies historiques se manifeste également lorsqu'on se penche sur le type de rire qu'elles suscitent. Rire consensuel ou subversif ? Dans son essai sur le comique, Jean Emelina note que la comédie répond, en bien des cas, soit à une idéologie conservatrice, soit à une idéologie contestataire.[3] Un film comme *Babette s'en va-t-en guerre* (Christian-Jaque, 1959), sous des dehors provocateurs, présente, en fait, une vision assez consensuelle de l'Occupation. A l'inverse, des comédies comme *Les Carabiniers* (Godard, 1962) ou *Catch 22* (Nichols, 1970) visent clairement à secouer les consciences et à renverser les représentations habituelles de l'histoire.

La diversité des rires se trouve redoublée par la diversité des publics rencontrés. Certaines comédies historiques se caractérisent par une diffusion très restreinte, tandis que d'autres connaissent un véritable succès populaire. Du côté des productions à l'audience limitée, on évoquera notamment *Les Carabiniers* de Godard ou encore le film du Géorgien Otar Iosseliani, *Brigands (chapitre VII)* sorti en 1995. De telles productions proposent le plus souvent des configurations inédites de l'histoire, ce qui peut contribuer à décourager un public habitué à des récits plus traditionnels. A côté de ces productions confidentielles, la comédie historique représente également un important vecteur de succès populaire. Exemple parlant : le film de Gérard Oury, *La Grande vadrouille* (1966), qui totalise l'un des chiffres d'exploitation les plus élevés du cinéma français.[4] Dans le même registre, des productions comme *La Vache et le prisonnier* (Verneuil, 1959) ou *Papy fait de la Résistance* (Poiré, 1982) constituent également de véritables réussites commerciales. De l'autre côté de l'Atlantique, d'*Opération jupons* (Edwards, 1959) à *Forrest Gump* (Zemeckis, 1993), de nombreuses comédies de l'histoire rencontrent, elles aussi, une adhésion massive du public. La vision du passé véhiculée par de telles représentations rencontre les besoins d'une majorité des spectateurs et répond, sans nul doute, à des préoccupations qui débordent le cadre du simple divertissement cinématographique.

Pour terminer ce bref survol, on se penchera encore sur le statut culturel des comédies historiques. Comme l'observe Raphaëlle Moine, « la comédie en France n'est un genre acceptable qu'à condition qu'elle ne soit pas seulement une comédie »[5]. Il faut que, sous le rire, apparaissent un message sérieux, la prise en compte d'un état donné du monde. Dans cette perspective, on ne s'étonnera pas que des films comme *Le Dictateur* (Chaplin, 1940) ou *Jeux dangereux* (Lubitsch, 1942) aient été encensés par la critique, car ce sont justement des films qui, au-delà du rire, proposent un point de vue engagé sur l'histoire, en l'occurrence une critique en règle de la barbarie nazie. A l'inverse, sur un même sujet, mais dans un tout autre contexte de production, des comédies comme *On a retrouvé la 7ᵉ compagnie* (Lamoureux, 1975) ou *Général nous voilà !* (Besnard, 1978) sont tenues pour des produits de seconde zone, dépourvus du moindre intérêt artistique.

Au terme de ce mouvement panoramique, la comédie historique apparaît donc comme un objet multiforme, regroupant des films aux préoccupations variées et aux stratégies diverses. Si l'on s'en tient à cette diversité apparente, il est clair que l'analyse ne peut guère que constater l'éclatement du corpus et renoncer à toute tentative d'étude systématique. C'est pourquoi il importe de dépasser le stade purement descriptif pour envisager ce qui relie cet ensemble de films aux allures distinctes. Aussi, cette première partie répond-elle à deux objectifs, étroitement liés. Tout d'abord, il faudra proposer une définition opératoire de la comédie historique. Jusqu'à présent, nous sommes resté plus qu'évasif sur des notions aussi décisives que le comique et l'histoire. Notre premier objectif sera donc de resserrer les mailles du filet afin d'assurer la jonction entre ces deux pôles. Une fois cette jonction établie, il s'agira d'élaborer une méthode qui permette une approche productive des comédies. Cette méthode devra respecter la spécificité des films envisagés, mais également favoriser leur rapprochement en tenant compte de leur insertion dans un contexte socioculturel déterminé.

---

1. On trouve déjà trace d'un détournement de l'histoire chez Méliès. Dans le dernier tableau de *La Civilisation à travers les âges* (1908), intitulé « Triomphe de la paix », des hommes politiques se réunissent pour aplanir les tensions entre les différentes nations. S'ensuit une bataille burlesque où les conférenciers se jettent les uns sur les autres, ce qui ne manque pas de ridiculiser leur ambition initiale.
   Au sujet de ce film, voir Joseph DANIEL, *Guerre et cinéma. Grandes illusions et petits soldats. 1895-1971*, Paris, Armand Colin, 1972, p. 28.
2. Vincent PINEL, *Ecoles, genres et mouvements au cinéma*, Paris, Larousse-Bordas, 2000, coll. « Comprendre et reconnaître », p. 54.
3. Jean EMELINA, *Le comique. Essai d'interprétation générale*, Paris, Sedes, 1991, coll. « Présences critiques », p. 36.
4. En 2001, le chiffre d'exploitation de *La Grande vadrouille* dépassait les 17 millions de spectateurs français. *Cf.* Sylvie LINDEPERG, *Les écrans de l'ombre*, p. 363.
5. Raphaëlle MOINE, *Les genres du cinéma*, Paris, Nathan, 2002, coll. « Nathan Cinéma », p. 28.

Chapitre I
Histoire et comique : approche croisée

1. De l'histoire au comique

L'histoire événementielle, partenaire privilégiée de la comédie

Depuis l'Ecole des Annales, l'histoire événementielle s'est vue maintes fois critiquée, car elle renvoie à une conception traditionnelle du passé, centrée sur les actions des grands hommes et les bouleversements politiques majeurs. Fernand Braudel a pu écrire que cette histoire ne constituait qu'une « agitation de surface, les vagues que les marées soulèvent de leur puissant mouvement – une histoire à oscillations brèves, rapides, nerveuses »[1].

Pour les nouveaux historiens, la mise à l'écart de l'événement tient à deux raisons essentielles. Tout d'abord, la collecte des faits et leur agencement selon des périodes temporelles arbitrairement délimitées s'avèrent une entreprise dangereuse, qui ôte toute chance de comprendre des phénomènes à la temporalité plus longue, dont l'événement ne constitue que le point le plus saillant. Ensuite, c'est aussi la forme que prend cette histoire qui se voit mise en cause. Synonyme d'histoire-récit, l'histoire des événements s'exprime essentiellement sous une forme narrative. Or, le récit ne vise pas tant l'explication que la reconstitution du réel, une reconstitution illusoire dissimulant les présupposés de l'historien et son insertion dans le temps présent.[2]

Bien que ces critiques aient débouché sur de nouvelles conceptions de l'histoire, attentives à l'évolution des mentalités ou aux mutations des structures économiques, il faut pourtant reconnaître que l'histoire événementielle s'apparente à la forme la plus identifiable de l'histoire. Tenue pour synonyme d'histoire traditionnelle, l'histoire événementielle est celle qui était autrefois enseignée à l'école, l'histoire des manuels et des livres scolaires. Aujourd'hui, même si la pédagogie en cette matière a considérablement évolué, le récit des grands événements représente encore, aux yeux de beaucoup, la version emblématique de l'histoire, sans doute parce que les médias, que ce soit à travers les reconstitutions filmiques ou les commémorations télévisuelles, continuent à célébrer les faits marquants et les figures célèbres qui ont influencé notre devenir collectif.

Ce caractère emblématique du discours événementiel n'est pas sans incidence sur la comédie quand elle se confronte à l'histoire. Le comique constitue un processus transgressif visant à détourner un discours préalable, un objet précédemment considéré avec respect. La comédie ne peut se définir que par rapport à une norme et par l'écart qu'elle instaure vis-à-vis de cette norme. « Ainsi le discours comique renvoie-t-il, sous peine de ne point produire d'effet, à un discours noble de référence. Il en rappelle l'existence, met en cause son autorité défaillante, et prend cavalièrement sa place en entendant signaler de façon discrète ou ostentatoire les sévices joyeux qu'il s'est plu à lui infliger. »[3]

Dans le cas qui nous occupe, on peut sans peine identifier ce discours noble à l'histoire événementielle. En effet, l'histoire des événements constitue une histoire officielle, légitimée. C'est l'histoire vue d'en haut, la chronique des princes et des grands de ce monde. Cet aspect officiel est d'autant plus flagrant que l'histoire événementielle émane bien souvent des instances de pouvoir en place. Cela apparaît clairement au cinéma avec les films de propagande qui sont chargés d'exprimer la vision d'un Etat ou d'un parti.

En plus de consacrer une vision autorisée des événements, l'histoire traditionnelle est une histoire partagée par tous, ce qui ne manque pas de renforcer l'efficacité du discours comique. Pour que celui-ci suscite le rire, il ne suffit pas qu'il détourne une norme socialement élevée, il faut aussi que cette norme soit ancrée dans l'esprit de chacun. L'histoire événementielle répond à cette condition en constituant la base commune de tout savoir historique. Et de fait, lorsque nous interrogeons les souvenirs de notre passé collectif, il est clair que ceux-ci se manifestent essentiellement sous forme d'événements saillants. Très souvent d'ailleurs, ces souvenirs sont élaborés à partir d'images filmiques. Parmi la vaste fresque du siècle écoulé, le cinéma n'a cessé de concurrencer les autres formes de savoir pour imposer son interprétation des faits du passé. Dans *Le XXe siècle à l'écran*, Shlomo Sand note que « la représentation des grands événements fondateurs, des dirigeants nationaux, des guerres, des génocides, des révolutions, nous parvient par le biais de l'image-mouvement qui rivalise facilement avec celle élaborée dans les manuels d'histoire et les romans biographiques et historiques »[4].

En définitive, le choix de l'histoire événementielle permet donc de cibler des comédies qui non seulement se confrontent à l'histoire, mais qui seront aussi identifiées comme 'historiques'. Si des comédies comme *Les Temps modernes* (Chaplin, 1936) ou *A nous la liberté* (Clair, 1932) témoignent bien d'une histoire sociale retraçant la montée des sociétés industrielles et l'apparition du travail à la chaîne[5], il n'est pas certain, en revanche, qu'elles soient perçues comme des détournements de l'histoire. Le public aura plutôt tendance à considérer ces comédies comme le grossissement d'un certain état de la société, sans nécessairement relier ce grossissement à un type de discours historique particulier. A l'inverse, un film comme *Le Dictateur* sera plus volontiers rangé sous l'étiquette 'comédie historique', car il détourne des événements que le spectateur identifie directement comme appartenant à la grande histoire.

Histoire-cadre et histoire-objet

Pour progresser dans la réflexion, il peut être utile de distinguer les comédies ayant l'histoire pour cadre de celles l'ayant pour objet.

Dans le premier cas, le processus comique affecte davantage les actions des protagonistes que le déroulement de la grande histoire. Témoin de cette mouvance : la comédie de Gérard Jugnot, *Monsieur Batignole* (2001). Se déroulant à Paris sous l'Occupation, le film retrace les péripéties d'un charcutier français qui se voit contraint de protéger un enfant juif. Bien que le film comporte certaines séquences humoristiques, il ne propose pas une reconfiguration comique de la Seconde Guerre. Pareillement, dans le film de Howard Hawks, *Allez coucher ailleurs* (1949), l'Allemagne tout juste libérée ne constitue qu'une toile de fond pour mettre en scène les amours compliquées d'Ann Sheridan et de Cary Grant. Dans ces deux films, l'histoire constitue le cadre du récit et ne subit pas de réelles déformations comiques.

Mais il peut aussi arriver, deuxième cas de figure, que l'histoire soit la cible première de la comédie. Contrairement à *Monsieur Batignole*, un film comme *Le Mur de l'Atlantique* propose une relecture comique d'un des épisodes les plus importants de la Seconde Guerre mondiale. Au début de la comédie, on commence par assister aux atermoiements d'un paisible restaurateur à la veille du débarquement. Puis, et c'est là une différence capitale avec le film de Jugnot, le héros du récit, joué par Bourvil, contrecarre les plans du maréchal Rommel et contribue à la réussite du débarquement.

L'opposition entre histoire-cadre et histoire-objet demande cependant à être précisée. Très souvent, la frontière est floue entre ces deux options et nombreux sont les films jouant de cette confusion. Ainsi, un film comme *Les Rois du désert* (Russell, 1999) est-il très difficile à analyser sous cet angle. D'un côté, cette production met en scène les aventures comiques de soldats américains après la guerre du Golfe, sans qu'à aucune reprise cette guerre ne soit détournée dans sa teneur événementielle. Mais, d'un autre côté, en volant le trésor de guerre de Saddam Hussein, ces soldats manipulent un référent réel de l'histoire contemporaine pour l'insérer dans une suite de péripéties fictives. Dans le cas de ce film, il s'avère presque impossible d'établir si l'histoire est traitée comme cadre ou comme objet.

Afin d'éviter de telles approximations, il est nécessaire de réfléchir plus précisément à la manière dont l'histoire peut être affectée par le processus comique.

La référentialité mise à mal

Assimilée par chacun, l'histoire événementielle se caractérise par son haut degré de référentialité. Une telle caractéristique ne signifie pas que cette histoire dispose d'une assise plus stable dans le réel que des discours historiques à vocation sociale ou économique. L'histoire traditionnelle est hautement référentielle parce qu'elle renvoie à des références solidement implantées dans l'esprit des spectateurs.

On rejoint ici une approche constructiviste du processus référentiel, c'est-à-dire une approche qui insiste sur la participation du lecteur/spectateur à la construction de la référence.[6] Cette approche permet de mieux comprendre le fonctionnement des représentations filmiques de l'histoire traditionnelle. Etant donné que celles-ci s'appuient sur des connaissances usuelles du passé, il n'est pas étonnant qu'elles se caractérisent par un horizon d'attente référentiel plus limité que d'autres types de reconstructions historiques. Avant même de regarder *Le Jour le plus long* (Zanuck, 1962), nous avons déjà en place toute une série de contraintes référentielles[7] qui vont conditionner notre vision du film. Si elle se veut fidèle à la 'vérité' historique, la représentation doit se dérouler le 6 juin 1944, mettre en scène des combats sanglants, et se terminer, après une forte résistance allemande, par la victoire des forces alliées. Bien qu'elle impose un grand nombre de contraintes référentielles, l'histoire traditionnelle laisse habituellement une marge de manœuvre suffisante à la représentation. Plus de trente ans après le film de Zanuck, Steven Spielberg pourra donner avec *Il faut sauver le soldat Ryan* (1998) une vision tout à fait différente du débarquement, une vision pourtant construite sur la base d'un même canevas historique. En ce sens, on peut dire que l'horizon référentiel délimite l'espace au sein duquel la représentation filmique va négocier sa propre interprétation du passé.

Alors que la plupart des représentations sérieuses négocient leur vision du passé sur la base de contraintes préalablement établies, le processus comique tend, lui, à élargir l'horizon référentiel, à rompre l'espace de la négociation. Les comédies historiques les plus significatives sont celles qui mettent à mal les connaissances que nous avons d'un événement passé.

Si nous revenons à *Monsieur Batignole*, nous pouvons observer que ce film ne bouleverse en rien le cadre référentiel de l'Occupation. La comédie de Jugnot respecte le même principe de négociation que les films à vocation sérieuse. Simplement, la négociation porte sur la part de liberté et de fantaisie qu'il convient de laisser aux personnages pour que leurs aventures s'accomplissent sur un mode humoristique. Avec *Les Rois du désert*, nous assistons à un même type de processus. En situant l'action après la première guerre du Golfe, le film assure d'emblée que le cadre référentiel de l'événement ne sera pas menacé. Par la suite, même si elles se présentent sous un jour parfois burlesque, les actions des soldats ne viennent pas altérer radicalement notre vision référentielle du conflit. Le vol du trésor de Saddam Hussein reste de l'ordre du plausible ; il se situe dans le prolongement du cadre référentiel mis en place.

A l'inverse, *Le Mur de l'Atlantique* altère singulièrement la vision que nous avons de l'histoire. La réussite du débarquement en Normandie est rendue possible par l'intervention de Bourvil, figure type du héros malgré lui. Celui-ci vole les plans de la défense côtière, prépare un attentat contre Rommel et parvient même à éloigner le maréchal de la côte normande avant que l'invasion ne se produise. Les événements passés se voient dotés d'explications triviales, qui échappent à l'horizon référentiel communément admis. C'est d'ailleurs là l'un des principaux ressorts du comique du film, l'interférence de la petite et de la grande histoire, le fait qu'un personnage maladroit parvienne à modifier le cours des événements.

Remarquons que la référentialité d'un événement ne dépend pas seulement des éléments factuels qui le composent. L'histoire événementielle n'est pas uniquement constituée de dates, de personnages et de grandes batailles. Elle se caractérise aussi par la structure narrative qui assemble ces différents éléments. Que ce soit via les manuels scolaires ou les reconstitutions romanesques, l'histoire événementielle s'insère dans une longue tradition narrative et notre mémoire configure chaque événement sous forme de récit, un récit dont le niveau de complexité varie en fonction de l'état de nos connaissances.

Evidemment, la comédie sera d'autant plus forte à l'égard de l'histoire qu'elle viendra détourner non pas quelques éléments référentiels, mais le récit qui s'est constitué autour de l'événement. Ainsi, pour prendre un contre-exemple caractéristique, la parodie *Hot Shots II* (Abrahams, 1993) se montre relativement timide dans son détournement de l'histoire. Même si cette production met en scène des versions grotesques de Saddam Hussein et du président des Etats-Unis, elle ne propose aucune relecture comique de la guerre du Golfe. Le film se contente de faire rire de ces deux figures, sans prendre en compte le récit historique dans lequel ces figures s'insèrent.

Pour que la comédie historique soit véritablement significative, il est donc important que le récit de l'événement soit mis en cause. *Le Mur de l'Atlantique* vient ainsi infléchir le récit du débarquement en attribuant de nouvelles raisons, délibérément grotesques, à la réussite de l'invasion. De manière plus flagrante encore, *Good bye Lenin !* (Becker, 2002) renverse et perturbe l'agencement narratif lié à la chute du mur de Berlin. Pour ménager sa mère malade, un jeune Berlinois tente de faire croire à celle-ci que le communisme a finalement triomphé du capitalisme. L'ordre de l'action est inversé : c'est l'Ouest qui passe à l'Est, et non l'inverse.

Loin d'être un critère supplémentaire de définition, la mise en cause du récit s'avère un élément décisif de la réflexion. Faire porter une définition de la comédie historique sur sa seule capacité à détourner les éléments référentiels du passé, ce serait ignorer le discours de l'histoire traditionnelle, sa forme instituée et celle qu'elle prend dans nos esprits. Dans un premier temps, seront donc considérées comme comédies historiques les représentations qui viennent mettre en cause l'histoire événementielle, celle-ci étant comprise comme un récit à forte dimension référentielle, véhiculé par la tradition et implanté, à des degrés divers, dans l'esprit de chacun.

Avec cette première définition, une moitié du chemin se trouve accomplie. Reste à envisager le second pôle de la jonction, le comique. A ce stade de l'analyse, rien n'a encore été dit sur la nature de ce discours, ses différentes caractéristiques.

2. Du comique à l'histoire

D'Aristote à Freud, en passant par Bergson, nombreux sont les penseurs qui ont tenté de percer le mystère du plaisir comique. Pourtant, ce sujet, si modeste d'aspect, n'a jamais reçu d'explication définitive et continue, aujourd'hui encore, à décourager tout essai d'approche systématique. Ce petit problème, note Bergson, « se dérobe sous l'effort, glisse, s'échappe, se redresse, impertinent défi jeté à la spéculation philosophique ».[8]

Cette difficulté à saisir l'essence du rire provient sans nul doute de la grande diversité des phénomènes comiques. Du mot d'esprit au gag burlesque, du sourire entendu à l'hilarité générale, la gamme comique est étendue et suscite des manières de rire différentes. Alors que des penseurs comme Bergson tentaient encore de découvrir la formule du comique, la recherche actuelle tend davantage à sérier les problèmes et à dégager certains éléments récurrents. L'idée d'une essence comique est aujourd'hui « perçue comme factice ou conduisant l'analyse dans une impasse ; la recherche n'est donc plus essentialiste, mais combinatoire ».[9]

C'est dans cet esprit combinatoire qu'un critique comme Jean Emelina a dégagé quelques grands invariants du comique. Dans son essai *Le comique. Essai d'interprétation générale*, l'auteur distingue trois conditions nécessaires et suffisantes au rire : l'anomalie, la distance, l'innocuité.

Anomalie, distance, innocuité : les conditions du comique

Au cœur de toute étude sur le comique figure la notion d'anomalie. C'est même là l'une des seules données que l'on pourrait considérer comme objective. Toute représentation comique comporte un élément qui introduit une rupture par rapport à l'ordre habituel des choses. Le rire survient lorsque la routine se voit soudain perturbée, lorsque nos repères se trouvent mis à mal.

La question du décalage entraîne inévitablement celle de la norme. Pour que l'anomalie soit perçue, il faut que le spectateur ait conscience de ce qui est admis comme normal. Or, la normalité est très difficile à définir. Ce n'est pas une valeur absolue, plutôt une valeur d'usage, dépendant d'un contexte socioculturel déterminé. Le caractère relatif de la norme ne doit pas détourner d'un fait essentiel, à savoir que le comique se nourrit toujours d'un discours de référence. Que la norme soit explicite ou sous-entendue, le comique procède d'un travail de comparaison et nécessite la contribution active du lecteur/spectateur. Aussi élaborée soit-elle, l'œuvre comique reste pure virtualité tant que la norme de référence n'a pas été identifiée. L'anomalie ne peut être perçue comme risible qu'à travers le regard du spectateur qui l'identifie comme telle.

La présence d'une anormalité ne garantit pas, à elle seule, le surgissement du rire. La perception d'un désordre dans la marche du monde peut même conduire à des sentiments radicalement inverses comme la terreur ou l'angoisse. Dès lors, il est impératif d'introduire un deuxième paramètre dans la définition du comique. A quelle condition l'anormal devient-il prétexte à rire ? Ici encore, la plupart des penseurs et philosophes s'accordent à dégager une notion décisive, la notion de distance que l'on pourra considérer, selon la célèbre formule de Bergson, comme une « anesthésie momentanée du cœur »[10].

Pour que le rire fonctionne, il faut que le spectateur ne soit pas touché directement par le spectacle qui se déroule sous ses yeux. Sans distance, l'anormal bouleverse et émeut. On ne peut rire d'un désordre qu'à la condition de ne pas être impliqué dans celui-ci.[11] Selon Jean Emelina, « il ne peut y avoir comique que là où il y a *anomalie*, mais là où celle-ci, au lieu d'affecter le moi, est tenue à distance comme pur spectacle »[12].

Cette prise de distance n'est jamais totale, car il importe que le spectateur s'identifie un minimum à la situation observée. Pour pouvoir rire d'une chute, nous devons tout d'abord nous représenter dans la même situation. Ce n'est qu'ensuite, lorsque nous ressentirons un avantage lié à notre position d'observateur que nous pourrons tirer un gain de plaisir de ce spectacle.[13] Et de fait, dans une telle situation, nous n'aurions certainement pas commis la même erreur que le personnage malchanceux. Par cette prise de conscience, l'identification cède la place au recul qui autorise le rire.

Déterminante, la condition de distance doit se maintenir tout au long de la représentation. Il suffit que cette distance s'altère pour que surgissent l'empathie et l'émotion, des sentiments contraires au rire. Afin de préserver la distance comique, une troisième condition doit entrer en jeu, la condition d'innocuité.

Dans sa *Poétique*, Aristote notait déjà que le comique, par opposition au tragique, ne devait causer « ni douleur ni destruction »[14]. Une telle formule sera reprise avec succès par les traditions postérieures et se manifeste encore chez Jean Emelina avec l'idée que le comique entraîne des désordres sans conséquences. Ainsi, on peut s'amuser de quelqu'un qui chute dans la rue tant que cette personne ne manifeste pas des signes de douleur. Ce qui est vrai dans la vie réelle l'est encore plus au théâtre et au cinéma, où de nombreuses stratégies sont chargées de dédramatiser les malheurs arrivant aux personnages. Les protagonistes sont présentés de manière caricaturale, les invraisemblances parsèment l'intrigue et de nombreux jeux sur l'énonciation, telle la mise en abyme, viennent sans cesse rappeler au public que le spectacle reste spectacle et qu'il ne doit, en aucun cas, être confondu avec la vie réelle.

Soutenue par ces diverses stratégies, la condition d'innocuité permet de sauvegarder la distance nécessaire au rire et d'inscrire le comique dans l'espace parfaitement délimité d'une représentation annoncée comme telle.

Les comédies de l'histoire ou le difficile équilibre

Anomalie, distance, innocuité… Dans quelle mesure les conditions du comique viennent-elles conforter notre première définition de la comédie historique ?

Tout d'abord, il est clair que la comédie historique doit présenter une anomalie qui touche au déroulement des événements passés. Pour que l'histoire devienne objet du rire, il faut que la rupture mette en cause son discours et son contenu référentiel. Si l'on reprend le cas de *Monsieur Batignole*, on voit bien que ce film ne comporte aucune anomalie sur le plan historique. Il se contente de retracer les péripéties tragi-comiques d'un charcutier français pendant l'Occupation. A l'inverse, un film comme *Good bye Lenin !* est tout entier fondé sur la mise en scène d'une anomalie historique. Dans Berlin réunifié, ce n'est plus l'Est qui passe à l'Ouest, mais le contraire. Pareillement, sur le sujet délicat des camps d'extermination, *Train de vie* introduit une rupture décisive par rapport à la vérité historique : les Juifs ne sont pas déportés ; ils se déportent eux-mêmes.

Dans les cas les plus significatifs, la comédie introduit une anomalie qui ébranle nos repères historiques traditionnels. Mais pour que le rire survienne, il faut aussi que cette anomalie soit reconnue comme telle. Si l'écart n'est pas compris, la production risque de ne pas susciter le rire. D'où l'intérêt pour la comédie de se positionner par rapport à une norme identifiable. Plus cette norme sera connue, mieux l'écart sera perçu. On rejoint ici, par un autre versant, ce que nous avons avancé à propos de l'histoire événementielle. Du fait de son importance sociale, cette dernière constitue une norme suffisamment établie pour pouvoir être détournée avec succès.

Remarquons tout de même que rien ne permet d'affirmer avec certitude que l'histoire événementielle est parfaitement assimilée par chacun. Les connaissances implicites des spectateurs sont difficiles à évaluer et on a pu craindre, à juste titre, que certaines comédies de l'histoire soient une incitation à l'oubli. L'importante polémique née en France lors de la sortie de *La Vie est belle* s'explique, en partie, par cette crainte. En dépeignant le camp d'extermination comme un vaste espace de jeu, Benigni encourt le risque de présenter une vision falsifiée de la réalité historique, une vision dont il est difficile de prévoir l'impact sur le long terme. Dans une cinquantaine d'années, le spectateur de *La Vie est belle* disposera-t-il d'une connaissance historique suffisante pour rire de l'événement sans pour autant ignorer son ampleur véritable ?

Toutefois, le danger d'une méprise historique est souvent évité car la comédie se déploie autour d'une anomalie suffisamment aberrante pour être automatiquement tenue à distance. C'est, par exemple, Bourvil ou Brigitte Bardot sauvant la France de l'occupation nazie. Par ailleurs, les détournements les plus osés comme ceux de *La Vie est belle*, *Train de vie* ou *Good bye Lenin !* se donnent explicitement pour des mensonges à l'intérieur même de la représentation. Nombreuses sont, en outre, les stratégies de déréalisation visant à donner du passé une image irréaliste et peu vraisemblable. Dans certains cas, le lieu de l'action n'est pas nommé avec précision, ce qui permet d'alléger quelque peu le poids référentiel de l'histoire et de donner au récit l'aspect d'un conte ou d'une fable. Plus généralement, les comédies présentent une vision délibérément caricaturale du passé et de ses protagonistes. A ce sujet, il n'est qu'à se souvenir de Francis Blanche en tortionnaire de la Gestapo dans *Babette s'en va-t-en guerre* ou du savant hystérique campé par Peter Sellers dans *Le Docteur Folamour* de Kubrick.

Malgré ces stratégies de déréalisation, il n'est pas sûr que la condition d'innocuité soit préservée dans toutes les comédies historiques. Plusieurs de ces comédies se voient d'ailleurs appelées 'comédies dramatiques'[15], ce qui montre bien la tension constante entre le rire et les larmes. De fait, on ne rit pas impunément de la guerre ni des morts. Certains épisodes de l'histoire ne se laissent pas détourner sans dommage. A mesure que la représentation progresse, le rire très souvent s'enraye et le décalage comique éprouve de plus en plus de difficultés à se maintenir. Dans de nombreuses productions, la charge traumatique de l'événement semble faire retour dans le récit, anéantissant le rire et tout effet comique. Exemplaire à cet égard est la fin du *Dictateur*, lorsque Chaplin/Hynkel, tombant le masque, entame soudain un discours humaniste. Songeons aussi aux issues tragiques de *La Vie est belle* et de *Train de vie*...

Au fil de ce chapitre, le profil des comédies de l'histoire s'est grandement précisé. Lors d'un premier mouvement, il est apparu que la comédie historique, pour être véritablement significative, devait figurer une histoire événementielle, ce qui lui permettait de disposer d'un référent suffisamment reconnu pour déclencher le rire. Procédant d'un mouvement inverse, l'étude sur le comique a montré que cette histoire événementielle ne pouvait devenir risible qu'à condition qu'une anomalie perçue avec distance se glisse dans la trame des événements. Peu à peu, les deux approches ont donc cheminé l'une vers l'autre. Pour que la rencontre soit effective et la jonction complète, il reste encore à lier directement l'histoire à la comédie. Ce mouvement d'achèvement s'effectuera sous l'égide de Bergson. C'est en effet sa théorie du rire qui fournira le point d'appui nécessaire pour renforcer la définition de la comédie historique.

---

1 Fernand BRAUDEL, cité dans Paul RICŒUR, *Temps et récit. L'intrigue et le récit historique*, tome I, Paris, Seuil, 1983, coll. « Points Essais », p. 187.
2 Pour une critique plus détaillée du récit historique, voir Michèle LAGNY, *De l'Histoire du cinéma. Méthode historique et histoire du cinéma*, Paris, Armand Colin, 1992, coll. « Cinéma et audiovisuel », pp. 40-42.

3   Jean EMELINA, *op. cit.*, p. 92.
4   Shlomo SAND, *Le XXᵉ siècle à l'écran*, Paris, Seuil, 2004 [2002], coll. « XXᵉ siècle », p. 475.
5   A ce sujet, *cf.* Vincent GUIGUENO, « Cinéma et société industrielle : le travail à la chaîne à l'épreuve du burlesque », dans Antoine DE BAECQUE, Christian DELAGE (sous la direction de), *De l'histoire au cinéma*, Bruxelles, Editions Complexe, 1998, coll. « Histoire du temps présent », pp. 127-144.
6   A ce sujet, voir Lorenzo BONOLI, « Fiction et connaissance. De la représentation à la construction », dans *Poétique*, n° 124, Paris, Seuil, novembre 2000, pp. 485-501.
7   Michèle Lagny définit les contraintes référentielles comme « les connaissances préalables d'une communauté interprétative à laquelle est destiné le film, qui vont peser sur la mise en spectacle ».
    Michèle LAGNY, « La double mise en scène de l'histoire au cinéma », dans Jacques AUMONT (sous la direction de), *La mise en scène*, Bruxelles, Editions De Boeck Université, 2000, coll. « Arts et cinéma », p. 290.
8   Henri BERGSON, *Le rire. Essai sur la signification du comique*, Paris, PUF, 2002 [1901], coll. « Quadrige », p. 1.
9   Véronique STERNBERG-GREINER (textes choisis et présentés par), *Le comique*, Paris, Flammarion, 2003, coll. « GF Corpus », p. 15.
10 Henri BERGSON, *op. cit.*, p. 4.
11 Dans son essai sur le comique, Jean-Marc Defays identifie la notion de distance à celle de désengagement. Ce terme est intéressant à relever, car il permet de distinguer ce qui oppose fondamentalement le comique au sérieux. Alors que le sérieux tend à considérer les événements avec application et gravité, le rire se caractérise par un désengagement affectif vis-à-vis du monde extérieur.
    Jean-Marc DEFAYS, *Le comique. Principes, procédés, processus*, Paris, Seuil, 1996, coll. « Mémo », p. 9.
12 Jean EMELINA, *op. cit.*, p. 45.
13 Au sujet de l'identification et de la distance dans le comique, voir aussi Daniel PERCHERON, Jean-Paul SIMON, « Gag », dans Jean COLLET (*et alii*), *Lectures du film*, Paris, Editions Albatros, 1980, coll. « Ça/Cinéma », pp. 104-107.
14 ARISTOTE, « Comique et laideur », dans Véronique STERNBERG-GREINER, *op. cit.*, p. 48.
15 Dans *Le cinéguide*, des productions comme *La Vie est belle*, *Jakob le menteur* ou *Good bye Lenin !* sont qualifiées de 'comédie dramatique'.
    Eric LEGUEBE, *Cinéguide 2004. Plus de 25 000 films de A à Z suivis d'un index des titres originaux et de 900 filmographies (réalisateurs, acteurs, compositeurs)*, Paris, Omnibus, 2003.

Chapitre II
La vision comique de l'histoire : une histoire contrariée

1. Le comique comme mécanisation du vivant

Surgissant toutes deux à l'orée du XXᵉ siècle, les théories du rire de Freud et de Bergson ont connu des destins singulièrement différents.[1] Alors que *Le mot d'esprit et sa relation à l'inconscient* continue de figurer parmi les ouvrages de référence, l'essai de Bergson, s'il n'est pas tombé dans l'oubli, suscite aujourd'hui, d'après Elie During, un intérêt relatif, pour ne pas dire poli.[2] C'est que Bergson ne mentionne pas dans son ouvrage de grandes thématiques comme la sexualité ou la pulsion de mort que le rire serait chargé de surmonter. Il n'évoque pas non plus les auteurs comiques de son temps comme Alfred Jarry ou Lewis Carroll, préférant puiser ses exemples dans le théâtre classique, le vaudeville ou le spectacle de la vie quotidienne. Enfin, il faut voir que « dans les livres et les colloques sérieux, l'*Unheimlich* et le *Witz*, la subjectivité infinie et le négatif, sont d'un meilleur effet que '*le diable à ressort*', le '*pantin à ficelles*' ou l'effet '*boule de neige*' »[3].

Pourtant, derrière le caractère apparemment désuet de l'ouvrage, se cache la tentative la plus aboutie de démonter les mécanismes du rire. Et si Bergson semble avant tout porter son attention sur le terrain du comique le plus trivial, c'est précisément parce qu'il refuse d'écraser le rire « sous des idées trop abstraites et trop grosses pour lui »[4]. Pour Bergson, il faut replacer le rire « dans son milieu naturel, qui est la société ; il faut surtout en déterminer la fonction utile, qui est une fonction sociale »[5].

Dans cette perspective, il semble à Bergson que nombre de situations comiques ont pour cause comme un excès d'habitude, un manque d'adaptation à une situation donnée. Un homme court dans la rue, trébuche sur une pierre et chute. Ce qui fait rire, ce n'est pas tant la chute en elle-même, mais le fait que, malgré l'obstacle, les muscles ont continué de produire les mêmes mouvements. Emporté par son action habituelle, le corps s'est comporté comme une simple mécanique, indifférente aux aléas de son environnement.

Arrive ici l'une des idées les plus connues de Bergson, à savoir que le ressort essentiel du comique repose sur « *du mécanique plaqué sur du vivant* »[6]. Et l'on sait le succès qu'a eu cette formule au cinéma, particulièrement dans l'étude du film burlesque. Même si Bergson n'emprunte aucun exemple au spectacle filmique, il est clair que les gestes répétés de Charlot dans l'usine des *Temps modernes* vérifient l'idée selon laquelle « *les attitudes, gestes et mouvements du corps humain sont risibles dans l'exacte mesure où ce corps nous fait penser à une simple mécanique* »[7]. Le personnage accomplit des actions de manière saccadée, comme si l'essentiel de son comportement se résumait en une succession d'automatismes, dictés non par la conscience, mais par la routine et l'habitude.

Malgré son succès critique, la formule de Bergson est souvent détachée du contexte dans lequel elle s'insère. Pour comprendre l'utilité sociale du rire, il faut encore opposer la raideur mécanique à la souplesse du vivant. D'après Bergson, la vie et la société requièrent des individus une élasticité maximale et une adaptation constante. S'il veut pouvoir survivre, l'homme doit être capable d'adapter son comportement en fonction des brusques revirements de la vie quotidienne. La mobilité de l'esprit et du corps est aussi garante du développement de la société elle-même. Cette dernière craint, en effet, les interactions figées, les mécanismes qui tendent à faire de la vie en groupe une succession d'automatismes et d'habitudes. « Si l'on trace un cercle autour des actions et dispositions qui compromettent la vie individuelle ou sociale et qui se châtient elles-mêmes par leurs conséquences naturelles, il reste en dehors de ce terrain d'émotion et de lutte, dans une zone neutre où l'homme se donne simplement en spectacle à l'homme, une certaine raideur du corps, de l'esprit et du caractère, que la société voudrait encore éliminer pour obtenir de ses membres la plus grande élasticité et la plus haute sociabilité possibles. Cette raideur est le comique, et le rire en est le châtiment. »[8]

Telle est donc la thèse centrale de Bergson. Le comique provient de la raideur des rapports sociaux et le rire est le geste social chargé de corriger cette raideur, de maintenir la vie dans les habitudes et routines naissantes.[9]

2. L'histoire événementielle sous l'angle du vivant

Si Bergson évoque, en de nombreux passages, la notion de vivant, c'est surtout lors de la définition du comique de situation qu'il s'attache à en décrire les caractéristiques générales. Après s'être attardé sur certains jeux d'enfants tels le diable à ressort ou le pantin à ficelles, Bergson éprouve le besoin de généraliser davantage son propos. « Que l'histoire d'un individu ou celle d'un groupe nous apparaisse, à un moment donné, comme un jeu d'engrenages, de ressorts ou de ficelles, cela est étrange, sans doute, mais d'où vient le caractère spécial de cette étrangeté ? pourquoi est-elle comique ? »[10]

Comme nous le savons déjà, ce jeu d'engrenages paraît risible par son automatisme qui l'oppose en tout point au mouvement fluide de la vie. Mais Bergson ne se contente pas de cette maigre définition du vivant. De manière plus précise, il avance l'idée que la vie se présente comme un phénomène complexe, se développant à la fois dans le temps et dans l'espace. « Considérée dans le temps, elle est le progrès continu d'un être qui vieillit sans cesse : c'est dire qu'elle ne revient jamais en arrière, et ne se répète jamais. Envisagée dans l'espace, elle étale à nos yeux des éléments coexistants si intimement solidaires entre eux, si exclusivement faits les uns pour les autres, qu'aucun d'eux ne pourrait appartenir en même temps à deux organismes différents : chaque être vivant est un système clos de phénomènes, incapable d'interférer avec d'autres systèmes. »[11]

Cette définition du vivant permet à Bergson d'isoler les trois grandes caractéristiques qui distinguent la vie du simple mécanique, à savoir le changement continu d'aspect, l'irréversibilité des phénomènes et l'individualité parfaite d'une série enfermée en elle-même.[12]

C'est en ce point de la réflexion que nous pouvons faire retour sur l'histoire événementielle pour la rapprocher de la définition du vivant donnée par Bergson. Et de fait, on pourrait très bien définir ce type d'histoire comme une histoire en progrès constant, qui ne se retourne que très rarement sur elle-même et qui ne mélange pas les épisodes la composant.

Cependant, à la différence du vivant qui est l'expression d'un continuum en perpétuel mouvement, l'événement historique appartient au passé : il est déjà arrivé, il n'a plus cours dans le présent. L'événement a bien sûr constitué un moment du vivant, mais ce moment est désormais révolu. Autre différence significative : l'événement appartient autant à l'ordre du discours qu'à celui du réel. Son existence dépend toujours d'une interprétation préalable. Pour qu'il y ait événement, il ne suffit pas que le fait passé ait eu lieu. Il faut encore que ce fait soit nommé et reconnu. Très souvent, ce sont les historiens ou les journalistes qui délimitent l'événement en le détachant du continuum du vivant. Au sein de la masse fluide et mouvante de la vie, il s'agit d'isoler un fait significatif, de lui attribuer un commencement et une fin. La reconnaissance de l'événement implique une opération de découpage et de sélection qui passe nécessairement par le langage.

Repensé de la sorte, l'événement apparaît comme une sorte d'objet intermédiaire, un objet entre monde et discours, un objet qui se trouve prélevé sur le vivant, mais qui ne peut accéder à la reconnaissance et au sens qu'en étant nommé et identifié par le langage.

Cette proximité entre l'événement et le vivant a évidemment des conséquences sur la teneur du discours historique lui-même, du moins le discours de l'histoire événementielle tel qu'il s'est développé à la fin du XIXe siècle et tel qu'il continue de se déployer dans les grands médias narratifs que sont le cinéma et la télévision. La plupart des récits historiques ne cherchent pas seulement à donner l'illusion du réel[13], mais aussi celle du vivant. L'un des objectifs de l'histoire traditionnelle est de restituer le passé avec le mouvement qui l'animait alors. Il s'agit de redonner vie aux personnages du temps jadis, de saisir les actions dans le vif de leur déroulement, de faire réentendre les paroles et dialogues tels qu'ils résonnaient autrefois. « Lecteurs d'histoire, ne sommes-nous pas rendus nous-mêmes contemporains des événements passés par une reconstruction *vivante* de leur enchaînement ? »[14]

En ce sens, l'entreprise historique peut être comprise comme une véritable tentative de ré-animation du passé dans le présent et c'est à ce niveau que se mesure l'importance du cinéma. Parmi les différents vecteurs de l'histoire, le cinéma apparaît comme le média qui donne l'illusion la plus aboutie du vivant. Depuis André Bazin, on sait que « le cinéma réalise l'étrange paradoxe de se mouler sur le temps de l'objet et de prendre par surcroît l'empreinte de sa durée »[15]. Saisissant le mouvement, enregistrant la durée, la caméra a donc la capacité de suivre les infinies modulations du vivant. L'une des fascinations liées aux films d'archives tient ainsi au fait que nous avons l'impression d'assister en direct aux grands événements de l'histoire. Bien qu'elle puisse être tronquée ou manipulée, l'archive porte la trace, indicielle, d'un vivant qui a cessé d'exister, mais qui s'est pourtant déroulé devant l'objectif de la caméra. Si l'on se tourne vers les grandes reconstitutions du passé, on s'aperçoit que l'illusion du vivant est également érigée en priorité absolue. De *La Bataille du rail* (Clément, 1945) à *Il faut sauver le soldat Ryan*, de nombreuses reconstitutions historiques rejouent le passé comme s'il se déroulait au présent. Dans des décors reconstruits, les acteurs simulent les actions des temps anciens en s'efforçant de rester au plus près de la vérité historique. Même si l'événement a été mis en scène pour les besoins du film, le cinéma parvient à donner au spectateur la sensation que le passé est reconduit à l'identique et que la caméra suit au plus près le moindre frémissement de l'action historique.

Que ce soit via l'archive ou la reconstitution, le discours filmique pousse donc à son terme l'effet de réel. Parce qu'il retranscrit ou fait mine de retranscrire le mouvement qui animait jadis les événements, le cinéma donne l'illusion la plus parfaite que ces événements appartiennent encore au cycle du vivant. L'histoire au cinéma, dit d'ailleurs Jean-Luc Godard, sera « différente de toutes les autres puisqu'elle est visible et vivante, puisqu'elle reproduit du vivant à la façon dont le cinéma ou la photo le font. Le cinéma est donc le seul qui peut donner un sentiment du tissu ou du fleuve histoire »[16].

Sous cet éclairage, il devient possible de proposer une définition de l'histoire événementielle au cinéma sous l'angle du vivant. Pour ce faire, il suffit d'imaginer que les principales représentations filmiques du passé sont projetées bout à bout selon un ordre chronologique. Défilant sur grand écran, cette histoire apparaîtrait comme l'illusion d'un vivant passé. Elle se présenterait comme une histoire sans cesse en devenir, qui ne se répète jamais et qui préserve soigneusement la singularité des événements la composant.

C'est précisément contre cette vision de l'histoire que réagit le processus comique.

3. L'histoire comique au cinéma : automatisme et régularité

Chez Bergson, les caractéristiques du vivant ne sont dégagées que dans la mesure où elles permettent de déterminer les différents procédés comiques. Partant de ces caractéristiques, il suffit « de passer aux caractères opposés pour obtenir la formule abstraite, cette fois générale et complète, des procédés de comédie réels et possibles »[17].

A chaque caractéristique du vivant correspond, pour Bergson, un procédé comique spécifique. Le changement continu d'aspect trouve son répondant dans le processus de répétition : dans la comédie, l'action n'évolue pas de manière constante, elle multiplie et répète les mêmes situations. L'irréversibilité des phénomènes se voit, quant à elle, contrebalancée par le processus d'inversion : l'intrigue se retourne sur elle-même, c'est le principe de l'arroseur arrosé. Enfin, l'individualité parfaite d'un phénomène est contrecarrée par le processus comique appelé 'interférence des séries' : les systèmes vivants ne se présentent plus comme des organismes autonomes, ils se contaminent mutuellement. Au théâtre, ce processus est illustré par le principe du quiproquo, lorsqu'un personnage appartient en même temps à deux séries d'action normalement indépendantes.

Particulièrement repérables dans les comédies de situation, ces procédés comiques aboutissent à une automatisation de la vie, celle-ci étant alors considérée « comme un mécanisme à répétition, avec effets réversibles et pièces interchangeables »[18].

Puisque l'histoire événementielle a été définie sous l'angle du vivant, il est logique de penser que ces trois principes comiques s'ajustent parfaitement à cette forme d'histoire. Mieux encore, on dira qu'ils la travaillent et la détournent pour en donner une vision spécifiquement comique. C'est là un pas décisif dans la réflexion. Auparavant, on s'était contenté d'avancer que la comédie historique introduisait une anomalie dans la trame événementielle sans pour autant préciser sur quel mode cette anomalie pouvait surgir. En identifiant l'histoire au vivant, il devient possible d'appliquer les procédés dégagés par Bergson à la figuration du passé et de dégager trois modes comiques d'intervention : l'interférence, la répétition et l'inversion historiques.

Si l'histoire événementielle peut se décrire comme une histoire en progrès constant, son détournement comique montrera naturellement l'envers de cette histoire. L'histoire comique au cinéma sera ainsi une histoire qui se répète, qui fait retour sur elle-même, qui confond les séries et les époques. Bref, une histoire contrariée…

La notion d'automatisme peut également s'appliquer à cette vision comique de l'histoire, du moins dans un sens particulier. Avec Bergson, nous avons vu que le comique débouchait sur une mécanisation du vivant. Peut-on transposer cette idée dans le champ de l'histoire et avancer que les comédies 'automatisent' la vision du passé ?

En fait, tout dépend du sens que l'on accorde à la notion d'automatisme.[19] Si l'on veut signifier par là que l'expression comique de l'histoire donne l'impression d'être régie par une machine, alors il faut bien avouer que cette conception ne rend pas compte de l'extrême souplesse des comédies historiques. Celles-ci se présentent rarement comme des mécanismes de pure horlogerie qui seraient « à la vie réelle ce que le pantin articulé est à l'homme qui marche, une exagération très artificielle d'une certaine raideur naturelle des choses »[20]. La comédie historique ne fonctionne pas de manière aussi tranchée que le vaudeville et la notion d'automatisme qui peut lui être rattachée doit être considérablement élargie.

Dans sa première acception, l'adjectif 'automatique' désigne une action qui s'accomplit sans la participation de la volonté. On retrouve ici l'intuition première de Bergson, lorsqu'il définissait le comique comme une distraction de la vie, un événement qui s'accomplit sans être réellement pensé. Dans un deuxième sens, cet adjectif définit aussi la propriété d'un mécanisme qui, une fois mis en mouvement, fonctionne de lui-même. Enfin, troisième acception, l'automatisme renvoie à tout ce qui se produit avec une régularité déterminée.

C'est cette dernière définition qui nous paraît décrire le plus précisément la spécificité de la comédie historique, car elle met en avant l'idée de régularité et donc de ressemblance entre les mouvements successifs qui composent l'histoire.

L'idée de régularité se retrouve d'ailleurs chez Bergson quand il évoque la finalité de l'art comique. Alors que les arts sérieux visent l'individuel, la comédie s'emploie à dépeindre des types. Le comique ne s'intéresse pas tant à la spécificité des personnes qu'aux ressemblances existant entre celles-ci. Dans son étude sur le comique de caractère, Bergson affirme que non seulement la comédie présente des types généraux, mais qu'elle est « *le seul* de tous les arts qui vise au général, de sorte que lorsqu'une fois on lui a assigné ce but, on a dit ce qu'elle est, et ce que le reste ne peut pas être »[21].

Pour Bergson, le travail comique consiste donc à dégager des généralités. En ce sens, il s'apparente en bien des points à l'observation scientifique qui vise à établir une moyenne entre différents phénomènes. « Comme toutes les moyennes, celle-ci s'obtient par des rapprochements de données éparses, par une comparaison entre des cas analogues dont on exprime la quintessence, enfin par un travail d'abstraction et de généralisation semblable à celui que le physicien opère sur les faits pour en dégager des lois. »[22]

Si cette capacité de généralisation vaut chez Bergson pour le comique de caractère, elle fonctionne aussi dans les comédies historiques. Appliqués à l'histoire, les procédés de répétition, d'inversion et d'interférence n'expriment plus une simple distraction des choses, mais permettent de dégager les ressemblances à l'œuvre dans les successions d'événements. Ainsi, le processus de répétition tend à souligner la réapparition du même au sein des différentes époques historiques. L'événement n'est pas unique, il se répète à travers les âges. En confondant les périodes du passé, le processus d'interférence réduit la singularité de chacune d'entre elles pour montrer les points communs à l'une et à l'autre. Enfin, le processus de réversibilité, parce qu'il agit de manière circulaire, débouche sur une certaine forme de statisme. Les efforts produits par les protagonistes de l'histoire n'amènent aucun progrès ; l'action se retourne contre son instigateur.

Evidemment, une telle conception de l'histoire va à l'encontre du discours historique qui consacre l'unicité de l'événement. Par sa clôture, le récit traditionnel empêche toute comparaison entre les faits passés. Centré sur le qui et le quoi de l'action, il ne peut se détacher qu'à grand-peine de l'immanence de l'événement. En revanche, les procédés d'inversion, d'interférence et de répétition construisent une vision de l'histoire qui amène à percevoir les événements en fonction de leur ressemblance et non de leur singularité. Ces procédés permettent de mettre en rapport des séries jusque-là séparées, de souligner la réversibilité des actions historiques ou de pointer le retour du même à travers des époques différentes. Si la comédie historique produit une vision automatique de l'histoire, c'est donc parce qu'elle révèle, sous un jour distancié, les régularités qui surgissent dans le déroulement des événements.

4. Inversion, interférence et répétition historiques

Après avoir présenté la vision comique de l'histoire de façon générale, mesurons plus précisément la portée des procédés comiques relevés par Bergson. Avant d'engager l'analyse, deux précautions d'ordre méthodologique s'imposent. Tout d'abord, il doit être entendu que les processus d'inversion, d'interférence et de répétition ne seront perçus comme comiques qu'à la condition de s'insérer dans un récit qui assure également les conditions d'innocuité et de distance. Certains films peuvent présenter un retournement ou une répétition de l'histoire sans pour autant être des comédies.[23] Il est ensuite important de souligner que le mode d'analyse adopté vaut par sa capacité de modélisation. En aucun cas, on ne veut signifier qu'une comédie historique est réductible à un seul procédé comique. Il s'agit simplement de dégager les traits les plus saillants de chaque procédé quand il se trouve appliqué à l'histoire.

L'inversion historique

Les comédies d'inversion sont sans nul doute celles qui maltraitent le plus le référent historique en lui faisant subir un renversement total de perspective.

Ce renversement peut notamment s'observer dans des représentations où triomphe la logique du monde à l'envers. *M.A.S.H.* et *Catch 22* (Nichols, 1970) installent un univers carnavalesque qui se présente comme l'exact contrepoint de la guerre se déroulant alors au Vietnam. Les valeurs militaires sont renversées : la lâcheté devient héroïque, l'anarchie est préférée à la discipline. Le retournement est encore plus poussé lorsque l'action produit l'effet inverse de celui escompté. Le récit ne se contente plus d'inverser certaines valeurs d'un univers historique donné, il retourne le cours même des événements. Par exemple, dans *Train de vie*, on assiste à la déportation des Juifs par eux-mêmes : le train de mort devient train de vie, les victimes revêtent les uniformes de leurs bourreaux. De la même manière, *Good bye Lenin !* explique la disparition de la R.D.A. selon une perspective retournée en faisant croire que ce sont les Allemands de l'Ouest qui se réfugient à l'Est. Dans ces deux films comme dans bien d'autres, la comédie renverse le sens de l'histoire telle qu'elle s'était déposée dans nos mémoires.

En plus de porter sur des événements passés, le renversement peut également opérer à partir d'une actualité en cours. Dans ce cas, le retournement explore les potentialités du temps présent en se projetant vers l'avenir. Tourné pendant la guerre froide et la menace nucléaire, *La Souris qui rugissait* (Arnold, 1959) retrace le destin d'une petite principauté qui décide d'attaquer les Etats-Unis dans l'espoir de perdre la guerre et de recevoir ensuite des subventions. Cependant, contre toute attente, les Etats-Unis sont vaincus et la principauté parvient à dérober la bombe atomique. La comédie produit ici une vision de l'actualité qui retourne le sens attendu de l'histoire. Les Etats-Unis sont battus par un pays plus faible qu'eux. En outre, loin d'être un signe de toute-puissance, la détention de la bombe nucléaire est en réalité une arme à double tranchant, ce que montrera aussi *Le Docteur Folamour* de Kubrick.

Qu'il porte sur le passé ou l'histoire à venir, le retournement n'est pas sans risque. En déformant le référent historique, la comédie s'expose à ne plus faire rire. Que penser, en effet, d'une représentation qui montre la déportation des Juifs par eux-mêmes ou l'extrême vulnérabilité des Etats-Unis ? Pour que ces retournements restent comiques, il importe qu'ils soient perçus avec recul par le spectateur. Sans cette condition de distance, la comédie risquerait de semer le trouble dans l'esprit du public en présentant une vision falsifiée (*Train de vie*) ou terrifiante (*La Souris qui rugissait*) des événements.

C'est sans nul doute pour éviter de pareilles confusions que les renversements comiques les plus audacieux s'accomplissent sur le registre d'une fiction annoncée comme telle. Pour imposer son renversement, *La Souris qui rugissait* adopte d'emblée les caractéristiques de la fable : l'action du film se déroule essentiellement au sein d'une principauté chimérique dont le niveau de développement hésite entre le Moyen Age et la Belle Epoque. Dans *Train de vie*, le retournement de la Shoah ne peut s'effectuer que par le biais de l'imaginaire : enfermé dans un camp, le fou du village invente une autre issue à la déportation. Enfin, si *Good bye Lenin !* inverse les mouvements dans Berlin réunifié, c'est seulement à travers la fiction du héros qui espère ainsi protéger sa mère de l'avancée trop rapide du capitalisme.

L'interférence historique

Dans les comédies d'interférence, l'autonomie relative d'une séquence historique est perturbée par l'irruption d'éléments étrangers et hétérogènes. Cette forme de comédie peut connaître différentes déclinaisons en fonction du type d'interférence mis en scène.

Sous sa forme la plus exemplaire, la comédie fait interagir, au sein d'une même action, des éléments historiques appartenant à des strates temporelles différentes. A cet égard, une séquence de *La Soupe au canard* des Marx Brothers se révèle particulièrement significative. Lors d'un combat dans les tranchées, Groucho change, à chaque plan, d'uniforme militaire, passant d'une tenue contemporaine au costume napoléonien. Une autre forme d'interférence, très courante, consiste à venir mêler la grande et la petite histoire. Dans ce cas, un individu anonyme, dépourvu de qualités héroïques, se trouve confronté aux événements du siècle. A partir de *Babette s'en va-t-en guerre* jusqu'au *Mur de l'Atlantique*, les comédies françaises de la Résistance s'érigent sur ce modèle. Le héros ne se contente pas d'interférer avec la grande histoire, il contribue aussi à lui donner l'issue que nous connaissons. Dans *Le Mur de l'Atlantique*, Bourvil joue un restaurateur qui, sans vraiment le vouloir, permet la réussite du débarquement. Avec une portée différente, mais sur un même principe, le film de Woody Allen, *Zelig*, montre l'interaction entre un personnage de fiction et des figures historiques tels Hitler ou le pape Pie XI.

L'interférence peut également surgir lorsque la séquence historique se voit contaminée par un mode de représentation qui lui est a priori étranger. Ainsi, l'une des innovations les plus décisives de *Jeux dangereux* de Lubitsch est d'avoir fait coexister, au sein d'un même film, théâtre et nazisme. Dans cette représentation, l'histoire et le vaudeville échangent leur mode d'énonciation. Les nazis censurent le déroulement d'une pièce de théâtre à Varsovie, mais cette censure n'est pas sans prix. Très vite, le théâtre prend sa revanche et vient contaminer le comportement des agents hitlériens, les rendant aussi ridicules et emportés que des personnages vaudevillesques.

Dans tous les cas, il est intéressant de noter que les comédies d'interférence ne bouleversent pas radicalement le cours de l'histoire, comme c'était le cas avec les comédies d'inversion. Même si l'autonomie de la séquence se voit ébranlée par des anachronismes ou par la présence d'un discours étranger, le déroulement des événements historiques ne se trouve pas modifié. La comédie d'interférence se contente de donner une nouvelle explication, grotesque et triviale, au surgissement de l'événement, sans pour autant altérer la teneur de l'événement lui-même.

Ce relatif respect du déroulement des événements ne manque pas d'entraîner une représentation plus 'fidèle' du référent historique. Alors que les comédies d'inversion se voyaient contraintes de travestir, peu ou prou, l'événement historique pour pouvoir le retourner, les comédies d'interférence n'opèrent pas de réelles altérations de la période passée. Au contraire, des images d'archives sont utilisées et l'on figure les événements de la manière la plus réaliste possible. Lorsqu'on y réfléchit, cette attention portée au référent n'a rien d'étonnant, car elle permet de mieux faire ressortir l'incongruité d'une séquence étrangère. Un élément extérieur sera perçu comme d'autant plus comique qu'il fera irruption dans une époque traitée avec le maximum de sérieux, selon les règles approuvées du vraisemblable historique.

La répétition historique

La comédie de répétition historique apparaît comme la plus rare, sans doute parce qu'elle s'écarte du modèle narratif dominant, à savoir un récit continu qui se déploie dans une même sphère temporelle. Juxtaposant les époques et multipliant les sauts temporels, la représentation s'apparente davantage à un ensemble de sketches reliés entre eux par certains traits communs.

De manière générale, ce type de comédie vise à montrer la répétition de l'identique, c'est-à-dire le retour du même au sein d'époques différentes. Très tôt, le cinéma a exploité ce mécanisme narratif avec *Les Trois âges* (1923) de Buster Keaton, un film construit sur le modèle d'*Intolérance* (1916) de Griffith, et qui enchaîne, de façon burlesque, trois épisodes de l'histoire de l'humanité. On peut aussi songer au *Colonel Blimp* (1943) de Michael Powell, film qui s'articule autour de la présentation successive de trois segments de la vie d'un officier anglais. Dans chaque segment, celui-ci rencontre une jeune femme, interprétée par Deborah Kerr, dont le visage reste inchangé à travers les âges. Plus récemment, dans *Brigands (chapitre VII)* d'Otar Iosseliani, les mêmes acteurs se retrouvent en des temps différents, du Moyen Age à Sarajevo, commettant ou subissant des atrocités similaires. En soi, le comportement de ces acteurs ne présente pas d'anomalie significative. C'est plutôt leur réapparition dans des âges différents qui produit le principal décalage du film. Autrement dit, la répétition constitue le principe structurant qui se passe le plus volontiers d'une anomalie historique. En effet, le comique tient dans la reprise de motifs récurrents, non dans l'altération des motifs eux-mêmes.

Poussée à l'extrême, la répétition bascule dans la récapitulation. La réitération n'a plus à être montrée explicitement, car le film entend reprendre, pour la dernière fois, les mécanismes de l'histoire, ceux-ci étant de toute façon immuables. Le film de Godard, *Les Carabiniers* (1962), illustre parfaitement un tel procédé. Dans ce récit, Godard récapitule les gestes de l'action guerrière en se détachant de tout référent précis. L'ambition du cinéaste est de laisser transparaître l'identique à l'œuvre dans le processus historique et de dépeindre, comme l'a bien souligné Deleuze, les catégories intemporelles de la guerre.[24]

Par rapport aux autres types de comédie, l'effet comique de ces productions se révèle moins flagrant. En effet, le 'même' qui se répète n'est jamais drôle en soi, surtout lorsque ce 'même' concerne la barbarie des hommes et qu'il évoque le retour constant d'atrocités similaires. Dès lors, la mise à distance s'avère plus que nécessaire. Dans les comédies de répétition, les personnages apparaissent souvent comme indifférents aux actions qu'ils accomplissent tandis que la mise en scène est délibérément théâtrale, ouvertement affichée. Cependant, malgré ces précautions, la comédie de répétition ne pourra guère prétendre soulever un rire franc et massif : le comique s'ouvre ici, de manière peut-être plus nette qu'ailleurs, à la dimension tragique de l'histoire.

---

1 Quelques années seulement séparent la rédaction de ces deux essais. Bergson publie le résultat de ses recherches en 1899 dans *La revue de Paris* tandis que la version allemande du *Mot d'esprit* paraît en 1905.
2 A ce sujet, voir l'article d'Elie DURING, « Bergson : du comique au burlesque », dans Patrice BLOUIN, Christophe KIHM (coordonné par), *Art Press. Le burlesque. Une aventure moderne*, n° 24, Paris, 2003, pp. 76-82.
3 *Id.*, p. 76.
4 *Ibid.*
5 Henri BERGSON, *op. cit.*, p. 6.
6 *Id.*, p. 29.
7 *Id.*, pp. 22-23.
8 *Id.*, p. 16.
9 Dans les dernières pages de l'ouvrage, Bergson entrevoit une autre fonction au rire que Freud développera davantage, une fonction de détente et de jeu.
A ce sujet, voir *Id.*, p. 149.
10 *Id.*, p. 66.
11 *Id.*, pp. 67-68.
12 *Id.*, p. 68.
13 Au sujet de l'illusion du réel dans le récit historique, voir Roland BARTHES, « Le discours de l'histoire » [1967], dans *Le bruissement de la langue. Essais critiques IV*, Paris, Seuil, 1984, coll. « Tel Quel », pp. 153-166.
14 Paul RICŒUR, *Temps et récit. Le temps raconté*, tome III, Paris, Seuil, 1985, coll. « Points Essais », p. 256. C'est nous qui soulignons.
15 André BAZIN, « Théâtre et cinéma » [1951], dans *Qu'est-ce que le cinéma ? Edition définitive*, Paris, Editions du Cerf, 1975, coll. « 7e art », p. 151.
16 Jean-Luc GODARD, « Cinéma, de notre temps », entretien avec Frédéric BONNAUD et Arnaud VIVIANT [1998], repris dans *Les Inrockuptibles. Godard. Comment JLG a révolutionné le cinéma*, hors-série, Paris, 2006, pp. 45-46.
17 Henri BERGSON, *op. cit.*, p. 67.
18 *Id.*, p. 77.
19 Chez Bergson, les termes 'mécanique' et 'automatique' sont souvent tenus pour synonymes. Bergson écrit, par exemple, que le comique est « cet aspect des événements humains qui imite, par sa raideur d'un genre tout particulier, le mécanisme pur et simple, l'automatisme, enfin le mouvement sans la vie ».
Id., pp. 66-67.
20 *Id.*, p. 78.
21 *Id.*, p. 114.
22 *Id.*, pp. 129-130.
23 Par exemple, dans *La Bombe* (1966) de Peter Watkins, la stratégie de dissuasion nucléaire finit par provoquer la destruction de la Grande-Bretagne. L'objectif militaire initial – dissuader toute attaque – se transforme en son exact contraire, puisque c'est cette stratégie qui déclenche la guerre totale. On a donc bien affaire à un processus d'inversion, mais celui-ci ne déclenche nullement le rire. Watkins s'emploie à simuler, de la façon la plus réaliste possible, les conséquences d'un conflit atomique sur le territoire anglais, si bien que les sentiments du spectateur hésitent entre l'effroi et la consternation.
24 Gilles DELEUZE, *Cinéma 2. L'image-temps*, Paris, Editions de Minuit, 1985, coll. « Critique », p. 243.

Chapitre III
Une approche en tension générique

Dans les chapitres précédents, le profil des comédies historiques a été précisé selon une coupe synchronique. Ignorant les différences d'époques et de thématiques, on s'est essentiellement préoccupé de dégager les traits communs aux productions envisagées. Si cet exercice d'anatomie critique a atteint son but premier – proposer une modélisation de la comédie historique –, il comporte aussi sa propre limite, puisqu'il échoue à prendre en compte la réalité concrète des productions. A ce stade, rien n'a encore été dit sur l'ancrage historique des films, leur contexte d'apparition, le rôle mémoriel qu'ils accomplissent au sein de l'espace social. Il est donc temps d'inverser le mouvement et d'interroger ce qui avait été tenu à l'écart jusqu'ici.

Remarquons pour commencer qu'il n'y aurait guère de sens à vouloir étudier chaque comédie de l'histoire de façon séparée, non seulement parce que pareille tâche est impossible, mais aussi parce qu'une telle entreprise conduirait à perdre de vue tout type de considération générale. Comme le rappelle Pierre Sorlin dans *Sociologie du cinéma*, « l'analyse filmique est intéressante dans la seule mesure où, partant d'un donné isolable, le film, elle élargit sa perspective à des séries de films, au milieu du cinéma, à l'ensemble de la fraction intellectuelle, au groupe dominant, etc. »[1]

En soi, la réponse apportée par une seule comédie ne témoigne guère d'un mouvement de fond important. Mais, quand on constate qu'un ensemble de films reproduit des réponses similaires à partir de la figuration d'un même événement passé, alors il devient évident que ces réponses narratives sont significatives sur le plan social parce qu'elles entérinent un positionnement collectif à l'égard de la perception de cet événement.

Apparaît ici la tentation de considérer la comédie historique comme un genre ou du moins la tentation de la travailler comme tel. Et de fait, on pourrait se demander s'il ne serait pas utile de considérer la comédie historique comme une formule générique engendrant la production/réception d'un grand nombre de films à l'allure similaire et dont la principale fonction serait de soulager, par le biais du rire, certaines crispations de la mémoire collective. On rejoindrait par ce biais les approches qui considèrent le genre comme une forme d'expression culturelle collective proposant « des solutions à des problèmes sociaux réels et des tensions culturelles intrinsèques »[2].

Cette interrogation est cruciale et demande une réponse sans détour. La comédie historique constitue-t-elle un genre ? Et si ce n'est pas le cas, quelle orientation faut-il donner à la suite de la réflexion ?

1. La comédie historique comme genre ?

Pour évaluer le statut de la comédie historique, il convient d'examiner celle-ci à la lumière des deux grands types d'approches génériques que sont les approches structurelle et fonctionnelle. La première vise à étudier les mécanismes de ressemblance à l'œuvre au sein d'un ensemble de textes, tandis que la seconde porte sur l'usage des genres. Dans quel processus communicationnel s'insèrent-ils ? Quelle est leur fonction sociale ? Selon Raphaëlle Moine, ces deux approches situent « le genre cinématographique à des niveaux différents : dans les films pour les approches structurales et textuelles ; dans les interactions des films avec leurs contextes de production et de réception pour les approches fonctionnelles »[3].

Contrairement à des genres bien établis comme la comédie musicale ou le western, la comédie historique ne constitue pas un genre au sens fonctionnel du terme. En effet, « un genre cinématographique n'apparaît que lorsqu'il est nommé et désigné comme tel, puisque son existence est liée à la conscience, partagée et consensuelle, qu'une communauté en a »[4]. Dans le cas qui nous occupe, il est clair que cette reconnaissance fait défaut. Que ce soit dans le langage courant ou dans le discours journalistique, la dénomination 'comédie historique' ne dispose pas d'une assise sociale suffisante pour organiser l'horizon d'attente des spectateurs et constituer, au niveau de la production, un outil de formatage efficace.

Ce phénomène s'explique par la grande disparité des productions. Surgissant à toutes les époques, manipulant des référents extrêmement divers, les comédies historiques ne s'inscrivent pas dans une tradition culturelle unique, pas plus qu'elles ne font pas partie d'une cinématographie stable, fortement organisée en un système de genres, comme c'est le cas pour le cinéma classique hollywoodien ou le cinéma des studios japonais.

Si la comédie historique ne constitue pas un genre au sens fonctionnel, peut-être répond-elle davantage à une définition structurelle du genre. Dans son ouvrage sur la comédie musicale, Rick Altman souligne que toute recherche générique commence par la présomption qu'une activité signifiante est à l'œuvre au sein d'un ensemble de textes déterminés.[5] En soi, il n'est pas important que cette activité signifiante opère à l'intérieur d'un groupe de films repéré par la tradition. Le rôle de l'analyse n'est pas seulement d'explorer des genres déjà constitués, mais de découvrir des champs génériques nouveaux, encore vierges de toute approche critique, cela en se basant sur la mise au jour de structures récurrentes.[6]

Définie de la sorte, l'approche structurelle semble pouvoir s'appliquer à notre première modélisation de la comédie historique. Partant d'un ensemble de productions, nous avons bien envisagé « le système fondamental de films individuels »[7]. Les procédés d'interférence, d'inversion et de répétition constituent des mécanismes narratifs récurrents que l'on retrouve d'une comédie à l'autre. Associés à la figuration d'une histoire événementielle, ils permettent de délimiter les comédies les plus spécifiques, celles qui proposent une vision de l'histoire travaillée par le retour du même, la réversibilité des phénomènes historiques et l'interférence des époques.

Toutefois, le repérage de ces traits récurrents n'est pas suffisant pour définir la comédie historique comme un genre fort. Du côté thématique, il apparaît que la notion d'histoire événementielle est bien trop vaste pour définir un ensemble de films dotés d'une référence commune. Et de fait, les comédies évoquées portent sur des périodes historiques aussi diverses que le Vietnam, la Shoah, la Première ou la Seconde Guerre mondiale. Mais c'est surtout l'aspect narratif qui, avec le recul critique, pose le plus question. Les procédés dégagés ne sont pas propres à la comédie historique en particulier, mais s'appliquent, d'après Bergson, à l'ensemble du comique de situation. Par conséquent, il peut paraître exagéré de considérer la comédie historique comme un genre à part entière, puisque sa formule filmique est constituée de procédés comiques appartenant à une catégorie plus générale et d'une thématique qui n'est pas assez délimitée pour restreindre le champ d'application de ces procédés.

Pour sortir d'une telle impasse, on pourrait légitimement envisager la comédie historique comme un sous-genre de la comédie. Il suffirait alors d'affirmer que ce type de comédie applique à l'histoire des procédés comiques d'un usage plus large. Cependant, cette solution taxinomique ne conduit qu'à reporter le problème, puisqu'elle laisse de côté la question de la définition du sous-genre. Contrairement à l'acception courante, le sous-genre ne constitue pas un simple dérivé d'un genre plus général. Comme l'a montré Rick Altman, il s'apparente à une catégorie générique à part entière, plus réduite certes que le genre original, mais qui présente elle aussi un fort degré de cohérence.[8]

Identifier la comédie historique à un sous-genre de la comédie, c'est donc reconduire automatiquement les mêmes questions que celles qui nous ont amenés jusqu'ici. Ce sous-genre fonctionne-t-il comme une formule identifiable par les instances de production et de réception ? Sa définition structurelle est-elle suffisamment forte pour assurer sa stabilité générique ? Identiques dans leur formulation, ces questions suscitent des réponses inchangées. Même définie en tant que sous-genre, la comédie historique forme difficilement une entité cohérente, ainsi qu'en témoigne, une fois encore, la disparité des films évoqués.

Le bilan paraît donc pour le moins contrasté. La comédie historique ne constitue pas un genre au sens fonctionnel et son identité n'est pas assez forte pour l'établir en tant que genre (ou sous-genre) structurel. La comédie historique apparaît davantage comme une dénomination critique qui regroupe des films usant de configurations similaires pour détourner le cours de l'histoire. C'est à la fois déterminant et insuffisant. Déterminant, car la présence de configurations significatives garantit d'avoir affaire à des détournements spécifiques de la matière historique. Insuffisant, car ces configurations ne permettent pas à elles seules de prendre en compte l'évolution des films, leur insertion dans des espaces-temps singuliers.

2. La tension générique

Plutôt que d'essayer de penser la comédie historique comme un sous-genre de la comédie, ne doit-on pas renverser le mouvement et envisager ce type de production sur le mode de la tension et de la confrontation ? Autrement dit, remplacer la perspective verticale par une perspective horizontale. Dans ce cas, l'appellation 'comédie historique' prend un tout autre sens. Elle ne renvoie plus à une simple sous-catégorie du genre comique, mais se trouve sous l'influence conjointe de deux types d'impératifs distincts, pour ne pas dire opposés : faire rire et mettre en récit les drames du siècle écoulé.

Loin de fonctionner de manière séparée, ces deux impératifs s'autodéterminent mutuellement. Le choix du sujet historique influe sur les procédés comiques utilisés : on ne se moque pas d'un traumatisme passé comme on se moque de la religion ou de certains défauts de caractère. En retour, l'option 'comédie' implique une construction du récit historique qui diffère radicalement de celle mise en œuvre dans les films s'énonçant sur le mode du sérieux.

L'histoire est loin de constituer une simple adjonction thématique dans le fonctionnement de la comédie. Et ceci est bien entendu confirmé par la pratique des cinéastes. Quand Chaplin tourne *Le Dictateur* à l'aube de la Seconde Guerre mondiale, il ne vise pas seulement à faire rire le public, il entend également proposer son point de vue sur l'événement, un point de vue porteur d'humanisme et d'espoir dans le genre humain. Pareillement, dans *M.A.S.H.*, Robert Altman ne cherche pas à mettre en scène une comédie se déroulant accessoirement pendant la guerre de Corée. C'est la guerre, au contraire, qui motive le choix de la satire et qui lui permet de dénoncer, par-delà le conflit coréen, ce que subissent alors les soldats américains au Vietnam.

C'est donc cette tension entre rire et histoire qu'il faut replacer au centre de l'attention. Comment les grands événements du siècle, avec leur charge traumatique, viennent-ils s'insérer dans le genre comique ? Celui-ci n'est-il pas contraint d'exhiber davantage son mode de fonctionnement pour maintenir intacte sa stabilité générique ? Dans *Rire de l'horreur ?*, Pierre Sorlin émettait déjà un questionnement similaire en faisant remarquer que certaines conventions de la comédie (le gag, par exemple) se détachent avec une force comique nouvelle quand elles surviennent après la figuration d'une péripétie dramatique.[9]

Partant de ces questions fondamentales, il s'agit donc de remplacer l'étude générique proprement dite par une étude fondée sur la *tension générique*. Dans cette nouvelle perspective, le centre de l'attention se déplace : l'objectif n'est plus d'examiner le fonctionnement d'un genre à l'existence incertaine, mais d'envisager le surgissement d'un corps étranger à l'intérieur d'un contexte générique donné. Autrement dit, nous observerons la manière dont le genre comique est travaillé de l'intérieur par la figuration d'éléments qui semblent a priori contraires à ses enjeux esthétiques de base. Pareille hypothèse amène une vision moins statique de la comédie historique, puisque l'analyse peut désormais se centrer sur les lignes de faille de la représentation, ces moments où le rire côtoie soudain le tragique.

A peine est-elle formulée que cette méthode de travail rencontre un obstacle majeur. Si l'on désire étudier la tension entre la figuration de l'histoire et la comédie, il est évident que ce genre doit d'abord être soigneusement défini. Or, force est de constater que la définition de la comédie s'avère problématique. Pour Raphaëlle Moine, la comédie constitue une entité générique aux contours flous et à la délimitation variable. « Ni la définition aristotélicienne ('l'imitation d'hommes sans grande vertu') ni l'acception théâtrale classique (une intrigue entre personnages de basse condition pourvue d'une fin heureuse et soumise à la loi du vraisemblable) ne sont pertinentes et suffisantes pour la caractériser ; de plus, on ne saurait dégager de l'extrême variété des comédies un sémantisme, une organisation syntaxique, un style communs, susceptibles de décrire l'ensemble. Il reste la possibilité de caractériser le genre par l'effet qu'il cherche à provoquer : mais, là encore, il faut avouer que si le comique vise à susciter le rire, la comédie entretient avec le comique un rapport variable et développe des projets aussi différents que faire rire, faire sourire ou amuser. »[10]

Bien que la comédie soit difficilement réductible à une seule acception, il est tout de même possible d'en proposer une définition opératoire ou, du moins, de dégager certains traits saillants du genre qu'elle constitue. A cet égard, les conditions de distance, d'innocuité et d'anomalie sont à ranger parmi les traits incontournables de toute production comique. La visée pragmatique de la comédie - provoquer le rire ou le sourire - paraît également indispensable à prendre en compte. Enfin, d'un point de vue structurel, les procédés relevés par Bergson se présentent comme des mécanismes tout à fait décisifs. Ils sont à la base du comique de situation, un type de comique qui se déploie avec force dans le médium cinématographique.

Cette sélection de traits opératoires ne procède évidemment pas au hasard. Parmi les nombreuses caractéristiques de la comédie, sont privilégiées celles qui sont le plus susceptibles de réagir à la figuration de l'histoire. Ainsi, les conditions de distance, d'anomalie et d'innocuité doivent-elles se manifester davantage quand elles s'appliquent à la représentation d'un événement dramatique du passé. De la même manière, la question du plaisir comique se pose avec une vigueur nouvelle lorsque le rire est censé surgir de la configuration d'épisodes aussi tragiques que la guerre de 14-18 ou la Shoah. Enfin, les procédés dégagés par Bergson demeurent incontournables, puisqu'ils participent à donner une vision contrariée de l'histoire.

3. De l'utilité des sous-ensembles : une tension actualisée

L'approche en tension générique permet de dresser un programme d'analyse particulièrement fécond et productif. Si la confrontation entre comique et histoire a été envisagée jusqu'ici d'un point de vue général, elle peut être reconduite au sein d'espaces génériques plus réduits présentant un fort degré de cohérence interne. Pour organiser l'analyse en sous-ensembles cohérents, on se basera à la fois sur des critères structurels et thématiques.

Du côté structurel, ce sont les procédés dégagés par Bergson qui serviront de guide. Il s'agira de regrouper les comédies en fonction du principe comique autour duquel elles s'articulent principalement. Même si les différents procédés comiques peuvent apparaître simultanément dans les multiples formes de la comédie, nous pensons que chaque sous-ensemble est animé par un procédé privilégié et que celui-ci reçoit une tonalité particulière du fait de son intégration à ce sous-ensemble donné. Le burlesque usera prioritairement de l'interférence, tandis que la satire jouera davantage sur l'inversion. Au niveau de la figuration de l'histoire, ces affinités ont leur importance. Animée par l'agressivité burlesque, l'interférence à l'œuvre dans le slapstick conduira le héros à se mesurer à l'événement passé sur le mode du coup et de l'esquive. Pareillement, l'inversion satirique débouchera sur des figurations de l'histoire qui privilégieront le retournement de l'action et la logique du monde inversé.

Par ailleurs, si l'on veut s'assurer de la pertinence des observations dégagées, il faut aussi veiller à ce que chaque sous-ensemble porte sur la configuration d'une même réalité historique et qu'il s'inscrive dans une même tradition cinématographique. C'est à cette condition que l'approche en tension générique pourra se montrer efficace, quand il sera établi que des comédies appartenant à un même espace socioculturel apportent des réponses similaires à la figuration d'un même événement.

La suite de l'ouvrage s'articule sur cette base méthodologique. Les deux prochaines sections traitent des principes d'interférence et d'inversion tels qu'ils s'incarnent dans des groupes distincts de comédies. Pour l'interférence, trois sous-ensembles seront dégagés : les films burlesques dans leur rapport à la Première Guerre, les comédies françaises portant sur la période de l'Occupation et certains films plus récents mettant en scène le personnage d'un ingénu confronté à de grands épisodes historiques du vingtième siècle. Le principe d'inversion sera lui aussi actualisé à l'intérieur de trois groupes de comédies : les comédies de la menace nucléaire, les satires américaines du Vietnam et les comédies de la Shoah. En fonction de chaque sous-ensemble, les principes de Bergson prendront une valeur différente et se manifesteront selon des modalités particulières.

Evidemment, un tel mode d'organisation conduit à écarter du champ de l'analyse les comédies qui ne s'organisent pas en sous-ensembles cohérents.

Ainsi en va-t-il des représentations animées du principe de répétition. Des productions comme *Les Trois âges*, *Colonel Blimp*, *Les Carabiniers* ou *Brigands (chapitre VII)* ne peuvent être rapprochées ni sur la base de leur thématique ni sur celle de leur appartenance à une époque commune. Sans nul doute, cette disparité s'explique par la spécificité du processus de répétition. Entendue au sens fort, la répétition suscite la production de comédies qui s'écartent des normes narratives habituellement admises en multipliant les intrigues parallèles et en juxtaposant différentes strates temporelles. Dans une approche qui s'attacherait à décrire la singularité des œuvres, il va sans dire que de telles productions devraient être prises en compte. Mais dans la perspective adoptée ici, on peut craindre que l'analyse de ces représentations ne permette pas de dégager une réponse générique probante qui témoignerait d'un état particulier de la mémoire collective.

Cette logique de ressemblance amène aussi à donner une place secondaire à des œuvres pourtant unanimement reconnues. D'après Pierre Sorlin, « certaines réalisations ont joué, ou jouent encore, un rôle tellement important qu'on est en droit, dans des conditions bien définies, de les tenir pour des phénomènes particuliers et de les isoler du reste de la production »[11]. Un tel phénomène se produit notamment avec *Le Dictateur* de Chaplin : mêlant le burlesque à la satire, et surgissant à un moment clé de l'histoire du XXe siècle, cette œuvre présente une configuration à ce point singulière de la Seconde Guerre qu'il n'est pas possible de l'intégrer à un ensemble de films produisant un mécanisme de réponse similaire. Dans une même logique, nous écarterons des comédies qui sont les seules à figurer un événement déterminé. Par exemple, un film comme *No man's land* (2000) de Denis Tanovic, qui porte sur la guerre en Bosnie, ne sera pas inséré dans un groupe particulier, puisqu'il ne comporte pas d'affinités thématiques avec le reste de la production. A l'instar du *Dictateur*, cette comédie apparaîtra à titre d'illustration ou de comparaison, mais, en aucun cas, elle ne constituera un film moteur dans la suite de la réflexion.

L'approche en tension générique amène donc, au final, à examiner la manière dont la confrontation entre rire et histoire est résolue au sein de sous-ensembles comiques déterminés. Par la suite, ces différentes solutions narratives pourront être envisagées sur le plan social, puisqu'elles répondent à des motivations similaires et qu'elles s'insèrent dans des espaces socioculturels déterminés. En fonction des sous-genres et des époques, les détournements historiques acquerront des valeurs spécifiques, mais dans tous les cas, ils permettront de mieux comprendre l'action du rire et de la comédie face aux tensions de la mémoire collective.

---

1 Pierre SORLIN, *Sociologie du cinéma*, p. 152.
2 Raphaëlle MOINE, *Les genres du cinéma*, p. 73.
3 *Id.*, p. 32.
4 *Id.*, p. 122.

5 Rick ALTMAN, *La comédie musicale hollywoodienne. Les problèmes de genre au cinéma*, Paris, Armand Colin, 1992 [1987], p. 24.
6 On retrouve ici la distinction fondamentale entre genre historique et théorique. Cette distinction différencie deux états du champ générique : d'une part, un champ déjà constitué; d'autre part, un champ en devenir, dont la prospection est confiée à l'activité critique.
  Pour plus de détails à ce sujet, *cf.* Tzvetan TODOROV, « Les genres littéraires », dans *Introduction à la littérature fantastique*, Paris, Seuil, 1970, coll. « Poétique », pp. 7-27.
7 Rick ALTMAN, « Emballage réutilisable : les produits génériques et le processus de recyclage », dans *Iris. Sur la notion de genre au cinéma*, n° 20, Paris/Iowa City, automne 1995, p. 14.
8 A ce sujet, *cf.* Rick ALTMAN, *La comédie musicale hollywoodienne*, p. 140.
9 Pierre SORLIN, « Rire de l'horreur ? Le comique de guerre », dans Christian ROLOT et Francis RAMIREZ (textes réunis par), *op. cit.*, pp. 153-165.
10 Raphaëlle MOINE, « Reconfigurations génériques de la comédie dans le cinéma français contemporain. L'émergence des 'comédies d'auteur' », dans Raphaëlle MOINE (sous la direction de), *Le cinéma français face aux genres*, Paris, Association Française de Recherche sur l'Histoire du Cinéma, 2005, pp. 224-225.
11 Pierre SORLIN, *Sociologie du cinéma*, p. 245.

Deuxième partie
Le héros comique face à l'Histoire

Note d'orientation

Pour Bergson, le principe d'interférence désigne la situation comique où deux séries indépendantes finissent par se rencontrer et coïncider. Dans le cas de l'histoire, ce principe permet d'envisager les comédies qui font éclater l'autonomie d'une séquence temporelle d'événements pour y introduire des éléments étrangers et hétérogènes. Au premier rang de ces éléments, à côté d'anachronismes ponctuels comme ceux qui jalonnent *Les Trois âges* de Buster Keaton, figure bien évidemment le corps comique lui-même, dont la gestuelle et le comportement ne manquent pas de venir ébranler le sérieux de la séquence réceptrice.

De *Charlot soldat* à *Forrest Gump*, l'interférence passe par la mise en scène d'un corps singulier qui se voit immergé dans les événements du siècle. Au fil des époques, ce corps change bien évidemment de visage et de silhouette, mais il n'en demeure pas moins une individualité au sens strict, irréductible à toute entreprise d'uniformisation. Refusant de participer au mouvement collectif de l'histoire, le héros comique se détache de la masse et rejette l'anonymat auquel son statut d'homme ordinaire semblait pourtant le condamner.

Au cours de cette deuxième partie, l'attention se focalisera donc sur les interactions entre le corps comique et l'histoire. Au fil des chapitres, la tension entre comique et histoire apparaîtra plus ou moins vive selon la proximité temporelle de l'épisode historique détourné, selon que celui-ci constitue ou non une blessure encore ouverte dans la conscience du temps. En plaçant ses héros sur le front de la Grande Guerre, la confrontation burlesque relève d'un temps de combat : le film réagit à l'histoire en marche et se fait critique à l'égard d'une séquence historique qui prend pour lui la forme d'une actualité. Avec la dissimulation à l'œuvre dans les comédies de la Résistance, le spectateur entre dans un temps de l'après-coup. Cette fois, l'événement s'est mué en souvenir dans la mémoire collective et le héros comique dispose d'une latitude plus grande dans sa gestion de l'espace historique. Enfin, avec *Forrest Gump* ou *Zelig*, les images du passé se transforment en clichés dépourvus d'enjeux mémoriels, si bien que le héros comique peut s'incorporer à ces images sans rencontrer de véritable résistance.

Chapitre IV
Le burlesque à l'épreuve des tranchées

À regarder les films de Charlie Chaplin, d'Harold Lloyd ou de Buster Keaton, on remarque vite que le héros burlesque se caractérise par une incroyable obstination. Face aux différents aléas et contrariétés qu'il rencontre sur sa route, le personnage comique ne renonce en rien à son projet et maintient le cap qu'il s'était fixé. Pareil entêtement le conduit inévitablement à se heurter de front aux tenants de l'ordre et du pouvoir, policiers ou autres notables, qui font en quelque sorte barrière entre le héros et la réalisation de ses désirs les plus concrets. L'obstination du héros burlesque fonctionne également dans la sphère historique. Quand il se retrouve sur un champ de bataille ou dans une révolution de palais, le personnage comique dévie très rarement de sa ligne d'action initiale. En dépit du danger, de la violence latente, il va jusqu'au bout de son mouvement premier, lequel consiste très souvent en la conquête amoureuse d'une jeune fille qui, de prime abord, lui paraissait inaccessible.

Avec le film burlesque, nous sommes donc bien dans le registre de l'interférence, et plus précisément de la confrontation. Tel un grain de sable qui viendrait gripper la machine, le héros burlesque surgit au milieu d'un espace historique déterminé, un espace qu'il vient perturber par ses actions et son comportement. Bien sûr, le film peut par la suite jouer sur le renversement ou le comique de répétition, que ce soit en renversant des monarchies imaginaires ou en utilisant certains gags récurrents. Mais, dans tous les cas, l'interférence est première : elle apparaît avec l'entrée en scène du corps burlesque.

Toutefois, la confrontation au réel historique, et particulièrement à la Grande Guerre, ne s'effectue pas sans certaines précautions. Quand il s'applique à des événements comme ceux de 14-18, le film comique doit préparer le terrain, aménager le temps et l'espace pour rendre la confrontation possible. Il ne s'agit plus de faire rire à partir d'incidents sans gravité, mais à partir d'un conflit s'étant réellement déroulé et dont les victimes se comptent par millions. Face à cette donnée nouvelle, la comédie burlesque devient le lieu d'une impitoyable négociation : comment aménager l'événement de telle sorte que celui-ci reste reconnaissable mais qu'il autorise, en même temps, l'interférence comique ? C'est sur cette ligne étroite, entre ressemblance et différence, que se problématise le rapport du burlesque à l'histoire.

1. Le burlesque comme confrontation au réel

Même s'il possède des racines européennes – de *L'Arroseur arrosé* (1895) des frères Lumière aux courses-poursuites de Pathé-Gaumont en passant par Max Linder –, le burlesque (également appelé *slapstick comedy*) naît véritablement aux Etats-Unis dans les années 10, alors que l'Europe se prépare à entrer en guerre et qu'Hollywood tend à devenir la nouvelle capitale du cinéma mondial. En 1912, sous l'impulsion du producteur Mack Sennett et de la compagnie Keystone, apparaissent des films à l'allure explosive, où les gags s'accumulent dans une joyeuse anarchie. La frénésie qui envahit alors l'écran n'est pas sans lien avec la société qui la regarde. L'irruption du burlesque coïncide avec l'apparition d'un monde en pleine expansion, marqué par l'accélération du rythme de vie et l'industrialisation naissante. Une société du travail à la chaîne et de l'asservissement à l'objet que René Clair et Charlie Chaplin figureront une dizaine d'années plus tard dans *A nous la liberté !* et *Les Temps modernes*.

Plus qu'un personnage, le héros burlesque est d'abord une silhouette qui se caractérise par sa démarche et sa gestuelle. Cette dimension propre au genre a notamment été soulignée par Petr Král dans ses deux ouvrages fondateurs *Morale de la tarte à la crème* et *Parade des somnambules*. Pour Král, le héros burlesque est un être radicalement neuf qui n'a plus grand-chose à voir avec le clown ou les personnages de la commedia dell'arte dont pourtant il s'inspire en partie.[1] Homme du quotidien, mais archétype universel, le personnage burlesque ne vaut que par les situations qu'il traverse. Et c'est sans doute là l'innovation première du burlesque, cette rupture fondamentale avec les codes de la dramaturgie classique. En effet, alors que dans un film traditionnel, le personnage est doté d'une personnalité qui justifie ses actions dans le récit, le héros burlesque n'a nul besoin d'un caractère étoffé, car il est avant tout placé en réaction à une situation donnée. La personnalité du héros n'est pas nuancée en elle-même, mais elle évolue à travers les multiples relations qui le mettent en contact « avec les choses du monde et avec d'autres personnages »[2].

Davantage qu'un personnage à fond psychologique, le héros est avant tout le véhicule du gag. Ses tentatives pour transformer, aménager ou détruire le réel environnant, tournent systématiquement à la confrontation comique et ancrent le film dans une réalité concrète. Pour Petr Král, le genre burlesque apparaît ainsi comme « une *critique du réel par l'imagination*, que les comiques pratiqueraient dans leur langage même : dans la façon concrète dont ils conçoivent et réalisent leurs gags »[3].

Cette critique du réel n'est pas seulement centrée sur les objets peuplant le quotidien. Plus largement, le burlesque est aussi confrontation au temps et à l'espace. A l'image de la course folle des années 20, le défilement du temps peut être exacerbé, comme dans les courts métrages de Mack Sennett où la frénésie de l'ensemble l'emporte sur un effet comique particulier. A l'inverse, tel un pied de nez à l'accélération de la vie moderne, certains films jouent délibérément sur la lenteur (le *slowburn*), avec des gags qui ne produisent pas immédiatement de chutes ou dont la résolution se fait attendre. Dans tous les cas, que ce soit sur le mode de la vitesse ou de la lenteur, le burlesque représente « bel et bien le temps, très court ou très long, que met le personnage comique à se confronter – à investir ou subvertir, à détruire ou fuir, etc. – avec un objet ou un lieu, un être ou une situation : bref, à se confronter avec un espace »[4].

Confrontation au temps et à l'espace. Si l'on résume ainsi le rapport de l'homme burlesque au réel, on voit que ce mode d'interférence, direct et frontal, ne manque pas de poser question quand le héros comique déboule sur un champ aussi miné que celui de la Grande Guerre.

2. Le burlesque et la Grande Guerre

Si les films burlesques peuvent se déployer dans des cadres temporels variés, depuis l'âge des cavernes jusqu'à la conquête de l'Ouest américain, il n'en reste pas moins que la Première Guerre constitue l'événement le plus déstabilisateur pour le fonctionnement du genre. A l'époque, un tel référent historique est autrement plus sensible que la guerre de Sécession (1861-1865) qui appartient déjà à un passé plus lointain. Il est d'ailleurs significatif de remarquer que l'exploitation comique de la guerre civile ne paraît pas poser de réticences particulières et qu'elle constitue même un substrat historique fréquemment utilisé dans les films burlesques. A cet égard, le cas de Buster Keaton et du *Mécano de la « Général »* est exemplaire. Cumulant les gags devenus célèbres, cette comédie, dont le scénario s'inspire d'une histoire vraie, apparaît comme une reconstruction très poussée de la guerre de Sécession. Lors du tournage, Keaton a soigné au maximum les accessoires et les costumes pour donner à son film l'aspect de l'authenticité. Cependant, *Le Mécano* témoigne davantage chez Keaton d'un « goût des époques révolues »[5] que d'une volonté de se confronter à un sujet historique mobilisant la mémoire collective de ses contemporains.

Le goût des époques révolues se retrouvera d'ailleurs dans d'autres films de Keaton comme *Les Trois âges* ou *Malec chez les Indiens* (1922). Il faudra attendre *L'Opérateur* (1928), véritable réflexion sur les rapports entre réel et cinéma, pour que Keaton se mesure à l'histoire moderne, en utilisant notamment des images de reporters de guerre. Plus tardivement, il y aura encore *Buster s'en va-t-en guerre* (Sedgwick, 1930), un film parlant consacré au premier conflit mondial, mais dans lequel Keaton est réduit au simple rang de faire-valoir, les studios misant sur la renommée de cette ancienne gloire du cinéma muet pour rentabiliser la production.

Plus que la guerre de Sécession, trop éloignée dans le temps, il semble donc que la guerre 14-18 constitue le référent le plus problématique pour le genre burlesque. Par son ampleur – douze millions de victimes approximativement –, cette guerre ne connaît pas de précédent dans l'histoire de l'humanité et traumatise la civilisation occidentale. Pour les Etats-Unis, qui hésitent longtemps à s'engager aux côtés des alliés, le conflit marque aussi la fin d'une longue période d'isolationnisme. A partir d'avril 1917, les Américains quittent leur bulle enchantée et envoient plus de quatre millions de soldats américains sur le front : cent quinze mille n'en reviendront pas.

Le caractère traumatisant de cette guerre est renforcé par la technologie qui se voit déployée pour perpétrer une vaste boucherie. Les nouvelles techniques de combat, comme les attaques au gaz, bouleversent tous les schémas en vigueur. Il faut citer ici l'anecdote de Griffith s'en allant tourner *Cœurs du monde* (1918) en Europe et découvrant, avec stupeur, que la guerre nouvelle ne comporte pas de scènes héroïques à l'ancienne.[6] La rupture avec le passé est totale : au lieu des fringantes charges napoléoniennes, le conflit de 14-18 présente un paysage désolé, saccagé par des bombardements ininterrompus, où se terrent tant bien que mal des soldats harassés attendant la prochaine attaque.

En tout état de cause, la Grande Guerre, plus que tout autre référent, contraint donc le burlesque à mobiliser l'ensemble de ses ressources pour affronter la dimension tragique de l'histoire. Pour comprendre l'impact de ce conflit sur le genre, nous examinerons trois comédies qui s'échelonnent dans le temps : *Charlot soldat* en 1918, *Harry monte en grade* en 1926 et *La Soupe au canard* en 1933, avec les Marx Brothers.

3. *Charlot soldat* : le burlesque en première ligne

Sans nul doute, *Charlot soldat* constitue-t-il la première tentative significative de configurer la Grande Guerre sur le mode burlesque.[7] Avant le coup de maître de Chaplin, d'autres films comiques avaient bien été tournés, principalement en France, mais ceux-ci servaient essentiellement à des fins de propagande.[8] Volontiers moqueur, le rire ridiculisait l'ennemi, consacrant par là la supériorité du héros national. Dans ce contexte, *Charlot soldat* apporte une nouveauté de ton, qui dénote dans la production d'alors. Au départ, le film doit témoigner de l'engagement du réalisateur dans le conflit. A l'époque, Chaplin est accusé par les Etats-Unis et la Grande-Bretagne de se soustraire du service militaire auquel l'oblige pourtant sa citoyenneté britannique. Pour montrer son soutien aux Etats-Unis, Chaplin participe alors à une campagne publique pour récolter des fonds et produit un petit film de propagande favorable à l'emprunt de guerre (*The Bond*). Dans la foulée, il entreprend aussi la réalisation d'un film plus personnel, lequel reflète véritablement sa perception de l'événement : *Charlot soldat*. Ce dernier sort en octobre 1918, soit une quinzaine de jours avant la signature de l'armistice.[9]

Bien qu'il ne bénéficie d'aucun recul historique pour livrer sa vision de la Grande Guerre, Chaplin ne craint pas de pousser au plus loin la confrontation burlesque. A la fin du film, Charlot vainc le Kaiser en personne et le ramène derrière les lignes alliées. Seulement, pour arriver à ce face-à-face, le film aura pris soin de déployer un espace qui autorise la confrontation. Charlot ne domine pas directement la situation : le réel résiste et ce n'est que progressivement que le processus comique parvient à s'imposer.

Un récit embourbé

Dès les premières images du film, Charlot confirme son statut de héros burlesque, irréductible à toute entreprise d'embrigadement. Le film débute par la séance d'entraînement des jeunes recrues : il s'agit d'apprendre à marcher au pas. Alors que les autres soldats effectuent cet exercice sans difficulté, Charlot, lui, ne parvient pas à suivre le rythme. Pour s'intégrer dans le peloton, il faudrait qu'il renonce à marcher pieds écartés. Mais cela, Charlot ne le peut pas. Plus qu'une inaptitude physique, il faut voir dans cette scène la volonté de maintenir à l'écran la silhouette du héros burlesque. Pour revêtir l'uniforme, Charlot a déjà dû abandonner costume, canne et chapeau. Que lui reste-t-il alors, si ce n'est sa moustache et sa démarche ?

Charlot sort littéralement du rang. A aucun moment, il ne s'identifie au gros de la troupe. Ce comportement, qui n'est pas sans provoquer quelque désordre dans la bonne marche du peloton, laisse augurer de la suite du film, comme si Chaplin annonçait au spectateur que Charlot allait bientôt apporter son grain de sel dans la machine guerrière. Cependant, et c'est très significatif, cette promesse de désordre ne sera pas immédiatement tenue.

Après la séance d'entraînement, Charlot se retrouve sur le front, du côté des alliés. L'espace est présenté de manière très réaliste. Chaplin filme les tranchées, l'arrivée du courrier en provenance de l'extérieur, les tours de garde et l'impact des obus… Si l'exagération comique est bien présente lors de certaines scènes, comme celle de l'eau qui envahit la chambrée des soldats, les premières images de *Charlot soldat* donnent une représentation topographiquement exacte de l'événement en dépeignant un espace clos, privé de hors-champ où s'organise tant bien que mal un semblant de vie sociale.

Cette peinture assez fidèle des lieux de guerre n'est pas sans entraver la liberté du héros comique. Ce que Chaplin découvre peut-être en ce début de film, c'est la difficulté foncière qu'il y a de concilier le comique avec un conflit caractérisé par son absence d'action ou, du moins, par son statisme récurrent. Plus fondamentalement encore, il semblerait que Chaplin soit comme pétrifié par la nature même du sujet qu'il entend traiter.

Durant les premières séquences, Charlot se définit ainsi par une relative passivité. Englué dans la boue des tranchées, le héros subit les événements plus qu'il ne les domine. En termes d'écriture comique, ce rapport au monde se traduit par l'abondance de gags passifs de maladresse, c'est-à-dire, pour reprendre la typologie de François Mars, de gags où l'on rit avant tout de la victime.[10] De fait, Charlot est souvent présenté en position de maladroit ou de malchanceux. Par exemple, lorsqu'il veut rentrer dans la chambrée des soldats, son énorme sac à dos l'empêche de passer la porte. Plus tard, revêtu d'un uniforme portant le numéro 13, il brise un miroir alors que le signal du premier assaut va être donné.

Souligner la fréquence des gags de maladresse en cette première partie du film, c'est remarquer la quasi-absence d'un autre type de gag, le gag d'assimilation. Pour François Mars, le gag d'assimilation est une construction comique plus subtile qui consiste à jouer de la similitude entre les objets ou les situations, à transformer un état premier en un état second et cela, par un simple jeu de forme ou d'analogie.[11] Par exemple, un gag d'assimilation assez réussi, mais qui ne se rapporte pas à l'action guerrière en soi, montre Charlot utiliser le cornet d'un gramophone pour pouvoir respirer sous l'eau.

En dépit de l'un ou l'autre gag isolé, l'assimilation ne prend pas vraiment corps dans la première partie du film. Charlot ne parvient pas à transformer l'espace guerrier, à l'adapter à sa propre mesure. Lui qui est passé maître dans l'art de l'assimilation – il suffit de se rapporter à ses précédents courts métrages – semble soudain privé de cette faculté de convertir un objet en un autre, de transformer une situation en son contraire.

La meilleure preuve de cette impuissance momentanée réside dans un plan illustrant la scène du tour de garde. Charlot fait le guet sous les bombes, tremblant de froid et de fatigue. C'est alors que les images d'un immeuble, puis d'un bar aux Etats-Unis apparaissent, par un effet de split-screen, à gauche de l'écran, en divisant ce dernier en deux parties égales. Quand on sait la réticence que Chaplin éprouvait pour ce type d'effets faciles[12], ce plan devient tout à fait intéressant. C'est comme si le réalisateur ne parvenait pas à trouver la clef qui lui permettrait de fondre ses deux images en une. A ce stade du récit, il n'y a pas de métamorphose possible. Coincé dans la boue des tranchées, Charlot rêve d'un endroit confortable et hospitalier, mais les deux images coexistent dans le même plan : le passage de l'une à l'autre ne s'effectue pas et l'assimilation reste problématique.

D'ailleurs, la fin de la première partie confirme cette impression de gêne face au réel guerrier. Lors du premier assaut, les soldats s'élancent hors de la tranchée, suivis par un Charlot réticent. Ensuite, dans le plan suivant, Charlot ramène treize prisonniers à lui tout seul. Entre ces deux scènes, une ellipse brutale, une béance dans le récit : la caméra ne s'aventure pas dans le no man's land guerrier. Alors que le récit conduit vers le point le plus traumatique du conflit, le burlesque recule devant l'horreur du champ de bataille. Il n'y a pas de mise en scène possible, comique ou non, qui permettrait de rendre compte de la course folle des soldats vers les lignes ennemies.[13]

Ce n'est qu'au retour de l'assaut que le processus burlesque prend une réelle ampleur. Après avoir fait peser la contrainte du référent sur l'entreprise burlesque, quitte à presque paralyser celle-ci, Chaplin trouve un second souffle. A présent que son récit est solidement enraciné au terreau référentiel, il peut laisser libre cours à sa veine burlesque, sachant que celle-ci sera comme canalisée par le réel qu'il a pris soin auparavant de décrire.

La guerre comme une partie de billard

Peu après le premier assaut, Charlot déjeune tranquillement avec un compagnon de tranchée. Pour déboucher sa bouteille, il la tient en l'air et attend que celle-ci soit décapsulée par une balle ennemie. Il quitte ensuite la table pour tirer quelques coups de feu en direction des lignes allemandes, exactement de la même manière que l'on tire un coup au billard ou que l'on vise des cibles dans un stand forain. Charlot prend d'ailleurs soin de noter son score sur une ardoise fixée au parapet de la tranchée.

Pour comprendre l'originalité de cette scène, il faut remonter plus en avant dans le film et s'attarder sur un gag isolé dans une première partie qui cumule les gags passifs de maladresse. Lors de la distribution du courrier, Charlot guette désespérément une lettre ou un colis. Apparemment, il n'y a rien pour lui. Mais voilà qu'un soldat lui apporte un paquet de nourriture. Charlot en sort un fromage à l'odeur repoussante. Ecœuré, il le lance hors de la tranchée et le fromage atterrit en plein sur la figure d'un petit chef allemand.

Grâce à ce gag, c'est la première fois que Charlot dépasse le statut de victime ou de maladroit. Non content de témoigner d'une assimilation parfaitement réussie (l'odeur du fromage/les attaques au gaz), ce gag montre aussi le héros se confronter avec ses ennemis. L'objet qui sert de support à ce nouveau rapport au monde est loin d'être anodin. En effet, le fromage n'appartient pas à l'univers guerrier ; il provient de l'arrière du front et se présente comme un produit relativement courant. Pour sa première action d'envergure, Charlot utilise donc un objet usuel qui se détache nettement de l'espace environnant. En d'autres mots, ce qui rend possible la confrontation, c'est l'irruption du quotidien dans l'espace des tranchées. Au cours d'une première partie hésitante, Chaplin trouve soudain une brèche pour injecter le burlesque dans la représentation du conflit, une brèche qui consiste à assimiler des actions quotidiennes à des gestes guerriers, et inversement.

C'est ce principe, plus largement déployé, que l'on retrouve dans la séquence de billard. Chaplin choisit ici des situations guerrières et les met en scène de telle sorte qu'elles finissent par s'apparenter à des actions de la vie quotidienne – ouvrir une bouteille, tirer un coup au billard. Contrairement à ce que l'on pourrait croire, pareille assimilation ne débouche en rien sur une banalisation du conflit. Le gag d'assimilation permet, au contraire, de faire ressortir la distance entre deux situations diamétralement opposées (la guerre-le billard) sur la base d'une similitude minimale. Comme l'observe Gilles Deleuze dans *L'image-mouvement*, les deux actions se ressemblent, mais elles renvoient à des réalités radicalement éloignées, l'une suscitant le rire (la partie de billard), l'autre l'émotion pure (la guerre).¹⁴ Le conflit apparaît alors comme d'autant plus atroce qu'il est présenté en même temps qu'une action triviale et ludique.

La séquence de billard constitue donc la tentative réussie de fondre deux images en une seule. Ce qui échouait dans la première partie du film fonctionne ici parfaitement. Chaplin n'a plus besoin de recourir au split-screen pour présenter à la fois l'univers guerrier et l'espace quotidien : le passage de l'un à l'autre s'effectue maintenant sans difficulté aucune grâce à un gag d'assimilation parfaitement maîtrisé.

A travers cette séquence emblématique, on voit que l'entreprise burlesque commence à prendre de l'ampleur. Toutefois, si Charlot fait désormais preuve de maîtrise dans les tranchées, il ne s'est pas encore mesuré à l'ennemi, en tout cas pas de manière visible. La confrontation finale reste à venir. Pour la préparer, Chaplin pousse plus loin encore la déréalisation de l'espace référentiel.

L'échappée burlesque

Volontaire malgré lui, Charlot est chargé d'une mission qui l'oblige à quitter le cadre familier des tranchées. Déguisé en arbre, tout en branches et en feuilles, il s'aventure seul sur le champ de bataille. L'apparition du héros dans sa tenue de camouflage ne manque pas de créer un basculement dans la cohérence référentielle du récit. L'impression d'irréalité est encore renforcée par l'espace dans lequel vont se jouer les aventures du héros. La scène de Charlot déguisé en arbre ne peut fonctionner que si elle intervient dans un décor qui ne contrecarre pas l'audace comique en lui apportant un démenti cinglant. Aussi, il n'est pas étonnant que la dernière partie du film se déroule dans des décors relativement anonymes qui ne rappellent que vaguement le cadre spatial de la guerre 14-18. Quand Chaplin s'aventure hors des lignes alliées, il ne déboule pas sur un champ de bataille, mais dans une campagne anodine. A l'écran, figurent des étendues boisées ainsi que des plans de carrière. A aucun moment, Chaplin ne reconstitue la ligne de front dans son étendue désolée, avec ses cratères d'obus ou ses lignes de barbelés défigurant le paysage.

D'ailleurs, et c'est un point intéressant à souligner, il est un plan où l'on voit nettement circuler des voitures dans le fond de l'image. Un tel 'anachronisme' mérite réflexion, surtout lorsqu'on sait que Chaplin travaillait avec une grande minutie, étant même l'un des premiers cinéastes à tourner plusieurs prises pour un seul plan. Malgré cette attention avérée, Chaplin laisse pourtant passer ces images dont l'arrière-plan révèle les lieux réels du tournage. Sans vouloir préjuger des intentions du réalisateur, on peut avancer que l'attention de Chaplin ne portait pas à ce moment-là sur la reconstitution du cadre référentiel, sans quoi il n'aurait pas manqué de supprimer ces images ou de les retourner. La présence des voitures au fond du plan démontre qu'à cet instant du récit, Chaplin se préoccupait moins de la vraisemblance historique de son récit que des aventures burlesques de son personnage.

Dans ce paysage indifférencié, la seule trace de la guerre apparaît lorsque Charlot se réfugie dans une maison en ruine, dont la façade s'est écroulée. Il y rencontre une jeune Française, jouée par Edna Purviance, puis se défend contre les soldats lancés à sa poursuite. De nouveau, il s'agit de faire coup double. Comme dans la séquence de billard, le quotidien, même abîmé, vient à la rescousse de Charlot. La maison démolie témoigne certes des ravages du conflit, mais elle permet également au héros d'exercer ses talents de bagarreur dans un cadre qui lui est familier. Au sein de cet espace délesté de pesanteur référentielle, Charlot multiplie les confrontations avec l'ennemi. Des confrontations qui se déroulent, selon la tradition burlesque, sur le mode du coup et de l'esquive. Charlot assomme, donne des coups de pied, s'enfuit, revient à la charge, etc. En termes d'écriture comique, ces confrontations répétées se traduisent par de nombreux gags d'agressivité, des gags où l'on rit non plus de la victime mais avec l'agresseur.[15] Ces gags d'agressivité fonctionnent d'autant mieux que les soldats allemands sont présentés de manière caricaturale, comme autant de pantins grimaçants. Alors qu'au début du film, Charlot semblait dépassé par les événements, il inverse ici les positions pour reprendre le contrôle de la situation.

Confrontation finale et retour au réel

Le principe de confrontation culmine dans la scène qui montre Charlot capturer le Kaiser. A la suite de l'enlèvement de la jeune Française, Charlot se rend dans le quartier général ennemi dans l'espoir de délivrer celle-ci. Non content de libérer l'héroïne, il enlève l'empereur d'Allemagne et ses complices[16], puis les ramène derrière les lignes alliées. Parmi une foule de soldats enthousiastes, Charlot botte alors le derrière du funeste personnage.

Alors que le film était parvenu à se dégager des contraintes de l'histoire, voilà qu'un référent identifiable fait brusquement retour dans la trame du récit. Pareille apparition ne gêne toutefois pas Chaplin dans la mesure où il a pris soin d'aménager l'espace de cette confrontation ultime. Tout au long du film, il s'est progressivement éloigné d'une représentation réaliste de la Grande Guerre afin de déployer un terrain de jeu propre au burlesque. Dès lors, quand le Kaiser apparaît, il est projeté dans un état du monde qui se trouve déjà déformé par l'entreprise comique. Et il est vrai que la pantalonnade finale apparaît comme trop exagérée pour être vraie. Elle relève davantage du théâtre de marionnettes – Guignol châtiant le gendarme – que de la description vraisemblable d'une action historique.

Cependant, malgré cette exacerbation comique évidente, il semblerait que Chaplin ait voulu prendre une dernière précaution avec le référent. Après la liesse finale, Charlot se réveille sous sa tente. En fait, le héros n'est pas encore monté au front. Il s'était endormi après la séance d'entraînement et a rêvé tout ce que nous venons de voir. Ce plan sur le dormeur éveillé, le dernier du film, exerce un formidable pouvoir rétroactif dont le Kaiser est le premier à bénéficier. La scène de la pantalonnade ne doit pas être tenue pour vraie ; elle n'est que la dernière image d'un rêve. Si Chaplin se permet de convoquer l'un des principaux protagonistes du conflit, c'est aussitôt pour le révoquer en tant qu'entité réelle : le Kaiser n'est qu'une ombre, une image fantasmée dans la conscience endormie d'un petit soldat.

Cette distance onirique frappe le film dans son ensemble. Le Kaiser, mais aussi toutes les séquences du récit, sont placés sous le sceau de l'imaginaire. Cette précaution finale peut se lire à un double niveau. Tout d'abord, il y a le souci chez Chaplin de ménager le public de son temps. Au moment où le film se tourne, la guerre bat encore son plein et Chaplin entend poser les limites de son entreprise, placer une distance morale entre les aventures de Charlot et les atrocités toujours en cours du conflit. En aucun cas, son personnage ne doit évoluer dans un espace qui serait donné pour réel aux spectateurs. Ensuite, et de manière peut-être plus fondamentale, apparaît chez Chaplin une véritable réflexion sur la manière de figurer la guerre. Ce que le dernier plan souligne, c'est que la 'vraie' guerre n'est pas représentable, à plus forte raison dans le genre burlesque. Tout au plus, l'artiste comique peut-il la mettre en scène en insistant sur la reconstitution fictionnelle dont elle fait l'objet.

Cette prise de conscience constitue un tournant dans l'œuvre de Chaplin. Elle annonce comme une perte d'innocence face à l'insouciance des débuts. Pour la première fois, le burlesque doit placer des guillemets fictionnels autour de sa représentation du monde.[17] Même si ce genre comique est ancré dans la réalité la plus concrète, il n'en reste pas moins un spectacle et c'est ce spectacle qui est montré comme tel dans le film. Plus tard, Buster Keaton, dans *Sherlock Junior* (1924) ou *L'Opérateur*, poussera plus loin la réflexion sur le réel et sa mise en scène, mais il est significatif de constater que l'entreprise burlesque commence à devenir réflexive, à s'interroger sur les conditions de son spectacle au moment même où elle s'attaque à la représentation de la Grande Guerre.

Cela étant, si Chaplin place bien son film sous le registre de l'imaginaire, il laisse tout de même une porte ouverte sur le réel. Le film se termine quand le héros, sortant de sa torpeur, est appelé pour partir à la guerre. Cette guerre, évidemment, nous ne la verrons pas. Mais, à regarder la mine déconfite de Charlot, nous savons qu'elle sera loin de susciter le rire. La représentation s'achève donc au moment où le réel reprend ses droits, où le soldat, mais aussi le spectateur, sont appelés à retourner dans les tranchées d'un monde en crise.

La portée politique du film

Avec la pantalonnade finale, certains ont vu le film comme un appel à la paix dans un monde en guerre. Un appel mâtiné de propagande alliée puisque cette paix ne serait possible qu'à condition de capturer le Kaiser et de lui faire entendre raison. Dans *Le XXe siècle à l'écran*, Shlomo Sand note que ce film « est aussi niais que les centaines d'autres récits racontés dans les films de guerre (…) Charlot capture l'empereur d'Allemagne et déclare que la paix règne désormais dans l'univers »[18].

Cette interprétation méconnaît profondément les intentions de Chaplin. Dans le contexte de l'époque, les pressions qui s'exercent sur ce film sont nombreuses. A côté d'une censure que l'on peut supposer interne, lorsque Chaplin décide, par exemple, de ne pas montrer frontalement le champ de bataille, existe aussi une censure externe, imposée par les autorités en place. La First National, la firme qui produisait et distribuait le film, obtint la suppression de certaines séquences jugées trop polémiques. Parmi ces séquences, il en est une particulièrement significative où Charlot, après sa victoire, était reçu par les dignitaires alliés : Raymond Poincaré, George V et Thomas Wilson. Lors du banquet tenu en son honneur, Charlot coupait comme souvenir leurs boutons de culotte et obligeait ces dignitaires prestigieux à fuir en retenant leur pantalon.[19]

L'existence d'une telle séquence modifie complètement le sens que l'on peut attribuer au récit. Dans la première mouture du film, l'agressivité burlesque s'en serait prise aux dignitaires des deux bords. Par cette double attaque, Chaplin entendait se placer du côté du simple soldat, de celui qui peine dans la boue, écrasé par sa hiérarchie et par un combat trop grand pour lui. De plus, il faut bien voir que l'appel au pacifisme est présenté comme un rêve utopique, vite démenti par le réveil et le retour au réel.

Loin d'être une œuvre de propagande véhiculant un pacifisme orienté, *Charlot soldat* exprime plutôt un savoir propre au burlesque. S'adressant directement aux petites gens qu'il représente à l'écran, le burlesque se caractérise, selon Petr Král, par une grande lucidité. Il est « un correctif de belles illusions et d'idéaux moraux abstraits au nom de la réalité de tous les jours ; un démenti que la matière même de celle-ci oppose quotidiennement aux plus séduisantes vues de l'esprit. (…) Le regard de tous les comiques est celui, irrévérencieux et méfiant, qu'on jette d'en bas vers les sommets de la hiérarchie sociale, pour ramener les mots d'ordre qu'on y émet à la gadoue et à la poussière où on se débat »[20].

4. Les enseignements de *Charlot soldat*

De cette lecture au plus près du film, nous pouvons retirer certains enseignements éclairant la relation du burlesque à la Grande Guerre.

Le gag d'agressivité

Au cours de l'analyse de *Charlot soldat*, s'est considérablement affinée la notion de confrontation burlesque. Dans le film de Chaplin, cette confrontation se traduit par la mise en place de gags d'agressivité, c'est-à-dire de gags où le spectateur rit avec l'agresseur de la victime. Bien que cette forme de gag soit extrêmement courante dans le genre burlesque, elle prend une valeur tout à fait particulière dans le contexte des comédies guerrières.

Le gag d'agressivité explique en effet la fonction de propagande exercée par de nombreuses farces. En temps de guerre, le public est déjà tout entier dévoué à la cause du personnage qui se trouve dans son propre camp. Dès lors, quand celui-ci maltraite l'ennemi, le rire surgissant dans la salle se fait complice du héros et s'apparente à un rire d'exclusion. La fibre patriotique se trouve renforcée par cette moquerie qui stigmatise l'adversaire. Comme le souligne Olivier Mongin, « le rire hésite toujours entre l'expulsion violente et le désir de fusion. Toujours le même danger : rire d'un autre et se liguer à plusieurs, en bande, sur son dos »[21]. C'est évidemment cet aspect du rire que privilégient les films de propagande. Il s'agit de rassembler la communauté autour d'un héros qui ridiculise l'ennemi et qui conforte ainsi le sentiment de supériorité nationale.

Cela étant, il faut se garder de réduire tous les films guerriers d'inspiration burlesque à de simples messages de propagande. Si *Charlot soldat* reste aujourd'hui dans les mémoires, c'est qu'il ne se contente pas de miser sur le seul rire d'exclusion. Le réalisateur construit autant la position de l'agresseur que celle de l'agressé. A cet égard, la différence avec *The Bond*, le film de propagande tourné par Chaplin avant *Charlot soldat*, est frappante. Dans cette œuvre de commande, Charlot assomme le Kaiser avec un marteau gigantesque, mais ce gag d'agressivité n'est pas préparé par des scènes qui viendraient mettre en danger le héros burlesque. Dans *Charlot soldat*, au contraire, le héros tremble sous les obus et craint pour sa vie. Dès lors, la confrontation finale apparaît comme un juste rétablissement des choses. Le soldat ne fait que relancer la violence guerrière à son envoyeur. Et peu importe que celui-ci soit l'empereur d'Allemagne ou le roi d'Angleterre : il s'agit avant tout de ridiculiser les responsables du conflit. Bien que Charlot s'attaque seulement au Kaiser, on sait qu'il n'aurait pas hésité à couper les boutons de culotte des dignitaires alliés.

Stratégies de déréalisation

Si elle veut être capable de susciter le rire, la comédie burlesque ne peut courir le risque de montrer frontalement le champ de bataille. Aussi doit-elle mettre en place des stratégies de déréalisation qui permettent de tenir à distance l'atrocité du conflit. Parmi ces stratégies, la plus efficace consiste sans nul doute à éviter de représenter l'impact réel de l'événement. *Charlot soldat* recourt à de prudentes ellipses quand il s'agit d'évoquer les scènes de combat : la violence des assauts est soigneusement éludée, de même que les dommages causés par les éclats d'obus et les charges à la baïonnette. Par ailleurs, on ne voit ni morts ni blessés, juste quelques soldats assommés ou étourdis.

L'assimilation de la guerre au quotidien constitue une autre stratégie de déréalisation importante. Cette stratégie s'avère plus subtile, car il s'agit de ramener l'acte guerrier à une action beaucoup plus inoffensive. Sur le plan cognitif, le bénéfice d'une telle opération est double. D'une part, le film parvient, sur la base d'une ressemblance minimale, à réunir le rire et l'émotion en confondant un geste trivial et son double guerrier. D'autre part, ce recours à la vie quotidienne confère au héros burlesque un surcroît de maîtrise puisque le champ de bataille lui apparaît désormais comme un univers familier.

Le va-et-vient entre guerre et quotidien surgit dans de nombreux films burlesques. Dans *Harry monte en grade*, Harry Langdon braque son fusil en piteux état sur un épouvantail qu'il confond avec un soldat allemand. Autre grande figure comique, Harold Lloyd n'est pas en reste, puisque *Faut pas s'en faire* (1923) le montre utiliser des noix de coco en guise de boulets de canon, les vrais boulets étant destinés à une partie de bowling qui voit les soldats adverses se faire renverser comme des quilles. Enfin, dans *La Soupe au canard*, Groucho Marx ne trouve rien de mieux à faire que de tirer les volets de son quartier général pour empêcher les obus de passer.

A travers ces différents films, on assiste à un curieux retournement de situation. Dans la plupart des burlesques des années 20, qu'il s'agisse de ceux d'Harold Lloyd, de Buster Keaton ou de Laurel et Hardy, l'espace quotidien est souvent présenté comme un véritable champ de bataille : les tartes à la crème volent en tous sens, les familles se déchirent, les policiers s'affrontent dans la rue. Des films comme *Charlot soldat* ou *Harry monte en grade* basculent ce rapport. Cette fois, ce n'est plus la guerre qui permet de penser la vie ordinaire, mais l'inverse. A la violence réelle du conflit, les comiques substituent une violence burlesque enracinée dans le quotidien, fondée sur l'opposition des individus en une lutte acharnée. D'où cette abondance de coups et d'esquives, directement tirée de cette pratique, mais qui n'est absolument pas plausible dans le cadre d'une guerre moderne.

Ancrage et dérive référentiels

Le recours à des stratégies de déréalisation ne signifie pas que le burlesque méconnaît tout rapport au réel. Au contraire, si l'on reprend la dynamique à l'œuvre dans *Charlot soldat*, on voit bien que Chaplin aménage progressivement un espace qui permet à l'agressivité burlesque de s'épanouir. A mesure que le récit progresse, la comédie se fait moins précise dans son évocation de la Grande Guerre et quand le Kaiser surgit à la fin, il est présenté dans un espace qui a déjà subi la déformation comique.

Pour mieux comprendre cette gestion de l'espace historique, il faut revenir au principe d'interférence défini par Bergson. L'efficacité comique d'un tel procédé repose sur une description relativement précise de la séquence d'accueil. L'élément perturbateur suscitera d'autant plus le rire lorsqu'il pourra bénéficier d'un effet de contraste, autrement dit, quand il surgira dans une séquence traitée avec le maximum de sérieux. Appliqué au burlesque et à la Grande Guerre, le principe d'interférence appelle un traitement plus nuancé. Le conflit demande certes à être montré, mais de manière aménagée. Une représentation frontale, avec son cortège d'horreurs et de morts, serait préjudiciable au processus comique, car elle entraînerait inévitablement un figement du rire. Par ailleurs, le burlesque se base avant tout sur une dynamique de confrontation. Le personnage comique n'est pas un être passif, soumis aux événements. Au contraire, son obstination le conduit à passer à l'attaque. Dès lors, il est clair que la séquence historique doit tenir compte de l'hôte qu'elle accueille. Elle ne peut être figurée de manière trop détaillée, sans quoi elle limiterait l'action du héros burlesque.

C'est par rapport à ces contraintes qu'il faut juger *Charlot soldat* dans son rapport au référent historique. En des points stratégiques de son récit, Chaplin a aménagé des séquences qui témoignent d'une fidélité référentielle envers la Grande Guerre. A cet égard, le début du film est exemplaire. Les premières scènes consacrées à la vie dans les tranchées permettent non seulement de placer le film dans un cadre historique précis, mais également de canaliser, autour d'un foyer identifié, les déformations ultérieures de l'espace. Quoi que fasse le personnage, il est maintenant sur le front de la guerre 14-18. A la fin du film, lorsque Charlot se réveille sous la tente, la réalité de l'événement est de nouveau rappelée au spectateur, ce qui permet de contrebalancer la séquence illustrant la défaite du Kaiser.

Pour rendre compte de ce jeu avec l'histoire, nous proposons d'appeler *points d'ancrage référentiel* les moments du récit qui s'efforcent de montrer frontalement l'événement historique. Ces points d'ancrage n'ont cependant de sens que s'ils sont reliés à une *dérive référentielle*, c'est-à-dire à la mise en scène d'espaces moins localisés, autorisant le déploiement de l'entreprise comique. Dans cette perspective, le film de Chaplin serait à l'image d'un navire qui, après s'être solidement arrimé au réel – condition nécessaire à l'interférence –, se laisserait dériver vers des eaux plus favorables au surgissement du rire. Ce processus de dérive est essentiel, car il évite au héros de s'approcher de trop près du chaudron bouillant de l'histoire. Il lui confère une marge de manœuvre appréciable, propice à la pleine réalisation de la confrontation burlesque.

C'est à l'aune de cette tension entre ancrage et dérive référentiels que seront examinées deux autres représentations burlesques de la Grande Guerre : *Harry monte en grade* et *La Soupe au canard* des Marx Brothers. Postérieures au film de Chaplin, ces comédies sont significatives dans la mesure où elles reprennent le référent de la guerre 14-18 dans un tout autre contexte que celui de *Charlot soldat*. A partir du milieu des années 20, la Grande Guerre commence à perdre de son impact traumatique immédiat pour se prêter à des manipulations fictionnelles de plus en plus importantes.

5. *Harry monte en grade* : guerre et fiction mélangées

En 1926, alors qu'Harry Langdon est au sommet de sa carrière, sort le court métrage *Soldier Man*, traduit en français sous le titre *Harry monte en grade*. Un peu oublié aujourd'hui, ce film a sans doute été éclipsé par *Plein les bottes* et *L'Athlète incomplet*, deux longs métrages qui sortent la même année et qui sont actuellement reconnus comme étant les plus fameux de l'acteur.

Scénarisé par Frank Capra et réalisé par Harry Edwards, *Harry monte en grade* mérite notre attention. Même s'il n'a pas le prestige des deux productions qui lui sont contemporaines, ce film est tout aussi exemplaire de l'art d'Harry Langdon. En à peine deux ans, celui-ci est parvenu à imposer sur la scène du burlesque un personnage comique singulier, rivalisant sans peine avec Charlot, Harold Lloyd et Buster Keaton. Tête ronde, visage blanchâtre, la bouche comme dessinée au crayon, le personnage d'Harry avance tel un somnambule dans le monde. A la virtuosité de ses confrères, Langdon oppose un burlesque de l'inaction, proche de l'enlisement.

A première vue, *Harry monte en grade* donne un sentiment de grande confusion tant il est difficile de saisir exactement sa portée d'ensemble. Le film commence juste après l'armistice. Echappé d'un camp de prisonniers, Harry ignore que la guerre est finie. Le voilà donc sur le front déserté, à la recherche d'un combat à poursuivre. Pendant ce temps, dans un royaume imaginaire, un roi fainéant, qui est l'exacte réplique physique de Langdon, refuse la liberté à son peuple. Le monarque est enlevé par des comploteurs. Par hasard, ceux-ci découvrent Harry dans la cour d'une ferme et, frappés par sa ressemblance avec le despote, ils l'emmènent vers le château. Harry devient roi à la place de son sosie. Une fois sur le trône, sa préoccupation première est de conquérir le cœur d'une jolie princesse. Son pouvoir de séduction s'avère étonnant puisqu'à chaque baiser donné, la princesse tombe en pâmoison. Malheureusement, toute cette aventure n'était qu'un rêve : Harry se réveille dans le lit d'un misérable garni, secoué par une femme à l'air revêche. Derrière le sommet du lit, on remarque, comme rangé à la hâte, l'étendard d'un bataillon de l'armée américaine.

La construction narrative d'*Harry monte en grade* paraît quelque peu décousue. On passe, sans transition aucune, de l'univers des tranchées à celui d'un royaume imaginaire, de scènes de combat à des intrigues de palais. A mesure qu'il se déroule, le récit de Langdon prend l'allure d'un rêve éveillé, où les repères spatio-temporels vacillent sensiblement.

Pareille impression de flottement n'est pas propre à *Harry monte en grade*, mais caractérise, de manière plus générale, l'œuvre de Langdon. Comme le note Petr Král, le monde de ce personnage semble pris d'une fonte généralisée, comme si l'univers entrait dans une irréparable liquéfaction : « A l'image de son corps, tout devient étrangement liquide avec Harry ; au contact de ses gestes de noyé, l'air de son univers est une eau où nous-mêmes, inévitablement, ne pouvons que sombrer à sa suite »[22].

Images de l'armistice

Comme dans *Charlot soldat*, on retrouve, dès le début d'*Harry monte en grade*, la mise en place d'un point d'ancrage référentiel. Le film s'ouvre par des images d'archives représentant des scènes de liesse populaire tournées aux USA lors de l'armistice de novembre 1918 : un bateau rentre au port, des drapeaux sont agités dans les rues. A la suite de ces images, un plan fictionnel montre un officier penché sur un registre qui établit le compte des soldats rentrés au pays : tous sont revenus du front, sauf un, le soldat Harry.

D'entrée, le héros burlesque est placé dans un tissu référentiel extrêmement précis. Même s'il n'apparaît pas encore à l'écran, sa présence se signale par le biais d'un nom manquant sur la liste des soldats rentrés du front. Langdon ne participe pas à l'euphorie générale. Il se trouve d'emblée à l'écart, puisqu'il erre toujours quelque part en Europe.

Bien qu'il soit situé en début de récit, le point d'ancrage présente des différences significatives avec celui développé par *Charlot soldat*. En 1926, le recul du temps aidant, il n'est plus nécessaire de déployer autant la séquence référentielle. Quelques images emblématiques suffisent pour inscrire les aventures d'Harry dans la continuité de l'événement historique. Evidemment, ces images ne sont pas choisies au hasard. Si elles évoquent le conflit, elles ne le représentent pas frontalement puisqu'elles se focalisent sur l'armistice de 1918. Ce sont des images de joie, non des images de guerre. En ce milieu des années 20, il semblerait que la mémoire autour de la Grande Guerre soit encore dans une phase transitoire. D'un côté, l'actualité du conflit s'est éloignée à tel point que l'on peut intégrer des images d'archives dans une comédie burlesque. Mais, d'un autre côté, il subsiste encore une réserve fondamentale qui veut que ces images ne montrent pas directement le conflit, mais plutôt sa résolution positive pour les alliés. Il est encore trop tôt pour introduire de véritables images de guerre au sein d'une comédie, comme ce sera le cas, quelques années plus tard, dans *La Soupe au canard* des Marx Brothers.

En fait, le choix de telles images permet surtout au film de se situer dans l'après-coup de l'événement. Alors que les aventures de Charlot se déroulaient pendant le conflit, celles d'Harry ont lieu dans l'immédiat après-guerre. Plus qu'une stratégie de déréalisation, le récit met en place une véritable tactique d'évitement.[23] A aucun moment, on ne verra Harry affronter la guerre en tant que telle. Après son évasion, quand il revient sur la ligne de front désertée, Harry évolue dans un espace lunaire, qui est bien celui de la Grande Guerre, mais une guerre vidée de ses soldats, réduite à une topographie sommaire : tranchées désertes et trous d'obus dans un paysage désolé. Par cette configuration de l'espace, on voit que l'entreprise de dérive référentielle a déjà commencé.

Un soldat empêché

Même dans l'après-coup de l'événement, Harry ne désespère pas de se comporter en héros. On retrouve l'idée de confrontation burlesque, mais celle-ci est comme empêchée par la nature du personnage. A la différence de Charlot, Langdon se caractérise par son incapacité à saisir le monde à bras-le-corps. Sur le champ de bataille déserté, Harry ne trouve nul ennemi à affronter, nulle mission à laquelle se porter volontaire.

Pourtant, le film débouche bien sur une vision burlesque de la Grande Guerre, mais en partant d'un postulat strictement inverse à celui de Chaplin. Dans *Charlot soldat*, c'était la guerre qui était ramenée au quotidien. Ici, Harry interprète les manifestations de la vie ordinaire comme autant d'actes de guerre : le dynamitage de souches d'arbres prend pour lui des allures de pilonnage, un épouvantail se voit visé avec autant d'application qu'un soldat allemand, tandis qu'un pauvre paysan est chargé d'incarner l'ennemi.

Cette représentation burlesque de l'espace guerrier produit sensiblement le même effet que *Charlot soldat*, à savoir que l'horreur de la guerre est à la fois évoquée et détournée par le jeu de l'assimilation. Plus fondamentalement, Harry apparaît, à travers ses mésaventures, comme l'incarnation même du soldat isolé, ne se rattachant à aucun corps de troupe et tremblant devant des périls qui, pour être imaginaires, n'en sont pas moins réels à ses yeux.

Très vite cependant, le rapport avec le référent historique est évacué du récit. Harry quitte le champ de bataille pour se rendre dans la cour d'une ferme. Par cette course qui l'éloigne du théâtre des opérations, le héros écarte aussi le film de son ancrage référentiel. Somme toute, la guerre n'a apporté qu'une faible satisfaction au soldat Langdon : inachevé, son rêve d'héroïsme demande à s'accomplir dans un autre cadre que celui de la Grande Guerre.

Rêve de puissance

Dans la deuxième partie du film, Harry se retrouve, bien malgré lui, à la tête d'un royaume imaginaire. Mis à la place du roi par des comploteurs, il pénètre dans un espace qui n'a plus rien à voir avec le référent premier. Il évolue dorénavant au sein d'un château de carton-pâte, comportant salle du trône, pièce d'eau et chambre de princesse ; son uniforme a été remplacé par un manteau d'hermine, son casque par une couronne.

Loin de renvoyer à la Grande Guerre, cette deuxième partie du récit s'inspire du *Prisonnier de Zenda*, un film d'aventures si populaire à l'époque qu'il fit l'objet de deux remakes entre 1915 et 1922, mais dont l'existence est quasiment oubliée aujourd'hui.[24] A la différence de *Charlot soldat*, la comédie de Langdon apparaît comme un film totalement hybride. Chez Chaplin, même dans les séquences les plus oniriques, la Grande Guerre était toujours gardée en point de mire. Ce n'est plus le cas ici. Le film se détache de son référent historique pour évoluer vers un registre parodique. Par ce jeu intertextuel, la comédie bascule dans l'imaginaire pur, ce qui n'est pas sans conséquence sur le processus comique. Désormais, le rire va essentiellement surgir des tentatives exercées par Harry pour honorer sa nouvelle place de monarque.

Les aventures royales du héros ne sont toutefois pas sans lien avec ses péripéties guerrières. La continuité n'est pas à chercher du côté du référent, mais plutôt dans l'évolution du personnage. Durant tout le film, Harry gravit, presque malgré lui, les différents échelons du pouvoir. Le soldat oublié commence par devenir le roi d'une monarchie imaginaire. Ensuite, à l'intérieur de ce royaume, Harry franchit les étapes qui le conduisent vers une maîtrise plus grande. Il commence par éprouver son autorité en transmettant des ordres absurdes aux soldats de la garde royale. Sa puissance politique se double bientôt d'une puissance sexuelle. Tout en mangeant des petits gâteaux, Harry donne à la princesse des baisers qui ont le pouvoir de la faire défaillir. Harry ne cesse donc, pour reprendre le titre français, de monter en grade, c'est-à-dire de monter en puissance.

Malheureusement, l'ascension s'arrête net quand il se réveille dans une chambre modeste, bien loin des fastes du château. Plus qu'un simple retour du principe de réalité, cette séquence repositionne le récit face à son référent premier. En effet, on remarque très distinctement, dressé derrière le lit, l'étendard d'un bataillon de l'armée américaine. Dès lors, on peut supposer que Langdon s'éveille en tant que soldat revenu du front. Comme l'indiquaient les images d'archives, la guerre est à présent terminée et il paraît tout à fait plausible que le dernier plan présente le réveil d'un soldat rentré à la maison.

Par son retour au référent premier, cette séquence s'apparente en bien des points à celle qui concluait *Charlot soldat*. Une différence importante se marque cependant. A la fin du récit, Charlot était réveillé pour partir sur le front de la 'vraie' guerre. Ici, Langdon s'éveille dans un intérieur domestique et ses seuls soucis sont manifestement d'ordre ménager. Dès lors, peut-être faut-il voir dans la conclusion d'*Harry monte en grade* autre chose que le rappel de la réalité historique. Plus que la guerre, ce qui intéresse Langdon, c'est l'espace mental de son personnage. En terminant le film sur Harry de retour chez lui, Langdon oppose, de manière très nette, les fantasmes de puissance de sa créature à la morne réalité du quotidien. Le film peut se lire comme la rêverie d'un soldat insatisfait. Parti sur le front, ce soldat n'y a pas rencontré la gloire désirée. Quand il revient à la maison, rien n'a changé : il se retrouve dans le même intérieur, ses rêves de conquête définitivement envolés.

Dans cette rêverie inachevée, la guerre n'occupe pas la place centrale. L'espace mental de Langdon est dépeint comme un univers composite où le réel se mêle à l'imaginaire, où des faits historiques voisinent avec des extraits de films d'aventures. Harry se fait littéralement son cinéma ; il se rêve en tant qu'héros, et peu importe que celui-ci traverse des espaces hétérogènes, qu'il soit d'abord égaré sur le front pour ensuite atterrir dans une parodie du *Prisonnier de Zenda*. L'important réside avant tout dans le dialogue que le personnage burlesque entretient avec lui-même. Ainsi que le souligne Petr Král, « le monde ambiant, les accessoires comme les partenaires du héros, semble réduit chez Langdon à une présence symbolique : à un arrière-fond contre lequel le comique, s'affrontant en quelque sorte lui-même, se borne à tenir un inlassable monologue intérieur »[25].

Un film caractéristique de son temps

Harry monte en grade propose une dérive référentielle plus poussée que *Charlot soldat*, puisque le processus de déréalisation menace de rompre le lien avec le référent premier et de transformer la comédie en revisitation parodique d'un film particulier. Cette dérive importante par rapport à l'événement apparaît comme significative de l'époque. Bien que le réalisateur situe son film dans l'immédiat après-guerre, la rêverie de Langdon est surtout celle d'un spectateur ordinaire du milieu des années 20. Un spectateur qui se souviendrait encore de la Grande Guerre mais dont les souvenirs commenceraient à se mêler inexorablement avec ceux des films de guerre et d'aventures qui abondent sur les écrans.

On constate ainsi qu'à partir de 1925, les événements de 14-18 reviennent en force dans les salles de cinéma, sous l'impulsion notamment de *La Grande parade* (1925) de King Vidor qui remporte alors un succès mondial. « Après une première phase où on avait cru le public las des combats à l'écran, les films de guerre retrouvèrent bien vite leur place comme sous-genre à part entière à côté des mélodrames, des films d'aventures et des comédies. »[26] C'est dans ce contexte qu'il faut situer l'émergence d'*Harry monte en grade*. Celui-ci appartient à une époque où les combats de la Grande Guerre commencent à être mis en spectacle et à se transformer en récits héroïques. Bien que ces récits participent grandement au travail du deuil collectif, ils simplifient aussi la complexité de l'événement en répondant « à quelques critères simples et reconnaissables (par exemple, la fraternité des armes, les amants que la guerre sépare) »[27].

Etant donné cette progressive stéréotypisation du conflit, il est clair que les comédies disposent d'un champ de manœuvre plus large. En plus d'*Harry monte en grade*, nombreux sont les films burlesques qui transforment la Grande Guerre en point de départ d'aventures ouvertement fantaisistes. Contrairement à ce qui se passait dans *Charlot soldat*, le conflit n'est plus traité en tant que tel. La tension entre comique et histoire se trouve considérablement émoussée. Dans le meilleur des cas, le référent historique joue le rôle d'une toile de fond devant laquelle se détachent les exploits burlesques des personnages. Par exemple, en 1927, avec *Zigoto aux manœuvres*, Larry Semon rencontre, dans les tranchées, un ami qui risque de passer en cour martiale s'il ne retrouve pas la paye dérobée durant son service. Après un détour par la ville de Mayonnaise, le héros découvre la somme d'argent et la ramène en traversant le champ de bataille pendant une attaque ennemie. En 1930, dans *High C's*, Charley Chase s'intéresse plus à la musique qu'à la guerre. Coincés dans les tranchées, lui et ses amis entendent un ténor allemand et prétendent que l'armistice est signé. Comme tous les soldats se congratulent, ils enlèvent le ténor afin qu'il puisse chanter avec eux.[28] Ces deux comédies témoignent d'un rapport plus libéré à la Grande Guerre, d'un traitement moins scrupuleux à l'égard du réel historique.

Toutefois, ce climat d'insouciance, témoin indirect de l'esprit des 'années folles', s'assombrit au début des années 30. C'est que, entre-temps, l'histoire a repris un tour plus dramatique avec la montée des totalitarismes en Europe et la crise de 1929 qui plonge les Etats-Unis dans la dépression économique. Dans ce contexte menaçant, les images de la guerre 14-18 sont utilisées dans une perspective tout à fait différente par les Marx Brothers et leur *Soupe au canard*.

6. *La Soupe au canard* : d'une guerre à l'autre

Apparus sur les écrans quasiment en même temps que le cinéma sonore, les Marx Brothers annoncent une véritable révolution dans l'art du burlesque. Tandis que les grands comiques du muet éprouvent des difficultés certaines à passer au parlant – il n'est qu'à se souvenir de la rapide déchéance de Keaton et de la longue hésitation de Chaplin – , le trio des frères Marx parvient à marier la parole à un comique visuel et gestuel de haut niveau, tout en développant, par la même occasion, un humour ravageur en parfait accord avec le chaos économique dans lequel s'enfoncent les Etats-Unis suite à la crise de 1929.[29]

Alors que les premières comédies des Marx Brothers comme *Noix de coco* (1929) constituent le prolongement filmé de leurs exploits scéniques, les comédies suivantes, *Monnaie de singe* (1931) et *Plumes de cheval* (1932), sont des œuvres filmiques à part entière, reposant sur un scénario original. Peu à peu, l'univers désordonné et chaotique des Marx se voit canalisé par une véritable mise en scène cinématographique. Une tendance qui culmine dans *La Soupe au canard* tourné en 1933.

Pour ce film, la Paramount, appâtée par le succès des opus précédents, met à la disposition du groupe des moyens financiers considérables. On investit dans une figuration nombreuse et de somptueux décors. Les frères demandent aussi à être dirigés par Leo McCarey qui s'était déjà illustré en tournant des films pour Laurel et Hardy (dont un court métrage portant déjà le titre de *Duck Soup*). L'arrivée de ce réalisateur permet à l'œuvre des Marx Brothers de s'affranchir encore davantage de l'univers théâtral.[30]

Une fable intemporelle ?

Contrairement aux films de Chaplin et de Langdon, *La Soupe au canard* commence par installer une diégèse non localisable dans l'espace-temps.

Bien que leur nom offre certaines consonances balkaniques, la Freedonie et la Sylvanie sont des contrées imaginaires, spécifiquement créées pour les besoins du film. Les décors paraissent tout droit sortis d'une opérette et ne se rattachent à aucun référent historique précis.

Au début du film, les caisses de l'Etat freedonien sont vides. Pour sauver le pays de la banqueroute, la richissime Madame Teasdale appelle au pouvoir Rufus T. Firefly (Groucho), un homme excentrique qui applique bientôt au pays un régime drastique. En plus de ses occupations présidentielles, Firefly courtise la riche veuve, ce qui ne manque pas de contrarier Trentino, l'ambassadeur de Sylvanie. Celui-ci souhaite épouser la douairière, espérant du même coup mettre la main sur le royaume voisin. La tension entre les deux hommes ne cesse de croître, jusqu'à ce que l'ambassadeur reçoive un soufflet de la part du nouveau président.

Dans le film, aucun des deux prétendants n'est présenté comme plus raisonnable que l'autre. Chacun a une très haute estime de lui-même et la guerre s'ouvre pour des raisons de susceptibilité personnelle, sans qu'il y ait de véritable motivation au conflit. A Trentino qui affirme vouloir la paix à tout prix, Groucho répond qu'il a déjà versé un mois de loyer pour la location du champ de bataille…

Apparemment, dans sa première partie du moins, *La Soupe au canard* se présente comme une fable intemporelle mettant en cause le principe général d'autorité politique. Et pourtant, il ne faut pas se tromper. La dimension achronique du récit sert de leurre dans la mesure où elle permet aux Marx Brothers d'exercer, à l'abri de la fable, une charge assez féroce contre le totalitarisme naissant. Sorti en 1933, *La Soupe au canard* est contemporain de l'accession d'Hitler au pouvoir et c'est évidemment cet événement qui constitue le soubassement réel de la représentation. « Jouer dans *Duck Soup*, notre dernier film pour la Paramount, fut le travail le plus difficile que j'aie jamais accompli, rapporte Harpo. (…) Ce qui me gênait, c'était Adolf Hitler. Ses discours étaient retransmis en Amérique. Quelqu'un avait un poste de radio sur le plateau et nous interrompîmes deux fois le tournage pour l'écouter vociférer. »[31]

Par cette configuration voilée de l'actualité politique[32], *La Soupe au canard* se rapproche, par bien des points, du *Dernier milliardaire* de René Clair sorti un an plus tard, en 1934. Cette comédie situe également son intrigue dans une contrée imaginaire, Casinario, et raconte comment un banquier est appelé au pouvoir pour renflouer les caisses du pays. Malheureusement, un coup sur la tête rend le banquier fou et celui-ci commence à se comporter en despote, promulguant des mesures absurdes comme celle qui oblige les hommes barbus à porter un short les jours fériés.[33]

Dans les deux cas, que ce soit chez les Marx ou chez René Clair, la comédie porte un regard critique sur la situation politique des pays tombés sous la coupe du totalitarisme. Alors qu'en ce début des années 30, monte la fascination pour des leaders charismatiques, *La Soupe au canard* et *Le Dernier milliardaire* dénoncent l'idée de l'homme providentiel en montrant que l'arrivée de celui-ci à la tête de l'Etat sera, à terme, catastrophique pour le pays lui-même et pour ceux qui lui ont confié les pleins pouvoirs. Mais les frères Marx ne se limitent pas à dénoncer l'installation d'un seul individu au sommet du pouvoir. De manière quasi prophétique, ils montrent aussi que ce type de régime politique ne peut déboucher que sur la guerre. Alors que, dans le film de René Clair, le banquier finissait par retrouver la raison, les dix dernières minutes de *La Soupe au canard* sont consacrées à la bataille qui oppose les deux chefs ennemis.

S'établit ici, sans équivoque aucune, la parenté avec *Charlot soldat*. Dans ce jeu de massacre qu'est devenue la guerre, *La Soupe au canard* s'achemine vers une confrontation au sommet, une confrontation entre les Marx et Trentino, l'ambassadeur de Sylvanie. Après la déroute de leurs troupes, les héros se réfugient dans une ferme en compagnie de Madame Teasdale. Chico et Harpo assomment les soldats ennemis à mesure qu'ils se présentent. C'est alors qu'apparaît dans l'ouverture de la porte le visage de Trentino lui-même. Sans hésiter, les frères Marx le bombardent de pommes, jusqu'à ce que l'ambassadeur demande grâce. Ce face-à-face final n'est pas sans rappeler la déculottée qu'infligeait Charlot au Kaiser. Ici aussi se met en place un gag d'agressivité qui ramène le conflit à une confrontation brutale avec l'ennemi en chef : les frères Marx ne triomphent pas grâce à une victoire militaire, mais en ridiculisant le responsable des hostilités. Quinze ans après *Charlot soldat*, *La Soupe au canard* conserve donc bien l'essentiel de l'esprit burlesque qui consiste à s'en prendre à la guerre sur le mode d'une confrontation physique.

Actualisation de la Grande Guerre

Mais l'aspect le plus original du film ne tient pas dans cette seule confrontation burlesque. A l'occasion de la bataille apparaissent des allusions de plus en plus claires à des référents historiques déterminés. Lors d'une séquence mémorable, Groucho est revêtu, à chaque nouvelle apparition, d'une tenue militaire différente. Il arbore l'uniforme d'un officier nordiste puis sudiste, avant d'apparaître vêtu en boy-scout pour se coiffer ensuite d'un bonnet de fourrure à la Davy Crockett. Par ce procédé éminemment comique, les Marx entendent confondre toutes les guerres en une seule. Comme le souligne Robert Benayoun, « le film assimile le chaos européen aux événements les plus respectés de l'histoire américaine et parodie toutes les guerres à la fois, qu'elles soient des guerres de libération, des guerres de conquête ou des guerres civiles »[34].

Malgré la volonté de faire allusion à l'ensemble des conflits, il n'empêche que la bataille finale semble surtout être pensée en référence à la guerre 14-18. Les dialogues mentionnent les tranchées, les attaques au gaz et les nids de mitrailleuse, toutes ces références étant passées à la moulinette de répliques absurdes dont les Marx ont le secret :

- Je propose que nous creusions des tranchées.
- Creuser des tranchées ? Alors que nos hommes tombent comme des mouches ! On n'a pas le temps de creuser des tranchées. Nous devons les acheter toutes faites.

En plus des dialogues, la représentation de l'espace multiplie également les renvois à la Grande Guerre : des obus passent en sifflant dans le quartier général, des sacs de sable sont dressés contre les murs…

La référence au premier conflit mondial s'exprime aussi par l'insertion d'images d'archives dans le tissu de la représentation. Lors d'un premier insert, Harpo se tient à l'avant-plan et porte un panneau sur lequel on peut lire : « Join the Army and see the Navy ». Pendant ce temps, à l'arrière-plan, une vue présente un char progressant dans l'étendue désolée du champ de bataille. Une deuxième occurrence surgira un peu plus tard, montrant cette fois un tank descendre une petite colline au milieu des tirs d'obus.[35]

D'un point de vue comique, l'impact de ces images reste limité. Bien sûr, l'intégration d'Harpo dans une image réelle du conflit constitue un cas exemplaire d'interférence historique, mais cette interférence n'est pas suffisamment développée pour susciter un véritable effet comique. Elle provoquera tout au plus un sourire amusé. Dès lors, l'enjeu de ces séquences n'est pas à chercher du côté du rire, mais bien de la visée référentielle du récit.

De fait, il faut sans doute voir dans ces images comme une volonté de ramener la fable sur un terrain beaucoup plus concret. C'est ici que la notion d'ancrage référentiel est d'un grand secours. Après avoir présenté deux royaumes d'opérette, les Marx Brothers éprouvent le besoin d'actualiser leur récit, de le river à une situation historique identifiable. Alors que Chaplin et Langdon prenaient soin de positionner leur ancrage référentiel en début de récit, les frères Marx obéissent à un mouvement inverse. En surgissant en fin de parcours, les images d'archives et, à moindre titre, les allusions à la Première Guerre empêchent une trop grande dérive fictionnelle et assurent au processus burlesque de se confronter à un événement concret, immédiatement reconnaissable par le spectateur.

Notons toutefois que la valeur des points d'ancrage change radicalement par rapport aux films précédents. Le but premier n'est pas d'évoquer l'horreur du conflit, encore moins d'envisager celui-ci comme un prétexte à des aventures fantaisistes. Les images d'archives exercent ici une fonction d'extrapolation. *La Soupe au canard* utilise les images d'un conflit passé pour annoncer la guerre à venir. Si, tout au long du film, les frères Marx avaient pu se contenter d'intrigues de palais, il leur semble soudain urgent d'insérer de vraies images de bataille, comme pour rappeler que tout cela n'est pas qu'un jeu : le péril est bien réel, une guerre risque effectivement de se profiler à l'horizon. La fable tombe le masque pour laisser apparaître le visage menaçant d'un nouveau conflit, un conflit qu'on ne peut alors penser que sur le mode de la Grande Guerre.

Il est d'ailleurs curieux de constater que, parmi toutes les images disponibles de l'événement, on ait choisi deux plans représentant des chars sur un champ de bataille. Certes, dans une perspective comique, l'image d'un tank est moins traumatique que celle d'une troupe d'hommes chargeant au pas et se voyant décimer par les tirs d'obus. Mais, en sélectionnant précisément ces images, le réalisateur a, consciemment ou non, anticipé la réalité à venir. Ces images de chars annoncent, en effet, la guerre moderne, fondée sur la rapidité d'intervention et de déplacement. Le tank que l'on voit dans *La Soupe au canard* préfigure en quelque sorte l'invasion des panzers allemands qui défileront bientôt à toute vitesse sur l'Europe occidentale.

Le lien entre les deux conflits sera rendu explicite quelques années plus tard par Chaplin dans *Le Dictateur*. Avant de ridiculiser Hinkel et ses sbires, le réalisateur prend soin d'ancrer son récit dans le bourbier de 14-18. Isolé sur le front, le petit barbier juif devient amnésique à la suite d'un accident et ne reprend conscience que lorsque son sosie arrive au pouvoir. De *La Soupe au canard* au *Dictateur*, la Première Guerre a donc perdu sa charge traumatique immédiate pour être pensée en relation directe avec l'avènement des grands totalitarismes, le comique montrant par là, avec sans doute autant de force que les historiens, que la Seconde Guerre mondiale découle essentiellement des conséquences de la première.

7. L'attaque burlesque et le vif du combat

Que ce soit Chaplin, Langdon ou les Marx Brothers, tous les grands burlesques s'efforcent de ramener la Grande Guerre à un combat singulier, de la traiter comme un affrontement direct où les coups et pantalonnades remplaceraient les tirs de fusil et les éclats d'obus.

Emblématique de l'entreprise burlesque, le gag d'agressivité demande une importante mise en place. Il ne peut surgir dans le récit sans préalable, car ce serait faire injure au référent historique que de montrer directement la maîtrise du héros sur l'événement. Lorsque les films burlesques se confrontent à l'histoire, ils sont obligés de négocier avec leur référent. Il s'agit à la fois de le représenter fidèlement, mais aussi de s'en démarquer pour rendre la confrontation possible. C'est de cette tension fondamentale que surgit l'agencement particulier des comédies examinées. Loin de se présenter comme des œuvres coupées de tout contexte ou, au contraire, comme des récits engagés dans la réalité au point de rendre difficile l'entreprise comique, les films burlesques jouent plutôt l'alternance. Le tissu de la représentation est composé de points d'ancrage qui permettent au film de s'enraciner dans le terreau de l'histoire. Disposant d'une attache fixe avec le réel, la comédie peut alors dériver vers des espaces moins localisables, proches du rêve ou du fantastique, des espaces qui auront comme premier mérite de fournir un cadre approprié à la confrontation finale.

Si l'on envisage la portée sociale des comédies, il est frappant de constater que celles-ci n'accomplissent que très rarement une fonction mémorielle. Il n'y a pas chez Chaplin ou chez les Marx Brothers une volonté de mobiliser le souvenir du passé, mais plutôt un désir de commenter l'actualité en cours. Et si Harry Langdon fait finalement si peu de cas de la Grande Guerre, c'est qu'il ne parvient pas à la rattacher au climat insouciant des 'années folles'. L'attachement au temps présent découle sans doute de la structure même des représentations. L'agressivité fondamentale du burlesque ne peut s'épanouir que dans un temps de combat, lorsqu'il est encore possible de saisir l'ennemi sur le vif, avant que ce dernier ne soit figé dans les mémoires. La confrontation n'implique pas seulement un adversaire, elle réclame également sa présence. Présence dans le film, mais aussi dans l'actualité de l'époque, la seconde renforçant la première. C'est donc dire que la comédie burlesque est concomitante de l'action politique en cours. L'espace filmique s'apparente à une sorte de ring où le héros entre en interférence brutale avec l'histoire en train de se faire.

La fonction de ces comédies est donc avant tout critique. Le burlesque exprime d'abord l'expression d'une révolte en prise directe sur son temps. Toutefois, il faut prendre garde à ne pas trop intellectualiser le contenu de la révolte, à la charger de mots d'ordre. A l'oppression de l'événement, le burlesque répond par la réaction d'un corps qui refuse de se laisser embrigader. Charlot sort littéralement du rang ; Langdon continue la guerre à lui tout seul. Même Groucho, dans son rôle de dictateur, ne tient pas en place. Son comportement frénétique déborde de la fonction qu'il est censé tenir.

D'ailleurs, si l'on y regarde bien, la mise en avant du corps est souvent liée à une méfiance vis-à-vis du langage et des discours de propagande qu'il peut véhiculer. Ce rejet de tout discours codifié apparaît clairement à la fin de *La Soupe au canard*, lorsque les frères Marx se retournent comme un seul homme en entendant Madame Teasdale entamer un chant patriotique. Leur réaction ne se fait pas attendre : ils la bombardent de pommes. Dans *Charlot soldat*, la victoire de Charlot contre le Kaiser se trouve vite démentie par un retour brutal au réel, ce qui éloigne le film des comédies patriotiques consacrant la supériorité des forces alliées. Et que dire enfin de Langdon et de ses rêves de gloire envolés ? Dans tous les cas, le burlesque souligne l'écart entre la singularité foncière du héros et les discours qui prétendraient normaliser son comportement.

Une vingtaine d'années après *Charlot soldat*, Chaplin donnera, dans *Le Dictateur*, un rôle tout à fait décisif au langage, notamment lors de la scène finale où le petit barbier juif lance au monde un discours humaniste pour le prévenir de la barbarie nazie. Dans cette scène emblématique, il faut peut-être voir l'adieu de Chaplin au burlesque le plus pur. Une idée renforcée par le fait que *Le Dictateur* est aussi le premier film comique de Chaplin sans Charlot le vagabond[36], comme si le réalisateur avait voulu laisser dans les limbes du muet ce personnage si rétif à la parole, qui ne pouvait exprimer son désaccord au monde que par des pieds de nez et des œillades assassines.

Aujourd'hui, le slapstick, en tant que genre, appartient à une époque révolue. Cependant, il arrive parfois, au détour d'un film, que la charge burlesque retrouve une vigueur insoupçonnée. C'est, par exemple, le cas d'*Intervention divine* d'Elia Suleiman, chronique du conflit israélo-palestinien. Comme au temps de Charlot, le corps de l'acteur/réalisateur constitue le point nodal du film. Face à la logorrhée des deux camps, le héros se retire dans un mutisme profond et promène son regard de clown triste sur le quotidien des Palestiniens. Ici aussi, le film est une manifestation de révolte plus qu'une entreprise mémorielle et les gags retrouvent leur puissance primitive quand ils s'appliquent à défaire l'emprise des puissants. Lors d'une courte scène, le héros jette le noyau d'un abricot par la vitre ouverte de sa voiture. Ce petit projectile heurte, par inadvertance, un char israélien qui soudain explose en une gerbe de flammes tandis que le héros continue, indifférent, son voyage en voiture. Dans ce fabuleux gag d'agressivité, passe toute la subversion chère au burlesque : un geste trivial assimilé à un acte de guerre et ce savoir propre au comique qui veut que les David puissent quelquefois, presque à leur corps défendant, triompher des Goliath, ne serait-ce que le temps d'un film…

---

1 Sur les relations entre le cinéma comique des premiers temps et les différentes traditions scéniques comme la farce, la pantomime anglaise et la commedia dell'arte, cf. Emmanuel DREUX, « Des origines scéniques du cinéma burlesque », dans Françoise PUAUX (coordonné par), *CinémAction. Le comique à l'écran*, n° 82, Paris, Corlet-Télérama, 1997, pp. 252-255.
2 Petr KRAL, *Les Burlesques ou Parade des somnambules*, Paris, Editions Stock, 1986, coll. « Cinéma », p. 12.
3 *Id.*, pp. 20-21.
4 Fabrice REVAULT D'ALLONNES, « 'Prémodernité' du burlesque », dans Françoise PUAUX (coordonné par), *CinémAction. Le comique à l'écran*, p. 42.
5 Petr KRAL, *Les Burlesques ou Parade des somnambules*, p. 159.
6 Au sujet de cette anecdote, voir Shlomo SAND, *op. cit.*, p. 81.
7 Auparavant, en 1917, était déjà sortie une comédie burlesque de Larry Semon, *Shells and Shivers*, qui constituait plutôt une parodie des films de guerre.
Au sujet de ce film, voir Jean-Jacques COUDERC, *Les petits maîtres du burlesque américain. 1909-1929*, Paris, CNRS Editions, 2000, p. 294.
8 En France, la série comique des *Bout-de-Zan*, avec René Poyen, consacre plusieurs épisodes à la Grande Guerre comme *Bout-de-Zan veut s'engager* (1914) ou *Bout-de-Zan et l'embusqué* (1915).
Pour un aperçu de la production cinématographique française pendant la Première Guerre, on se rapportera à Joseph DANIEL, « L'école de l'héroïsme (1914-1918) », dans *Guerre et cinéma*, pp. 34-58.
9 En ce qui concerne la genèse de ce film, cf. Shlomo SAND, *op. cit.*, pp. 81-82.
10 A ce sujet, voir François MARS, « Le gag passif de maladresse », dans *Le gag*, Paris, Editions du Cerf, 1964, coll. « 7e art », pp. 81-90.
11 Voir François MARS, « Le gag subtil de l'assimilation », dans *op. cit.*, pp. 107-117.
12 « J'ai horreur des effets bizarres, comme, par exemple, filmer à travers un feu dans la cheminée du point de vue d'un morceau de charbon (…) ; pour moi, ce sont des effets faciles et cousus de fil blanc (…). Des effets aussi pompeux ralentissent l'action, sont ennuyeux et déplaisants, et on les a pris à tort pour ce mot fatigant d'"art" ».
Charles CHAPLIN, « Histoire de ma vie » (extrait) [1964], cité dans David ROBINSON, *Charlot. Entre rire et larmes*, Paris, Gallimard, 1995, coll. « Découvertes Gallimard », p. 124.

13 On filma relativement peu sur le front. « Les caméras étaient encore trop lourdes et encombrantes, difficiles à déplacer à la vitesse requise, sous une pluie de débris lors d'une attaque ou dans les intempéries. La bravoure des opérateurs ne fut pas non plus à la hauteur des circonstances, surtout lorsqu'il fallait affronter un danger réel. » Ainsi, les scènes d'assaut d'un film documentaire comme *La Bataille de la Somme* (1916) furent-elles reconstituées à l'arrière des lignes.
Shlomo SAND, *op. cit.*, p. 75.

14 A ce sujet, voir Gilles DELEUZE, *Cinéma I. L'image-mouvement*, Paris, Editions de Minuit, 1983, coll. « Critique », p. 234.

15 Voir François MARS, « Le gag actif d'agressivité », dans *op. cit.*, pp. 91-105.

16 D'après Georges Sadoul, le Kaiser figure, dans le film de Chaplin, aux côtés de deux autres figures historiques d'importance, Hindenburg et le Kronprinz.
Georges SADOUL, *Dictionnaire des films*, Paris, Seuil, 1990 (nouvelle édition revue et augmentée par Emile BRETON), coll. « Microcosme », p. 65.

17 Si des films comme *Charlot débute* (1915) ou *Le Machiniste* (1916) avaient déjà révélé l'envers de la machinerie hollywoodienne, ils ne possédaient pas le même pouvoir de questionnement que *Charlot soldat*. Au-delà d'une simple démystification de l'usine à rêves, est ici en jeu la relation que le cinéma entretient avec le monde extérieur, son pouvoir de saisir et de configurer le réel.

18 Shlomo SAND, *op. cit.*, p. 82.

19 Au sujet de cette coupe polémique, *cf.* Jean-Luc DOUIN, *Dictionnaire de la censure au cinéma. Images interdites*, Paris, PUF, 2001, coll. « Quadrige », pp. 93-94 et Georges SADOUL, *op. cit.*, p. 65.

20 Petr KRAL, *Le Burlesque ou Morale de la tarte à la crème*, Paris, Editions Stock, 1984, coll. « Cinéma », p. 222.

21 Olivier MONGIN, *Eclats de rire. Variations sur le corps comique*, Paris, Seuil, 2002, coll. « La couleur des idées », p. 321.

22 Petr KRAL, *Les Burlesques ou Parade des somnambules*, p. 214.

23 Très efficace, une telle stratégie narrative sera reprise dans un *Laurel et Hardy* tardif, *Têtes de pioche* (1938), film auquel participe Langdon en tant que scénariste et dans lequel Laurel, vingt ans après l'armistice et ignorant la fin des hostilités, est toujours fidèle à son poste sur la ligne de front.

24 Dans ce film, le roi de Ruritanie est remplacé sur le trône par son très ressemblant cousin. Celui-ci tombe alors amoureux de la princesse qui était normalement promise au roi. La première version du *Prisonnier de Zenda*, dirigée par Edwin S. Porter et Hugh Ford, date de 1913. Un remake est tourné en 1915 par George Loane Tucker, puis en 1922, sous la direction de Rex Ingram. Par la suite, *Le Prisonnier de Zenda* connaîtra encore de nombreuses adaptions dont une en 1952 réalisée par Richard Thorpe avec Steward Granger et Deborah Kerr, ainsi qu'une version humoristique en 1979 avec Peter Sellers sous la direction de Richard Quine.

25 *Id.*, p. 216.

26 Shlomo SAND, *op. cit.*, pp. 82-83.

27 *Id.*, p. 83.

28 Pour plus de précisions au sujet de ces deux comédies, *cf.* Jean-Jacques COUDERC, *op. cit.*, pp. 310-311 et p. 200.

29 Au départ, les Marx Brothers sont cinq. Gummo quitte la troupe familiale assez tôt pour mener une carrière d'imprésario. Après *La Soupe au canard*, Zeppo, très souvent cantonné dans des rôles de jeune premier, décide lui aussi de quitter le groupe. Son départ ne fait qu'entériner une situation visible depuis longtemps à l'écran tant il est clair que les frères Marx fonctionnent essentiellement sur le mode du trio.

30 Au sujet de la genèse du film, voir notamment Paul D. ZIMMERMAN, Burt GOLDBLATT, « La Soupe au canard », dans *Les Marx Brothers au cinéma*, Paris, Solar, 1972 [1968], coll. « Scope », pp. 97-114.

31 Harpo MARX, cité dans Paul D. ZIMMERMAN, Burt GOLDBLATT, *op. cit.*, p. 99.

32 En tant que satire du totalitarisme, *La Soupe au canard* évoque également l'Italie fasciste et les discours emportés de Mussolini. Le dictateur a d'ailleurs peut-être pris ombrage de la satire des frères Marx, car, durant l'automne 39, il ordonna aux Italiens de ne pas rire des films du trio.
Id., p. 100.

33 Malgré ses allures de fable, *Le Dernier milliardaire* suscita de vives polémiques dans la France de 1934, où, durant le mois de février, de violentes manifestations opposèrent les forces de gauche aux ligues d'extrême droite. Par ailleurs, le film, financé par la Tobis, une firme productrice allemande qui avait, au départ, refusé le scénario, ne tarda pas à être désavoué par ses créditeurs. A la suite de cet échec, René Clair quitta la France pour poursuivre sa carrière aux Etats-Unis.
Georges SADOUL, *op. cit.*, pp. 90-91.

34 Robert BENAYOUN, *Les Marx Brothers ont la parole*, Paris, Seuil, 1991, coll. « Points Virgule », p. 61.
35 Les chars d'assaut (les tanks) sont testés pour la première fois par les Alliés en septembre 1916 dans la Somme, mais ils ne seront vraiment opérationnels qu'à partir de l'été 1918.
A ce sujet, voir Stéphane AUDOIN-ROUZEAU, Annette BECKER, *La Grande Guerre. 1914-1918*, Paris, Gallimard, 1998, coll. « Découvertes Gallimard », pp. 102-103.
36 Effectivement, si Chaplin interprète, dans *Le Dictateur*, le double rôle du barbier juif et de Hynkel, il n'incarne plus le personnage de vagabond qu'on pouvait encore voir dans la comédie précédente, *Les Temps modernes*.

Chapitre V
Le double jeu des comédies de la Résistance

Si les films de Charlie Chaplin ou d'Harry Langdon présentent une déclinaison particulièrement frappante de l'interférence historique, ils ne sont pas les seuls à user de ce principe comique pour tourner en dérision de grands événements de l'histoire. Surgissant dans un contexte très différent, les comédies de la Résistance tournées en France pendant les années 60 constituent un autre ensemble de films cohérent dont l'intérêt est de proposer une modulation de l'interférence qui se distingue nettement de la confrontation burlesque. Au sein de ce nouvel ensemble, le héros a changé de visage et de silhouette. Il a perdu l'agilité du corps burlesque et se présente dorénavant sous les traits de Brigitte Bardot, Bourvil ou Philippe Noiret. Autres corps, autres mœurs. Le héros à la française ne s'attaque plus de manière frontale à l'histoire. Il se trouve engagé dans une action héroïque qui le dépasse et dont il ne fait partie que par hasard ou par accident. Dès lors, il n'aura de cesse de multiplier les dérobades et les tromperies, tous ces détours ayant pour but de différer le moment critique où il lui faudra choisir son camp et regarder l'histoire en face.

En termes narratifs, ce nouveau rapport à la matière historique peut être pensé à travers le procédé du quiproquo. Si ce procédé constitue un artifice très courant dans les comédies inspirées de la dramaturgie vaudevillesque, il acquiert néanmoins un relief singulier lorsqu'il se met au service de la représentation du passé. Il permet de relier la grande à la petite histoire, tout en donnant au héros l'occasion de s'immiscer, sous le couvert de la méprise, dans le cœur battant des événements. En outre, ce procédé, si classique en apparence, trouve une singulière résonance dans la situation mémorielle de l'époque. La plupart des comédies de la Résistance usent, en effet, d'un procédé qui consiste à prendre une situation pour une autre dans un contexte où, précisément, la mémoire collective tend à effacer le souvenir d'un passé litigieux pour le remplacer par la vision mensongère d'une nation unie dans la Résistance.

1. Mise en perspective historique

Quand elles surviennent en nombre dans la France des années 60, les comédies de la Résistance bénéficient d'une évolution des représentations de la Deuxième Guerre qui favorise leur émergence. Pour retracer cette évolution, l'ouvrage de Sylvie Lindeperg *Les écrans de l'ombre. La Seconde Guerre mondiale dans le cinéma français (1944-1969)* est d'une aide précieuse. En plus d'envisager le cinéma français comme le lieu d'une bataille mémorielle, Lindeperg consacre une grande place aux comédies de la Résistance : au même titre que les films sérieux, celles-ci lui apparaissent comme révélatrices des intérêts du temps ainsi que des grands revirements de la mémoire collective.

L'euphorie de la Libération et *Le Père tranquille*

Dans l'immédiat après-guerre, pendant les jours et les mois qui suivent la Libération, le climat en France est à l'euphorie générale, à la joie d'avoir triomphé de l'envahisseur allemand. Très vite, avec des productions comme *La Bataille du rail* ou *Les Démons de l'aube* (Allégret, 1945), le cinéma participe à cette opération de reconquête nationale en présentant une France unie dans la résistance contre l'ennemi. Durant les années 1945-1947, la thématique principale des films n'est pas l'Occupation, mais bien la Résistance. Les années de guerre sont filmées sous un angle qui exclut de son champ de vision les allusions trop précises au passé de la France occupée. On n'évoque que rarement les collaborateurs et autres attentistes. Quant au gouvernement de Vichy, sa responsabilité et même sa présence sont tout simplement gommées de l'écran national.

C'est dans cet élan unanimiste qu'apparaît la première comédie de la Résistance, *Le Père tranquille* du chansonnier Noël-Noël. Sortie en novembre 1946, cette comédie contribue à glorifier le comportement des Français sous l'Occupation en montrant comment un sexagénaire d'apparence paisible (Noël-Noël) dirige le réseau de la résistance locale. Trompant l'ennemi quant à sa véritable fonction, Edouard Martin parvient à concilier la culture des orchidées et la mise au point d'une opération visant la destruction de sous-marins allemands. Si le film continue à célébrer la France résistante, il s'appuie cette fois sur des personnages issus de la vie ordinaire. On est loin des cheminots valeureux de *La Bataille du rail*. Le héros se présente comme un père de famille exemplaire, chaussé d'une paire de charentaises et adepte d'une bonne tasse de tisane. Les actions les plus rocambolesques sont tenues hors du champ de l'image, le film se focalisant essentiellement sur les activités routinières d'un réseau de résistance comme la transmission des informations.

Bien que la subversion des clichés héroïques participe à l'effet comique du film, le ressort principal de la comédie tient dans la personnalité du héros. Tout au long du récit, Edouard Martin pratique un double jeu. Mis à part le spectateur, personne dans l'entourage du héros ne se doute de ses véritables activités, ce qui entraîne nombre de situations comiques et de dialogues à double entente. Noël-Noël fait mine de sympathiser avec les Allemands pour mieux les tromper et quand il reçoit des résistants dans sa propre maison, il utilise un langage métaphorique pour communiquer des ordres en présence de sa famille. Sous une forme déjà développée, apparaît donc le principe du quiproquo que l'on retrouvera dans les comédies des années 60.

En mettant à l'honneur un personnage ambivalent, *Le Père tranquille* pose également, pour les années à venir, l'une des figures récurrentes des comédies de la Seconde Guerre mondiale, celle d'un Français ordinaire, embarqué malgré lui dans le tumulte du conflit. La postérité d'un tel personnage s'explique sans nul doute par son attrait spectatoriel. Comme le souligne Sylvie Lindeperg, « la figure du Français moyen, incurablement honnête, attentiste-dehors-résistant-dedans, permettait au spectateur de concilier un besoin fantasmatique de participation rétrospective au combat résistant avec les exigences de vraisemblance qu'exigeait un tel processus »[1]. En regardant *Le Père tranquille*, le public n'avait nul besoin d'avoir participé à des actions d'éclat pour s'identifier au personnage principal. Le film de Noël-Noël offrait un miroir bienveillant au spectateur en lui donnant l'occasion de s'éprouver comme héros de la Résistance sans avoir à quitter les pantoufles de l'attentisme.

Malgré le succès qui accompagne sa sortie – preuve qu'en 1946 il était déjà possible de rire de la Seconde Guerre –, *Le Père tranquille* ne connaît pas d'immédiate descendance, sans doute parce qu'il survient au terme de la Libération, à un moment où les mentalités commencent à changer et à se montrer davantage critiques vis-à-vis de représentations trop caricaturales de l'événement.

Une période de désenchantement : *La Traversée de Paris*

Marquée par le départ du général de Gaulle, l'année 1946 annonce le début d'une nouvelle période politique se caractérisant par des dissensions internes et de nouveaux enjeux internationaux. Ainsi que le remarque Joseph Daniel, « le rêve unitaire de la Libération cède le pas à une crise politique et à des conflits sociaux qu'exaspèrent la guerre froide et les déchirures coloniales ; les choix stratégiques et les nécessités économiques conduisent à l'édification européenne et à l'ébauche du rapprochement franco- allemand »[2].

Dans cette nouvelle conjoncture, les représentations de la Seconde Guerre mondiale se font moins fréquentes et surtout moins unitaires. Le temps n'est plus à la glorification héroïque d'un passé fantasmé. On commence à distinguer les Allemands des nazis, la Wehrmacht des SS et de la Gestapo. Le mythe d'une France unie dans la Résistance se lézarde également puisque les films mettent en scène des attentistes et des collaborateurs, lesquels ne sont pas toujours présentés comme des traîtres haïssables. Enfin, certaines représentations s'intéressent aux prisonniers de guerre, tandis que *Nuit et brouillard* (1956) d'Alain Resnais lève le voile sur l'horreur des camps d'extermination. Pour Sylvie Lindeperg, l'éclipse de la Résistance sur les écrans conduit à « l'émergence d'événements et d'acteurs occultés mis au service d'une représentation désenchantée de l'histoire »[3].

Dans ce contexte de désenchantement apparaît *La Traversée de Paris* (1956) de Claude Autant-Lara, autre comédie d'importance. Contrairement au *Père tranquille* qui exaltait l'héroïsme des Français moyens, le film d'Autant-

Lara propose un tableau sans concession des turpitudes de l'époque. Pour la première fois, le scénario d'un film est tout entier consacré à la question du ravitaillement et du marché noir. *La Traversée de Paris* décrit la déambulation, dans un Paris nocturne, de deux trafiquants (Bourvil et Gabin) cherchant à livrer de la viande de cochon.

Bien que cette chronique féroce des années noires connaisse à l'époque un grand succès, son impact sur les comédies futures reste limité. Dans leur développement narratif, les comédies des années 60 s'inspireront davantage du *Père tranquille* que de *La Traversée de Paris*. Le ton de ce film était sans doute trop critique à l'égard du passé pour faire école dans une société qui allait bientôt retrouver le général de Gaulle et le mythe de la Résistance. Aussi *La Traversée de Paris* reste-t-il singulièrement sans descendance, si l'on excepte les portraits de résistants couards ou de Français veules qui émailleront plus tard, en tant que personnages secondaires, des films comme *Le Mur de l'Atlantique* (1970) ou le plus tardif *Uranus* (1990) de Claude Berri. En fait, le grand apport de *La Traversée de Paris* tient surtout à ses acteurs. Dix ans avant *La Grande vadrouille*, Bourvil et de Funès (dans le rôle secondaire de l'épicier) sont déjà réunis dans une comédie de la Seconde Guerre mondiale. Mais plus que de Funès, c'est surtout Bourvil qui apparaît comme l'un des personnages récurrents du genre. Son rôle dans le film d'Autant-Lara ne constitue pas seulement l'une de ses premières apparitions importantes, il oriente également sa carrière dans une longue série d'emplois similaires où il incarnera les différents avatars du Français moyen en proie à la tourmente des événements.[4]

Avec *Le Père tranquille* et *La Traversée de Paris* sont donc posées, dans des contextes très différents, les prémices des comédies ultérieures. Cependant, malgré le succès public qu'elles attisent chacune, ces représentations apparaissent comme des tentatives comiques isolées. Jusqu'au milieu des années 50, il semblerait que rire de la guerre constitue une entorse à la règle qui veut que l'essentiel de la production s'accomplisse sur le mode du sérieux, que ce soit celui de la geste héroïque ou de la dénonciation dramatique. Il faut attendre 1959 et l'arrivée de *Babette s'en va-t-en guerre* pour que débute un véritable mouvement de fond et que se multiplient les comédies résistantes. De façon significative, l'apparition de *Babette* coïncide avec le retour du général de Gaulle au pouvoir et l'avènement de la Ve République.

Le mythe de la Résistance et les comédies des années 60

En 1958, Charles de Gaulle revient sur le devant de la scène politique et remplace, dans son rôle d'homme providentiel, un régime moribond ébranlé par la crise algérienne. Le retour du Général à la présidence va de pair avec un renouveau d'attention pour les années de guerre. Alors que le nombre de productions traitant du conflit avait considérablement baissé depuis la fin de la Libération, le début des années 60 voit un brusque regain d'intérêt pour une thématique que l'on croyait passée de mode. Tout au long de la décennie, cet intérêt se maintiendra, puisque l'on comptera environ quatre-vingts films consacrés à la Seconde Guerre mondiale.

Sous l'impulsion du régime politique en place, la période de désenchantement prend fin. Les productions filmiques célèbrent à nouveau le culte de la Résistance, entamant par là un autre cycle héroïque dont le film de René Clément *Paris brûle-t-il ?* (1966) porte indiscutablement la marque. Cependant, à la différence de la Libération, l'heure n'est plus à l'exaltation du sacrifice ou de la lutte engageant le destin d'un peuple. Le cinéma de la Ve République construit une vision de l'histoire centrée sur la personnalité du général de Gaulle en tant que père de la Nation. La représentation de la guerre permet la glorification du Général et, par ricochet, celle du pays qu'il représente. En déplaçant le conflit en position d'adjuvant, les films des années 60 abandonnent donc « l'ancienne culture du sacrifice pour célébrer les valeurs réconciliées de l'individualisme et d'un patriotisme incarné dans sa forme chauvine »[5].

C'est en tenant compte de ce contexte particulier qu'il faut situer l'arrivée massive des comédies guerrières. Loin de venir bouleverser la mythologie de la Résistance, celles-ci participent au rétablissement d'une idéologie nationale. Elles constituent en quelque sorte l'envers du modèle héroïque dont elles partagent les mêmes valeurs fondatrices. D'après Sylvie Lindeperg, « la subversion généralisée des codes héroïques apparaissait comme le meilleur moyen d'assurer la survie d'une idéologie de la conservation. Combinant l'ironie de façade avec la sauvegarde du légendaire et de l'ordre social, les auteurs étaient parvenus à renouveler le genre tout en sauvegardant l'essentiel »[6], à savoir l'image irréductiblement positive d'une France faisant bloc contre l'envahisseur allemand.

L'impact des comédies résistantes est d'autant plus fort sur la mémoire collective que celles-ci remportent un succès public constant. Dans les années 60, il est démontré que rire de la guerre peut faire recette à condition de rester dans les limites admises et de respecter la veine patriotique. *Babette s'en va-t-en guerre* (Christian-Jaque, 1959), *La Vache et le prisonnier* (Verneuil, 1959), *La Vie de château* (Rappeneau, 1965) ou *Martin soldat* (Deville, 1966) sont des réussites commerciales. Quant à *La Grande vadrouille* (Oury, 1966), il totalise la semaine de sa sortie plus de 100 000 entrées, ce qui écrase les records d'affluence établis jusque-là dans le cinéma français.

Selon certains critiques, l'abondance de divertissements guerriers n'est pas sans exercer une fonction d'occultation à l'égard des drames plus contemporains que connaît la France d'alors et au premier rang desquels figure la guerre d'Algérie (1954-1962). Commentant *Babette s'en va-t-en guerre*, Jacques Doniol-Valcroze écrit que le film vise surtout à « fournir au peuple un *opium* tricolore qui l'induise à croire que la bataille de la Résistance a été gagnée comme on trousse un vaudeville bien agencé et que donc il n'y a pas de raison pour que la guerre d'Algérie ne se gagne pas avec des chansons »[7].

Au-delà du conflit algérien, ces déplacements répétés vers un passé fantasmé permettent aussi aux spectateurs de détourner les yeux du malaise social, culturel et économique, dans lequel s'enfonce lentement le pays et qui éclatera avec les événements de mai 68.

A ces différents paramètres liés au contexte de l'époque, il faut aussi ajouter que les comédies des années 60 bénéficient d'un recul temporel suffisant pour déployer un rire franc au sujet de l'Occupation. Peu à peu, les années de guerre perdent leur épaisseur traumatique et se présentent, surtout aux yeux de la jeune génération, comme le cadre rêvé d'aventures rocambolesques. Dans leur entreprise de détournement, les films comiques peuvent aussi compter sur les clichés visuels (comme les scènes de parachutages) qui se sont déjà sédimentés dans la mémoire cinématographique et dont la source principale est constituée par le modèle héroïque développé depuis le cinéma de la Libération.

Particulièrement propice pour la comédie, cette période se clôturera à la fin des années 60 sous l'effet d'un double événement, l'un ressortant du champ politique, l'autre du domaine cinématographique. En 1969, le général de Gaulle quitte définitivement le pouvoir. Son retrait de la tête de l'Etat « marque la fin d'une époque qui constitua la Résistance en capital symbolique et soumit les représentations de la guerre à de puissants enjeux de légitimation ».[8] Cette déperdition de l'imagerie traditionnelle se trouve accélérée par la sortie du documentaire de Marcel Ophuls *Le Chagrin et la pitié* (1969) qui détruit le mythe d'une France unie dans la Résistance, en montrant comment de nombreux Français se sont compromis dans la collaboration avec l'ennemi ou le régime de Vichy.

Une fois la mythologie nationale mise à mal, débute un autre cycle de représentations qui se verra davantage soucieux d'exploiter les ressources esthétiques de la Seconde Guerre plutôt que son aspect héroïque. Dans ce nouveau contexte où la recherche esthétisante de la mode 'rétro' marque de son empreinte des films comme *Lacombe Lucien* (1974) de Louis Malle, la comédie connaîtra une nouvelle résurgence avec des productions de plus en plus légères comme *La 7ᵉ compagnie* (Lamoureux, 1974) ou *Le Mille-pattes fait des claquettes* (Girault, 1977). Contrairement aux comédies précédentes, de tels films témoigneront surtout d'un recyclage complet de l'événement, celui-ci devenant uniquement le prétexte à de grosses farces bellico-comiques.

2. Quiproquo et comique de situation

Les comédies des années 60 apparaissent donc comme un ensemble extrêmement cohérent, tributaire du contexte de l'époque. Reste maintenant à spécifier davantage le mode de fonctionnement des films. C'est là une tâche qui n'a été que partiellement accomplie, car, lors de leurs analyses, des auteurs comme Sylvie Lindeperg ou Ignacio Ramonet se sont surtout penchés sur l'incidence socio-politique des comédies de la Résistance. De ce fait, ils ont essentiellement dégagé des caractéristiques permettant de mettre en relation le contenu des films et le public auquel ils s'adressaient. Ayant trait à la personnalité du héros ou à la subversion des clichés héroïques, ces caractéristiques ne s'articulent que rarement en un principe structurant qui donnerait à voir le ressort fondamental des comédies. C'est pourquoi il est important de reprendre ces productions sous l'angle d'un principe comique fédérateur témoignant d'une modalité particulière d'interférence, en l'occurrence le quiproquo.

Dans son sens premier, le quiproquo désigne la méprise qui fait qu'on prend une personne ou une chose pour une autre et la situation qui en résulte. Défini de la sorte, le quiproquo n'est pas forcément un procédé comique. Il peut servir à qualifier une erreur en pharmacie quand on remplace malencontreusement un médicament par un autre. Pour que le quiproquo devienne risible, il est nécessaire que la méprise initiale, celle qui porte sur l'identité de la personne, entraîne une confusion de situation. Et de fait, le quiproquo, tel qu'il est véhiculé par la tradition théâtrale, répond bien à cette définition d'un comique de situation. Dans son essai, Bergson confirme cette orientation en notant que le quiproquo n'est pas risible par lui-même, « mais seulement comme *signe* d'une interférence de séries »[9]. Ce n'est pas l'équivoque en soi qui est comique, mais plutôt le fait que celle-ci témoigne de la rencontre de deux séries d'événements normalement indépendantes. Chaque personnage se trouve engagé dans sa logique propre jusqu'au moment où, par une coïncidence savamment orchestrée, ces logiques spécifiques, qui jamais n'auraient dû se rencontrer, viennent s'emmêler en une situation unique.

Face à cette confusion, le spectateur est souvent le seul à détenir l'avantage, à pouvoir apprécier les différentes facettes de la situation mise en scène. « Nous apercevons le sens réel de la situation, parce qu'on a eu soin de nous en montrer toutes les faces ; mais les acteurs ne connaissent chacun que l'une d'elles : de là leur méprise, de là le jugement faux qu'ils portent sur ce qu'on fait autour d'eux comme aussi sur ce qu'ils font eux-mêmes. »[10] A priori donc, le plaisir comique du quiproquo proviendrait essentiellement de ce battement entre la perception que les personnages ont de la scène et l'interprétation que le public lui prête. Toutefois, insiste Bergson, ce battement n'est qu'un plaisir accessoire, car la véritable source de plaisir provient de la menace sans cesse renouvelée que la comédie fait peser sur la coexistence des séries. Le jeu comique consiste à maintenir le plus longtemps possible la supercherie, à prolonger, par des coups de théâtre, la coïncidence forcée des deux séries autonomes. « A chaque instant tout va craquer, et tout se raccommode : c'est ce jeu qui fait rire, bien plus que le va-et-vient de notre esprit entre deux affirmations contradictoires. »[11]

Bien sûr, le processus du quiproquo n'est pas propre aux seules comédies envisagées. Il apparaît comme une convention générique fort courante, déjà présente dans le vaudeville, et qui sera ensuite actualisée de diverses façons par les comédies filmiques, qu'elles soient historiques[12] ou non. En France, l'importance du quiproquo dans la comédie cinématographique s'explique sans nul doute par l'influence du théâtre de boulevard dont l'un des ressorts essentiels consiste précisément à jouer sur le comique de situation, à multiplier méprises et confusions.

Dans les comédies de la Résistance, ce procédé comique trouve un champ d'expression privilégié en s'échafaudant autour de la personnalité du Français moyen. Contrairement au héros burlesque qui s'approche vaillamment du conflit, le héros des comédies françaises ne dispose pas des qualités nécessaires pour se confronter directement à l'événement. Dès lors, il ne peut s'insérer dans la guerre que par le biais de la tromperie et de la méprise. Autrement dit, le quiproquo résout la difficile équation consistant à faire intervenir dans l'histoire un personnage qui, de prime abord, n'en a ni l'envie ni les moyens.

3. Trois comédies significatives

Pour développer cette idée, trois comédies viendront structurer l'analyse : *Babette s'en va-t-en guerre* de Christian-Jaque, *La Vie de château* de Jean-Paul Rappeneau et *Le Mur de l'Atlantique* de Marcel Camus. Sorti en 1959, *Babette* constitue la comédie inaugurale, celle qui profite d'un renouveau politique pour proposer une représentation comique tranchant singulièrement avec la noirceur de *La Traversée de Paris*. Six ans plus tard, le film de Jean-Paul Rappeneau, *La Vie de château*, compose, avec *Martin soldat* et *La Grande vadrouille*, ce qu'on pourrait considérer comme l'aboutissement du genre, tandis que *Le Mur de l'Atlantique*, sorti plus tardivement en 1970, s'annonce comme une comédie de fin de cycle, reposant en partie sur le ressassement de recettes éprouvées.

Outre leur inscription temporelle, ces comédies sont intéressantes dans la mesure où elles relèvent de stratégies de production différentes. Initialement intitulé *De Londres à Paris*, *Babette s'en va-t-en guerre* résulte d'une entreprise commerciale montée par les producteurs Raoul Lévy et Alexandre Mnouchkine qui souhaitaient, après *Et Dieu créa la femme* (Vadim, 1956), faire figurer Brigitte Bardot dans une fiction autorisée aux mineurs. Le sujet de la Résistance s'imposa relativement vite aux producteurs, mais l'idée de le traiter sur le mode comique ne leur vint que plus tard. Peut-être, comme le suggère Sylvie Lindeperg, le choix de la comédie fut-il conforté par la personnalité du réalisateur Christian-Jaque qui avait déjà tourné *Fanfan la Tulipe* (1952) pour Mnouchkine. En tout cas, *Babette* se donna d'emblée les moyens de sa réussite puisque, distribuée par la Columbia, la comédie fut le premier film sur la guerre tourné en CinémaScope et en couleurs.[13]

En comparaison, *La Vie de château* s'avère une production beaucoup plus modeste qui marque les débuts de Jean-Paul Rappeneau comme réalisateur. Après avoir proposé en vain son scénario à différents producteurs, Rappeneau décide de filmer son propre projet, non sans l'avoir d'abord quelque peu remanié en compagnie de Claude Sautet. Tourné dans un style proche de la Nouvelle Vague, *La Vie de château* se verra récompensé par le prestigieux prix Louis Delluc.

Production plus ambitieuse, *Le Mur de l'Atlantique* est mis en scène par Marcel Camus, dont l'*Orfeu negro* avait reçu la Palme d'or à Cannes en 1959. Malgré la venue de ce réalisateur confirmé, le film vise surtout à capitaliser le succès des comédies précédentes ainsi qu'en témoigne la présence de Bourvil qui reprend, de manière à peine décalée, son personnage de *La Grande vadrouille*. La filiation avec cette comédie se trouve renforcée par la participation au scénario de Marcel Jullian qui avait déjà coécrit le film de Gérard Oury en compagnie de ce dernier et de Danièle Thompson.

Si l'on se penche sur le contenu des représentations, on remarque que ces trois comédies proposent des déformations importantes de l'histoire. Dans le film de Christian-Jaque, Babette et son équipe sauvent la Grande-Bretagne de l'invasion allemande en enlevant l'officier responsable du projet d'attaque. Philippe Noiret, le héros de *La Vie de château*, détruit quasiment à lui seul un nouveau canon dont la puissance de feu aurait pu faire échouer le débarquement. Quant à Bourvil dans *Le Mur de l'Atlantique*, il vole non seulement les plans d'une arme secrète, mais il parvient aussi à éloigner le maréchal Rommel du littoral normand, privant ainsi l'armée ennemie d'un chef d'envergure.

Présentes en des points-clefs du cycle des années 60, répondant à des stratégies de production différentes et comportant chacune un détournement historique de grande ampleur, les comédies envisagées constituent un ensemble significatif qui permet de saisir pleinement le travail figuratif effectué par le quiproquo et la façon dont il se noue autour de la personnalité du héros.

4. Portrait du Français moyen

A la base de la plupart des comédies de la Résistance, on trouve le personnage d'un Français moyen[14] qui se caractérise par une indifférence relative au conflit. Serveuse de restaurant, Babette (Brigitte Bardot) vient chercher du travail à Querck-sur-Mer, mais les Allemands étant sur le point de conquérir le littoral, elle est contrainte d'embarquer pour l'Angleterre en compagnie des pensionnaires d'une maison close. Arrivée en Grande-Bretagne, elle indique son peu d'intérêt pour la guerre en avouant ne pas connaître le général de Gaulle. Dans *La Vie de château*, Jérôme (Philippe Noiret) se montre plus soucieux de sa récolte de pommes que de l'avancée du conflit. Quant à Léon (Bourvil), le héros du *Mur de l'Atlantique*, il tient un petit restaurant dans un village normand et ne veut pas d'ennuis avec les occupants. Il accueille dans son établissement aussi bien les militaires allemands que les résistants locaux.

Le héros de ces comédies est donc bien une personne sans ressources exceptionnelles qui s'efforce de maintenir tant bien que mal une sphère de tranquillité autour de sa personne et de son entourage. Dès le départ, ce personnage aspire à vivre, pour reprendre les termes de Bergson, dans une série d'événements parallèle à celle de la guerre.

Evidemment, ces deux séries distinctes ne vont pas tarder à entrer en contact, et c'est à ce point de friction que l'on retrouve la figure du quiproquo. Si celui-ci s'avère un point de passage obligé, c'est parce qu'il permet de faire entrer dans la grande histoire des personnages qui n'étaient pas destinés à y figurer. Ainsi, sans sa ressemblance fortuite avec la maîtresse d'un officier allemand, Babette serait restée cantonnée à des tâches ménagères dans le quartier général des forces françaises à Londres. Pareillement, Léon Duchemin aurait continué à tenir tranquillement son restaurant s'il n'avait été confondu avec un peintre en bâtiment et emmené à la kommandantur allemande où il allait emporter, par mégarde, des plans secrets. Enfin, c'est parce que Marie, la jeune châtelaine interprétée par Catherine Deneuve, est persuadée d'avoir affaire à un amant éploré et non à un résistant qu'elle introduit ce dernier dans sa demeure, ce qui ne manque pas de perturber la routine entretenue par Jérôme. Dans tous les cas, le héros entre dans l'histoire sous le couvert d'un malentendu ou d'une méprise.

5. Eloge de l'incompétence

Néanmoins, on doit bien avoir conscience que cette méprise initiale n'est que le facteur déclencheur, celui qui permet aux deux sphères distinctes d'entrer en contact. Il est tout aussi déterminant pour la représentation de maintenir cette erreur première ou de la relancer par une duperie plus importante encore. Nous en arrivons ici à la raison d'être fondamentale du quiproquo : le héros doit prolonger son contact avec l'histoire sur le mode de la duplicité, car il n'est pas du tout armé pour affronter de plein fouet l'événement.

Dans *Babette*, les officiers français hésitent à envoyer en mission l'héroïne tant il leur semble que celle-ci est trop innocente pour prendre le destin de la guerre en main. 'Innocence' fait d'ailleurs figure d'euphémisme puisque son fiancé dira d'elle qu'elle a « la cervelle comme un petit pois ». Si Léon Duchemin ne veut pas causer d'ennuis, c'est qu'il est incurablement 'pétochard' comme le lui reprochent sa sœur et sa fille. Enfin, personnalité plus ambiguë, Jérôme se montre indifférent à la guerre et ne témoigne pas d'une fibre patriotique particulièrement relevée. Son attentisme est tel qu'il sera traité de lâche par Marie, sa jeune femme.

Que ce soit en raison de leur bêtise ou de leur lâcheté, les héros sont donc dépourvus des vertus héroïques les plus élémentaires. De plus, contrairement au personnage burlesque qui peut encore compter sur son agilité pour triompher des ennemis, Babette et ses confrères se présentent comme des corps maladroits, rétifs au maniement des armes et aux actions nécessitant un certain engagement physique. A la différence des résistants et des militaires, le Français moyen se présente d'abord comme un non-professionnel de l'action guerrière.

Cette incompétence est sans doute le trait de personnalité du héros qui justifie pleinement l'emploi du quiproquo. Si l'on se rappelle que le quiproquo permet de faire coexister deux réalités antagonistes, on comprend que ce procédé comique constitue la ressource scénaristique la plus adéquate pour réunir dans une même situation l'incompétence du héros et la spécialisation militaire qu'implique la participation aux combats.

Sans cette méprise, étendue et répétée dans le temps, le protagoniste ne pourrait faire face au degré de professionnalisation requis par les deux camps, encore que les soldats allemands soient souvent présentés comme plus incompétents que le héros. Plus gravement, il risquerait de perdre la vie si on exigeait de lui qu'il se comporte en vrai professionnel, ce qu'il n'est pas et ne veut pas être. Dans ces conditions, il n'est pas étonnant que le quiproquo principal prenne souvent la forme d'une mission de résistance où le personnage doit faire mine d'être proche de l'ennemi pour mieux le combattre. Ce n'est qu'au prix de ce double jeu que le héros peut affronter l'histoire, lorsqu'il s'avance vers l'événement sous une couverture qui le protège de toute confrontation directe.

A priori, on pourrait penser que la mission à laquelle participe le héros va l'amener à se professionnaliser davantage, à déployer des capacités héroïques en relation avec son nouveau statut de résistant. C'est notamment l'idée soutenue par Ignacio Ramonet qui voit, dans les comédies de la Seconde Guerre, la démonstration que « n'importe quel citoyen, exposé par la fatalité à des dangers comparables, serait en mesure de développer une exceptionnelle panoplie de ressources individuelles pouvant faire de lui un authentique *héros* »[15]. Une idée déjà défendue par Sylvie Linderpeg puisque, pour celle-ci, le « décalage entre l'apparence des êtres et leurs ressources cachées »[16] constitue l'un des principaux mécanismes des comédies en question.

Si, comme nous le verrons par la suite, le personnage finit bien par se comporter en véritable héros, il n'est pas sûr, en revanche, que cette action héroïque découle d'une modification profonde de sa personnalité ou de la mise au jour de qualités insoupçonnées. A aucun moment, il n'est demandé au protagoniste d'interpréter un rôle qui sort du champ de ses compétences. Même si Babette est obligée de porter une perruque noire pour parfaire la ressemblance avec la maîtresse du général allemand, elle use de son charme avec le naturel qui lui est coutumier, sans jamais atteindre la sophistication supposée de son modèle. Pour expliquer la longue absence de Léon, la Résistance fait courir le bruit qu'il a été emprisonné en raison de son implication dans le marché noir. Dès lors, quand il revient au village, Léon n'a pas besoin de revêtir une identité d'emprunt. Il continue d'apparaître comme un petit magouilleur qui a eu la malchance d'être découvert. Dans *La Vie de château*, le héros n'est pas intégré à une mission de résistance, mais son insertion dans l'histoire s'effectue selon le même principe. Pour attaquer le blockhaus, Jérôme se fait passer aux yeux des Allemands pour le châtelain débonnaire qu'il n'a jamais cessé d'être.

Tout au long de la représentation, le héros reste donc pareil à lui-même en se comportant comme un parfait amateur dans les situations les plus périlleuses. Le quiproquo trouve ici son plein emploi car il permet d'insérer l'inexpérience du héros dans une situation qui relève davantage de la logique militaire. Doté d'une mission de la plus haute importance, le personnage comique réinvestit son apparence et ses capacités premières dans un contexte beaucoup plus dangereux que celui auquel il est habitué. Mais ce réinvestissement ne débouche pas sur une modification profonde de sa personnalité. Au contraire, nous verrons bientôt que c'est parce qu'il demeure incompétent sur le plan guerrier que le héros parvient à triompher de l'ennemi.

6. Petite et grande histoire

Sorti de la bulle confortable dans laquelle il était enfermé, le héros n'entre pas comme un corps isolé dans l'histoire. Il entraîne à sa suite une série de préoccupations personnelles qui ne tardent pas à interférer avec la sphère des événements de la Seconde Guerre. De manière lapidaire, on pourrait résumer l'interférence produite par la comédie comme un croisement entre la grande et la petite histoire, un croisement dont le personnage principal constitue l'interface privilégiée. La petite histoire n'est pas sans effet sur la grande, et inversement. Dès lors, il s'agit de voir comment chaque série épouse les contours de l'autre pour dessiner un espace commun où les marques d'attestation du passé voisinent avec les dérobades héritées du vaudeville.

L'histoire comme un vaudeville amoureux

Peut-être doit-on y voir l'influence de *Jeux dangereux* de Lubitsch, mais il est certain que les comédies de la Résistance ne cessent de mêler des actions héroïques à des aventures d'ordre intime ou, plus exactement, de superposer les deux. C'est comme si le quiproquo importait dans le champ de l'histoire les intrigues amoureuses qu'il avait déjà orchestrées par ailleurs.

Dans *Babette s'en va-t-en guerre*, ce devenir vaudevillesque de l'histoire se trouve confirmé par la présence d'un triangle amoureux dont chaque membre est également pris dans le jeu des événements. L'héroïne est éprise de Gérard, l'aviateur qui l'accompagne lors de sa mission en France. Comme on le sait, Babette est obligée de séduire un officier allemand, ce qui ne manque pas d'entraîner le désappointement de son fiancé. Avec *Le Mur de l'Atlantique*, le triangle amoureux laisse place à une rivalité entre Léon Duchemin et l'aviateur anglais qui a sauté en parachute au-dessus de son auberge. Le jeune homme est un membre actif des forces alliées, mais aussi le fiancé de la fille du héros, ce qui contrarie singulièrement celui-ci. Enfin, modèle du genre, *La Vie de château* est tout entier construit autour des rivalités amoureuses qu'inspire Marie, la jolie châtelaine. Celle-ci ne se fait pas seulement courtiser par son mari ; elle reçoit également les avances d'un résistant français et les déclarations empressées d'un général allemand.

Dans ces conditions, on comprend que les enjeux de la guerre ne tardent pas à interférer avec les intérêts amoureux au point qu'il est parfois difficile de distinguer les uns des autres. A cet égard, une scène de *Babette s'en va-t-en guerre* s'avère particulièrement révélatrice. Jouant le rôle d'une riche héritière, Babette ramène le général allemand dans la demeure familiale de Gérard en se faisant passer pour la fille de la famille. Son arrivée ne manque pas de surprendre les résistants groupés dans la pièce ainsi que les parents du fiancé. Ceux-ci comprennent la ruse de Babette et se font passer à leur tour pour ses parents. Dès lors, la scène se déroule sous un double registre. A un premier niveau, celui de l'action clandestine, cette séquence peut être perçue comme un subterfuge visant à piéger davantage l'officier allemand. Mais à un second niveau, celui de l'intrigue amoureuse, la scène est également importante pour Babette, car elle la met en présence, pour la première fois, de ses futurs beaux-parents. C'est d'ailleurs cette dernière logique qui l'emporte, puisque, après le départ de l'officier, Babette demande à son fiancé ce que ses parents ont pensé d'elle. En retour, Gérard ne tarde pas à manifester sa jalousie envers le général.

Si un tel jeu de chassés-croisés est récurrent dans les comédies de la Résistance, c'est sans doute *La Vie de château* qui pousse le plus loin la logique inhérente à ce procédé. L'influence du vaudeville est patente, ne serait-ce que dans le choix d'un lieu fixe comme cadre principal de l'action.[17] La comédie se déroule presque entièrement dans un château de Normandie, ce qui permet de réunir les différents protagonistes en une même unité de lieu. Par ailleurs, les Allemands n'apparaîtront que tardivement dans la représentation, comme si leur venue était subsidiaire au regard de l'intrigue amoureuse. Alors que *Babette* et *Le Mur de l'Atlantique* présentaient le surgissement d'une logique d'ordre privé dans la sphère historique, la comédie de Rappeneau procède d'un mouvement inverse en faisant de la guerre non plus la série réceptrice, mais la série adjuvante, celle qui vient compliquer le jeu de séduction déjà en place. Cette priorité donnée aux affaires de cœur se maintiendra jusqu'au terme de la représentation, puisque les deux prétendants que sont l'officier allemand et le résistant français finiront par se battre en duel, laissant à Jérôme le soin de détruire le redoutable canon.

Par ce croisement des intérêts privés et patriotiques, les comédies ne manquent pas de subvertir les clichés de l'imagerie épique montrant des héros sûrs de leurs droits et constants dans leurs devoirs. Sous l'impulsion du Français moyen, l'histoire se mue en un vaudeville généralisé où les claquements de porte ont autant, si pas plus, d'importance que les coups de fusil. Pris dans cette tornade, les professionnels de l'action guerrière perdent le prestige attaché à leur fonction pour se comporter en amants jaloux ou en beaux-fils rebelles. Cette subversion généralisée ne frappe pas seulement des figures anonymes, mais atteint également certaines personnalités historiques reconnues.

Des personnalités empruntées

A force de multiplier les marivaudages, les comédies de la Résistance courent un danger important : elles risquent de faire oublier au spectateur que la guerre ne constitue pas une toile de fond, mais qu'elle est partie constituante de la représentation. C'est pourquoi certaines productions n'hésitent pas à accroître l'emmêlement des séries en faisant intervenir dans le récit des figures emblématiques de la Seconde Guerre mondiale.

L'insertion de figures reconnues dans le quiproquo s'avère délicate, car les personnalités historiques sont plus difficiles à manœuvrer que les figurants anonymes du conflit. Disposant déjà d'un nom et d'un visage, elles sont pourvues de caractéristiques référentielles précises, ce qui ne manque pas de rendre problématique leur insertion dans la fiction. De plus, il ne faut pas perdre de vue que les comédies, comme les autres productions de l'époque, sont étroitement soumises à une commission de contrôle. Cette dernière est d'autant plus sensible à la représentation du passé qu'elle est directement liée au régime mis en place par le général de Gaulle. Ainsi que le note Sylvie Lindeperg, les censeurs de la Ve République « veillèrent diligemment à ce qu'aucune atteinte ne soit plus portée à l'image et à l'honneur de l'armée des ombres, tout en assurant la suprématie de la Résistance gaullienne dans le champ de la représentation. Ils contrôlèrent dans le même esprit les apparitions de l'homme du 18 juin, sur lesquelles se surimposait désormais la figure du président de la République »[18].

C'est à la lumière de ce contexte qu'il faut apprécier le détournement de *Babette s'en va-t-en guerre* qui parvient à insérer, dès 1959, la figure du Général dans la trame de la fiction. Travaillant comme ménagère à St-Stephen's House, le quartier général des forces françaises à Londres, l'héroïne vit en permanence dans l'ombre du grand homme, même si elle ne le voit jamais directement. C'est seulement quand elle est promue standardiste qu'elle a l'occasion d'entendre sa voix. Inversant les fiches, Babette met en contact la communication privée d'un officier avec la ligne directe du Général et l'on entend alors l'officier murmurer aux oreilles du représentant de la France libre : « Allô Poupette ? C'est ton petit Frenchman. J'ai la permission de minuit. On fait la dînette chez toi ? ». « Impossible », répond de Gaulle de sa voix caractéristique avant de raccrocher.[19]

La scène est intéressante à bien des égards. Tout d'abord, elle démontre que le Général ne peut s'intégrer frontalement à la comédie, comme s'il eût été inconcevable qu'une petite bonne de Conflans se trouve face à l'homme mythique du 18 juin. C'est donc le quiproquo qui permet l'entrée du Général dans la fiction : ce dernier surgit à l'écran par inadvertance. Il apparaît de dos, assis derrière un bureau, son képi à deux étoiles posé sur la table. C'est une figure statique, presque immobile, qui consent à s'intégrer à la fiction. Lors de sa furtive apparition, le personnage du Général marque aussi très clairement son refus de participer au badinage amoureux. Il est pris dans le quiproquo pour en ressortir aussitôt. En ce sens, sa réponse peut se lire à un double niveau : « Il m'est impossible de faire la dînette ce soir, comme il m'est impossible de me prêter plus longuement à ce canular ».

Le Général raccroche donc, mais sa brève évocation parvient à satisfaire un double objectif. Tout d'abord, Babette est mise en contact, par communication interposée, avec l'homme d'Etat, ce qui renforce l'ancrage référentiel de la comédie en ce début de représentation. Ensuite, le film de Christian-Jaque, qui sort moins d'un an après le retour du général de Gaulle au pouvoir, rentre dans les bonnes grâces de la commission de contrôle en présentant une vision respectueuse du Général. Celui-ci apparaît comme un personnage sérieux, bien trop occupé du sort de la France pour se laisser aller à participer à un malentendu coquin.

A la figure du Général correspond de manière quasi symétrique celle du Führer. Dans *Babette s'en va-t-en guerre*, cette figure sera évoquée comme une présence maléfique, mais elle n'apparaîtra jamais dans le corps de la fiction. Peut-être faut-il voir là comme une certaine réticence de la part de la comédie à insérer dans son double jeu un personnage de l'histoire que l'on n'imagine guère se prêter à des facéties amoureuses. Hitler sera seulement montré par le biais d'un grand tableau à son image. Alors que les membres de la Gestapo sont présentés comme des fantoches débiles et grimaçants, le portrait du Führer, intouché et intouchable, se tient, telle une icône inquiétante, à l'arrière-plan de la comédie et continue à rappeler le danger de la menace nazie, ce qui justifie d'autant plus le combat des héros.

Si *Babette s'en va-t-en guerre*, en raison de son contexte de production, présente encore une certaine réserve dans la manipulation des figures reconnues de l'histoire, il n'en va pas de même avec *Le Mur de l'Atlantique* sorti dix ans plus tard.[20] C'est qu'entre-temps le contexte socio-politique a changé : la commission de contrôle s'est considérablement assouplie et le général de Gaulle a quitté le pouvoir. En outre, la comédie de Marcel Camus est suffisamment à distance de l'événement pour pouvoir utiliser les personnages historiques avec une licence plus grande. Plus grande ne signifie toutefois pas totale, car *Le Mur de l'Atlantique* intègre dans sa représentation une figure qui n'a ni le prestige du Général ni l'aura maléfique du Führer. Il s'agit du maréchal Rommel qui se rendit effectivement en 1943 sur la côte normande pour inspecter les travaux de défense du littoral atlantique.

Dans le film, le maréchal occupe un rôle plus développé que celui du Général de Gaulle. Il arrive dans le petit village français pour une tournée d'inspection, échappe de peu à l'attentat qui fait sauter la kommandantur et reçoit des mains de Léon Duchemin les chaussures en peau d'antilope que son épouse désire tant. L'acteur incarnant Rommel ne ressemble pas à son modèle, si bien que la représentation paraît utiliser la figure du maréchal pour sa seule vertu onomastique. C'est surtout le nom qui doit faire sens auprès du spectateur en éveillant dans sa mémoire le souvenir d'un acteur majeur de la Seconde Guerre. Une fois pourvu de cet effet de réel, le maréchal factice est pleinement intégré à la fiction et apparaît comme un mari soucieux de satisfaire les caprices de sa femme. Encore une fois, la logique amoureuse supplante la logique guerrière : ayant de peu échappé à l'attentat, le héros de la campagne de Libye repart immédiatement en direction de l'Allemagne pour rapporter à son épouse les chaussures tant convoitées.

La manipulation des figures historiques ne fera que s'accroître avec le temps, à mesure que les comédies s'éloigneront de la source vive des événements et qu'elles s'appuieront davantage sur des détournements parodiques de films déjà existants. Une telle tendance culminera dans le milieu des années 70 avec des comédies comme *Gross Paris* (Grangier, 1974) ou *Le Führer en folie* (Philippe Clair, 1974), deux représentations qui traitent les acteurs de l'histoire comme des personnages de fiction à part entière en montrant, par exemple, la France et l'Allemagne disputer une partie de football sous l'arbitrage d'Adolf Hitler.

Les archives comme points d'intersection

Une autre manière de conforter l'entremêlement des séries tient dans l'emploi d'images d'archives. Parmi les trois comédies, seul *Babette s'en va-t-en guerre* n'utilise pas de telles images, sans doute parce qu'en 1959, le souvenir de la guerre reste suffisamment vivace dans les mémoires pour que la représentation se dispense de recourir à des traces visuelles du conflit. On peut aussi penser que la période pendant laquelle se déroule le récit aurait conduit à insérer des images portant la marque d'un passé douloureux (l'exode, la débâcle de Dunkerque) dans une production qui se donne expressément pour un divertissement. Situés à une plus grande distance de l'événement, *La Vie de château* et *Le Mur de l'Atlantique* ne craignent pas, en revanche, de manipuler des documents d'archives, et cela d'autant plus que ces documents témoignent du progrès incontestable des forces alliées.

Dans *La Vie de château*, des images d'époque se glissent, par deux fois, dans la fiction. Après le sabotage du canon, une séquence montre les navires du débarquement tirant leurs premières salves au large des côtes normandes. Plus tard, des archives consacrées à la libération de Paris et à la division du général Leclerc entrecoupent l'entrée triomphale de Marie et de son époux dans la capitale française. A la fin du *Mur de l'Atlantique*, Léon, pourchassé par les Allemands, s'embarque une dernière fois pour l'Angleterre. C'est alors qu'apparaissent des images de destroyers et d'avions larguant des parachutistes, tandis qu'un titre s'imprime sur l'écran : « C'était le 6 juin 1944 ».

L'utilisation de ces images se distingue de celle proposée par le burlesque. Dans les comédies des années 20, les documents ayant trait à la Grande Guerre avaient surtout une fonction d'ancrage. Ils permettaient d'enraciner la représentation dans le terreau référentiel de l'histoire, ce qui autorisait ensuite le récit à dériver vers des espaces plus décalés où la confrontation comique devenait possible. Dans *La Vie de château* et *Le Mur de l'Atlantique*, une pareille dérive n'est pas nécessaire, puisqu'à la différence du héros burlesque, le Français moyen ne cherche nullement à régler ses comptes avec l'histoire sur le mode de la confrontation physique. Les comédies de la Résistance reconstituent la période de l'Occupation de manière relativement réaliste sans se préoccuper d'aménager un espace qui permettrait au héros de donner libre cours à une agressivité burlesque.

Dès lors, on comprend que l'intérêt des images d'archives n'est pas seulement de témoigner du passé. En fait, on retrouve dans l'utilisation de ces documents une application exemplaire du quiproquo. Ceux-ci peuvent, en effet, prendre deux sens possibles selon qu'on les insère dans l'une ou l'autre série d'événements. Ainsi, dans *La Vie de château*, les images de la division du général Leclerc sont susceptibles d'appartenir aussi bien à la grande qu'à la petite histoire. Dans le premier cas, elles se rattachent à une série de faits historiques qui culmine avec la libération de Paris. Dans le second, elles montrent comment la châtelaine est parvenue à gagner la capitale. Pareillement, dans *Le Mur de l'Atlantique*, les images de guerre figurent les premiers instants du débarquement dans le même temps qu'elles illustrent le dernier obstacle rencontré par le héros lors de son retour vers l'Angleterre.

Plus que des points d'ancrage, les images d'archives sont donc à considérer comme des points d'intersection maximums puisqu'elles permettent de pousser à son terme le principe d'emmêlement des séries. La valeur indicielle des documents se dédouble et se voit répartie équitablement entre les deux séries d'événements qu'ils résument et cristallisent. La série portée par le héros comique reçoit la même charge d'authenticité que l'événement historique. Les images d'archives n'attestent pas seulement du passé, mais du croisement entre l'histoire officielle et l'histoire privée. Il s'agit de faire croire que le héros a réellement participé aux actions de la Seconde Guerre en donnant l'illusion que les documents d'époque peuvent aussi bien convenir à l'une et à l'autre série d'événements.

7. Résolution(s) de la méprise

Au terme de la représentation vient un moment où le quiproquo est levé, où les deux séries se dissocient enfin. La résolution de la méprise est un point incontournable du récit, car c'est à cet instant que le héros tombe le masque et qu'il se mesure le plus directement à l'histoire. Ainsi, lorsqu'à la fin de *Babette s'en va-t-en guerre*, l'héroïne se voit démasquée, elle n'a plus d'autre choix que de s'affirmer comme une jeune résistante. A l'issue de *La Vie de château*, Jérôme quitte son rôle de gentleman-farmer pour se transformer en lanceur de grenades hors pair. Enfin, après l'explosion de la kommandantur, Léon Duchemin choisit explicitement son camp en s'enfuyant avec le résistant anglais.

Le triomphe d'une série sur l'autre

Dans ces instants de dévoilement, la comédie semble donner à son personnage l'occasion de se comporter en véritable héros, sans recourir à la tromperie ou à la dissimulation. Cependant, il convient de relativiser cette notion d'héroïsme, car une telle qualification pourrait laisser supposer que le protagoniste finit par rejoindre le camp des spécialistes de la guerre et de la Résistance. On pourrait même croire qu'il transmute, comme par magie, son attentisme et sa lâcheté en vertus héroïques. Or, il apparaît que le personnage comique, même en ce point crucial du récit, ne cesse d'être incompétent sur le plan guerrier. Cependant, la grande force des comédies de la Résistance est de transformer cette incompétence en une compétence plus efficace que celle des professionnels de la guerre. Autrement dit, dans la dissociation des séries qui s'opère en fin de récit, c'est la série de préoccupations portée par le personnage principal qui se révèle la plus déterminante pour triompher de l'ennemi.

Le film de Marcel Camus illustre bien un tel état de fait. Lors de l'arrivée de Rommel sur la côte normande, deux logiques différentes viennent s'emmêler. D'un côté, le résistant anglais, fidèle aux ordres de ses supérieurs, installe une bombe dans la salle de réception de la kommandantur et règle le mécanisme de l'engin pour qu'il tue le maréchal. A côté de ce premier plan, rigoureux et chronométré, Léon (Bourvil) développe, de sa propre initiative, une autre stratégie. Il apporte des chaussures en peau d'antilope à Rommel dans l'espoir qu'il les ramènera directement à sa femme.

Au cours d'une même situation (l'arrivée de Rommel), deux logiques coexistent donc étroitement : l'une professionnelle, l'autre d'un grand niveau d'amateurisme. Contre toute attente, c'est le plan le plus aléatoire qui l'emporte. En donnant son cadeau au dignitaire allemand, Léon retarde celui-ci et la bombe explose alors que le maréchal est toujours à l'extérieur de la kommandantur. Du point de vue des professionnels, tout est donc raté : l'attentat n'a pas réussi et le sort du débarquement repose désormais sur le plan préparé par Léon. Heureusement, ce plan s'avère efficace, puisque, muni de ses précieuses chaussures, Rommel repart immédiatement pour l'Allemagne. Sans se départir de sa lâcheté habituelle, en donnant même l'illusion qu'il collabore avec l'ennemi, Bourvil réussit là où les spécialistes de l'action armée ont échoué.

De manière un peu plus complexe, c'est une même logique qui est à l'œuvre dans *La Vie de château*. Cette fois, l'objectif guerrier consiste à détruire le canon qui menace les navires du débarquement. D'entrée de jeu, le plan militaire est mis à mal, puisque les parachutistes américains sont bloqués dans le fossé entourant le blockhaus. C'est alors qu'une deuxième logique vient supplanter la première. Sortant du fossé, Jérôme (Philippe Noiret) s'avance à découvert en faisant mine d'aller rechercher son ivrogne de beau-père. En fait, ce dernier n'est pas saoul, mais en tant que chef de la résistance locale, il essaye de s'approcher des sentinelles pour leur lancer une grenade. A mots couverts, les deux hommes se disputent le projectile en donnant l'impression de se livrer à une querelle familiale. Ici encore, deux logiques coexistent, amplifiées par le tiraillement des corps : d'un côté, celle, héroïque, du résistant et de l'autre, celle de Jérôme dont on ne sait pas très bien s'il agit par patriotisme ou simplement pour prouver aux yeux de sa femme qu'il n'est pas un lâche. Finalement, Jérôme aura gain de cause : il parviendra à lancer la grenade sur le mirador, facilitant ainsi l'intervention des soldats alliés.

Comme pour *Le Mur de l'Atlantique*, on voit donc se dissocier la série 'professionnelle' de la série 'amatrice' et cela, au grand bénéfice de cette dernière. Pour triompher de l'ennemi, Jérôme ne quitte pas son apparence de châtelain et c'est au final sa logique personnelle qui l'emporte. A aucun moment, il ne devient plus compétent sur le plan guerrier et son bref sursaut d'héroïsme est vite atténué par la scène qui le montre blessé à la tête peu après la prise du blockhaus. A Marie qui s'inquiète de son état, Jérôme répond qu'il s'est simplement cogné à une porte.

Qu'il s'agisse du *Mur de l'Atlantique* ou de *La Vie de château*, on s'aperçoit qu'il est difficile de distinguer les motivations personnelles du héros de ses sentiments patriotiques. Pour Léon, les chaussures en peau d'antilope n'ont pas tant pour but de délivrer la côte normande de la présence du maréchal que de préserver son gendre du peloton d'exécution. Pareillement, en jetant la grenade, Jérôme accomplit davantage un acte d'amour qu'un geste héroïque. Dans les deux cas, le héros reste plongé dans ses préoccupations privées et c'est parce que la grande histoire est venue perturber son confort premier qu'il mettra tout en œuvre pour restaurer l'ordre initial.

Ces caractéristiques ne manquent pas de se retrouver dans *Babette s'en va-t-en guerre*. Comme les comédies précédentes, le film de Christian-Jaque montre l'échec des professionnels de la Résistance. Alors que Babette se laisse embrasser par von Arenberg pour les besoins de la mission, Gérard, fou de jalousie, sort des fourrés et frappe l'officier allemand. Découvrant la supercherie, ce dernier pointe son fusil sur l'héroïne et son fiancé. Par la faute du résistant, la mission serait compromise si un sbire de la Gestapo, persuadé que Babette travaille pour son service, ne venait assommer von Arenberg. Dès lors, l'héroïne reprend les choses en main et permet aux combattants clandestins de quitter la France. A l'instar de Jérôme ou de Léon, Babette impose à l'action guerrière sa propre logique. De nouveau, il ne faut pas voir dans la détermination du personnage une motivation cocardière. Ce qui importe à Babette, c'est de conquérir le cœur de Gérard. Dans l'avion qui les ramène en Angleterre, l'officier allemand rappelle aux héros qu'ils n'ont pas encore gagné la guerre. « Moi si ! », répond Babette, qui a pu obtenir de son fiancé une promesse de mariage.

La méprise cachée

Surgissant en fin de comédie, la dissociation des séries aboutit à la levée d'une méprise encore plus grande, une méprise qui constitue peut-être le point nodal de ces représentations, mais qui se tenait comme soigneusement tapie dans les méandres du récit. Alors que jusque-là, le personnage principal était considéré comme un incapable, voilà soudain qu'il apparaît comme plus compétent que les professionnels.

Encore une fois, sans doute en raison de son fort degré de stéréotypie, *Le Mur de l'Atlantique* donne les clefs de ce mécanisme. Après l'explosion ratée de la kommandantur, les résistants considèrent Léon comme responsable de l'échec de la mission. A cause de son initiative intempestive, le maréchal Rommel n'est pas entré à l'heure voulue dans la salle de réception. Suite à cet échec, le héros est traité de « roi des cons », ce qui résume bien la haute estime dans laquelle le tiennent les résistants. Surgit alors l'escorte du maréchal faisant route vers l'Allemagne. Les résistants, ébahis, regardent passer le cortège tandis que Bourvil déclare : « Je suis peut-être le roi des cons, mais en tout cas, Rommel, il s'en va avec mes chaussures en Allemagne ». Par cette réplique, le restaurateur apporte un démenti cinglant au mépris des combattants clandestins. Peut-être est-il le dernier des imbéciles, mais c'est bien grâce à lui que le maréchal est éloigné du front.

Pareillement, à la fin de *La Vie de château*, Marie regarde d'un œil neuf son mari. Si elle l'avait suspecté de lâcheté tout au long du récit, elle le perçoit dorénavant comme un authentique héros et n'accorde plus aucune attention à ses deux prétendants, qui, rappelons-le, sont des professionnels de l'action guerrière. Dans *Babette s'en va-t-en guerre*, la réhabilitation est également d'importance pour l'héroïne et sa « cervelle pas plus grande qu'un petit pois ». Immédiatement après la réussite de la mission, Babette obtient de Gérard une promesse de mariage. Plus tard, en rentrant en Angleterre, elle aura droit à une cérémonie officielle célébrant le courage dont elle a fait preuve.

Mine de rien, cette réhabilitation témoigne d'un quiproquo peut-être plus essentiel que ceux dégagés jusqu'ici. En effet, avant même que le personnage ne soit embarqué dans le flux des événements, est posé, comme préalable à toute action, le fait qu'il est incompétent et incapable. En restaurant le héros dans ses droits, la comédie ne se contente pas de conclure heureusement une péripétie guerrière. Plus fondamentalement, elle lève la méprise qui pesait jusqu'alors sur le personnage principal.

Pour comprendre pleinement la portée de cette méprise, il faut revenir à la personnalité du Français moyen et envisager cette personnalité sous l'angle d'un quiproquo identitaire. Si l'on reprend les caractéristiques du héros, on s'aperçoit que celles-ci ne peuvent que recevoir la désapprobation des autorités officielles. Ainsi, la rigueur, le courage, la maîtrise – tous ces paramètres qui assurent le sérieux de l'entreprise militaire – viennent s'opposer aux traits constituants du Français moyen, à savoir la roublardise, l'indiscipline et une certaine forme de chauvinisme gouailleur. Il s'ensuit que les hommes de guerre ne peuvent que se méprendre sur la valeur du protagoniste. Celui-ci est perçu comme incompétent et s'il se voit inséré dans une mission de résistance, c'est précisément parce que cette incompétence ne risque pas d'éveiller la méfiance des Allemands.

Mais ce que les comédies démontrent aussi, c'est que la situation identitaire du héros est susceptible de s'insérer dans une tout autre logique narrative, beaucoup plus glorieuse pour le personnage principal. Dans cette perspective, les caractéristiques qui se présentent comme des handicaps du point de vue militaire se révèlent les meilleurs atouts dont dispose le héros pour se sortir d'une situation délicate. Son sens de l'improvisation et son pragmatisme finissent par s'avérer plus efficaces que la rigidité des plans officiels. Il est d'ailleurs intéressant de noter que plus le récit avance, plus les militaires paraissent incompétents : les Allemands bien sûr, avec à leur tête la caricature ambulante qu'est Papa Schultz, mais aussi les Français et les Anglais qui, tout empreints du sérieux de leur mission, ne peuvent s'adapter aux revirements de situation.

En d'autres termes, la comédie fait jouer deux perceptions autour de la situation identitaire du héros. Du point de vue de l'histoire et de ceux qui la font, le sens attribué à cette situation est irrévocable : le Français moyen ne dispose pas des qualités requises pour se comporter en véritable héros. Une option contredite par la comédie qui, au terme de son développement, supplante cette logique par une autre : les Français sont ce qu'ils sont et c'est grâce à leur nature profonde qu'ils ont pu triompher de l'ennemi. Contre l'avis des professionnels et des historiens avisés, mais confortant la vision que les spectateurs souhaiteraient avoir de leur passé, la comédie transforme donc radicalement le sens historique qui peut être attribué à la personnalité du héros. Médiocrité et attentisme deviennent les conditions indispensables du devenir héroïque : on ne peut être compétent que si l'on est incapable, courageux que si l'on est lâche. A la fin de la représentation, la méprise est donc levée : le héros est reconnu comme tel parce que la perception de sa situation identitaire a changé.

8. Du mépris à la méprise

Dégagé à partir de *Babette s'en va-t-en guerre*, *La Vie de château* et *Le Mur de l'Atlantique*, l'effet structurant du quiproquo se retrouve dans les autres comédies de la Résistance. Une production comme *Martin soldat* est elle aussi organisée selon ce principe d'interférence : déguisé en officier allemand, un acteur médiocre est arrêté par les Américains, lesquels le livrent aux Français.

Cette suite de méprises finit par déboucher sur une action d'éclat, puisque Martin parvient à sauver Paris de la destruction allemande. Dans *La Grande vadrouille*, les héros ne réalisent pas un exploit d'une importance comparable, mais leur fuite à travers la France s'effectue sur le mode d'un cache-cache continuel, renforcé par des changements de costumes incessants. Le principe du quiproquo est donc indéniablement présent et contribue, comme dans *Martin soldat*, à réhabiliter le personnage du Français moyen.

Cette cohérence structurelle n'est pas sans lien avec le succès remporté par les comédies de la Résistance. Trop souvent, on se contente d'expliquer l'engouement provoqué par ces productions en soulignant les affinités entre le héros et le spectateur. Le personnage du Français moyen « attentiste au dehors, résistant au dedans »[21] aurait reçu un écho favorable auprès d'un public qui essayait tant bien que mal d'oublier le souvenir de la collaboration pour se tourner vers l'image plus héroïque d'une France soudée contre l'envahisseur.

Si cette hypothèse, avec toute la généralisation qu'elle implique, participe à expliquer le succès des comédies de la Résistance, elle se révèle toutefois insatisfaisante au regard des théories de l'identification. Ce que cette hypothèse démontre tout au plus, c'est qu'il y aurait une affinité psychologique entre le spectateur et le héros, une affinité qui expliquerait la forte sympathie suscitée par ce dernier. Cependant, l'identification ne naît pas tellement d'une accointance émotionnelle, mais d'une homologie de situations. « L'identification est donc une question de place, un effet de position structurale. D'où l'importance de la *situation* comme structure de base de l'identification dans un récit de type classique. »[22] La sympathie suscitée par le héros découle du fait que le spectateur reconnaît dans la position du personnage la place qu'il occupe lui-même en tant que destinataire du récit.

C'est sur cette base théorique qu'il faut reconsidérer l'importance du quiproquo. Plus qu'un simple principe comique, celui-ci joue un rôle décisif dans le mécanisme d'identification et participe à expliquer l'extraordinaire popularité des comédies de la Résistance. Inscrit profondément dans la trame des représentations, le quiproquo tend à mettre en place une situation narrative correspondant à la situation mémorielle du public de l'époque.

Dans leurs analyses, Sylvie Lindeperg et Ignacio Ramonet n'ont pas assez insisté sur la dévalorisation constante du héros, sur le mépris dans lequel le tiennent les professionnels de l'action clandestine. Ce mépris renvoie, dans une certaine mesure, au malaise que le spectateur français peut ressentir à l'égard de sa propre participation à l'événement. Dans *Le syndrome de Vichy*[23], Henry Rousso a démontré que la France, honteuse de son comportement sous l'Occupation, refoulera longtemps le souvenir des années noires et qu'il faudra attendre la sortie du *Chagrin et de la pitié* de Marcel Ophuls pour que s'ouvre un débat public sur l'attitude réelle des Français pendant la guerre. Or, ce qui est tout à fait intéressant pour notre propos, c'est que la comédie met en scène une sorte de mécanisme compensatoire qui vient lever ce mépris initial en le transformant en une simple méprise.

Du mépris à la méprise, telle pourrait être l'inflexion que font subir les comédies à la représentation que les Français ont de leur passé. La comédie réconforte les spectateurs en leur disant qu'ils ont été confondus par l'histoire, que leur caractère de Français moyen n'est nullement synonyme d'attentisme et de lâcheté, mais qu'inséré dans une logique autre, ce caractère aurait pu tout aussi bien donner naissance à de véritables héros, intervenant de manière décisive dans le déroulement de l'histoire. Pour la jeune génération qui n'a pas connu la guerre, ce principe compensatoire permet de conforter l'honneur des pères en popularisant le mythe d'une France infaillible, dressée en bloc contre toute tentative d'invasion.

Structurée par le principe du quiproquo, l'homologie de situations entre le personnage et le spectateur s'avère donc frappante. Alors que le premier est à la fois lâche et héros, le second se trouve dans un état similaire, puisque sa position historique est traversée par deux logiques contradictoires. Bien qu'il se réfugie dans la mythologie de la Résistance, le spectateur ne peut ignorer le souvenir du régime de Vichy et le fait que de nombreux Français se sont compromis avec l'occupant. Cette double situation, embarrassante aussi bien pour le personnage que pour le spectateur, se voit dénouée par la comédie. A travers le cheminement de l'intrigue, apparaît une nouvelle homologie, beaucoup plus rassurante en termes d'identification et tout à fait conforme à la vision de l'histoire prescrite par le pouvoir en place. La réhabilitation du héros renforce le sentiment patriotique du public, puisque celui-ci peut s'identifier sans peine à une situation où un personnage de Français moyen se découvre soudain compétent et héroïque après que les futurs vainqueurs de la Seconde Guerre l'aient assuré du contraire.

C'est sans doute en raison de cette structure narrative, couplée à un personnage dont le spectateur se sent affectivement proche, que les comédies de la Résistance ont remporté un tel succès public et qu'elles ont pu constituer un sous-genre à part entière dans le cinéma français des années 60. Si ce sous-genre connaît par la suite une nouvelle embellie au milieu des années 70, il faut noter que celle-ci repose surtout sur l'exploitation de clichés préexistants. On peut même risquer l'hypothèse que le sous-genre s'est progressivement replié sur ses seuls éléments thématiques parce que le principe du quiproquo avait perdu de son efficacité identificatoire. En effet, dans un contexte où l'on commence à débattre de la responsabilité des Français pendant la guerre, il semblerait que le quiproquo n'occupe plus la place centrale qui était la sienne. Il cesse de constituer un principe d'identification structurant, car il ne renvoie plus de manière aussi forte à la situation mémorielle des Français et au double jeu caractérisant leur rapport au passé.

Dès lors, les comédies vont surtout abonder dans une veine citationnelle, qui tend peu à peu à éclipser l'événement au profit de sa seule revisitation parodique. Des films comme *Gross Paris*, *Le Führer en folie* ou encore *Le Mille-pattes fait des claquettes* témoignent bien de cette exaltation forcée du second degré. La production la plus aboutie de cette mouvance est représentée par *Papy fait de la Résistance* de Jean-Marie Poiré en 1983. Cette fois, la reconstitution de l'événement se limite à une pure entreprise ornementale tandis que la comédie apparaît comme « un pot-pourri des gags inaugurés par les premières comédies résistantes, un pastiche des fictions héroïques de la Libération et des années soixante, une parodie de la grande messe télévisuelle des 'Dossiers de l'écran', le tout agrémenté d'un zeste de cinéma 'rétro' »[24].

Plus récemment, on a vu naître sur les écrans un nouveau cycle de comédies, très éloigné de la mouvance parodique. Des productions comme *Monsieur Batignole* (Jugnot, 2001) ou *Effroyables jardins* (Becker, 2002), remettent au centre de leur dispositif la figure du héros malgré lui. Dans le film de Gérard Jugnot, un charcutier français est contraint de s'occuper d'un enfant juif dont les parents ont été déportés. Quant aux héros d'*Effroyables jardins*, ils s'engagent dans une action de résistance plus par volonté d'épater une jeune femme que par réelle motivation patriotique. Si ces comédies jouent encore de la méprise, elles le font sur un mode mineur, comme s'il n'était plus possible, depuis la reconnaissance officielle des torts causés par l'Etat français lors de la collaboration[25], de rattacher les péripéties des Français moyens à de grandes actions héroïques. Alors que les comédies des années 60 dissimulaient la charge traumatique du passé sous les coups d'éclat d'un vaudeville bien mené, les films contemporains réactivent la tension entre comique et histoire à tel point qu'ils reçoivent fréquemment l'appellation de 'comédie dramatique'[26]. Et de fait, ces comédies proposent souvent des représentations en demi-teinte de l'événement, basculant sans cesse du rire aux larmes. A cet égard, le film de Jean Becker se révèle exemplaire puisque le récit se termine par la mort d'un soldat allemand qui se déguisait en clown pour divertir les prisonniers français.

Face à ces représentations, peut-être faut-il voir dans la comédie de Jean-Paul Rappeneau *Bon voyage* (2002) une dernière tentative de renouer avec l'esprit du genre. Dans ce film ponctué de chassés-croisés et d'apparitions de figures historiques célèbres, on retrouve la coexistence de la grande et de la petite histoire dans une configuration proche de celle qui caractérisait les comédies des années 60 et dont Rappeneau fut l'un des plus illustres représentants. Cependant, il est significatif de constater que, malgré ses nominations aux Césars, cette comédie connut un échec public assez important, alors que *Monsieur Batignole* et *Effroyables jardins* avaient, pour leur part, remporté un large succès populaire.[27]

Au regard du chemin parcouru, cet échec peut s'interpréter comme la marque d'une inadéquation profonde entre un système de représentation et l'époque dans laquelle il s'insère. Alors que la guerre était auparavant représentée comme une aventure rocambolesque, notre société privilégie désormais les comédies qui, comme *Effroyables jardins*, tiennent compte de l'ampleur dramatique de l'événement. C'est sans doute de ce décalage[28] qu'a souffert le film de Jean-Paul Rappeneau, de cette volonté de maintenir le jeu de la méprise et de la confusion dans une société qui ne cesse d'afficher son respect à l'égard du passé, quitte parfois à transformer l'émotion suscitée par ce dernier en une sorte de caution morale, garante de la respectabilité du spectacle proposé.

---

1   Sylvie LINDEPERG, *Les écrans de l'ombre*, p. 185.
2   Joseph DANIEL, « Variations sur l'Occupation » [1974], dans Dominique VIDAL (coordonné par), *Manière de voir. Cinémas engagés*, n° 88, Paris, Le Monde diplomatique, août-septembre 2006, p. 20.
3   Sylvie LINDEPERG, *Les écrans de l'ombre*, p. 320.
4   En plus des films déjà cités, on peut relever *Le Chemin des écoliers* (Boisrond, 1959), *Les Culottes rouges* (Joffé, 1962), *La Cuisine au beurre* (Grangier, 1963)…
5   *Id.*, p. 410.
6   *Id.*, p. 373.
7   Jacques DONIOL-VALCROZE cité dans Ignacio RAMONET, « Guerre et comédies », *op. cit.*, pp. 215-216.
8   Sylvie LINDEPERG, *Les écrans de l'ombre*, p. 411.
9   Henri BERGSON, *op. cit.*, p. 75.
10 *Id.*, p. 74.
11 *Id.*, p. 75.
12 Autre comédie historique, le film de Lubitsch, *Jeux dangereux*, fonctionne lui aussi sur le mode du quiproquo et ajoute même une variante intéressante à ce processus puisqu'il fait du spectateur la première victime de la méprise. Ainsi, au début du film, le public croit découvrir Hitler se baladant dans les rues d'une ville polonaise. Par la suite, le spectateur s'aperçoit de son erreur en découvrant qu'il s'agit en fait d'un acteur de théâtre voulant tester auprès du public (celui de la rue, mais aussi celui de la salle) sa ressemblance avec le Führer. Le quiproquo apparaît également dans *Le Dictateur* lorsque le petit barbier juif est confondu avec Hynkel, ou dans *Allez coucher ailleurs* d'Howard Hawks, quand Cary Grant se déguise en femme pour pouvoir embarquer au côté de sa fiancée.
13 Au sujet de la genèse du film, voir Sylvie LINDEPERG, *Les écrans de l'ombre*, pp. 362-363.
14 L'expression 'Français moyen' apparaît en 1924 dans la bouche d'Edouard Herriot, homme d'Etat français. Cette expression est souvent associée au terme de 'franchouillardise', néologisme inventé par Alphonse Boudard en 1967, et qui désigne « les défauts attribués au Français moyen (chauvinisme, étroitesse d'esprit, en particulier) ».
    Alphonse BOUDARD, cité dans Roland DUVAL, « De la 'franchouillardise' dans le cinéma français », dans *Positif*, n°s 557-558, Paris, juillet-août 2007, p. 134.
15 Ignacio RAMONET, « Guerre et comédies », dans *op. cit.*, p. 218.
16 Sylvie LINDEPERG, *Les écrans de l'ombre*, p. 369.
17 Pour un journal de l'époque, *La Vie de château* consacre « l'apparition de Feydeau sur le Mur de l'Atlantique ».
    A ce sujet, voir Joseph DANIEL, *Guerre et cinéma*, p. 369.
18 Sylvie LINDEPERG, *Les écrans de l'ombre*, p. 400.
19 A l'origine, le Général était plus disert puisqu'il répondait : « D'abord, vous n'êtes pas mon petit Frenchman, de plus je ne m'appelle pas Poupette et je ne suis pas libre ce soir ». Sous la censure de la commission, cette réplique fut aménagée afin qu'elle ne donne pas une image trop ridicule du chef de l'Etat. Néanmoins, on rapporte aussi que cette scène fut sauvée par de Gaulle lui-même qui la trouvait très drôle.
    Jean-Luc DOUIN, *op. cit.*, p. 106.
20 Les autres comédies des années 60 sont plus prudentes dans la manipulation des grandes figures de l'histoire. *La Vie de château* ne comporte pas d'allusions à des personnalités d'importance, car il serait difficile d'intégrer celles-ci au vaudeville qui se déroule dans la demeure normande. *La Grande vadrouille* est aussi une comédie qui ne présente guère de références aux figures historiques, sans doute, comme le remarque Sylvie Lindeperg, parce que Gérard Oury, qui avait déjà participé au scénario de *Babette s'en va-t-en guerre*, avait été suspecté à l'époque de faire le jeu du pouvoir. Dès lors, le réalisateur s'émancipa, pour *La Grande vadrouille*, de toute mention historique précise. La seule comédie qui intègre une figure d'importance est *Martin soldat* (1966) de Michel Deville. A la fin de la représentation, on y

voit le général de Gaulle (encore de dos) remettre une médaille au héros pour avoir sauvé Paris de la destruction allemande. En récompense de ses efforts, le héros demande au Général la faveur d'une audition à la Comédie-Française.
Au sujet de *Martin soldat* et de *La Grande vadrouille*, *cf.* Sylvie LINDEPERG, *Les écrans de l'ombre*, pp. 367-368.

21 Nous paraphrasons ici la formule de Sylvie Lindeperg.
Id., p. 185.
22 Jacques AUMONT, Alain BERGALA (*et alii*), *Esthétique du film*, Paris, Nathan, 1994 (2e édition revue et augmentée), coll. « Fac Cinéma », p. 192.
23 Henry ROUSSO, *Le syndrome de Vichy de 1944 à nos jours*, Paris, Seuil, 1990 (2e édition revue et mise à jour), coll. « Points Histoire ».
24 Sylvie LINDEPERG, *Les écrans de l'ombre*, p. 412.
25 Le 16 juillet 1995, lors des cérémonies commémorant la grande rafle du Vel' d'Hiv, le président Jacques Chirac reconnaît officiellement la responsabilité de l'Etat français dans la déportation des Juifs.
26 A ce sujet, voir Eric LEGUEBE, *op. cit.*
27 Jean-Marc LALANNE, « *Bon voyage* de Jean-Paul Rappeneau. Fin de partie », dans *Cahiers du cinéma*, n° 579, Paris, mai 2003, pp. 116-117.
28 Raphaëlle Moine rapporte que, suite à l'insuccès de sa comédie, Rappeneau tenta d'effectuer une mise au point générique auprès de la presse. « Dans toutes ses interviews, il assure la promotion de son film en martelant qu'il a été à tort présenté ou perçu comme un film de l'Occupation (ce qu'il n'est effectivement pas, l'action se déroulant avant l'armistice) alors qu'il s'agit en fait d'une comédie légère, pleine de rebondissements, dans le droit fil de *La Vie de château* (1965) ou des *Mariés de l'an II* (1971). »
Raphaëlle MOINE, « Reconfigurations génériques de la comédie dans le cinéma français contemporain. L'émergence des 'comédies d'auteur' », dans Raphaëlle MOINE (sous la direction de), *op. cit.*, p. 225.

Chapitre VI
L'incorporation historique : *Zelig* et *Forrest Gump*

Loin de l'opiniâtreté d'un Charlot ou de la couardise d'un Bourvil, le héros comique peut aussi se montrer incroyablement naïf à l'égard de l'histoire. Cette naïveté ne se traduit pas seulement par une candeur ou une ingénuité désarmante. Plus profondément, elle témoigne d'une perméabilité très grande aux événements du siècle. Dépourvu de qualités particulières, le héros naïf se fond dans l'histoire sans vraiment la comprendre, déclenchant, malgré lui, des incidents qui ne manquent pas d'influer sur la marche du monde.[1]

Très tôt, la comédie américaine est apparue comme un espace propice à la figuration du héros naïf dans son rapport à l'histoire. Dès la fin des années 40, Jerry Lewis se spécialise dans le rôle du gaffeur de service et figure, en compagnie de Dean Martin, dans des comédies troupières comme *Petite tête de troufion* (Dolenz, 1947) ou *Le Soldat récalcitrant* (Walker, 1951). Mais c'est surtout à la fin des années 70 que le personnage du candide apparaît comme un interlocuteur privilégié pour porter un regard neuf sur les dessous du pouvoir, ainsi qu'en témoigne *Bienvenue Mister Chance* (1979) de Hal Ashby, comédie dans laquelle Peter Sellers incarne un jardinier naïf dont les phrases énigmatiques ont une grande influence sur le président des Etats-Unis.

Par la suite, profitant peut-être de l'impulsion de ce film et dans un contexte où les séquelles de la guerre du Vietnam commencent à se dissiper, les comédies multiplient les héros niais qui se trouvent confrontés à des événements dont l'ampleur les dépasse. On verra ainsi surgir, dans des productions de qualité très diverse, un ingénieur incompétent (*Une défense canon* avec Eddy Murphy en 1984), des espions maladroits (*Drôles d'espions* de John Landis en 1986) ou encore des adolescentes ingénues aux prises avec l'administration Nixon (*Dick, les coulisses de la présidence* d'Andrew Fleming en 1999).

Dans cette cartographie à peine esquissée, deux films se tiennent en un point central autour duquel gravitent les comédies déjà évoquées : *Zelig* de Woody Allen et *Forrest Gump* de Robert Zemeckis. Tournés à dix ans d'intervalle (1983-1993), les deux films cristallisent de manière emblématique la relation du héros niais à l'histoire. Dans *Zelig*, Woody Allen interprète un homme caméléon plongé dans le tourbillon de la fin des années 20. Incapable de se constituer en personnalité autonome, Zelig est condamné à prendre les traits de ceux qui l'entourent. Avec *Forrest Gump*, la manifestation de l'idiotie est encore plus patente puisque le film suit un demi-siècle d'histoire américaine à travers les yeux d'un soldat au Q.I. inférieur à la moyenne. Ces deux comédies laissent entrevoir un mode d'interférence historique très différent de la confrontation burlesque ou du double jeu mis en place par les comédies de la Résistance. Dans *Zelig* et *Forrest Gump*, le héros ne brutalise, ni ne fuit l'histoire : il s'incorpore au flux des événements à tel point qu'il lui est parfois difficile de s'en déloger.

Nouveau régime d'interférence, l'incorporation suppose une figuration de l'histoire plus poussée que dans les autres types de comédies. Le héros doit être perçu par le spectateur comme étant véritablement imbriqué dans le tissu historique. Dès lors, on ne s'étonnera pas que le processus d'incorporation culmine avec l'intégration du personnage dans des images d'archives manipulées pour les besoins du film. Cependant, même lorsqu'elle s'appuie sur des documents authentiques, l'incorporation ne peut mener à bien son intention première, qui est de dissoudre le corps comique dans l'histoire. Le processus est condamné à l'échec car, si le héros finissait par se confondre totalement avec les images du passé, il n'y aurait plus d'interférence possible et l'entreprise comique risquerait de tourner court. Vue sous cet angle, l'incorporation devient significative, non par ce qu'elle intègre, mais par ce qui résiste à cette intégration. Comme on le pressent, ce type d'interférence s'avère particulièrement paradoxal, puisque son ambition de fondre le héros dans l'histoire contribue au final à rehausser la singularité de celui-ci.

1. L'histoire comme second berceau

Depuis Voltaire et le Siècle des Lumières, l'ingénu est un personnage fréquemment utilisé pour dévoiler les travers d'une société en place. Par la bouche du candide, l'auteur exprime son indignation face aux injustices du temps, mais il le fait de telle manière que cette parole ne peut lui être directement imputée. Et, de fait, le naïf ne se présente pas comme un fin lettré, encore moins comme un redoutable polémiste. Il se caractérise par une sorte d'innocence enfantine qui éloigne de sa personne tout soupçon de malignité. Situés dans la droite ligne de cette tradition littéraire, Zelig[2] et Forrest Gump s'apparentent à des Candide des temps modernes dont les déconvenues illustrent les dérives de notre société. Ainsi, peut-on voir, dans le film de Woody Allen, une critique relativement féroce de l'industrie américaine du spectacle. Grâce à son don extraordinaire, l'homme caméléon commence par fasciner la foule avant d'être rejeté par celle-ci lorsqu'il est suspecté d'escroquerie et de polygamie. Il lui faudra réaliser un nouvel exploit – la traversée de l'Atlantique tête en bas – pour que le public l'acclame à nouveau. Dans *Forrest Gump*, la charge critique est également présente, bien qu'elle s'avère plus réactionnaire. Le regard de Forrest est celui d'un idiot profondément attaché aux valeurs du Vieux Sud. Dans cette perspective, il n'est pas surprenant que les mouvements de la contre-culture lui apparaissent comme des foyers de violence et de dépravation, alors que l'armée américaine, même compromise dans l'enfer vietnamien, reste, à ses yeux, un lieu d'épanouissement où peuvent naître de solides amitiés.

Comme au temps de Voltaire, la figure de l'ingénu représente donc un moyen privilégié pour porter un regard critique sur la société. Toutefois, rien n'explique encore la faculté que possède ce personnage de s'incorporer si facilement aux événements du siècle. Comment le naïf parvient-il à s'infiltrer au plus près des instances de pouvoir ? Quels sont les éléments de sa personnalité qui expliquent son immersion dans l'histoire, une immersion que n'avait jamais poussée aussi loin le comique burlesque ou les comédies de la Résistance ?

Pour répondre à ces questions, un détour par l'étymologie s'impose. Quand on passe en revue la constellation des synonymes (candeur, ingénuité…) pouvant convenir à la personnalité du naïf, revient constamment l'idée d'innocence et de pureté. Cette orientation sémantique se trouve confirmée par le sens premier de 'naïf' qui signifie originaire, natif. Dans son sens second, cet adjectif s'applique à un être ou une chose qui est naturel, sans artifice, spontané. Au sein de cette nébuleuse sémantique, émerge donc l'idée d'un être pur, non encore compromis par la société, ce qui n'est pas sans rappeler le mythe du bon sauvage chez Rousseau. Ce noyau de signification est encore renforcé par le premier sens de 'niais', terme utilisé en fauconnerie et désignant un oisillon qui n'est pas encore sorti du nid.

Le recours à l'étymologie est précieux dans la mesure où il indique que le héros naïf n'est pas nécessairement un être idiot, dépourvu d'intelligence, mais qu'il se caractérise surtout par un état de réceptivité absolue. A l'image d'un nouveau-né, l'ingénu se glisse dans l'histoire comme dans un second berceau. Sa personnalité est encore suffisamment malléable pour se prêter aux contorsions des événements. Sans doute faut-il voir dans cette perméabilité du héros la raison première de l'incorporation. Si le personnage naïf peut à ce point s'incorporer à l'histoire, c'est qu'il n'oppose pas – dans un premier temps, du moins – une résistance trop vive à son imbrication.

A cet égard, le personnage de Forrest Gump est emblématique. Dès le début du film, Forrest (interprété par Tom Hanks) se présente comme un individu à l'ingénuité profonde, en décalage par rapport à ses autres camarades, déjà beaucoup plus retors. D'après Robert Zemeckis, le héros du film peut d'ailleurs se percevoir comme un grand bébé[3], c'est-à-dire comme quelqu'un dont la personnalité ne s'est pas encore affirmée. Forrest traverse des épisodes cruciaux de l'histoire américaine sans jamais véritablement évoluer. Quoi qu'il arrive, il s'adapte à la situation en conservant son innocence et sa spontanéité enfantines.

Le cas de Zelig est plus complexe. A la différence de Forrest Gump, le personnage interprété par Woody Allen n'est pas un simple d'esprit. Au contraire, on pourrait dire qu'il a trop d'esprit puisqu'il est capable de s'assimiler à tous les personnages de son environnement, qu'il s'agisse d'un restaurateur grec ou d'un psychiatre renommé. A priori donc, Zelig ne peut être considéré comme un véritable ingénu. Et pourtant, son rapport au monde est en bien des points comparable à celui de Forrest Gump. Si l'on se réfère aux théories de Piaget sur l'apprentissage, on constate que Zelig se caractérise par un mimétisme exagéré. Il est semblable à un enfant dont le processus d'assimilation ne connaîtrait pas de fin. L'histoire devient pour lui une salle de classe et son mimétisme est tel qu'il oublie de développer son identité propre pour se fondre dans son environnement.

Dans ces conditions, il n'est pas étonnant que Zelig entretienne vis-à-vis de l'histoire un rapport presque ombilical, comme si les événements de la fin des années 20 constituaient la matrice hors de laquelle il ne peut se résoudre à vivre. Une scène emblématique illustre bien ce rapport particulier. Après sa disparition, le héros réapparaît dans l'entourage du pape Pie XI, sur le balcon de la basilique Saint-Pierre à Rome. Placée assez loin de la scène, la caméra filme ce qui ressemble à un début de panique lorsque les assistants du pape tentent d'expulser l'imposteur. Voici comment Bill Krohn décrit cette séquence dans les *Cahiers du cinéma* : « Les espèces de battements d'ailes et de fourmillements de ces minuscules silhouettes contribuent à les faire ressembler à une nuée d'oiseaux essayant d'expulser un dangereux intrus, dont un étrange instinct leur fait découvrir la présence »[4]. On ne pourrait être plus clair : le balcon ressemble à un nid et Zelig, à cet instant du film, est sur le point d'être déniaisé, c'est-à-dire chassé du cocon douillet de l'histoire où il était parvenu à se réfugier.

Si le niais réussit à s'intégrer à l'histoire, c'est qu'il manifeste à son égard une disponibilité très grande, quasi enfantine. Bien sûr, en fonction des films, les motivations peuvent varier. Chez Zelig, c'est le désir de se faire aimer qui pousse le héros à se dissimuler dans la masse, alors que, dans *Forrest Gump*, la bonne volonté du héros et son souci de rendre service à tous expliquent son insertion dans les événements. Mais dans les deux cas, le résultat est le même : le héros commence par se fondre dans l'histoire car sa personnalité n'est pas suffisamment étoffée pour s'opposer à la marche des événements.

2. Les images d'archives comme points d'incorporation

Bien qu'il se manifeste tout au long de la représentation, le processus d'incorporation atteint son efficacité maximale quand il présente l'insertion du héros au sein de véritables documents d'époque. En ces moments clés du film, l'incorporation apparaît dans son expression la plus évidente et la plus saisissable, d'une manière que seul le cinéma pouvait figurer : le héros est littéralement absorbé dans le tissu historique en se matérialisant à l'intérieur d'images mouvantes portant la trace du siècle écoulé.

L'importance des effets spéciaux

Largement relayé par la critique, l'attrait principal de *Zelig* et de *Forrest Gump* tient dans la manipulation délibérée d'images d'archives. L'homme caméléon est filmé ou photographié en compagnie de personnalités importantes des années 20, des personnalités qui ressortent aussi bien du domaine politique (le président John Coolidge, le pape Pie XI, Adolf Hitler…) que du domaine plus large des célébrités en vogue de l'époque (l'actrice Marion Davies, le joueur de base-ball Lou Gehrig…). Quant à Forrest Gump, sur un demi-siècle d'histoire américaine, il serre la main à trois présidents des Etats-Unis et converse, entre autres, avec John Lennon lors d'un show télévisé.

Sur le plan technique, il est indéniable que de telles manipulations découlent d'une très grande maîtrise des effets spéciaux. Même si *La Soupe au canard* présentait déjà l'incrustation d'Harpo dans une image d'archives, le résultat obtenu dans *Zelig* et dans *Forrest Gump* dépasse largement les possibilités techniques du début des années 30. Lors du tournage de *Zelig*, Woody Allen a déployé toute une panoplie de trucages (comme le procédé classique du cache/contre-cache) dans le but de parfaire l'insertion de son héros dans des documents d'époque. Au total, ce travail de manipulation nécessita trois ans de préparation à tel point que Woody Allen surnomma *Zelig* son film hobby pour indiquer qu'il y revenait lorsque ses autres productions lui en laissaient le temps. Dix ans plus tard, lors de la sortie de *Forrest Gump*, les techniques de trucage ont considérablement évolué. Robert Zemeckis, qui s'était déjà illustré par des films à effets spéciaux comme *Qui veut la peau de Roger Rabbit ?* (1987) ou *La Mort vous va si bien* (1992), pousse plus loin encore la manipulation des documents d'époque. Grâce à la technique numérique du morphing, il déforme l'image des personnalités historiques pour que celles-ci puissent énoncer des dialogues inventés de toutes pièces.

Retrouver le connu

Outre qu'elles représentent le pic visible du processus d'incorporation, les images truquées jouent un rôle déterminant dans le processus comique. A la différence des points d'ancrage développés par le burlesque, ces images ne servent pas seulement à stabiliser la représentation dans le terreau référentiel de l'histoire. Elles constituent la principale attraction des films, le ressort comique sur lequel ils s'appuient. C'est pourquoi il importe d'élucider ce qui provoque le rire lors du détournement de ces documents.

Quand nous voyons Forrest Gump serrer la main de John Kennedy, une part du plaisir comique provient du fait de retrouver un élément historique identifiable dans un film qui, par ailleurs, se présente sous des allures de fable. Autrement dit, le rire ne naît pas de la seule présence incongrue du héros. L'intrusion de celui-ci dans une image d'archives est certes nécessaire au principe d'interférence, mais le rire découle aussi de la nature de la séquence d'accueil, du plaisir que suscite sa reconnaissance auprès du spectateur.

On rejoint ici l'hypothèse développée par Freud dans *Le mot d'esprit et sa relation à l'inconscient*. Pour Freud, le rire provient de l'économie d'une dépense de représentation. Alors que le spectateur avait investi une certaine somme d'énergie mentale et mobilisé des schémas cognitifs en vue d'anticiper le déroulement du film, la trouvaille comique rend superflu cet investissement préalable. Devenu inutilisable, celui-ci est évacué du système psychique par une libre décharge qui se transforme en rire. En vertu de cette hypothèse, on comprend que la découverte soudaine d'un élément familier participe à renforcer le plaisir comique. Comme le souligne Freud, « le fait de retrouver ainsi le connu est empreint de plaisir ; et, une fois de plus, nous n'avons guère de mal à identifier dans un tel plaisir le plaisir d'économiser, à le rapporter à l'économie réalisée sur la dépense psychique »[5].

Le plaisir de retrouver du connu quand on aurait pu s'attendre à découvrir quelque chose de nouveau à sa place rend parfaitement compte de ce qui se joue dans les images d'archives truquées. Les moments culminants du processus d'incorporation surviennent quand le héros comique pénètre à l'intérieur d'une image d'archives pour y rencontrer l'un des grands de ce monde. Le spectateur est alors étonné de reconnaître dans cette image non un acteur imitant le président, mais le président lui-même, ou du moins la trace visuelle que nous conservons de lui.[6]

De manière très significative, les figures historiques sont toujours saisies dans des images d'archives choisies pour leur faible teneur événementielle. Forrest Gump rencontre trois présidents des Etats-Unis, mais ceux-ci apparaissent dans le cadre de cérémonies officielles et routinières. De son côté, Zelig côtoie la haute société new-yorkaise dans des fêtes ou des réceptions qui ne sont pas particulièrement mémorables. Et s'il se tient derrière le Führer lors du grand rassemblement de Munich, rien ne permet de distinguer à l'image ce rassemblement des autres meetings nazis tenus dans les années 30.

Ce choix d'archives est déterminant, car il indique que l'incorporation comique ne peut surgir qu'au sein d'images dépourvues de réels enjeux traumatiques. Un tel procédé est particulièrement visible dans *Forrest Gump*. Si le héros s'incorpore dans de nombreux documents d'époque, il reste cependant à l'écart des images les plus violentes. Ainsi, la comédie de Robert Zemeckis présente-t-elle aussi des extraits du film de Zapruder lors du meurtre de Kennedy à Dallas, ou des images montrant la tentative d'assassinat sur le président Reagan. Ces images sont données telles quelles au spectateur. Le héros comique ne s'y intègre pas, comme si la portée de ces documents était encore trop forte pour que l'on se risque à les détourner sur le mode humoristique. Dans *Zelig*, un procédé similaire est à l'œuvre, puisque le réalisateur n'aborde pas de front les persécutions dont les Juifs vont bientôt faire l'objet. Pourtant, son héros, juif lui-même, finit par rejoindre, dans cet élan de mimétisme qui le caractérise, le rang des soldats nazis. Dès lors, on aurait pu imaginer que Zelig se fasse le bourreau de ses compatriotes dans un souci de conformisme exacerbé, illustrant par là la banalité du mal décrite par Hannah Arendt. Mais le réalisateur préfère terminer son récit sur l'évasion du héros hors de l'Allemagne nazie. Même si les dangers du conformisme constituent le point de mire de *Zelig*, Woody Allen choisit de détourner les images du début des années 30, plutôt que de se confronter directement à des documents de guerre ou de déportation.

Par ce choix d'archives, on voit donc que certains événements, même longtemps après leur surgissement, continuent de poser le problème de leur figuration et qu'ils découragent, dans la comédie du moins, toute manipulation des images qui portent trace de leur déroulement. Il s'ensuit que la reconnaissance du déjà connu est soumise à une double contrainte. D'une part, le connu doit appartenir à un passé qui n'est pas encore atteint par l'oubli, mais, d'autre part, la représentation de ce passé doit être dépourvue d'enjeu traumatique afin de ne pas ébranler la mémoire vive du spectateur. La résolution de cette double contrainte conduit *Zelig* et *Forrest Gump* à affecter les images d'archives d'un statut tout à fait particulier.

Des archives aux clichés

Dans les deux films, l'image d'archives est d'abord choisie pour sa capacité à proposer un signe immédiatement reconnaissable du passé. Dans cette perspective, la fonction d'attestation de l'archive se trouve reléguée au second plan. Le document vaut d'abord pour lui-même, en tant que représentation officielle de l'histoire. Autrement dit, l'archive perd son statut d'indice pour se muer en symbole ou, mieux encore, en cliché. Dans son essai sur le documentaire, François Niney définit de la sorte le cliché : « Le cliché, c'est l'image faite destin, une icône figée pour la contemplation des générations, évidente et vide de sens, telle qu'aucune mémoire vive ne viendrait plus l'interroger »[7]. Cette définition correspond, trait pour trait, à ce que nous voyons dans *Zelig* et *Forrest Gump*. Ces comédies font circuler sous nos yeux une série de clichés de personnalités célèbres. De tels stéréotypes visuels attestent encore du passé, mais ils se présentent surtout comme les éléments figés et reconnaissables d'un discours historique préalablement constitué.

Si l'on accepte d'identifier les images d'archives à des clichés, alors c'est tout le processus de reconnaissance qu'il faut réévaluer. En effet, ce que nous reconnaissons en première instance dans ces images, c'est la forme instituée du discours historique lorsqu'il passe à la télévision ou au cinéma. Avant même d'identifier le contenu des documents, nous percevons ceux-ci en tant que signes conventionnels du passé. Il se peut même que nous n'ayons jamais vu ces images auparavant, mais leur configuration particulière (le tremblé ou le grain de l'image) les rattache d'emblée à l'énonciation de l'histoire officielle. Les images d'archives de *Zelig* et de *Forrest Gump* nous confrontent à une histoire au second degré, c'est-à-dire à une histoire déjà médiatisée par ailleurs et qui resurgit brusquement dans le cadre d'un film de fiction.

Ce phénomène n'est pas sans incidence sur le processus comique lui-même. Le rire ne surgit pas seulement de la rencontre improbable entre le naïf et des personnalités célèbres. Il découle aussi de l'incorporation du héros dans un récit visuel déjà installé dans les mémoires. L'ingénu se loge dans un discours qui lui est étranger et dans lequel il ne devrait normalement pas figurer. Par conséquent, on comprend pourquoi l'incorporation est condamnée à échouer. Si le héros ne se fond pas totalement dans l'histoire, c'est parce qu'il se tient dans des images où il n'a pas sa place. Le personnage a beau se faire discret, se montrer réceptif aux événements, il s'intègre au final dans des documents qui disposent d'une autonomie propre et qui n'ont pas besoin de lui pour exister.

L'incorporation n'est donc qu'une étape au cours de laquelle le héros, du fait de sa naïveté profonde, semble vouloir se fondre dans les images du siècle. Mais vient aussi le moment où le personnage naïf ouvre les yeux et réclame son propre récit. La question n'est plus alors de se fondre dans l'histoire mais d'en sortir. *Zelig* et *Forrest Gump* travaillent tous deux à l'éducation de leur héros. Comment échapper au flux des événements pour enfin se révéler à soi-même ? Pour répondre à cette question, chaque film déploie un itinéraire spécifique qui conduit l'ingénu à se détacher de la matière historique et de ses images.

3. *Zelig* : se reconnaître soi-même comme un autre

Bien qu'il se présente, pour l'essentiel, sous la forme d'un montage d'archives, *Zelig* s'inscrit de manière cohérente dans l'œuvre de Woody Allen en évoquant certaines préoccupations majeures du cinéaste comme la psychanalyse ou les rapports amoureux. Dans sa volonté de ne pas se faire remarquer tout en aboutissant à l'effet inverse, Zelig est également un personnage récurrent que l'on retrouve dans certains films antérieurs comme *Bananas* (1971) qui raconte comment un New-Yorkais anonyme devient, à son corps défendant, le dictateur d'une république d'Amérique du Sud. Sur un plan formel, la stratégie esthétique consistant à manipuler des documents d'époque ne doit pas non plus surprendre. La pratique de la parodie revient constamment dans l'œuvre du réalisateur puisque sa première comédie *Lily la tigresse* (1966) était composée de plans provenant d'un autre film et que, par la suite, des productions comme *Woody et les robots* (1973) ou *Guerre et amour* (1975) joueront sur les codes du genre, que ce soit ceux de la science-fiction ou du film historique.

Au-delà de l'aspect formel, l'originalité de *Zelig* tient peut-être dans la manière dont le réalisateur révèle l'identité de son personnage en le confrontant à l'histoire. Ainsi que l'écrit Bill Krohn dans les *Cahiers du cinéma*, *Zelig* serait d'abord « un film sur la découverte de la voix »[8]. Cette idée rejoint tout à fait ce que nous avancions à propos de l'émancipation du héros, puisque le film montre comment le personnage échappe à la tutelle de l'histoire pour proférer une parole qui lui est propre.

L'homme caméléon

D'emblée, le film se présente sous une forme qui rend difficile toute prise de parole. Les aventures de Leonard Zelig sont retracées sur le mode d'un faux documentaire, mêlant images d'archives et interviews de témoins fictifs. Au niveau sonore, le montage est surplombé par l'omniprésence d'une voix over, incarnation du savoir et de la maîtrise. Pris au piège de ce dispositif, Zelig commence par apparaître comme une présence muette, une silhouette que l'on devine à l'arrière-plan des documents. Le processus d'incorporation tourne à plein rendement. Zelig se fond littéralement dans le paysage : il est chinois avec les Chinois, gangster avec les gangsters, démocrate avec les démocrates… A ce stade du récit, Zelig resterait invisible si la voix over et l'agrandissement de certaines images ne venaient souligner sa présence.

Toutefois, même réduit à l'état de présence fantomatique, Zelig ne manque pas de perturber la bonne marche du documentaire. Très rapidement, le spectateur comprend que l'histoire racontée est trop incroyable pour être vraie. A partir du moment où Zelig entre en scène, le public sait pertinemment qu'il a affaire à un canular, ne serait-ce que parce qu'il reconnaît, sous les traits de Zelig, l'acteur comique Woody Allen. Dès lors, il faut voir l'intrusion de Zelig dans le mode documentaire comme une première subversion du genre. Le héros s'intègre au centre d'un dispositif sérieux, mais ce faisant, il le mine aussitôt de l'intérieur puisque tous les gages d'authenticité[9] que donne la narration viennent se cristalliser autour d'un personnage dont l'existence relève manifestement de la fable.

Cette subversion du genre débouche sur la mise en question des images d'archives qui le constituent. Celles-ci perdent leur prestige initial en devenant les complices d'une vaste farce. Le détournement des documents d'actualité peut notamment s'observer à travers le trajet accompli par notre regard. Celui-ci délaisse l'avant pour l'arrière-plan, contourne sans vergogne la personnalité célèbre pour se perdre dans le fond de l'image, errant parmi les figurants anonymes à la recherche de la silhouette de Zelig. Pour François Niney, une telle utilisation des documents provoque un véritable court-circuit comique « en inversant les pôles objectif et subjectif, le fond et le premier plan, le célèbre et l'anonyme, le pouvoir et le possédé, l'Histoire (avec un grand H) et la petite histoire »[10].

D'après Bill Krohn, un autre effet dévastateur de la présence du héros tient dans la désacralisation que le personnage fait subir aux acteurs de l'histoire. Il suffit à Zelig de se tenir aux côtés d'une personnalité pour que celle-ci perde aussitôt de son charisme supposé. C'est que le mimétisme, lorsqu'il est suffisamment poussé, brouille les repères entre le modèle et sa copie. Finalement, on ne sait plus qui ressemble à qui. Est-ce Zelig qui ressemble à l'écrivain ou l'écrivain qui lui ressemble ? « Qu'on regarde bien les photos de Zelig en compagnie d'Eugene O'Neill : même attirail pull-over et cravate, langueur symétrique dans la pose, le tout subvertissant l'image de l'artiste individualiste en nous rappelant qu'il fait partie d'une classe, ou plus précisément d'une espèce. »[11]

Une guérison apparente

Si Zelig subvertit, par sa seule présence, le genre documentaire, il n'en demeure pas moins privé de parole. A la voix over qui contrôle son histoire s'ajoute bientôt une autre instance d'énonciation, tout aussi totalisante, celle de la folie médiatique qui s'empare de son cas. Une fois démasqué, Leonard Zelig devint une attraction de foire. Dans les boîtes de nuit, des noceurs se trémoussent sur la danse du caméléon tandis que l'on vend des gadgets à son effigie. Au sein de cette effervescence médiatique, Zelig ne maîtrise rien. Il est aspiré dans la tourmente qui s'est créée autour de son incroyable don. Dorénavant, l'incorporation se donne à voir en spectacle, ce qui conduit le héros à occuper l'avant-plan des images. Qu'on le confronte à des obèses ou à des Ecossais, Zelig donne à chaque fois satisfaction au public.

C'est au cœur de cette tourmente que le héros rencontre la jeune psychanalyste qui lui apportera le salut. Contrairement aux autres médecins, la docteur Eudora Fletcher (Mia Farrow) pense que les troubles de Zelig sont de nature psychologique. Recourant à l'hypnose, elle encourage Leonard à parler de sa propre voix. Pour la première fois du film, il devient possible d'entendre le héros et l'on découvre alors un Zelig étonnement bavard. Plus tard, le spectateur apprendra que les confidences de Zelig ont été enregistrées sur pellicule lors des séances de la chambre blanche. Dans sa maison de campagne, la docteur Fletcher a demandé à son cousin, cinéaste amateur, de filmer en son synchrone la thérapie qu'elle a entreprise avec son étrange patient.

Ces séances sont d'une importance capitale. Tout d'abord, elles se déroulent dans un lieu convivial, loin de l'effervescence médiatique. Ensuite, même si les enregistrements sont filmés, ils n'ont pas le caractère inquisiteur des images précédentes : la caméra reste fixe et aucun gros plan ne vient traquer le visage du patient. Enfin, et c'est peut-être là le point le plus important, Zelig peut s'exprimer dans la durée. Il occupe la totalité du champ sonore, obligeant ainsi la voix over à se taire. Dans ce cadre de vie idyllique, Zelig commence à se raconter. On apprend ainsi qu'il se conforme aux autres par besoin d'être aimé. Sous hypnose, il est même capable de trouver l'origine de cette pulsion. Alors qu'il était enfant, des élèves brillants lui ont demandé s'il avait lu *Moby Dick*. Par peur de paraître ridicule, le jeune Zelig leur a menti en prétendant avoir lu le roman. Quelques années plus tard, entrant dans un bar irlandais, il sentira des cheveux roux lui pousser et son nez se retrousser.

Loin d'être anecdotiques, ces souvenirs démontrent que Zelig est peu à peu capable de tresser un récit autour de sa personne. Or, on sait bien, depuis Paul Ricœur, que cette capacité à se raconter est décisive dans la constitution de l'identité. Dans *Temps et récit*, le philosophe montre que la cure psychanalytique constitue un lieu privilégié pour s'approprier son identité narrative. La finalité de la cure est de remplacer des fragments d'histoires éparses et difficilement supportables par un récit cohérent qui fasse sens pour le patient. Selon Ricœur, un sujet ne devient soi-même que lorsqu'il « se reconnaît dans l'histoire qu'il se raconte à lui-même sur lui-même »[12].

Durant les séances de la chambre blanche, Zelig entreprend un tel travail. Peu à peu, il devient maître de son récit et se trouve apparemment guéri puisqu'il ne se fond plus dans son entourage. Cette guérison n'est pourtant qu'éphémère, car Leonard est à présent prisonnier d'un autre rôle social, celui du patient miraculeusement rétabli que l'Amérique célèbre dans le même temps qu'elle s'enthousiasme pour les travaux de la docteur Fletcher. Zelig et Eudora sont désormais en représentation permanente et leur idylle naissante se déroule sous l'œil de médias friands de nouveaux rebondissements. S'il ne se conforme plus physiquement à son entourage, Zelig se plie à l'ordre patriotique en incarnant le modèle du parfait citoyen. Devant une classe d'écoliers, il ira même jusqu'à affirmer qu'« être soi-même est typiquement américain ». Mais être soi-même pour Zelig, c'est aussi accepter le fait qu'il puisse devenir autre. Et c'est pour avoir refoulé cette composante de son identité que la rechute sera d'autant plus violente.

L'affirmation de soi

Au sommet de la gloire, Zelig connaît un brusque retour de bâton, quand le puritanisme moral de la vieille société américaine se réveille. Son passé d'homme caméléon le rattrape et le voilà accusé de polygamie, d'escroquerie et d'extractions dentaires superflues. Pour Zelig, la désillusion est grande : alors qu'il pensait être parvenu à se faire aimer de tous, il devient l'objet d'attaques juridiques incessantes. Du coup, il rechute et part chercher refuge dans l'Allemagne nazie, là où les grands rassemblements de masse lui garantiront un anonymat parfait. Rejeté par une société à l'ordre moral trop étroit, Zelig cherche paradoxalement à se fondre dans une société plus conformiste encore.

Eudora Fletcher s'embarque elle aussi pour l'Allemagne et se rend à Munich où un grand meeting nazi doit avoir lieu. Perdue dans la foule, la psychiatre désespère de retrouver son patient quand elle l'aperçoit soudain sur l'estrade, derrière le Führer qui harangue son auditoire. Eudora se hisse alors au-dessus de la foule pour se faire remarquer de Zelig. A son tour, celui-ci la repère et sortant de son anonymat, il crie et agite les mains, ce qui ne manque pas de troubler la prestation de l'orateur.

Reposant sur des images d'archives truquées, cette scène est l'une des plus emblématiques du film. Zelig s'est à nouveau incorporé à l'histoire, mais cette fois il prête ouvertement résistance à son incorporation. Dès qu'il aperçoit la docteur Fletcher, il ne craint pas de bouleverser l'ordonnancement de la cérémonie nazie pour se manifester auprès d'elle. C'est là un pas décisif dans l'évolution du personnage : l'homme caméléon affiche sa différence dans un contexte où le conformisme est le plus extrême, ainsi qu'en atteste cette scène où des centaines de bras se lèvent en cadence dans le même salut hitlérien.

Cependant, l'émancipation n'est pas encore complète. Du point de vue sonore, la scène reste dominée par le discours du Führer et occasionnellement par la voix over qui continue d'apporter des compléments d'information. Zelig crie, mais on ne l'entend pas. Il est de nouveau dépourvu de voix, comme si l'histoire parlait plus fort que lui, surtout en ce moment du récit où la ferveur nationaliste est à son comble. Il est aussi significatif de constater que le dénouement de la scène sera donné par l'entremise d'une parodie de mélodrame hollywoodien inspiré par les aventures de Zelig. Là encore, les héros sont dépossédés de leur récit. Entre la voix tonitruante du Führer et l'extrait de la fausse biographie filmée qui conclut la séquence, la marge de manœuvre des amants est très réduite. Elle ne peut s'exprimer que par une pantomime digne du cinéma muet, laquelle symbolise à elle seule la résistance des personnages aux voix officielles de l'histoire.

Au terme de la séquence, les héros s'échappent à bord d'un avion et Zelig, qui n'a jamais piloté de sa vie, prend les commandes après l'évanouissement d'Eudora. De retour aux Etats-unis, le duo est acclamé par la foule. Lors d'une réception, Zelig expliquera à un fonctionnaire que « son évasion montre simplement ce que l'on peut accomplir quand on est un parfait psychotique ». Derrière cette petite phrase, simple pied de nez en apparence, se cache la preuve la plus sûre de la guérison de Zelig. Pour la première fois du film, le héros est capable de faire preuve d'humour. Si l'on définit l'humour par la capacité de prendre distance par rapport à soi, alors il est indéniable que nous avons affaire à un progrès majeur. Zelig ne se contente plus de se raconter lui-même, il a aussi la faculté de se considérer comme un autre dont il est possible de rire. Il se reconnaît comme un psychotique avec la capacité de transformation que cela implique.

Dans *Parcours de la reconnaissance*, Paul Ricœur souligne que l'on devient soi-même en se reconnaissant dans ses capacités d'action. « Le chemin est long pour l'homme 'agissant et souffrant' jusqu'à la reconnaissance de ce qu'il est en vérité, un homme 'capable' de certains accomplissements. Encore cette reconnaissance de soi requiert-elle, à chaque étape, l'aide d'autrui, à défaut de cette reconnaissance mutuelle, pleinement réciproque, qui fera de chacun des partenaires un être-reconnu. »[13] Dans le cas de Zelig, cette reconnaissance de soi n'est possible que grâce à l'appui d'Eudora. C'est à travers son regard bienveillant que le héros finit par accepter comme siennes ses capacités spécifiques.

En cette fin de récit, Zelig affirme donc son identité particulière. Néanmoins, pour être véritablement autonome, il lui faut encore se détacher des énonciations contraignantes qui l'enferment dans des récits qu'il ne maîtrise pas. La prise de distance avec les médias s'opère dans les derniers plans du film, quand les bandes d'actualité sont remplacées par les extraits d'un film de famille. Cette fois, les jeunes mariés vont et viennent librement dans l'image, entretenant une relation de complicité avec le filmeur. Puis, comme s'ils voulaient se détacher de l'emprise surplombante du faux documentaire, ils s'avancent vers le fond de l'image et sortent du cadre. Ce passage dans le hors-champ est le signe le plus manifeste de l'émancipation des deux héros. C'est dans l'à-côté de l'image que ceux-ci trouvent un espace d'intimité, un lieu où réellement être soi-même.

4. *Forrest Gump* ou la fin du temps historique

Alors que le film de Woody Allen fait accéder, par le biais d'un faux documentaire, un personnage insignifiant au rang d'une personnalité reconnue, *Forrest Gump* procède d'une démarche inverse, puisqu'il rabat les figures historiques dans un récit conté par un simple d'esprit. Cette fois, ce n'est plus le quidam qui accède à la grande histoire, ce sont les personnes réelles qui s'intègrent à la fiction.

L'histoire racontée par la bouche d'un idiot

Dans la célèbre séquence d'ouverture du film, Forrest Gump est assis sur un banc, avec une boîte de chocolats posée sur les genoux. Il semble attendre le bus et c'est pour tromper le temps qu'il raconte aux passants sa fabuleuse histoire. Contrairement à Zelig, le héros paraît s'affirmer comme maître de son récit. La plus grande partie du film se présente ainsi comme un long flash-back guidé par la voix off du personnage principal.

Cette maîtrise narrative n'est toutefois qu'apparente car, sur la voix de Forrest, viennent se greffer des images qui sont manifestement inspirées d'autres productions filmiques. Le héros ne s'intègre pas seulement dans des images d'archives, il pénètre également à l'intérieur de segments visuels qui, par un jeu d'échos intertextuels et de citations cinématographiques, renvoient à des représentations déjà établies du passé. Ainsi, l'enfance de Forrest dans le Vieux Sud des Etats-Unis, avec ses rues poudreuses et l'échoppe du barbier, se trouve placée, de l'aveu même du réalisateur, sous les auspices visuels de l'illustrateur Norman Rockwell. Plus frappant encore est le traitement de la guerre du Vietnam qui ne comporte aucune image d'archives, mais qui renvoie directement à la plupart des reconstitutions filmiques produites autour de ce conflit. En voyant Forrest évoluer dans cette guerre, il est impossible de ne pas songer à *Apocalypse now* (Coppola, 1979) ou à *Platoon* (Stone, 1986), notamment quand on assiste au ballet des hélicoptères ou à l'avancée de la patrouille dans l'enfer vert. Amputé des deux jambes, le lieutenant Dan rappelle, quant à lui, le personnage joué par Tom Cruise dans le film d'Oliver Stone *Né un quatre juillet* (1989).

Placées sous le signe de l'intertextualité, ces séquences aboutissent, sur un mode plus faible, au même effet comique que celui à l'œuvre dans les images d'archives. L'ingénu s'incorpore dans une texture visuelle où il ne devrait normalement pas figurer. Pareil jeu de contraste ne manque pas de provoquer l'amusement du spectateur, puisque celui-ci retrouve le personnage principal dans des séquences qui, certes, ne sont pas des documents d'époque, mais qui font partie intégrante d'un imaginaire filmique collectif.

Au-delà de l'effet comique, ce jeu sur l'intertextualité est également représentatif du positionnement du film à l'égard du passé, et particulièrement de la guerre du Vietnam. Au début des années 90, la charge traumatique de ce conflit s'est peu à peu dissipée à tel point que l'événement paraît s'être enfoui sous ses représentations. Cette guerre se trouve dorénavant pensée sous la forme d'un discours clôturé, qui est aussi bien constitué d'images d'archives que de séquences fictionnelles. Il suffit de mobiliser l'un ou l'autre élément de ce discours pour être assuré de donner au public les gages d'une représentation vraisemblable de l'événement, c'est-à-dire une représentation qui sera perçue comme conforme à l'idée que l'on se fait du conflit. Dans *Forrest Gump*, les images fictionnelles valent ainsi comme des substituts visuels de la guerre du Vietnam. Dans leur rapport à la mémoire collective, ces images détiennent quasiment le même pouvoir d'attestation que les images d'archives et c'est pourquoi elles témoignent de façon similaire de l'incorporation du héros à l'histoire. Par cette observation, on rejoint l'interrogation de Sylvie Lindeperg qui, à propos de certaines reconstitutions historiques comme *La Liste de Schindler* (Spielberg, 1993), se demande si l'on n'assiste pas au « passage, de la mémoire de l'histoire, à la mémoire de l'image à laquelle l'histoire devrait se conformer pour paraître vraisemblable »[14].

Le devenir fictionnel des images d'archives

Alors que, dans la séquence du Vietnam, on assiste à un devenir quasi documentaire des images fictionnelles, le mouvement s'accomplit également en sens inverse puisque la manipulation des documents d'époque tend à mettre en évidence un devenir fictionnel des images d'archives. Celles-ci gardent certes leur pouvoir d'attestation du passé, mais, dans le même temps, parce qu'elles accueillent Forrest Gump en leur sein, elles s'éloignent aussi sensiblement de leur fonction première pour se prêter au jeu de la fiction.

A la différence de *Zelig* qui évoluait dans l'ombre des images, Forrest se place en pleine lumière : il s'incruste dans l'archive pour en devenir le composant principal. La présence aussi ostentatoire d'un corps étranger n'est pas sans obliger le document à réorganiser ses propres éléments. Les personnages de l'histoire officielle ne peuvent rester de marbre face à l'intrusion de Forrest Gump. Ils doivent se comporter à son égard comme des partenaires de jeu. Il faut accueillir le héros à bras ouverts, lui accorder une réplique qui atteste bien de sa présence dans l'archive. Une telle opération de manipulation aurait été inconcevable une dizaine d'années auparavant, mais grâce à la technique du morphing, Zemeckis parvient à déformer la bouche des figures historiques pour leur faire proférer des répliques qui s'insèrent dans le cadre fictionnel.

Alors que l'action de Zelig dans les images d'archives restait relativement discrète (à l'exception bien sûr de son intervention lors du meeting nazi), Forrest Gump interagit avec les acteurs reconnus du passé. Sous son influence, ceux-ci se prêtent au jeu de la dégradation comique. A cet égard, un exemple particulièrement probant est celui de la séquence avec John Kennedy. Au cours d'une réception à la Maison Blanche, Forrest boit une quinzaine de sodas. Vient alors le moment de la rencontre avec le président. Tandis que Forrest manifeste les signes d'un besoin pressant, Kennedy serre la main des invités, demandant invariablement à chacun l'effet que ça fait d'être un héros. Quand arrive le tour de Forrest, celui-ci répond spontanément : « Il faut que je pisse ». Amusé, le président se tourne vers la caméra et déclare, le visage souriant : « Je crois qu'il a envie de pisser ». Un même procédé se répète lors de la séquence avec Lyndon Johnson. Cette fois, Forrest Gump prend au pied de la lettre l'envie que manifeste le président de voir sa blessure au derrière… Contrairement à Zelig qui se hissait par mimétisme au rang des personnalités d'importance, Forrest Gump oblige ces dernières à descendre de leur piédestal. Face à l'ingénuité de Forrest, les présidents des Etats-Unis abandonnent leur gravité habituelle. Les grands discours s'effacent au profit de considérations terre-à-terre, tandis que la solennité des cérémonies se voit grevée par un retour vers le corporel le plus bas ainsi qu'en témoigne le déculottage du héros.

Le rabaissement comique ne doit pourtant pas être perçu dans une intention hostile ou cynique. Ce que révèlent, en dernière instance, les visages amusés de Johnson et de Kennedy, c'est que ceux-ci sont avant tout des êtres humains comme les autres, aimant rire et plaisanter. *Forrest Gump* met en scène une histoire dépolitisée où aucune critique ne peut émerger, puisque les gouvernants de ce monde sont présentés comme des êtres sympathiques, totalement coupés du contexte historique dans lequel ils opèrent. Lors de l'assassinat de Kennedy, Forrest Gump témoignera de cette absence de conscience politique en regrettant qu'on ait tué « sans raison particulière, ce gentil président lors d'une promenade en voiture ».

Dans un sens plus large, la notion de rabaissement comique peut aussi s'appliquer aux images d'archives et désigner le déplacement qu'impose le film aux documents d'époque. Quittant le domaine de la preuve avérée, l'image est rabaissée dans la fiction, entraînant dans sa chute les figures qui la peuplent. Son lien indiciel avec le référent se distend, mais ne se rompt pas tout à fait, car il importe que cette image soit encore perçue comme archive. Le spectateur aura d'autant plus conscience de la chute du document dans le registre fictionnel qu'il aura encore à l'esprit le caractère sérieux qui lui est normalement attaché.

Quand il manipule à ce point les anciennes images d'actualité, le film de Robert Zemeckis atteint un point critique où l'on peine à distinguer si c'est l'histoire qui s'incorpore à la fiction ou la fiction qui s'incorpore à l'histoire. L'hésitation ne tardera pas à être levée, puisque la fin de la comédie montre clairement un héros débarrassé de toute pesanteur historique.

Sortir de l'histoire

Après avoir rencontré trois présidents des Etats-Unis, participé à la guerre du Vietnam, remporté des matchs de ping-pong contre la Chine communiste, Forrest Gump est brusquement remercié par l'armée et se trouve hors du jeu des événements. De cette aventure étonnante qui en aurait transformé plus d'un, Forrest ne garde rien de précis, si ce n'est l'amitié du lieutenant Dan et une blessure au derrière. Cette traversée d'un demi-siècle est donc singulièrement sans effet sur le héros, surtout si on compare sa trajectoire avec celle de son éternelle fiancée, Jenny. A sa manière, celle-ci s'est aussi engagée dans le siècle, mais d'une façon très différente de Forrest. Alors que ce dernier a choisi la voie des armes, Jenny a grandi au rythme de la contre-culture, commençant par chanter des protest songs, adhérant ensuite à une communauté hippie avant de passer à des mouvements plus durs comme le Black Panther Party. De cette trajectoire, elle ne retire que désarroi et souffrances. Au cours de son épopée personnelle, elle a connu l'addiction aux drogues dures, la violence de certains partenaires. Elle est aussi atteinte d'un virus inconnu, manière détournée d'évoquer le sida. Contrairement au héros, Jenny porte dans sa chair les marques de son engagement dans l'histoire : elle s'est tournée vers l'utopie libertaire et s'y est brûlé les ailes.

C'est en comparant ces deux trajectoires que l'on mesure au mieux la portée réactionnaire du film. Tout au long de son parcours, Forrest s'est conformé aux valeurs de l'Amérique profonde : attachement à la patrie, sens du devoir et de la famille. Ce respect des traditions lui sera rendu au centuple puisqu'il sortira intact de la guerre et qu'il pourra retourner vivre dans la maison familiale qu'il a héritée de sa mère. Jenny, à l'inverse, s'est détachée des valeurs traditionnelles, mais elle paye son émancipation au prix fort. Pour trouver la rédemption, l'héroïne devra, elle aussi, retourner en Alabama et s'abriter auprès de Forrest. Les héros se retrouvent dans l'ancienne maison familiale, hors du temps et de l'histoire, comme si l'endroit le plus sûr où se tenir était finalement l'endroit où l'on est né.[15]

Cependant, l'utopie familiale ne dure qu'un temps. Jenny quitte la vieille demeure, laissant le héros désemparé. Celui-ci essayera bien d'oublier son chagrin en courant à travers les Etats-Unis pendant plusieurs années, mais il finira par revenir à la maison. C'est alors qu'il reçoit une lettre de Jenny et que nous le retrouvons à l'arrêt de bus. Le long flash-back s'arrête ici et le spectateur sait maintenant quelle est la destination finale du héros. Pour Forrest, la grande histoire, avec ses présidents, ses vedettes et ses guerres, s'apparente à une vaste parenthèse. Elle est évoquée dans l'attente d'un autre événement, un événement que l'ingénu sait plus important que son passé prestigieux.

Après avoir quitté son banc, Forrest rejoint l'appartement de son amie. Une voisine ne tarde pas à faire entrer un petit garçon. Avec ménagement, Jenny explique à Forrest qu'il s'agit de son fils. Les larmes aux yeux, Forrest paraît à la fois effrayé et ému. Puis, comme s'il tentait d'extraire quelques mots de la confusion dans laquelle il se trouve plongé, il laisse échapper cette étonnante réplique : « Il est intelligent ou … ? ». Jenny le rassure en lui affirmant que Forrest Junior est l'un des plus doués de sa classe.

A travers cette réplique, Forrest manifeste, pour la première fois, la conscience qu'il a de lui-même. Jusqu'alors, on pouvait se demander si le héros percevait son idiotie. Tout au long du récit, Forrest n'évoquait jamais sa stupidité, comme s'il n'avait pas conscience de cette part fondamentale de lui-même. A chaque fois que quelqu'un le soupçonnait d'idiotie, il répliquait invariablement par ce truisme hérité de sa mère : « N'est stupide que la stupidité ».

Forrest Gump se rend-il compte de sa différence ? La réponse à cette question est maintenant établie : la découverte du fils ébranle l'identité du père. En apprenant l'existence de son enfant, le héros est amené à interroger les composantes du patrimoine génétique qu'il lui a légué. Cette séquence est donc l'occasion d'un retour sur soi où Forrest, pour reprendre les termes de Ricœur, se découvre lui-même comme un autre. Ce moment de lucidité atténue fondamentalement l'idiotie de Forrest puisque, en se reconnaissant comme stupide, le héros se met du même coup à distance de cette stupidité pour se percevoir d'un lieu où celle-ci n'a pas de prise.

Comme Zelig, Forrest Gump révèle donc, en fin de récit, une capacité à prendre recul par rapport aux traits constituants de sa personnalité. Seulement, alors que Zelig affirmait son individualité après avoir failli se perdre dans le conformisme nazi, Forrest se reconnaît à lui-même dans un espace quotidien et familial. Ce n'est pas la grande histoire qui le déniaise, mais bien un événement de l'ordre de l'intime qui l'affecte personnellement. Le héros cesse d'être un idiot à partir du moment où il a un fils, comme si le fait d'avoir une descendance brisait le rapport enfantin qu'il entretenait jusque-là à l'égard du monde. De retour dans la maison familiale, Forrest Gump veille sur Jenny de plus en plus malade. Il s'occupe aussi de l'éducation de son enfant. Comme sa mère l'avait fait autrefois pour lui, Forrest accompagne son fils à l'arrêt du bus scolaire. Dans la dernière séquence du film, le héros reste seul après le départ du bus. Il ouvre alors son album de jeunesse et la petite plume, qui s'était posée à ses pieds lors du générique, prend à nouveau son envol.

En cette fin de film, le temps historique s'efface au profit d'une conception du temps plus englobante que l'on pourrait qualifier de cosmique. Au-delà de l'empirisme de l'histoire, de son actualité toujours déjà passée, la comédie se fait écho d'une temporalité plus essentielle, centrée sur les grands cycles de la vie, l'alternance des saisons, des vies et des morts. Si cette conception du temps était déjà présente en certaines séquences du film – quand Forrest Gump parle de la beauté des nuits étoilées au Vietnam ou quand il se perd dans les grands espaces américains –, elle apparaît de manière significative dans la conclusion du récit. Ce qu'annonce le dénouement de la comédie, c'est la clôture d'un cycle et le début d'un nouveau. Devenu adulte, Forrest passe le relais à son fils qui s'en va, à son tour, faire ses preuves dans le monde.

L'idée d'un temps cosmique est renforcée par le dernier mouvement de caméra. Suivant la plume qui ne cesse de prendre de l'altitude, l'appareil montre Forrest rivé au sol, telle une créature perdue dans l'immensité de l'univers. Ce point de vue quasi divin semble signifier que les événements du siècle ne sont qu'une écume dérisoire, comparés au grand mouvement de la vie elle-même. Et, en définitive, c'est peut-être là, dans cet abandon du temps historique au profit d'un temps plus primitif, dépourvu de toute notion de progrès, que se situe la pointe la plus conservatrice du film.

5. Le double sens de l'incorporation

Semblables en bien des points, *Zelig* et *Forrest Gump* sont caractéristiques d'une société de l'après-histoire, une société où la quête individuelle se dissocie du progrès collectif. Dans la société postmoderne qui apparaît à la fin des années 70, la dissolution des grands référents va de pair avec une promotion de l'individu.[16] Celui-ci se détache des idéaux du passé pour se consacrer à la quête effrénée de son épanouissement personnel. D'une certaine manière, cette tendance se réfléchit dans chacune des deux comédies : l'histoire perd de son impact mémoriel pour devenir une pure surface d'où finit par émerger l'identité du héros. Zelig affirme son identité en se différenciant de la foule nazie et Forrest Gump ne devient lui-même qu'après s'être détaché du tissu historique dans lequel il s'imbriquait si facilement.

Plus fondamentalement, si l'on se place du point de vue spectatoriel, le processus d'incorporation indique aussi un nouveau mode de rapport à l'histoire qui n'est ni critique ni mémoriel. Contrairement aux comédies des chapitres précédents, la relation au passé devient essentiellement ludique, ce qui contribue à affaiblir la tension entre le comique et l'histoire. La matière historique se prête au rire par le simple jeu de reconnaissance qu'elle suscite. D'où la profusion d'éléments stéréotypés, d'emprunts cinématographiques et d'images d'Epinal qui font du passé un véritable terrain de (re)connaissance pour le spectateur.

Ce nouveau rapport au passé, inoffensif et sans enjeu véritable, culmine dans l'utilisation des images d'archives. Alors que les burlesques utilisaient le document d'époque pour sa vertu d'attestation, *Zelig* et *Forrest Gump* font de l'archive le lieu emblématique du rire. Manipulée et déformée, celle-ci perd son statut de preuve pour se prêter au jeu de la fiction comique. Que l'image d'archives puisse être ainsi utilisée dans les comédies témoigne bien de l'incroyable liberté ressentie à l'égard du passé. Comme le souligne François Niney, les archives sont dorénavant mises à contribution « pour nous raconter non plus l'Histoire comme au temps de Pathé, mais des histoires. Elles glissent du domaine absolu de l'idéologie historique à la relativité générale d'une mémoire imaginaire. Le faux en la matière quitte le domaine de propagande ou de la provocation d'artiste pour gagner celui de la pièce à conviction d'imagination »[17].

C'est peut-être à ce niveau qu'il convient de réexaminer une dernière fois le processus d'incorporation. Si, dans *Zelig*, la fiction s'incorporait nettement à l'histoire, nous avons vu qu'avec *Forrest Gump*, il devient plus difficile de saisir l'orientation du processus. Est-ce la fiction qui s'intègre à l'histoire ou l'inverse ? Alors que le film de Woody Allen jouait encore sur le registre du (faux) documentaire, la comédie de Robert Zemeckis ne craint pas, dix ans plus tard, de se présenter comme une fable et d'étayer son propos par des archives détournées de leur usage premier.

Initié par *Forrest Gump*, ce changement d'orientation se trouve confirmé par une comédie de la fin des années 90 : *Dick, les coulisses de la présidence* (Fleming, 1999). Dans ce film, deux ingénues deviennent les promeneuses officielles du chien du président Nixon et révèlent le scandale du Watergate. Le président devient ici un personnage de fiction à part entière. A la différence des deux films précédents, cette figure attitrée de l'histoire est sortie de tout document d'archives pour être interprétée par un comédien qui ressemble étonnement à son modèle. En soi, ce principe n'est pas neuf, puisque nombreux sont les présidents des Etats-Unis qui ont fait l'objet de reconstitutions biographiques. Cependant, l'élément nouveau apporté par *Dick, les coulisses de la présidence* tient à ce qu'une personnalité reconnue s'incorpore dans une comédie pour en devenir l'un des personnages comiques principaux. Dans un registre plus parodique, la série des *Hot Shots* (Abrahams, 1991, 1993), autres comédies de l'idiotie, annonçait déjà un tel mode de configuration en présentant un Saddam Hussein grossièrement caricaturé.

Comme on le voit, le processus d'incorporation se révèle d'une grande souplesse. Si, dans son sens premier, il renvoie à une inscription spécifique du corps comique dans l'histoire, il peut permettre de penser l'opération inverse, c'est-à-dire l'incorporation d'une figure historique dans la comédie. Le fait que ce processus puisse se retourner aussi facilement illustre la porosité grandissante qui existe entre le statut du personnage fictif et celui de la personne historique. Le héros imaginaire peut s'imbriquer sans peine dans un discours qui mime le faire historique (*Zelig*), tandis que la personnalité du passé est capable de quitter son champ d'action spécifique (l'archive ou la reconstitution) pour s'intégrer dans la comédie la plus débridée et perdre ainsi tout le sérieux qui, de prime abord, lui était attaché.

1 La figure du naïf est ici considérée sous un angle restreint, dans la relation spécifique que ce personnage entretient avec l'histoire. Il est évident que cette figure peut être comprise dans un sens plus étendu pour désigner tous les personnages comiques se caractérisant par un aspect innocent et enfantin. Dans *Les stars*, Edgar Morin a bien mis en évidence l'omniprésence du naïf ou de l'idiot (au sens 'dostoïevskien' du terme) dans le champ culturel : « Si nous considérons l'idiot dans son acception large d'innocent, nous découvrons tous les héros comiques, tous les enfants héros de films, et il nous apparaît alors que, si l'on excepte le jeune premier classique, l'idiot est avec l'aventurier un des deux personnages clés du film occidental ». Edgar MORIN, « Les idiots » [1957], dans *Les stars*, Paris, Seuil, 1972, coll. « Points Civilisation », p. 169.
2 Notons d'ailleurs la proximité euphonique entre Zelig et *Zadig*, conte voltairien (1747) relatant les mésaventures d'un jeune courtisan épris de sagesse.
3 A ce sujet, *cf.* les commentaires du réalisateur et du producteur sur le DVD de *Forrest Gump* (Editions Paramount Pictures, 2005).
4 Bill KROHN, « Zelig médium », dans *Cahiers du cinéma*, n° 352, Paris, octobre 1983, p. 24.
5 Sigmund FREUD, *Le mot d'esprit et sa relation à l'inconscient*, Paris, Gallimard, 1988 [1905], coll. « Folio Essais », p. 229.
6 Il faut préciser que le travail de reconnaissance diffère selon les films. La comédie de Woody Allen suppose un spectateur relativement au fait de l'histoire américaine des années 20. Si Chaplin ou le Führer peuvent être reconnus sans difficulté aucune, il n'en ira peut-être pas de même pour les photographies montrant Zelig poser à côté du président Coolidge ou d'Eugene O'Neill. Dans *Forrest Gump*, l'identification s'avère plus aisée, d'une part, parce que la période historique est plus récente, d'autre part, parce que les figures rencontrées sont des personnalités qui, au-delà de l'histoire américaine, disposent d'une renommée mondiale (Kennedy, Nixon, Lennon, Presley…).
7 François NINEY, *L'épreuve du réel à l'écran. Essai sur le principe de réalité documentaire*, Bruxelles, De Boeck Université, 2002 (2ème édition), coll. « Arts et cinéma », p. 257.
8 Bill KROHN, « Zelig médium », dans *op. cit.*, p. 23.
9 Comme gages d'authenticité, relevons, parmi les faux témoins, la présence de 'vrais' intellectuels new-yorkais comme Susan Sontag ou Saul Bellow qui se prêtent au jeu du canular en donnant leur version de l'affaire 'Zelig'.
10 François NINEY, *op. cit.*, p. 34.
11 Bill KROHN, « Zelig médium », dans *op. cit.*, p. 24.
12 Paul RICŒUR, *Temps et récit*, tome III, p. 445.
13 Paul RICŒUR, *Parcours de la reconnaissance. Trois études*, Paris, Editions Stock, 2004, coll. « Les essais », p. 109.
14 Sylvie LINDEPERG, *Les écrans de l'ombre*, p. 414.
15 L'attachement au Sud profond est signifié dès les premiers instants du film. Evoquant ses origines, Forrest laisse sous-entendre que l'un de ses ancêtres était un membre éminent du Ku Klux Klan. Pour appuyer ses dires, apparaît à l'image le détournement d'une des scènes finales de *Naissance d'une nation* (1915) de Griffith, film qui, en dépit de la modernité de sa forme, consacre pleinement les valeurs de l'Amérique blanche et conservatrice.
16 A ce sujet, voir notamment Gilles LIPOVETSKY, *L'ère du vide. Essais sur l'individualisme contemporain*, Paris, Gallimard, 1983 (et 1993 pour la postface), coll. « Folio Essais ».
17 François NINEY, *op. cit.*, p. 276.

Reprise (1) : **trajectoires du héros comique**

1. Singularité du corps comique

Qu'il intervienne dans un temps de réplique immédiate ou dans la reprise ludique de certains épisodes du passé, le héros comique constitue le ressort essentiel des comédies de l'interférence, à tel point que le principe relevé par Bergson ne semble trouver sa pleine application dans le champ historique que lorsqu'il place une individualité au contact des événements du siècle.

La singularité du héros comique est d'autant plus forte qu'elle est portée par des acteurs qui font littéralement corps avec leur personnage. Entre Chaplin et Charlot, Langdon et Harry, la frontière est ténue aux yeux d'un public souvent enclin à confondre l'acteur avec son rôle. Et quoi de plus naturel, étant donné que ces personnages reviennent inchangés de film en film, comme si le temps et les intrigues n'avaient pas prise sur eux. Ce qui est vrai pour le burlesque l'est aussi pour les autres comédies qui jouent toutes sur une performance d'acteur. Quand Tom Hanks reçoit l'Oscar du meilleur rôle masculin en 1994 pour *Forrest Gump*, il le doit bien sûr à son interprétation dans le film de Robert Zemeckis, mais aussi au fait que cette interprétation est parvenue à créer un personnage si atypique que ce dernier pourrait exister en dehors du film, comme un héros indépendant, susceptible de connaître d'autres aventures comiques. Dans *Zelig*, une telle accointance entre le personnage et l'acteur se vérifie encore, puisque le spectateur ne tarde pas à reconnaître, derrière le masque du protagoniste, Woody Allen lui-même dans un faux documentaire qui s'apparente en bien des points à une biographie détournée du réalisateur.[1] Enfin, les comédies de la Résistance trouvent en Bourvil un personnage emblématique, indissociable de la figure du Français moyen qu'il incarne dans la plupart de ses films.[2]

Loin d'être anodine, la singularité du héros est tout à fait déterminante pour comprendre son rapport à l'histoire. Dans sa gestuelle et sa démarche, le corps comique ne doit pas grand-chose au nouveau contexte dans lequel il se déploie. A regarder les comédies de l'interférence, on ne peut s'empêcher de penser que l'espace historique est comme un terrain d'expérimentation où doit faire ses preuves une figure comique déjà constituée par ailleurs. Il faut, en effet, souligner que le corps comique n'entre pas seul dans le champ historique. Avec lui, il emmène une manière d'être et d'agir qui renvoie directement à un gestus social déterminé, c'est-à-dire, pour paraphraser Deleuze, à un ensemble d'attitudes et de postures indépendantes de toute intrigue préexistante.³ Quand Charlot devient soldat, c'est tout l'art du coup et de l'esquive qui entre dans le cadre de la Grande Guerre. Pareillement, dans les comédies de la Résistance, Bourvil commence par adopter la posture du Français ordinaire avant même de se prêter au jeu de l'intrigue. Quant à Forrest Gump, il amplifie certains traits du campagnard naïf, un personnage que l'on retrouve déjà dans la tradition du roman sudiste américain, que ce soit chez William Faulkner ou Flannery O'Connor.

2. Stratégies de négociation avec l'événement historique

Porteurs d'un gestus déterminé, les personnages comiques se trouvent donc projetés dans un univers qui a priori n'est pas le leur et dont il leur faudra pourtant triompher. C'est dans cette coexistence du héros et de l'histoire que se situe le nœud le plus problématique des comédies examinées. Chaque film apparaît comme le lieu d'une négociation, sans cesse reprise, entre, d'une part, l'exigence de réalisme propre à la représentation de l'événement et, d'autre part, la tradition comique dont le corps du héros est le dépositaire.

A cet égard, le cas du héros burlesque est exemplaire. Alors qu'il ne peut envisager son rapport au réel que sur le mode de la confrontation, il est contraint de modérer cette impulsion première quand il est placé dans le cadre de la Grande Guerre. Face à un événement d'une telle ampleur, le personnage n'a pas la liberté de se comporter avec la désinvolture dont il est coutumier. Par conséquent, la comédie doit mettre en place un espace permettant au héros de donner libre cours à son agressivité, sans pour autant banaliser la réalité du conflit. Dans la trame du récit apparaissent des points de fixation qui ont pour but de prendre en charge la description de l'événement, quitte à paralyser momentanément le personnage. Une fois l'ancrage historique assuré, la représentation se libère des contraintes du référent en faisant surgir des séquences moins réalistes, proches du rêve ou du fantastique, dans lesquelles le héros exerce toute son agressivité burlesque, ainsi qu'en témoigne la mémorable raclée infligée par Charlot au Kaiser.

Dans les comédies de la Résistance, une telle stratégie n'est plus de mise, car le héros ne dispose pas des qualités requises pour prendre part frontalement au conflit. Dépourvu de l'agilité et de l'audace du corps burlesque, le Français moyen ne peut s'insérer dans le flux des événements que par le biais de la méprise. Aussi la représentation règle-t-elle les apparitions du héros sur le mode d'un quiproquo généralisé. Héritée du vaudeville, cette stratégie d'évitement risque cependant d'évacuer la dimension historique du conflit en transformant celui-ci en un simple jeu de chassés-croisés amoureux. C'est pourquoi la comédie veille à ce que la série événementielle ne se laisse pas totalement absorber par la sphère privée du héros. La figuration du passé est rehaussée par l'insertion de personnalités reconnues ou d'images d'archives qui rappellent au spectateur que le personnage est à l'intersection exacte de la grande et la petite histoire.

Avec le troisième type d'interaction, le personnage est un naïf, c'est-à-dire quelqu'un qui ne ressent aucune méfiance particulière à l'égard de l'histoire. Celle-ci est perçue comme un cocon accueillant et la tentation est grande pour le héros de se perdre dans le devenir d'un destin collectif. Cette incorporation ne peut aller jusqu'à son terme, car c'en serait alors fini de l'individualité du personnage. Le héros naïf ne s'éprouve comme individu qu'en se délogeant de la gangue historique dans laquelle il était enfermé. Même inachevé, le processus d'incorporation suppose une figuration du passé plus poussée que dans les représentations précédentes. Il faut, en effet, parvenir à rendre visible l'intégration du personnage au flux historique. Dès lors, il n'y a rien d'étonnant à ce que les comédies de l'incorporation se soient surtout développées au cours de ces dernières années, quand les technologies numériques ont rendu possible l'immersion du héros dans des documents d'archives manipulés pour les besoins du film.

3. Les comédies dans leur rapport à la mémoire collective

Confrontation, dissimulation, incorporation, voilà donc trois déclinaisons possibles de l'interférence réglant le rapport du héros comique à l'histoire.[4] Si l'on rapporte ces modalités d'action à la société qui produit et regarde ces comédies, on s'aperçoit que les trajectoires du héros exemplifient des perceptions de l'évènement déjà présentes dans la mémoire du temps.

Souligner pareil phénomène, c'est bien sûr aller à l'encontre d'une légende tenace qui voudrait que la comédie n'entretienne avec le passé qu'un simple rapport de divertissement et qu'elle ne fasse pas grand cas de la réalité historique. Pour beaucoup, les films comiques n'exerceraient qu'une fonction subalterne à l'égard de la mémoire collective[5], tout occupés qu'ils sont à susciter le rire et à distraire le spectateur. Et d'une certaine façon, il est vrai que l'intérêt de la comédie n'est pas à chercher dans une description renouvelée de l'événement. Même le burlesque qui développe pourtant, en certains points de son récit, une approche assez précise de la Grande Guerre, ne peut s'empêcher de construire une intrigue qui s'éloigne de la réalité historique. Quant aux autres types de comédies, qu'il s'agisse du *Mur de l'Atlantique* ou de *Forrest Gump*, elles déforment également la représentation du passé pour l'adapter aux agissements du héros comique.

A priori, l'impact heuristique des comédies historiques serait donc à peu près nul. Toutefois, une telle perception des choses reviendrait à assigner au cinéma une simple fonction de duplication du monde extérieur. On s'attendrait à ce que les films reproduisent de manière quasi parfaite le réel existant et qu'ils témoignent, à ce titre, de l'état d'une société donnée. Cette conception du cinéma comme reflet du monde extérieur est depuis longtemps battue en brèche par des théories plus nuancées qui mettent en avant le pouvoir de reconfiguration du récit filmique. Les travaux de Pierre Sorlin ont montré qu'il serait réducteur de considérer le cinéma comme une simple image, aussi fidèle soit-elle, de la réalité. Pour Sorlin, le cinéma « propose différentes interprétations de la société et des rapports qui s'y développent ; sous le couvert d'une analogie avec le monde sensible qui le fait souvent prendre pour un témoin fidèle, il construit, par rapprochement, mise en parallèle, développement, insistance, ellipse, un univers fictif »[6]. Loin de constituer un duplicata du réel, cet univers fictif révèle la mentalité et l'idéologie d'une époque, ce qu'une société considère comme représentable à un moment donné de son histoire.

C'est sous cet éclairage qu'il faut reconsidérer le rôle des comédies historiques à l'égard du passé. Si celles-ci ne donnent pas une vision fidèle des événements, du moins sont-elles capables de faire ressortir certains traits saillants de la mémoire collective de leur époque. On peut même aller plus loin et dire que c'est précisément parce qu'elles ne se soucient pas de proposer une vision 'vraie' du passé, parce qu'elles se débarrassent en quelque sorte de toute velléité heuristique, que les comédies peuvent à ce point rendre sensible la position d'une société vis-à-vis de son histoire. Alors que les reconstitutions sérieuses dissimulent leur position idéologique sous une prétention de dire le vrai, les comédies ne se préoccupent nullement d'être perçues comme des témoins fidèles du passé. Dès lors, elles peuvent proposer une vision de l'histoire qui renvoie davantage à un positionnement par rapport à l'événement qu'à l'événement lui-même.

Ce phénomène est encore renforcé par le fait que les comédies occupent une position réputée inférieure dans la hiérarchie des genres. Cette position les autorise à mettre en avant des points de vue critiques qui se verraient refusés dans des représentations à vocation plus prestigieuse. Il serait, en effet, inimaginable qu'un film sérieux représente un personnage donnant une fessée au Kaiser ou encore un héros lâche et veule dans un contexte politique exaltant la mythologie héroïque de la Résistance. Profitant de leur position dans le champ cinématographique, les comédies laissent donc surgir des perceptions de l'histoire de manière plus affirmée que des productions corsetées par la bienséance morale et idéologique.

Dans cette perspective, le comportement du héros comique s'avère déterminant, car il incarne dans le film le rapport que le spectateur entretient lui-même au passé. Plus que la sympathie qu'il peut susciter, c'est d'abord l'attitude du personnage, sa position vis-à-vis de l'événement, qui font sens dans l'esprit du temps. En cela, on rejoint les théories de l'identification qui s'accordent à souligner que l'identification procède d'une homologie de situations : je m'identifie à qui occupe la même place que moi. C'est dans ce rapport de places que se noue la collaboration entre le héros et son public, quand tous deux se trouvent dans une position semblable à l'égard du passé. On peut même supposer que ce positionnement similaire explique le large succès populaire remporté par des comédies comme *Charlot soldat*, *La Grande vadrouille* ou *Forrest Gump*. A chaque fois, le spectateur reconnaît dans la trajectoire du personnage sa propre attitude mémorielle face à l'événement mis en scène. Evidemment, en fonction des époques et des événements, les attitudes mémorielles diffèrent et il faut suivre à présent le 'trajet de mémoire' porté par les différents héros comiques.

4. Des attitudes mémorielles spécifiques

Dans la comédie burlesque, l'agressivité déployée par Charlot ou Harry Langdon se révèle un marqueur très net du sentiment que suscite la Première Guerre mondiale auprès d'une certaine frange du public des années 20. Le champ socioculturel de l'époque était alors régi par une double tendance : « d'un côté, un courant dominant, reflété dans la presse et la littérature populaires, qui continuait à vénérer la guerre et considérait toute tentative de la délégitimer comme un manquement au devoir de patriotisme ; de l'autre, une avant-garde subversive décidée à briser la logique de la suffisance nationale »[7]. Malgré son caractère éminemment populaire, le burlesque se range davantage du côté de la subversion que de la consécration. Même si l'agressivité comique avait commencé par servir à des fins de propagande, elle ne tarda pas à rejoindre, sous l'impulsion de Chaplin, le camp de l'attitude critique en se mettant au service d'une dénonciation du conflit : Charlot rosse le Kaiser, de la même façon qu'il n'aurait pas hésité à déculotter les dignitaires alliés si la censure lui en avait donné l'occasion. Exemplaire dans *Charlot soldat*, cette mise à mal de la hiérarchie militaire trouve un écho tout à fait favorable dans le public d'alors, cette assemblée de petites gens qui se pressent dans les salles de projection et qui s'étaient vus, du jour au lendemain, envoyés dans la boue des tranchées.

On pourrait objecter que cette agressivité n'est pas propre aux comédies guerrières, mais qu'elle s'applique à l'ensemble du genre burlesque. C'est ici qu'il faut prendre en compte un second paramètre. Quand elle se déploie dans le cadre du conflit, l'agressivité burlesque est toujours mêlée d'impuissance. Encore une fois, c'est Chaplin qui ouvre le bal en montrant que la confrontation avec la guerre est mise en difficulté par la stature de l'événement : Charlot triomphe certes du Kaiser, mais dans un rêve, avant de partir réellement au combat. Avec cette fin emblématique, Chaplin prend acte de son impuissance et, par ricochet, de celle de tous les soldats embarqués sur le front. Langdon retiendra la leçon puisque, quelques années plus tard, son film décrira les rêves de puissance d'un petit soldat, des rêves qui ne pourront s'épanouir qu'après le conflit, quand le héros sera rentré à la maison. Dès lors, on voit que la position du héros burlesque représente plus qu'une simple critique de la guerre. Il y a bien sûr la dénonciation de l'esprit belliciste, mais aussi un sentiment de désespoir, comme s'il était entendu que la révolte individuelle n'est plus possible dans le cadre d'une guerre industrielle, l'héroïsme devenant une valeur désuète face aux technologies de mort déployées sur le front.

Avec les comédies de la Résistance, on entre dans un tout autre type de configuration mémorielle. Cette fois, la distance avec l'événement est plus importante. Sous l'égide de la Ve République, l'entreprise commémorative vise à consolider la mémoire légendaire de la Résistance en rattachant celle-ci à la figure d'exception qu'est le général de Gaulle, sauveur de la Patrie et président de la Nation. Cependant, une telle entreprise de restauration ne peut faire oublier aux Français le souvenir trouble des années d'Occupation et de la collaboration exercée par le régime de Vichy. Dans un tel contexte, le public contemporain des comédies résistantes est soumis à une tension contradictoire : il est censé souscrire à la glorification du passé tout en sachant que la participation des Français au conflit n'a pas été si héroïque qu'on voudrait le faire croire.

Pareille attitude mémorielle se réfléchit directement dans les comédies, étant donné que celles-ci placent en leur centre un personnage de Français moyen, tiraillé entre lâcheté et audace. Pour combiner ces pôles opposés, le quiproquo apparaît comme la figure narrative idéale permettant d'insérer l'incompétence du héros dans une situation qui réclamerait normalement davantage de détermination et d'habileté. Au terme de la représentation est également levée la méprise qui pesait sur le protagoniste. Alors que celui-ci était réputé incompétent, voici qu'il parvient à triompher de l'ennemi sans se professionnaliser davantage. La résolution du quiproquo fait de l'incompétence du personnage la condition même de sa réussite. Une telle résolution ne pouvait que recevoir l'assentiment du public puisque celui-ci voyait soudain se profiler une échappatoire rêvée à sa situation contradictoire. Avec insistance, les comédies de ces années-là répétaient que la qualité de Français moyen n'est nullement incompatible avec des actions de grande envergure et que l'on peut être un résistant héroïque sans pour autant rejoindre le rang des spécialistes de l'action armée.

Avec le dernier type d'interférence envisagé, émerge une attitude mémorielle qui témoigne de la mutation du regard provoquée par la vidéosphère[8] dans laquelle nous sommes aujourd'hui plongés. Le processus d'incorporation ne pouvait naître que dans une société entretenant un rapport quasi fusionnel aux images. Il est significatif de constater que Zelig et Forrest Gump ne s'incorporent pas tant dans l'histoire que dans les images de celle-ci. Cette envie d'habiter les représentations du passé n'est pas sans lien avec ce que Serge Tisseron a appelé le pouvoir d'enveloppe de l'image, à savoir cette capacité qu'a l'image d'attirer en elle le spectateur au point parfois de l'enfermer complètement dans son univers fictif.[9] Et dans une certaine mesure, il est vrai que Zelig et Forrest se réfugient dans les images du siècle parce qu'ils refusent d'élucider le mystère de leur propre personnalité.

Par ailleurs, ces films sont également caractéristiques d'une société où les images sont le résultat d'incessantes transformations. On a déjà insisté sur le fait que les documents d'époque étaient manipulés, mais plus généralement, c'est la matière historique elle-même qui apparaît comme un flux visuel, une image chassant l'autre dans un défilement continu. Contrairement aux représentations précédentes, les comédies de l'innocence ne s'arrêtent pas sur une période historique précise, mais balayent un large éventail d'événements. Un tel phénomène est tout à fait flagrant dans *Forrest Gump* qui retrace trente ans d'histoire américaine en un zapping effréné, ne retenant du passé que ses faits les plus saillants et ses personnalités les plus emblématiques.

Paradoxalement, ce rapport fusionnel aux images ne tarde pas à déboucher sur une mise à distance ludique du passé. Peu à peu, le héros se retire du flux des événements, comme s'il ne pouvait s'éprouver comme individu qu'en dehors de l'histoire. De nouveau, il y a là comme une indication très nette du rapport que nous entretenons à l'égard du passé. Ainsi que de nombreux sociologues l'ont montré, la société postmoderne privilégie l'épanouissement personnel plutôt que l'inscription dans un devenir collectif. Dans *Zelig* et *Forrest Gump*, l'histoire est perçue sur le mode du fragment, sans qu'aucune ligne directrice (si ce n'est celle du héros) ne vienne relier les événements entre eux et garantir notre insertion dans un passé, mais aussi un avenir commun.

---

1 Pour une interprétation biographique de *Zelig*, voir Bill KROHN, « Zelig médium », dans *op. cit.*, p. 22.
2 A l'exception notable de ses prestations dans les films de Jean-Pierre Mocky ou dans *Le Cercle rouge* (1970) de Jean-Pierre Melville.
3 Empruntée à Brecht, la notion de gestus désigne, pour Deleuze, « le lien ou le nœud des attitudes, entre elles, leur coordination les unes avec les autres, mais en tant qu'elle ne dépend pas d'une histoire préalable, d'une intrigue préexistante ou d'une image-action. Au contraire, le gestus est le développement des attitudes elles-mêmes, et, à ce titre, opère une théâtralisation directe des corps, souvent très discrète, puisqu'elle se fait indépendamment de tout rôle ».
Gilles DELEUZE, *Cinéma 2. L'image-temps*, p. 250.
4 En plus de ces trois modalités, l'interférence peut connaître d'autres déclinaisons dans le domaine historique. Ainsi les comédies américaines de la Seconde Guerre mondiale, comme *Jeux dangereux* de Lubitsch ou *Lune de miel mouvementée* de Leo McCarey (1942), pourraient s'insérer sans peine dans notre panorama général en venant ajouter l'insolence aux modalités d'action déjà envisagées.
5 Adopté par Maurice Halbwachs dans *Les cadres sociaux de la mémoire* (1925), le concept de mémoire collective vaut tout d'abord pour sa capacité opératoire. Comme le souligne Paul Ricœur, « il permet de rendre compte d'un certain nombre de faits sociaux majeurs. D'abord on ne se souvient pas seul mais à l'aide du souvenir d'autrui, dans le simple échange de la conversation qui constitue un véritable partage des mémoires. En outre la mémoire personnelle ne cesse d'emprunter aux récits d'autrui, qu'elle tient pour des souvenirs propres. Enfin nombre de souvenirs ne subsistent qu'encadrés par des récits collectifs portant sur des événements publics qui sont eux-mêmes objets de commémoration, de célébration, et de ritualisation. Au point que l'on peut parfois hésiter à dire si ce dont on se souvient est l'événement 'historique' ou sa marque personnelle ».
Paul RICŒUR, « Histoire et mémoire », dans Antoine DE BAECQUE, Christian DELAGE (sous la direction de), *op. cit.*, pp. 18-19.
6 Pierre SORLIN, *Sociologie du cinéma*, p. 242.
7 Shlomo SAND, *op. cit.*, p. 83.

8 Au sujet de la notion de vidéosphère, *cf.* Régis DEBRAY, *Vie et mort de l'image. Une histoire du regard en Occident*, Paris, Gallimard, 1992, coll. « Folio Essais », pp. 409-452.
9 A ce sujet, voir Serge TISSERON, *Psychanalyse de l'image. Des premiers traits au virtuel*, Paris, Dunod, 1997 (2e édition), coll. « Psychismes ».

Troisième partie
L'Histoire renversée

Chapitre VII
L'inversion en question

Au cours de la partie précédente, on a pu isoler le principe d'interférence dans des sous-ensembles déterminés, comme les films burlesques ou les comédies de la Résistance. Si nous tentons d'appliquer la même méthode avec le processus d'inversion, force est de constater que la localisation s'avère plus malaisée. Pareille difficulté tient sans nul doute à la polyvalence de ce procédé comique.[1] L'inversion connaît, en effet, de multiples acceptions qui élargissent sa portée et affaiblissent, du même coup, sa capacité opératoire. Pour clarifier la situation, il importe donc de préciser les différents sens de l'inversion ainsi que la relation que ce principe entretient au genre comique. C'est seulement par ce biais que nous pourrons accéder aux comédies présentant les retournements de l'histoire les plus significatifs.

1. L'inversion : une définition problématique

Le flottement sémantique autour de la notion d'inversion se manifeste déjà chez Bergson. Pour mettre au jour le procédé de renversement, Bergson commence par examiner le phénomène de la boule de neige qui grossit en roulant ou encore de la bille que l'on pousse et qui renverse tout sur son passage. L'intérêt comique de tels phénomènes réside a priori dans une disproportion entre la cause et l'effet obtenu. Insignifiante au départ, la boule de neige se mue en avalanche ; par une série de réactions en chaîne, la petite bille entraîne la chute de nombreux objets. Pour Bergson, ces phénomènes sont encore plus risibles quand le trajet parcouru n'est pas rectiligne, mais circulaire : l'enfant s'amusera ainsi de voir la bille revenir à son point de départ, après des tours et des détours en tout genre.

Quittant la boule de neige et les jeux enfantins, Bergson décèle un même mécanisme dans le vaudeville théâtral, quand l'intrigue, après des tribulations diverses, revient à sa situation initiale. Dans ce cas, « les efforts du personnage aboutissent, par un engrenage fatal de causes et d'effets, à le ramener purement et simplement à la même place »[2]. Par la suite, cette définition est encore élargie puisqu'il semble à Bergson que le renversement renvoie aussi à des inversions de rôles telles qu'on les trouve dans les farces classiques du dupeur dupé ou de l'arroseur arrosé. Pour Bergson, le retournement provient « toujours, au fond, d'une intervertion de rôles, et d'une situation qui se retourne contre celui qui la crée »[3].

C'est ici, dans la brièveté de cette citation, que risque d'apparaître une confusion entre deux modalités de renversement. Bergson place sur le même pied un retournement d'action et une inversion de rôles. Certes, dans l'intrigue de l'arroseur arrosé, l'action aboutit à l'effet inverse de celui escompté et provoque du même coup un renversement de rôles : l'arroseur en voulant arroser son voisin s'arrose lui-même et devient l'arrosé. Une telle confusion paraît inévitable, puisque le développement de l'action n'est pas sans conséquence sur celui qui l'entreprend. Et pourtant, bien que l'inversion d'action conduise souvent à un renversement de rôles, il n'est pas certain qu'elle débouche nécessairement sur une transformation profonde du personnage. En d'autres termes, il convient de distinguer le rôle actantiel, défini par la logique du récit, et le rôle social, c'est-à-dire l'ensemble des valeurs qui caractérisent le héros et son action dans le monde. C'est pourquoi nous proposons d'appeler *renversement narratif* le retournement qui a principalement trait à l'action et *renversement axiologique*[4], celui qui porte sur les valeurs constitutives du personnage.

La distinction s'avère pertinente pour rendre compte de la polyvalence du processus d'inversion. De nombreuses comédies privilégient le renversement axiologique sans pour autant se rattacher à une structure narrative qui viendrait se contredire elle-même. Dans les pièces de Marivaux, les changements de rôles affectant les valets et les maîtres ne découlent pas toujours d'une action du type 'arroseur arrosé'. Pareillement, dans *Babette s'en va-t-en guerre*, lorsque la petite bonne de Conflans se déguise en son exact opposé, une aristocrate allemande, le retournement échappe à l'emprise d'une logique narrative inversante. Il n'y a nulle trace ici d'un effet boule de neige ou d'une bille qui reviendrait à son point de départ. A aucun moment, la métamorphose de Babette n'est donnée comme le résultat inverse de celui escompté.

Parallèlement, il arrive aussi que la transformation du personnage soit secondaire par rapport au retournement de l'intrigue. Dans *La Souris qui rugissait* de Jack Arnold, les habitants du Duché de Fenwick déclarent la guerre aux Etats-Unis avec l'intention de la perdre, mais finissent par la gagner. Dans cette comédie, le renversement de l'action l'emporte en importance sur le retournement qui pourrait ébranler séparément tel ou tel personnage. Une logique similaire se trouve à l'œuvre dans *Le Docteur Folamour* de Kubrick où la stratégie de dissuasion nucléaire américaine provoque l'anéantissement des Etats-Unis et de l'ensemble de la planète. Contrairement à ce qui se passe dans les pièces de Marivaux, les personnages du film ne changent pas de valeurs, pas plus qu'ils n'intervertissent leur rôle entre eux : le mécanisme présent dans la comédie de Kubrick vise surtout à annuler l'action de départ en faisant en sorte que celle-ci produise l'effet inverse du résultat attendu.

Renversements axiologique et narratif ne coïncident donc pas nécessairement. Le premier affecte avant tout la valeur intrinsèque du personnage, ce qu'on pourrait définir comme son caractère : de brave, le héros devient lâche ; de cupide, il devient désintéressé. La deuxième inversion porte, quant à elle, sur le retournement d'une situation narrative initiale. Alors que le renversement axiologique s'accomplit sur le mode du travestissement et de l'interversion des rôles, le renversement narratif est à l'image de la bille qui revient à son point de départ : il s'agit de mettre en scène une péripétie qui se retourne contre elle-même.

A côté de ces deux logiques de retournement vient s'ajouter une troisième logique que Bergson entrevoit lors de son analyse du comique langagier, mais qu'il ne développe pas en tant que telle[5]. Il s'agit de la logique du monde inversé. Dégagée par Bakhtine dans son étude de l'œuvre de François Rabelais, cette logique s'avère essentielle dans la compréhension de la culture comique telle qu'elle s'exprime dans les manifestations carnavalesques du Moyen Age. Selon Bakhtine, le rire moyenâgeux procède de l'inversion systématique de tous les paramètres de la culture sérieuse : « A l'opposé de la fête officielle, le carnaval était le triomphe d'une sorte d'affranchissement provisoire de la vérité dominante et du régime existant, d'abolition provisoire de tous les rapports hiérarchiques, privilèges, règles et tabous »[6]. La tradition du monde inversé, qui culmine au Moyen Age lors de la fête des fous, se retrouve dans de nombreuses œuvres littéraires, qu'il s'agisse du *Pantagruel* de François Rabelais, de *L'Ile des esclaves* de Marivaux ou encore des *Voyages de Gulliver* de Jonathan Swift. Dans l'un des épisodes de *Gulliver*, les humains se comportent comme des bêtes sauvages tandis que les chevaux apparaissent comme des êtres dotés de sagesse.

Pour la distinguer des retournements axiologique et narratif, on qualifiera la logique du monde inversé de *renversement diégétique*, puisque l'inversion porte en premier lieu sur l'univers du récit, le cadre spatio-temporel où advient l'histoire.[7] Ce n'est pas tellement l'action qui est retournée, mais bien les composantes du monde mis en scène, celui-ci se donnant à voir comme le reflet inversé du monde réel. Dans *M.A.S.H.* de Robert Altman, l'hôpital de campagne se transforme progressivement en un lieu anarchique où le respect de la hiérarchie cède la place à des rapports humains plus souples, basés sur la camaraderie et l'attirance sexuelle. Sur le même sujet, un film comme *Catch 22* montre comment une base militaire retirée du front devient une antichambre de l'enfer, l'ordre et la cohésion étant remplacés par le chaos et la folie.

2. Satire et inversion

A priori, les retournements narratif et diégétique ont davantage d'affinités avec la subversion de l'événement historique, car ils peuvent soit inverser sa logique narrative, soit renverser son univers diégétique. Dans le premier cas, on aura affaire à des comédies comme *Le Docteur Folamour* ou *La Souris qui rugissait*, c'est-à-dire des comédies montrant explicitement l'action historique se retourner contre elle-même. Dans le second cas, on sera face à des films comme *M.A.S.H.* ou *Catch 22*, lesquels proposent plutôt une dégradation de l'univers référentiel de l'événement. Le renversement axiologique apparaît moins pertinent, puisqu'il n'affecte pas directement l'événement dans sa configuration narrative ou sa teneur spatio-temporelle. Il peut, au mieux, rabaisser une personnalité d'importance, sans que cette raillerie porte à conséquence sur la représentation de l'événement lui-même. A cet égard, la dégradation déjà évoquée de Saddam Hussein dans *Hot Shots II* est significative : le film transforme le dictateur irakien en un bouffon ridicule sans pour autant insérer ce dernier dans un récit renversant la logique narrative de la guerre du Golfe.

Si l'on privilégie l'inversion dans ses implications narrative et diégétique, on s'aperçoit que celle-ci s'exprime de manière soutenue dans deux genres voisins : la parodie et la satire.

Parodie et satire

Dans *A Theory of Parody*, Linda Hutcheon observe que la parodie constitue « une forme d'imitation, mais une imitation caractérisée par une inversion ironique »[8]. Et de citer comme exemples l'*Ulysse* de Joyce ou le *Don Juan* de Byron, des textes qui renversent certains traits caractéristiques de leur modèle littéraire.[9] Ainsi, dans l'œuvre de Byron, ce sont les femmes qui se mettent à pourchasser Don Juan et non le contraire. Selon Hutcheon, la parodie est donc une imitation, mais une imitation, « qui marque plutôt la différence que la similitude »[10]. C'est pourquoi l'inversion apparaît comme l'une des opérations fondamentales du genre, car elle assure au texte parodique de prendre une distance suffisamment critique avec le modèle parodié.

Comme la parodie, la satire utilise également le procédé de retournement. Dans son essai sur le genre, Matthew Hodgart souligne que l'amusement satirique provient « du plaisir que cause une parodie, une inversion fantastique du monde réel »[11]. Cette idée est confirmée par Sophie Duval et Marc Martinez qui voient dans le retournement l'un des principes récurrents de la satire. L'inversion s'actualise non seulement dans la logique du monde inversé, mais plus largement dans un renversement systématique des valeurs morales. La satire peut aussi utiliser le renversement de manière plus ponctuelle, quand elle procède à la réduction par l'absurde. Dans ce cas, le texte satirique « se saisit de l'argument de son adversaire et en déroule la logique jusqu'à des conclusions intenables de façon à en dévoiler l'illogisme, le ridicule et la malignité »[12].

Même si elles peuvent être parfois confondues, la satire et la parodie possèdent des visées différentes. Alors que l'objet de la parodie se situe à l'intérieur du champ textuel, la cible de la satire est, quant à elle, localisée dans le monde réel. Animée d'une intention réformatrice, la satire correspond à « la forme littéraire qui a pour but de corriger certains vices et inepties du comportement humain en les ridiculisant »[13]. La parodie, à l'inverse, se positionne par rapport à d'autres œuvres littéraires. Elle peut certes ridiculiser le texte visé, mais son propos est plus ambigu, hésitant entre admiration et subversion. Ainsi que le souligne Daniel Sangsue, la parodie peut « paraître conservatrice en ce qu'elle reproduit des modèles qui font autorité, et révolutionnaire dans la mesure où elle le fait en les détournant, en introduisant de la différence dans la continuité »[14].

Pertinence du genre satirique ?

Bien que la satire et la parodie jouent toutes deux sur le processus d'inversion, c'est le genre satirique qui rencontre davantage nos préoccupations. En littérature comme au cinéma, la parodie évolue dans un milieu clos de citations et d'emprunts qui l'éloigne d'une véritable reconfiguration comique du passé. Il suffit d'ailleurs de regarder des parodies de films historiques comme *Guerre et amour* (1975) de Woody Allen ou *La Folle histoire du monde* (1981) de Mel Brooks pour constater que ces productions n'entretiennent qu'un rapport lointain et indirect avec l'histoire. En revanche, la satire apparaît – dans un premier temps du moins – comme un cadre générique adéquat où peuvent se ranger des films en prise directe avec le matériau historique. Des films comme *Le Docteur Folamour* ou *M.A.S.H.* relèvent clairement du genre satirique puisqu'ils s'attaquent à la réalité historique de leur temps, que ce soit la menace nucléaire ou la guerre du Vietnam. Pourvues d'une cible extrafilmique, ces productions sont également animées de la visée correctrice évoquée plus haut : elles dénoncent l'incurie du pouvoir militaire, l'absurdité de ses ordres et le danger qu'il fait planer sur le monde.

Apparemment, on aurait donc trouvé dans la satire un contexte générique propice à l'étude du processus d'inversion. Pourtant, même si la satire apparaît de prime abord comme un contexte idéal, un examen plus approfondi ne tarde pas à révéler de nombreuses difficultés qui rendent caduque l'idée de faire de cet espace générique la pierre angulaire de la troisième partie de cet ouvrage.

Comme première difficulté, on peut pointer l'impossibilité de ramener la satire à une forme structurelle établie. Genre aux visages multiples, la satire déploie toute une série de stratégies discursives dans le but d'effectuer sa visée corrective. Dans l'arsenal de ces stratégies, l'inversion ne constitue qu'un procédé possible, au même titre que la technique de dénonciation ou que la rhétorique de la démolition.[15] A vouloir étudier la satire pour elle-même, on risque donc de perdre de vue la spécificité du retournement et de placer celui-ci sur le même pied que d'autres stratégies critiques du réel. Or, il faut rappeler que l'inversion n'est pas un processus parmi d'autres et qu'il joue dans la manipulation de l'histoire un rôle prépondérant, ce que la première partie de l'ouvrage a d'ailleurs démontré.

Parallèlement à cette absence de définition structurelle, le genre satirique résiste aussi à toute inscription spatio-temporelle précise. Sans remonter à la tradition antique et pour rester dans le domaine cinématographique, on s'aperçoit que la satire est un genre transhistorique qui se retrouve à toutes les époques du cinéma, depuis *La Civilisation à travers les âges* de Georges Méliès jusqu'à *Des hommes d'influence* de Barry Levinson. Evidemment, cet éclatement temporel ne facilite guère le travail en contexte générique. Alors que le burlesque permettait de regrouper un ensemble de films localisés dans une époque donnée, la satire conduit à regrouper des comédies situées à des échelons différents de l'espace-temps et dont la visée correctrice ne s'applique pas au même événement historique (menace nucléaire, Vietnam…).

Enfin, dernière réserve et non des moindres, les comédies d'inversion ne relèvent pas toutes d'une intention satirique. A côté des films déjà cités tels *Catch 22* ou *La Souris qui rugissait*, des productions comme *La Vie est belle* ou *Good bye Lenin !* présentent un renversement de l'histoire sans pour autant faire preuve d'une visée dénonciatrice. Dans le film de Wolfgang Becker, le retournement consistant à faire passer l'Allemagne de l'Ouest à l'Est n'est nullement au service d'une critique de l'ex-RDA. Le film célèbre au contraire la mémoire d'une époque disparue dans une sorte de nostalgie rêveuse. A travers cet exemple, il paraît clair que l'inversion dans ses rapports à l'histoire n'est pas à penser sur le seul mode satirique. Il existe manifestement d'autres logiques de retournement qui ne rentrent pas dans le contexte générique de la satire.

3. Vers une perception temporelle du renversement

Pour sortir du cadre trop étroit de la satire, il convient de penser le phénomène d'inversion dans une perspective plus large. Jusqu'à présent, on a envisagé le retournement sous les seuls auspices de la logique narrative, que celle-ci porte sur la diégèse, l'action ou les personnages du récit. Mais il est aussi possible de considérer l'inversion en tenant compte de son orientation temporelle et du déplacement qu'elle fait subir à l'objet concerné. Cette nouvelle piste de lecture trouve son origine dans un texte de Gilles Deleuze portant sur la question de l'humour et de l'ironie.

L'ironie et l'humour selon Gilles Deleuze

Avec sa *Présentation de Sacher-Masoch*, Deleuze donne une définition assez personnelle de l'humour et de l'ironie. Selon lui, ces deux attitudes de l'esprit visent à mettre en cause le principe de la loi. Depuis Kant, cette dernière n'est plus pensée comme se fondant sur une idée supérieure qui serait le bien. Alors que, chez Platon, la loi découlait encore de cet idéal, la pensée moderne bouleverse ce rapport en faisant de la loi une sorte d'entité autonome et indépendante. « Cela signifie, note Deleuze, que la loi n'a plus à se fonder, ne peut plus se fonder sur un principe supérieur d'où elle tirerait son droit. Cela signifie que la loi doit valoir pour elle-même et se fonder sur elle-même, qu'elle n'a donc pas d'autre ressource que sa propre forme. »[16] Comme la loi ne peut plus se fonder sur un principe supérieur, elle doit se faire d'autant plus précise quant à la punition qu'elle exerce et à la culpabilité qu'elle entraîne.

A l'indétermination de la loi répond alors la précision du châtiment. Ce changement de perspective n'est pas sans entraîner l'apparition d'une nouvelle ironie et d'un nouvel humour qui sont tous deux « dirigés vers un renversement de la loi »[17].

Pour Deleuze, le renversement ne s'opère pas du même côté selon que l'on pratique l'ironie ou l'humour. « Nous appelons toujours ironie le mouvement qui consiste à dépasser la loi vers un plus haut principe, pour ne reconnaître à la loi qu'un pouvoir second. »[18] Lors de sa remontée, l'ironie ne risque pas de déboucher sur l'idée du bien absolu, puisque, depuis Platon, ce principe n'est plus à l'origine des lois. Ce que l'ironie découvre dans son dépassement, c'est un état d'anarchie et de révolution permanente, un état qui se situe à l'opposé exact de la loi et de l'autorité qu'elle est censée exercer.

A la remontée de l'ironie correspond la descente de l'humour. « Nous appelons humour, non plus le mouvement qui remonte de la loi vers un plus haut principe, mais celui qui descend de la loi vers les conséquences. »[19] Il s'agit cette fois d'appliquer la loi avec une minutie telle que celle-ci ne tarde pas à dévoiler son inconséquence. C'est, si l'on veut, une réduction par l'absurde : « Nous connaissons tous des manières de tourner la loi par excès de zèle : c'est par une scrupuleuse application qu'on prétend alors en montrer l'absurdité, et en attendre précisément ce désordre qu'elle est censée interdire et conjurer. »[20] Avec l'humour, la loi produit donc l'effet inverse de celui qu'elle prescrivait. Là où elle devait provoquer la punition, elle déclenche le plaisir ; là où elle devait assurer la discipline, elle entraîne la confusion.

Chez Deleuze, le renversement est donc pensé sous un double aspect : soit il remonte par-delà la loi à un principe annulant cette dernière, soit il en suit les conséquences jusqu'à mettre au jour son absurdité.

Logiques anticipante, ascendante et transposante

A partir de la lecture de Deleuze, nous pouvons reprendre d'un œil neuf la problématique de l'inversion et penser le renversement comme un dépassement de l'objet. Cependant, alors que, chez Deleuze, le dépassement s'effectue selon l'axe haut/bas, il nous semble plus pertinent, dans le cadre des comédies de l'histoire, de remplacer l'axe vertical par un axe temporel. Dans cette perspective, la situation historique est à envisager comme un point fixe dont la comédie peut inverser l'avant, l'après ou le pendant. A partir d'un événement donné, le renversement opère dans trois directions distinctes qui amènent à chaque fois une modalité particulière de transformation de l'histoire.

Le renversement peut tout d'abord s'effectuer selon une *logique anticipante*. Dans ce cas, la comédie tire toutes les conséquences d'une situation historique jusqu'à aboutir à une inversion radicale de la situation de départ. A cette logique, répondent des satires comme *La Souris qui rugissait* ou *Le Docteur Folamour*. Apparues pendant la guerre froide, de telles comédies déroulent jusqu'au bout les implications de la stratégie de dissuasion nucléaire et en arrivent à retourner le bien-fondé de cette stratégie : l'arsenal militaire qui devait garantir la paix conduit à la guerre et à la destruction. Du point de vue temporel, la logique anticipante est essentiellement prospective et s'exerce par rapport à des situations en devenir, qui n'ont pas encore révélé toutes les potentialités historiques qu'elles recèlent.

A côté de cette logique anticipante, on trouve une *logique ascendante*. Cette fois, le renversement remonte par-delà l'événement historique pour retourner à un âge d'or qui est son exact opposé. C'est ce qui se produit dans des comédies comme *La Vie est belle* ou *Train de vie*. Face au traumatisme de la Shoah, ces représentations remontent le cours de l'histoire pour trouver, dans le souvenir d'une époque heureuse, la force d'affronter le présent et d'envisager l'avenir. Sur un autre sujet historique, *Good Bye Lenin !* accomplit un même cheminement en célébrant la nostalgie de l'ex-RDA dans une Allemagne contemporaine réunifiée. Le traumatisme causé par la disparition du Mur est surmonté grâce au souvenir positif d'une époque révolue.

Enfin, comme dernière trajectoire possible, on peut distinguer une *logique transposante*, quand la comédie transpose l'actualité en cours dans un autre contexte spatio-temporel pour mieux en révéler l'envers, selon la stratégie de dégradation décrite par Bakhtine. Une telle stratégie apparaît clairement avec les satires du Vietnam que sont *Catch 22* et *M.A.S.H.* Tournées pendant le conflit, ces satires situent leur intrigue dans un autre cadre historique pour mieux souligner l'incompétence de l'autorité militaire, sa capacité à aggraver le désordre et la confusion. Les comédies de la transposition fonctionnent sur le mode du miroir, mais un miroir déformant qui renvoie aux spectateurs l'image inversée et grimaçante des conflits marquant l'actualité du temps.

Schématiquement, cette triple logique s'appréhende comme suit :

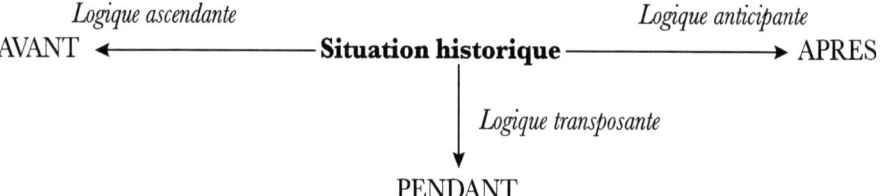

Avec ces trois trajectoires, on dispose à présent d'un angle d'attaque autrement plus fécond que celui qui consiste à examiner les seuls liens entre l'inversion et la satire. Il est dorénavant possible de prendre en compte l'insertion historique de la comédie, son rapport à l'actualité du temps ou sa position à l'égard du passé. Cette nouvelle perspective permet également de respecter les enjeux propres à chaque ensemble de représentations. Dans le cas d'un film comme *Train de vie*, l'enjeu consiste à faire admettre au public le retournement d'un événement dont le déroulement s'est déjà implanté dans les mémoires. Pour Kubrick et son *Docteur Folamour*, le défi de la satire repose sur l'élaboration d'un récit plausible qui développe, en toute cohérence, les conséquences de la stratégie nucléaire américaine. Enfin, avec *M.A.S.H.* et *Catch 22*, Robert Altman et Mike Nichols doivent éviter les foudres de la censure et mener leur renversement de telle sorte que la farce puisse se démarquer de la guerre du Vietnam, tout en présentant des ressemblances suffisamment perceptibles avec ce conflit. Comme on le pressent, chaque type de retournement rencontre des problématiques spécifiques. C'est à l'exploration plus détaillée de ces stratégies d'inversion que sont consacrés les trois prochains chapitres.

---

1 Au cours de cette troisième partie, nous tiendrons les termes 'renversement', 'inversion' et 'retournement' pour des synonymes. Ces notions seront distinguées l'une de l'autre en fin de partie, une fois que l'analyse aura permis de mieux spécifier les différents types de retournement possibles.
2 Henri BERGSON, *op. cit.*, pp. 63-64.
3 *Id.*, p. 72.
4 Dans *Palimpsestes*, Gérard Genette utilise l'adjectif 'axiologique' pour désigner « la suite d'actions, d'attitudes et de sentiments qui caractérise un 'personnage' ».
Gérard GENETTE, *Palimpsestes. La littérature au second degré*, Paris, Seuil, 1982, coll. « Points Essais », p. 483.
5 En analysant la mécanique des jeux de mots, Bergson dégage un dernier procédé comique, celui de transposition qui consiste à obtenir « *un effet comique en transposant l'expression naturelle d'une idée dans un autre ton* ». Parmi les différentes applications de la transposition, figure le passage du solennel au familier, lequel débouche sur la parodie. C'est en identifiant ce basculement du haut en bas, et du bas en haut, que Bergson se rapproche le plus de l'idée du monde inversé développée par Bakhtine.
Henri BERGSON, *op. cit.*, p. 94.
6 Mikhaïl BAKHTINE, *L'œuvre de François Rabelais et la culture populaire au Moyen Age et sous la Renaissance*, Paris, Gallimard, 1970 (pour la traduction française), coll. « Tel », p. 18.
7 Pour plus de précisions sur la distinction entre histoire/diégèse et sur la pertinence de dissocier les deux, voir Gérard GENETTE, *op. cit.*, pp. 418-421.
8 Linda HUTCHEON, *A Theory of Parody. The Teachings of Twentieth-Century Art Forms*, Urbana and Chicago, University of Illinois Press, 2000 [1985], p. 6 (traduit par nous).
9 Dans son ouvrage, Linda Hutcheon élargit considérablement le champ d'action de la parodie en évacuant la notion d'effet comique. Il s'ensuit que la parodie peut aussi bien s'appliquer à des œuvres ouvertement comiques qu'à des textes 'sérieux', comme l'*Ulysse* de Joyce, qui ne ridiculisent pas nécessairement leur modèle.
Pour un examen critique de la théorie de Linda Hutcheon, on se rapportera à Daniel SANGSUE, *La parodie*, Paris, Hachette, 1994, coll. « Contours littéraires » , pp. 52-56.
10 Linda HUTCHEON, *A Theory of Parody*, p. 6 (traduit par nous).
11 Matthew HODGART, *La satire*, Paris, Hachette, 1969, coll. « L'univers des connaissances », p. 21.
12 Sophie DUVAL, Marc MARTINEZ, *La satire (littératures française et anglaise)*, Paris, Armand Colin, 2000, coll. « U », p. 199.
13 Linda HUTCHEON, « Ironie, satire, parodie. Une approche pragmatique de l'ironie », dans *Poétique*, n° 46, Paris, Seuil, avril 1981, p. 144.
14 Daniel SANGSUE, *op. cit.*, pp. 54-55.
15 Pour un aperçu complet des stratégies satiriques, voir la partie intitulée « Le mode satirique », dans Sophie DUVAL, Marc MARTINEZ, *op. cit.*, pp. 173-256.
16 Gilles DELEUZE, *Présentation de Sacher-Masoch. Avec le texte intégral de* La Vénus à la fourrure *traduit de l'allemand par Aude Willm*, Paris, Editions de Minuit, 1967, coll. « Arguments », p. 72.
17 *Id.*, p. 75.
18 *Ibid.*
19 *Id.*, p. 77.
20 *Ibid.*

Chapitre VIII
De la guerre nucléaire à la guerre-spectacle

1. Logique anticipante et parole agissante

Avec l'inversion anticipante, voilà que nous abordons des comédies qui situent leur action, non plus dans un passé proche ou lointain, mais dans le futur. L'événement n'est pas donné comme ayant eu lieu, mais comme à venir. A priori, on pourrait penser qu'une telle conception nous éloigne de l'histoire au sens strict, puisque ces comédies sont orientées vers un devenir possible. Mais ce serait alors considérer l'histoire comme la seule inscription du mémorable, comme la simple chronique des faits du temps jadis. A côté de cette définition traditionnelle, l'histoire peut aussi être comprise dans un sens plus moderne. Selon Jacques Rancière, elle s'apparente alors à la puissance d'un destin commun, à l'expression d'un devenir collectif et englobe « l'idée d'un temps orienté vers un accomplissement spécifique, un temps porteur de promesses pour ceux qui respecteront les conditions de sa succession et les tâches qu'elles imposent ; porteur de menaces, en revanche, pour ceux qui méconnaissent ces conditions, négligent les tâches qui leur sont liées ou veulent anticiper leur effet »[1].

Les comédies envisagées se rattachent parfaitement à cette définition. Même si elles ne reconfigurent pas le passé, elles cherchent à faire percevoir la puissance historique contenue en germe dans le moment présent, une puissance qui dépasse ce moment particulier et qui risque à tout instant de se retourner contre lui.

Avec l'idée de transformation du présent apparaît une notion non moins essentielle, qui est celle du pouvoir et de l'autorité. Si l'histoire est conçue comme une puissance en devenir, alors il n'est pas surprenant que les comédies choisissent de mettre en scène les instances de décision qui incarnent cette puissance et qui rendent possible son passage à l'acte. Des films comme *Le Docteur Folamour*, *La Souris qui rugissait* ou *Des hommes d'influence* situent leur intrigue dans les hautes sphères du pouvoir et plongent le spectateur au sein des lieux de décision où se joue l'avenir de la planète. Dans ces comédies, des instances dirigeantes cherchent à transformer l'état du monde. Mais, inversion oblige, le résultat obtenu n'est nullement celui attendu et les actes posés ne tardent pas à se retourner contre leurs auteurs.

Les comédies anticipantes sont donc essentiellement des comédies de pouvoir. Et c'est en ce point que surgit avec force la question du langage. Il ne suffit pas d'avancer que ces comédies représentent l'exercice d'une autorité, il faut aussi voir que cette autorité ne peut atteindre – et, dans notre cas, manquer – son but qu'à travers une parole agissante. Dans *Langage et pouvoir symbolique*, Pierre Bourdieu, inspiré par la théorie des actes de langage fondée par Austin, montre que la parole politique exerce une véritable action dans le champ social. Les mots d'ordre, les slogans et les autres messages directifs ont la capacité de transformer la réalité, de faire surgir dans le réel le contenu de l'énoncé. Pour Bourdieu, les propos politiques « ne sont vrais que dans la mesure où celui qui les énonce (à son propre compte ou au nom d'un groupe) est capable de les rendre historiquement vrais, en les faisant advenir dans l'histoire »[2].

Muni de ces indications, on commence à discerner plus finement l'enjeu des comédies anticipantes. Si le langage constitue le point nodal de ces comédies, c'est qu'il se présente comme le vecteur capable de transformer la puissance en acte, d'assurer la médiation entre un état présent du monde et les potentialités d'action que celui-ci recèle. Encore une fois, cette parole agissante se trouve fondamentalement subvertie par le processus d'inversion : l'ordre est appliqué, mais avec un zèle tel qu'il se retourne contre lui-même.

Pour approfondir davantage ces idées, nous commencerons par examiner le contexte de la terreur nucléaire à la fin des années 50 avec ces deux films voisins que sont *La Souris qui rugissait* et *Le Docteur Folamour*. Ensuite, par un bond d'une trentaine d'années en avant, on se plongera dans la logique de la guerre-spectacle qui culmine dans les années 90 aux Etats-Unis. Deux comédies seront alors prises en compte : *Des hommes d'influence* de Barry Levinson et *Canadian Bacon* de Michael Moore.

En privilégiant ces périodes historiques, il ne s'agit pas de signifier que les comédies anticipantes apparaissent exclusivement en ces points précis de l'histoire. L'enquête aurait pu commencer plus tôt en abordant des films déjà évoqués comme *La Soupe au canard* ou *Le Dernier milliardaire* qui anticipent le devenir totalitaire de certaines nations européennes. Cependant, bien que ces deux comédies soient des œuvres pionnières, leur critique du langage découle de la représentation d'un pouvoir totalitaire et centralisateur. Que ce soit chez les Marx ou chez René Clair, la parole se présente comme l'émanation directe d'un cerveau pris de mégalomanie. Après la Seconde Guerre mondiale, ce rapport à la parole autoritaire se complexifie considérablement, sans doute parce que le pouvoir a lui aussi changé de figure. Accompagné de profondes mutations technologiques, ce nouveau pouvoir apparaît – du moins dans nos démocraties occidentales – comme un pouvoir diffracté et bureaucratique, échappant au culte de la personnalité et du logos totalisant.[3] Dans cette perspective, on comprend mieux l'intérêt de traiter des représentations d'après-guerre. En choisissant d'analyser les comédies de la menace nucléaire et de la guerre-spectacle, il s'agit aussi d'observer la mise en scène d'un discours autoritaire échappant à un corps centralisateur pour se propager dans un ensemble de procédures et d'opérations relativement anonymes.

2. Comédies et autres films de la menace nucléaire

Il est difficile d'imaginer aujourd'hui la terreur éprouvée par les populations civiles des années 50 et 60 à l'idée d'une guerre nucléaire imminente. Depuis que les Américains avaient utilisé l'arme atomique contre le Japon, apparaissait, pour la première fois dans l'histoire de l'humanité, la possibilité d'une destruction totale de l'univers. Cette possibilité était d'autant plus ressentie que la Guerre froide entre l'URSS et les Etats-Unis risquait à tout moment de dégénérer en conflit ouvert. Entre ces deux nations luttant pour la suprématie se développa très rapidement une course aux armements nucléaires qui avait pour but d'équilibrer la puissance militaire.

Le climat de terreur ne manqua pas de se répercuter sur le cinéma. Dans plusieurs pays la guerre nucléaire constitua le sujet principal de films importants comme *Hiroshima mon amour* d'Alain Resnais en 1959 ou *La Bombe* de Peter Watkins en 1965.[4] Si ces œuvres ont eu un impact considérable, elles sont cependant restées isolées dans leur cinématographie nationale. En fait, c'est surtout le cinéma d'outre-Atlantique qui va entretenir des liens privilégiés avec la guerre atomique. Dans *L'apocalypse nucléaire vue d'Amérique*, Anne-Marie Bidaud note que le nombre de films américains réalisés sur ce sujet « est d'une telle ampleur qu'on peut les assimiler à un genre cinématographique autonome »[5].

Selon l'historienne, on peut distinguer deux grandes phases dans les représentations du conflit atomique. « Dans un premier temps, les auteurs en ont donné une image édulcorée, presque abstraite à force d'omissions et de périphrases visuelles, tant ils répugnaient à en dévoiler l'horreur tout en l'évoquant indirectement. Puis les ellipses et les euphémismes iconiques ont fait place à un mode de représentation moins oblique, ancré dans une chaîne de causalité. »[6] A la première phase correspondent des films des années 50 comme *Cinq survivants* (Oboler, 1951), *Le Monde, la chair et le diable* (MacDougall, 1959) ou *Le Dernier rivage* (1959) de Stanley Kramer, récit dans lequel les seuls survivants du cataclysme nucléaire sont l'équipage d'un sous-marin américain et les habitants de l'Australie épargnés par des vents favorables. Plus que des films sur la guerre atomique, de telles productions s'apparentent à des paraboles sur la destinée humaine confrontée à sa propre fin.

Au début des années 60, à la suite peut-être de la crise des missiles de Cuba, ce mode narratif est concurrencé par des représentations qui s'efforcent de détailler la logique pouvant amener à une guerre nucléaire. Appartenant à cette dernière catégorie, un film comme *Point limite* (1964) de Sidney Lumet est d'autant plus intéressant qu'il présente une intrigue similaire à celle du *Docteur Folamour*.[7] Après une fausse alerte, des bombardiers américains dépassent le seuil fatidique au-delà duquel ils ne peuvent plus être rappelés. A la fin du récit, tous les avions parviennent à regagner leur base, sauf un bombardier qui passe outre et qui largue sa bombe sur Moscou. Pour prouver aux Russes que le largage de la bombe était une erreur, le président des Etats-Unis décide de sacrifier New York en témoignage de sa bonne foi. *Point limite*, mais aussi *Aux postes de combat* (Harris, 1965) ou *Panic in the City* (Davis, 1968) montrent qu'au cours des années 60, la guerre nucléaire ne sert plus seulement de prétexte à interroger le sens de la vie humaine dans un monde proche de l'autodestruction. « En démontant les mécanismes et les causes de dérapage, ces films entrent de plain-pied dans le champ des préoccupations de l'opinion publique : comment une défaillance humaine ou technique peut-elle dégénérer en 'bavure' cosmique ? Quels sont les responsables ? »[8].

Même si elles sont tournées pour l'essentiel en Grande-Bretagne, les comédies *La Souris qui rugissait* et *Le Docteur Folamour* ne manquent pas de se rattacher aux films de la deuxième phase. Jack Arnold et Stanley Kubrick sont tous deux des cinéastes américains et l'intrigue de leur récit vise au premier chef à égratigner la politique nucléaire de leur pays. Cette proximité avec des films comme *Point limite* pose d'ailleurs question quant à l'originalité des comédies et du processus d'inversion qu'elles mettent en place. Finalement, presque tous les films de la terreur nucléaire envisagent ce phénomène comme une guerre à venir. Leur intrigue possède une fonction prospective en déployant un univers qui prolonge le temps présent. Est-ce à dire que l'inversion anticipante n'est pas propre aux comédies et qu'elle peut également s'appliquer aux films sérieux traitant de la menace nucléaire ?

A ces questions, on répondra en deux temps. Tout d'abord, il est certain que la comédie n'est pas le seul genre à détenir le privilège d'explorer le futur. Des fables de science-fiction comme *Le Dernier rivage* disposent également d'une capacité exploratoire. Cependant, de telles représentations ne sont nullement animées d'une logique inversante. Elles inventent simplement un temps qui se situe à la suite de la bombe, dans l'après-coup de l'histoire, ce qui laisse dans un flou relatif la série des réactions en chaîne ayant pu conduire à une situation aussi catastrophique. Mais qu'en est-il alors de films comme *Point limite* qui partent de la situation du temps présent pour en tirer des conséquences dramatiques ? N'y a-t-il pas dans ces récits une opération d'inversion semblable à celle des comédies puisqu'au final, la stratégie de dissuasion nucléaire aboutit à l'inverse de ce pour quoi elle avait été conçue ? C'est ici que le second élément de réponse intervient. Contrairement au *Docteur Folamour*, les représentations sérieuses ne poussent que rarement la logique inversante jusqu'à son terme. A la fin du film de Lumet, la situation initiale est rétablie, au prix, il est vrai, du sacrifice de New York et de Moscou. Pareillement, dans *Panic in the City*, la catastrophe nucléaire se trouve évitée de justesse.

Ce souci de compromis contraste singulièrement avec la radicalité du *Docteur Folamour*. Chez Kubrick, il n'y a pas d'échappatoire possible : la logique militaire se retourne contre elle-même et conduit à la destruction de la planète. Réalisé quelques années plus tôt, *La Souris qui rugissait* suit un processus identique, même si l'enjeu central est la capture par un petit Etat de la bombe atomique. Alors qu'un film classique n'aurait pas manqué de rétablir la situation initiale, en montrant le Duché de Fenwik remettre la bombe à son propriétaire, la comédie de Jack Arnold aboutit à l'exact envers de la situation de départ : craint et respecté par les grandes nations, le duché devient le gardien de l'arme nucléaire.

Le soupçon évoqué plus haut est donc levé. Ce qui apparaît comme fondamentale dans les comédies anticipantes, c'est leur volonté d'exemplification. Jusqu'au bout, elles maintiennent leur ligne directrice. Alors que des films comme *Point limite* doivent négocier avec les contraintes du récit classique, se soucier de la psychologie ou de la motivation des personnages, les comédies peuvent écarter ces obstacles pour se concentrer sur la mise en scène du discours et les conséquences extrêmes de la stricte application de celui-ci. Ce n'est d'ailleurs qu'à cette condition que le rire peut poindre dans le récit, lorsque le public perçoit avec netteté l'aberration du discours déployé, son retournement ultime.

3. *La Souris qui rugissait* : l'autorité de la bombe

En 1958, Jack Arnold – un réalisateur connu pour ses films de science-fiction comme *L'Etrange créature du lac noir* (1954) ou *L'Homme qui rétrécit* (1957) – est appelé en Angleterre pour adapter à l'écran le roman de Leonard Wibberley *La Souris qui rugissait*. Tournée pour un budget dérisoire, cette comédie connaît, lors de sa sortie, un énorme succès d'audience[9], un succès qui contraste singulièrement avec l'oubli dans lequel le film est tombé aujourd'hui.

Sans doute, le souvenir de cette comédie a-t-il été éclipsé dans les mémoires par la fulgurance du *Docteur Folamour* réalisé cinq ans plus tard. Pourtant, le film de Jack Arnold anticipe en bien des points la satire de Kubrick. On y trouve déjà, dans un triple rôle, Peter Sellers : celui-ci incarne le maréchal des armées, le Premier ministre ainsi que la grande-duchesse régnant sur le Duché de Fenwick. Par ailleurs, *La Souris* constitue, à notre connaissance, la première comédie à oser s'attaquer au sujet de la bombe, et cela à une époque où la guerre atomique était évoquée à travers des films postapocalyptiques comme *Le Dernier rivage* de Stanley Kramer.

Œuvre pionnière, *La Souris qui rugissait* apparaît également comme une comédie hybride où se croisent deux formes différentes de comique. Un comique corporel directement hérité du burlesque et un comique plus moderne, centré sur le détournement de la parole. C'est d'ailleurs peut-être ce battement entre deux formes comiques qui peut expliquer que la comédie de Jack Arnold se soit peu à peu effacée des mémoires. Alors que *Le Docteur Folamour* est tout entier centré sur la mise en scène du langage – à tel point que Kubrick a ôté de son montage final la bataille de tartes à la crème qu'il avait tournée dans la War Room –, la comédie de Jack Arnold oscille toujours entre deux registres, ce qui contribue à amoindrir l'efficacité de la logique anticipante.

Ces réserves étant émises, on ne peut enlever à *La Souris qui rugissait* une certaine audace quant à la mise en scène d'un discours inversant. Sous des dehors potaches, cette comédie laisse percevoir les rapports qui se nouent entre le pouvoir politique et la bombe atomique. Et il va falloir suivre ici le cheminement d'une parole qui ne peut faire acte d'autorité qu'en s'appuyant sur l'arme nucléaire. Dans le film de Jack Arnold, la possession de la bombe permet de se faire entendre, et, mieux encore, de se faire obéir. Plus tard, avec *Le Docteur Folamour*, Kubrick complétera le questionnement en s'intéressant non plus à la bombe comme source de puissance politique, mais à la logique guerrière qu'impose sa détention. De l'acquisition de l'arme atomique à son usage militaire, les deux comédies, à cinq ans d'intervalle, se complètent parfaitement.

Séquence d'exposition : la force persuasive de la voix over

Dès l'ouverture de *La Souris qui rugissait*, une voix over s'adresse au spectateur : « Mesdames et Messieurs, pour raison de secret d'Etat, vous êtes priés de ne rien divulguer de ce que vous allez voir ». Après cet avertissement, la voix décrit, sur le mode documentaire, le Duché de Fenwick. Elle est accompagnée d'images présentant un royaume désuet : la grande-duchesse roule dans une voiture du siècle dernier tandis que les soldats du duché, revêtus de cottes de mailles, pratiquent le tir à l'arc. Pays heureux et prospère, le duché doit sa richesse à une boisson locale, le pinot Grand Fenwick, exporté en majeure partie aux Etats-Unis. Tout irait pour le mieux si, en 1959, un viticulteur californien n'avait décidé de mettre en bouteilles une contrefaçon qu'il appela le pinot Grand Enwick. Pour la principauté, cette concurrence déloyale marque le début d'une crise épouvantable.

En utilisant la voix surplombante du documentaire, la séquence d'ouverture décrit un pays, qui pour être fictif, n'en est pas moins présenté avec tout le sérieux possible. Cependant, comme souvent en comédie, la voix over, gardienne de la raison triomphante, est subvertie par le processus comique. En début de récit, elle ne parvient pas à situer correctement le duché sur la carte du monde. Elle applique ensuite ses commentaires sentencieux à un pays dont le spectateur sait très bien qu'il n'existe pas[10]. Enfin, cette voix est, si l'on peut dire, aveugle au contenu des images : elle passe sous silence les gags qui affleurent à l'écran. A priori donc, le sérieux de la voix over se trouve contesté à mesure même qu'elle se fait entendre. Pourtant, on ne peut réduire ce prologue à une simple parodie de documentaire classique. Certes, la voix over est affaiblie par la charge comique des images, mais, d'un autre côté, elle exprime aussi comme une demande de considération : le film annonce l'irréalité du Duché de Fenwick dans le même temps qu'il invite à prendre cette irréalité au sérieux.

D'ailleurs, quand on écoute attentivement le prologue, on voit que cette demande de considération ne tourne pas à vide et qu'elle repose sur des éléments factuels, situables dans le temps. L'introduction met en place un certain nombre d'éléments qui permettent au spectateur de relier la crise traversée par un pays imaginaire à la situation du temps présent. La voix précise non seulement la date de la crise économique (1959), date qui correspond à la sortie du film, mais elle rapporte aussi cette crise à la politique d'un pays qui existe réellement. Ainsi, il apparaît clairement au spectateur que la situation difficile du Duché de Fenwick découle de la stratégie protectionniste des Etats-Unis en cette fin des années 50.

Sur le plan de l'économie narrative, la voix over joue également un rôle déterminant. Etant donné que la comédie cherche à se déployer dans le futur, la situation de départ doit être rapidement évoquée. Plus efficace qu'une monstration longue et développée, le recours à un commentateur extérieur a l'avantage de pouvoir rassembler en un minimum de temps les informations nécessaires à la suite du récit, tout en s'assurant qu'elles soient considérées avec attention par le spectateur.

Une parole au champ d'action limité

Une fois les prémisses posées, la voix over s'efface tandis que la caméra s'avance dans l'assemblée des parlementaires. Ceux-ci débattent avec vigueur de la crise économique provoquée par la contrefaçon américaine. Pour sortir de l'impasse, le Premier ministre propose d'entrer en guerre avec les Etats-Unis. Le but d'une telle manœuvre n'est pas de remporter le conflit, mais bien de le perdre : « Les Américains sont des gens étranges. Là où d'autres pays ne pardonneraient rien, ils pardonnent tout. Quelle entreprise serait plus profitable que de leur déclarer la guerre et de la perdre ? Aussitôt vainqueurs, ils inondent le pays vaincu de marchandises et le renflouent à coup de millions ».

Séduits par la logique de la proposition, les parlementaires se rallient au Premier ministre. Un groupe d'une vingtaine d'hommes sera envoyé sur le territoire américain avec la mission de se rendre dès que possible. Pour plus de sûreté, le chef d'Etat confie le commandement de cette troupe au maréchal des armées, certain que l'incompétence de ce dernier précipitera la défaite. Apparaît ici l'énonciation d'une parole d'autorité qui va être aussitôt suivie d'effets. Une déclaration de guerre est envoyée aux Etats-Unis tandis que le Premier ministre somme Tully Bascombe de rassembler ses hommes.

Comme on le pressentait, la comédie anticipante ne peut aller de l'avant qu'en s'appuyant sur des décrets qui entraînent l'obéissance d'agents subordonnés. Et dans une certaine mesure, la première partie du film découle de la stricte application de l'acte de parole initial : la troupe du maréchal prend le bateau pour les Etats-Unis et cherche aussitôt à se rendre.

Malheureusement, quand Tully Bascombe débarque à New York, il ne trouve personne à qui présenter sa reddition, car les habitants de la ville effectuent un exercice d'alerte pour tester la nouvelle bombe Q (cent fois plus puissante que la bombe H !). Evidemment, les soldats de Fenwick ignorent cette information et découvrent avec stupeur une ville vidée de ses habitants, ceux-ci s'étant tous réfugiés dans des abris souterrains. C'est en ce point du récit que la comédie s'arrime le plus fortement à la réalité contemporaine. Au cours de l'escale à New York, *La Souris qui rugissait* opère un contrechamp sur la partie adverse et révèle la paranoïa aiguë de l'époque. Le réalisateur épingle une certaine forme de tyrannie douce qui oblige tous les citoyens d'une ville à se réfugier sous terre, sans que ceux-ci n'émettent la moindre velléité de résistance.

Lors de son errance, la petite armée est surprise par des agents du service de désinfection. Découvrant l'accoutrement de ces soldats d'un autre temps, les agents sont persuadés d'avoir affaire « à des martiens descendus d'un spoutnik ». La nouvelle ne tarde pas à prendre de l'ampleur : de quelques martiens, on passe à un déferlement de soucoupes volantes. Par la suite, cet acte de langage mouvant qu'est la rumeur se voit relayé par la radio qui annonce aux citoyens de ne pas paniquer. C'est plus qu'il n'en fallait dire. Entendant cette nouvelle, les New-Yorkais sont pris de terreur et quittent en pagaille les abris souterrains. Encore une fois, voici un bel exemple d'une parole qui produit l'effet inverse de celui escompté.

Pendant que les New-Yorkais tremblent à l'idée d'envahisseurs venus de l'espace, Tully Bascombe comprend que la ville effectue un exercice d'alerte à la bombe. Après s'être égarée, la petite armée arrive par hasard devant l'Institut de physique nucléaire dans lequel se trouvent le professeur Kokintz et sa fameuse bombe Q.

Retournement : la bombe comme skeptron

Saura-t-on jamais ce qui se passe dans la tête de Peter Sellers quand il décide d'enlever le professeur et la bombe nucléaire ? En termes de vraisemblance psychologique, la comédie n'apporte pas de réponse claire sur ce point. Tully Bascombe a-t-il décidé de capturer le professeur pour montrer à son Premier ministre qu'il n'est pas un chef incompétent et maladroit ? Ou bien cette décision est-elle motivée par l'éclat de la fille du professeur (interprétée par Jean Seberg) dont il tombe immédiatement amoureux ? Nous ne le saurons pas. Par contre, ce qui apparaît avec certitude, c'est que le récit amorce ici un retour sur lui-même. Et cette bifurcation est d'autant plus visible qu'elle n'est pas masquée par les motivations psychologiques des personnages. Alors que l'armée du Duché de Fenwick devait partir en guerre dans l'intention de la perdre, voici qu'elle est sur le point de la gagner.

Ce retournement narratif ne découle nullement d'une transgression des ordres reçus. A priori, on pourrait penser que le maréchal a désobéi à son Premier ministre : il devait perdre le conflit, mais, de sa propre initiative, il décide de le gagner. Pareille lecture est réductrice, car elle ne tient pas compte de la visée attendue d'une déclaration de guerre. L'objectif premier d'une telle déclaration est quand même bien de remporter la victoire, et non la défaite. Or, en se trouvant devant le professeur, Peter Sellers découvre qu'il est réellement possible de triompher des Américains, ce qui, dans son esprit, vaut mieux qu'une reddition. La naïveté de Bascombe tient sur ce point : il prend la parole au sens littéral. Partir en guerre implique de la gagner, surtout si on est dans l'incapacité de se rendre.

Le Duché de Fenwick remporte donc la lutte contre les Etats-Unis en devenant l'unique détenteur de la bombe Q. Mais l'inversion ne tient pas seulement dans le fait que la capitulation attendue se transforme en victoire inopinée. Le renversement est d'une ampleur plus grande : ignoré auparavant par les grandes nations, le duché devient la cible de toutes les convoitises internationales. Les diplomates se pressent aux portes de ses frontières, les journaux consacrent son avènement sur la scène mondiale, tandis que le parlement est assailli de télégrammes de soutien en provenance de pays comme la Chine, la France ou l'URSS. Sur le plan de l'écriture cinématographique, cet intérêt soudain se traduit par un montage plus fragmenté qui permet de rendre visible l'ampleur de la crise politique, de traiter celle-ci comme un seul acte de parole indéterminé se répandant à travers l'espace. Quatre ans plus tard, Kubrick radicalisera cet usage du montage en lui assignant la tâche de suivre la parole agissante à travers des lieux différents.

Dorénavant, le Duché de Fenwick est un pays craint par les autres nations. C'est comme si, en s'emparant de la bombe, le duché s'était aussi emparé du skeptron décrit par Homère, ce bâton qui assure à l'orateur de pouvoir prendre la parole et d'être écouté par ses pairs.[11] Alors qu'au début du film la petite nation ne parvenait pas à se faire entendre auprès des grands pays, ce sont maintenant les Etats-Unis et le monde entier qui sont suspendus à ses lèvres.

Cependant, la souris ne rugit pas immédiatement. Dépassé par le plan qu'il avait lui-même mis en place, le Premier ministre démissionne, ce qui provoque la chute du gouvernement et l'arrivée de Tully Bascombe à la tête de l'Etat. Seul, il doit répondre à cette terrible question : que faire de la bombe ? Ou plus exactement : quelle parole énoncer à partir du pouvoir qu'elle procure ?

Une explosion impromptue : l'image anticipante

Cette question ne sera pas résolue immédiatement. Pressé d'en finir, le Premier ministre dérobe l'arme nucléaire pour la remettre aux Américains. Au moment où la voiture qui emmène la bombe quitte le château, une explosion retentit, puis apparaît à l'écran une image d'archives montrant la déflagration d'une bombe atomique. Alors que le champignon radioactif s'élève vers le ciel, la voix over se fait à nouveau entendre : « Heureusement, il ne s'agit pas de notre bombe. C'est uniquement pour vous montrer ce qui aurait pu arriver. Excusez-nous et revenons à notre histoire ».

Dans cette séquence surgit un usage de l'archive qui contraste avec celui observé dans les comédies de l'interférence. Très souvent, celles-ci utilisaient les images d'archives en vue d'attester d'un événement passé. Ici, dans l'embardée qui saisit le récit, pointe une autre valeur de l'image. En tant qu'archive, ce plan renvoie certes à un fait qui s'est déjà déroulé, sans doute dans un passé proche, lors d'essais atomiques réalisés au milieu des années 50. Mais, d'un autre côté, cette image n'est pas tellement utilisée dans une perspective mémorielle. Le film convertit la fonction de rappel en un effet d'annonce ; la valeur d'attestation de l'image est reportée sur le temps à venir. Si une telle explosion s'est déjà produite – et l'image en apporte la preuve –, pourquoi ne pourrait-elle pas encore avoir lieu une deuxième, voire une troisième fois ? Même passée, l'archive sert donc avant tout à explorer le devenir du présent.

Cette image d'archives n'est pas seulement surprenante par son orientation temporelle, elle l'est aussi par la place qu'elle occupe dans le récit. En effet, elle ne se situe nullement dans la prolongation d'une course poursuite ou à l'issue d'un moment particulièrement dramatique. Elle apparaît dans un temps mort de la comédie, juste après un plan montrant Peters Sellers regarder par la fenêtre du château. Pourtant, il aurait sans doute été plus efficace, dramatiquement parlant, de placer cette explosion à la suite d'une séquence où les personnages se disputent la bombe atomique. L'image d'archives aurait pu ponctuer, même momentanément, une action périlleuse entreprise dans le récit.

Mais Jack Arnold n'a pas effectué ce choix. Il a préféré détacher l'image anticipante de la logique dramatique du récit. En plaçant le champignon atomique à un moment culminant de la comédie, Arnold n'aurait pas manqué de réduire la portée de cette image. De danger universel, l'explosion se serait transformée en simple rebondissement narratif. Ce qu'elle aurait gagné en efficacité syntagmatique, elle l'aurait perdu en puissance paradigmatique. Ici, l'explosion de la bombe est détachée de tout contexte narratif pour devenir un événement à part entière. Dans la version anglaise, la voix over confirme d'ailleurs que « quelque chose de semblable pourrait arriver à tout moment ». A tout moment, c'est-à-dire en dehors même des péripéties de la comédie que nous sommes en train de regarder.

Une fin utopique

Après cette mise en garde, la comédie reprend ses droits et Peter Sellers parvient à éviter que la bombe ne sorte du Duché de Fenwick. Assumant sa charge de chef d'Etat, Tully Bascombe propose au délégué américain que le duché soit le garant d'un désarmement nucléaire à l'échelle mondiale : « Que votre président, que nous admirons beaucoup, tâche de persuader l'O.N.U. de confier la bombe aux petites nations qui seront chargées de surveiller le désarmement général ».

Avec quelques années d'avance, Jack Arnold anticipe le traité de non-prolifération des armes nucléaires. Alors que l'image anticipante avait assombri l'horizon de la comédie, la logique prospective propose un second dénouement à la course aux armements. Toutefois, le réalisateur a conscience que cette conclusion n'est qu'une des alternatives possibles, car, sous l'écriteau de fin, apparaît une mention qui marque encore une fois la puissance de l'instance énonciatrice : « We hope… ». Nous espérons que ce dénouement sera celui-là, car une autre issue, plus sinistre, hante également les esprits, celle d'une destruction atomique généralisée.

Par cette conclusion, *La Souris qui rugissait* se rattache, de manière manifeste, à la tradition du discours utopique. Pour Michel Serceau, « l'utopie, qui est bien autre chose qu'une satire ou un discours critique, est la seule à muer la représentation de l'Histoire en discours et en figure qui la nie, à muer la fiction en pratique de transformation de la réalité »[12]. C'est bien une telle transformation qui est donnée à voir dans la comédie de Jack Arnold. Partant d'un duché imaginaire, la courbe du film peut être perçue comme s'avançant de plus en plus à la rencontre de l'actualité du temps jusqu'à aboutir au retournement et au dépassement de cette actualité. La bombe atomique surgit dans le flux de la représentation comme un point pivot qui marque non seulement la rencontre du film avec le réel le plus contemporain, mais qui annonce aussi une transformation radicale de cette réalité. Les Etats-Unis se voient dépossédés de la bombe au profit d'un petit pays ; celui-ci qui, jusque-là, n'était guère écouté parvient à imposer aux nations du monde entier un désarmement généralisé.

4. La machine infernale du *Docteur Folamour*

Comparée à la comédie de Jack Arnold, la satire de Stanley Kubrick apparaît comme beaucoup plus nihiliste, puisque, à la fin du film, la planète entière succombe à la destruction atomique. Sans doute ce pessimisme est-il lié au durcissement de la Guerre froide. Au moment où Kubrick commence à tourner en 1963, le monde vient d'être secoué par la crise des missiles de Cuba qui révèle aux Américains que la menace soviétique s'est considérablement rapprochée de leur territoire.

C'est dans ce contexte sous haute tension que le réalisateur décide d'adapter à l'écran le roman de Peter George *Red Alert*, un thriller politique décrivant comment un général psychopathe profite d'une faille du système de dissuasion américain pour lancer une attaque nucléaire contre l'Union soviétique. Une première mouture du scénario est rédigée, mais il apparaît à Kubrick que cette histoire serait encore plus efficace si elle était traitée sur le mode comique. Aussi fait-il appel à Terry Southern, un auteur à l'esprit caustique, pour rédiger le scénario final du film.

Dans les grandes lignes, l'intrigue du roman est respectée, même si elle se voit réorientée dans le registre de la farce. Plus loin, il faudra d'ailleurs comprendre pourquoi Kubrick a préféré adopter le ton satirique plutôt qu'un style réaliste comme celui du film *Point limite*. Pour le casting, le réalisateur fait appel à Peter Sellers qui avait déjà travaillé avec lui sur son film précédent *Lolita* (1962). Comme dans la comédie de Jack Arnold, l'acteur joue un triple rôle : il incarne le président des Etats-Unis ainsi qu'un officier de la Royal Air Force, sans oublier le docteur Folamour, le conseiller logistique du président, personnage inspiré par le savant Werner von Braun, un spécialiste des fusées dans l'Allemagne hitlérienne, qui, à la fin de la guerre, avait été accueilli par les Etats-Unis avec d'autres scientifiques nazis.

Séquence d'exposition : guerre et sexualité

Dès les premiers instants du film, Kubrick place le spectateur au cœur de l'actualité du temps. Avant même que le générique ne se déroule, une voix over se fait entendre, accompagnée d'images montrant une terre recouverte de nuages. Cette voix avertit le spectateur que les Russes travaillent sur une arme secrète et que celle-ci se trouve quelque part sous les pics arctiques des îles Zarkov. Plus tard, après le générique, la voix over détaille la stratégie de défense américaine. Pour éviter les attaques surprises, une flotte de bombardiers B-52 survole en permanence le territoire des Etats-Unis. Disposant chacun d'une bombe de 50 mégatonnes, « soit 16 fois la puissance de toutes les bombes utilisées par toutes les armées pendant la Seconde Guerre mondiale », ces avions se trouvent à deux heures de vol de leurs cibles russes.

L'utilisation de la voix over n'est pas sans rappeler l'ouverture de *La Souris qui rugissait*. En soi, cela n'a rien d'étonnant, puisque la logique anticipante suppose que la situation de départ soit rapidement posée afin de pouvoir développer toutes les potentialités historiques contenues en germe dans cette situation. Cependant, et c'est là une différence importante avec le film de Jack Arnold, les éléments rapportés ici possèdent une plus haute teneur référentielle. Ils ne portent pas sur un pays fictif, mais dépeignent avec une relative précision le contexte militaire de la Guerre froide.

Pourtant, comme dans *La Souris qui rugissait*, le sérieux de la voix over ne tarde pas à être contesté par les images qui lui sont associées. Alors que le titre du film apparaît à l'écran, Kubrick représente le ravitaillement de bombardiers en plein vol en choisissant des plans qui évoquent explicitement l'acte sexuel, une métaphore visuelle renforcée par la musique employée, une version instrumentale de *Try a Little Tenderness*.[13] L'association entre guerre et sexualité perdurera tout au long de la représentation, puisque le film montre des personnages qui détruisent la planète non pour des raisons idéologiques, mais pour assouvir des fantasmes de puissance virile. Le général Ripper est persuadé que les Russes ont empoisonné ses fluides corporels après avoir ressenti une grande fatigue 'postcoïtale' et depuis il refuse « sa semence aux femmes ». Le responsable des opérations militaires, le général Turgidson, quitte sa maîtresse pour la War Room, en lui promettant de revenir bientôt « enclencher la mise à feu ». Quant au docteur Folamour, au nom tout aussi évocateur, immobilisé dans sa chaise roulante, il ne peut retrouver sa virilité et dresser les jambes que lorsque la terre a été ravagée par les explosions atomiques.

Pensée instrumentale et perspective systémique

Bien qu'elle constitue l'un des ressorts comiques de la représentation, l'association entre guerre et sexualité ne constitue pas la caractéristique la plus significative du *Docteur Folamour* dans la mesure où nombreuses sont les comédies guerrières qui passent ainsi d'un registre à l'autre en entrecoupant leur récit de scènes délibérément triviales.[14] Une autre force se dégage du film, une force qui tient à la rigueur de sa démonstration, à la précision de son tracé. Kubrick parvient en effet à suivre, jusqu'à son aboutissement le plus extrême, la logique de la pensée procédurale qu'impose la détention de l'arme atomique.

Dans *Mémoire du mal, tentation du bien*, Tzvetan Todorov montre que la pensée instrumentale (ou procédurale) se développe précisément au moment de la conception de la bombe atomique. « Dans le monde moderne, qu'il soit démocratique ou totalitaire, un acte de la magnitude du bombardement nucléaire exige la participation de nombreux agents et la fragmentation de la responsabilité entre de multiples chaînons, de sorte qu'aucun d'entre eux ne se perçoive comme directement responsable d'éventuelles conséquences néfastes. »[15]

Chez Kubrick, la fragmentation des responsabilités est clairement montrée. Le film se déroule essentiellement en trois lieux clos[16] et aucun des protagonistes ne peut être tenu pour totalement responsable de la destruction de la planète. Dans le bombardier, le major Kong se contente d'appliquer les ordres reçus, lesquels sont transmis sous une forme codée. Pour l'équipage, le largage de la bombe se réduit à un ensemble de procédures qui ôte toute réalité à l'acte qui va être posé. Dans la War Room, le président et ses conseillers sont également dépassés par la situation. Ils ne peuvent faire revenir les bombardiers à leur base, car ils ne possèdent pas le code de rappel. Par ailleurs, le président refuse d'endosser la responsabilité d'une guerre nucléaire qui ferait de lui le second Hitler de l'histoire.

Dans ces conditions, on pourrait croire que l'holocauste final est imputable au général Ripper. C'est, en effet, ce dernier qui, dans un excès de folie paranoïaque, prend l'initiative de lancer les bombardiers sur l'Union soviétique. A priori, la guerre nucléaire résulterait donc d'une action individuelle, d'une faille dans le système de protection. Pourtant, ce dysfonctionnement doit être relativisé car l'action de Ripper est en fait autorisée par la procédure en place. En cas d'attaque surprise, un plan d'urgence permet à un général de prendre l'initiative si la chaîne de commandement est rompue. Dès lors, Ripper ne peut être tenu pour seul responsable de la guerre atomique, puisqu'il se contente de rendre opérationnelle une virtualité présente dans le programme de dissuasion nucléaire. Bien sûr, il ignore le préalable, à savoir qu'une attaque ennemie doit d'abord avoir lieu.

Par ce tour des responsabilités potentielles, on s'aperçoit que l'apocalypse atomique n'est imputable à aucun des protagonistes en particulier : tous participent, d'une manière ou d'une autre, à rendre efficace l'acte de guerre lancé par le général Ripper. A l'image de la pensée procédurale qu'il met en scène, le film ne se laisse pas régir par une logique causale classique, mais se développe davantage selon un modèle systémique. Dans *La condition postmoderne*, Jean-François Lyotard rappelle le principe de toute organisation systémique : « La véritable finalité du système, ce pour quoi il se programme lui-même comme une machine intelligente, c'est l'optimisation du rapport global de ses input avec ses output, c'est-à-dire sa performativité »[17].

Dans le cas qui nous occupe, on définira le système de dissuasion nucléaire comme une organisation qui, par sa nature même, décourage toute intrusion d'informations extérieures. En effet, ce système est conçu de telle sorte que toute attaque ennemie (input) entraîne immédiatement une riposte nucléaire de plus grande ampleur (output). Autrement dit, la performativité du système repose sur sa non-performativité : celui-ci n'est efficace que dans la mesure où il dissuade l'ennemi de le mettre en route.

Or, voilà qu'à la suite de l'initiative du général Ripper, un dysfonctionnement se produit à l'intérieur du système. A priori, on pourrait penser que cette erreur interne est susceptible de mettre à mal l'ensemble de l'organisation, mais il n'en est rien. La logique systémique absorbe les imprévus de ce genre par un mécanisme d'autorégulation qui convertit les éléments dissonants en éléments accroissant la rentabilité du système. Le général Ripper a très bien saisi cette logique d'autorégulation. Il l'explicite d'ailleurs au capitaine Mandrake : « J'imagine qu'il ne vous est jamais venu à l'esprit que, pendant que nous bavardons, le président prend une décision avec les chefs d'état-major du Pentagone. Quand ils réaliseront qu'ils ne peuvent plus rappeler l'escadre, il ne leur restera qu'une seule issue : l'engagement total ».

C'est en ce point que l'on constate un singulier retournement de la logique systémique. En lançant l'attaque américaine, le général Ripper sait très bien qu'il ne va pas manquer de déclencher l'appareil de dissuasion adverse. Par conséquent, afin d'éviter une riposte nucléaire, il est nécessaire que le système américain accroisse son efficacité en ôtant à l'ennemi toute possibilité d'attaquer. La meilleure défense, c'est l'attaque : voici qualifié le renversement qui s'opère à l'intérieur du système. A partir du moment où une attaque ennemie est imminente, il est inévitable que l'organisation militaire réajuste ses paramètres pour se transformer en une machine d'agression.

Refusant l'emballement de la pensée instrumentale, le président des Etats-Unis essaye bien de limiter les dégâts en contactant son homologue russe, mais la tentative de conciliation échoue. Le camp soviétique est équipé d'un système de dissuasion encore plus automatisé que celui des Américains. La 'machine du jugement dernier' est régulée par un ordinateur central qu'il est impossible de déprogrammer.[18] Aussi, cet engin de mort respecte-t-il à la lettre la mission pour laquelle il a été configuré. Dès que la bombe du major Kong touche le sol soviétique, la machine déclenche une série d'explosions nucléaires.

Couplage du montage et de la parole

Inséparable de la monstration de la pensée instrumentale est la représentation du discours qui enclenche les différentes phases de la procédure. Sur ce point, *Le Docteur Folamour* est d'une redoutable efficacité visuelle, car le montage permet à Kubrick de montrer l'efficience d'une parole se propageant de scène en scène.

Comme on l'a déjà souligné, Kubrick concentre son histoire en trois lieux différents, fonctionnant apparemment en vase clos : la War Room, le bombardier du major Kong et la base du général Ripper. Au cours de la représentation, ces différents espaces sont reliés entre eux par un montage alterné : on passe sans cesse d'un décor à l'autre et le réalisateur ne craint pas d'interrompre une scène pour enchaîner sur l'action se déroulant dans un autre lieu. A première vue, cette utilisation du montage permet d'accroître le sentiment d'isolement des protagonistes. Elle redouble, de manière filmique, le cloisonnement imposé par la pensée instrumentale. Si le film se déroule dans des compartiments étanches, c'est que la politique de dissuasion est elle-même organisée en un système de sas cloisonnés qui empêche les agents concernés d'avoir un aperçu global de la situation.

Cependant, il serait réducteur d'envisager le montage sur la seule base de sa fonction isolante, car on pourrait avoir l'impression que les trois sphères n'échangent pas d'informations entre elles. Or, on voit bien en regardant le film qu'au contraire la communication fonctionne toujours presque parfaitement. Le bombardier du major Kong obéit à l'ordre émis par le général Ripper, puisqu'il parvient à larguer sa bombe au-dessus de l'Union soviétique. Malgré les difficultés à joindre le Premier ministre russe, le président est mis en communication avec lui. De son côté, le capitaine Mandrake réussit à transmettre à la War Room le code permettant de rappeler les avions à leur base. Entre-temps, les plans de vol sont communiqués aux Russes, ce qui leur permet d'abattre certains avions américains.

La plupart du temps, les différents lieux se connectent entre eux, laissant passer les informations essentielles au bon fonctionnement de la pensée procédurale. C'est dans cette perspective d'une pensée instrumentale triomphante qu'il faut reconsidérer le rôle du montage. En même temps qu'il sépare nettement les lieux de l'action, celui-ci a également une autre fonction, tout aussi importante, celle de suivre l'émission d'un acte de langage, de représenter son impact à travers les sphères dans lesquelles il se propage. En ce sens, le montage relie autant qu'il isole : il montre comment des scènes séparées dans l'espace sont réunies par l'énonciation d'un même discours.

Mieux encore, le montage permet de souligner l'efficacité d'une parole agissante. Très souvent, quand un raccord fait réapparaître une situation à l'écran, celle-ci est déjà transformée par le discours émanant d'une des scènes précédentes. Lors de la première séquence dans la War Room, deux décisions d'importance sont prises. Il faut à tout prix capturer le général Ripper, quitte à attaquer la base avec des forces armées. Le président souhaite également convoquer l'ambassadeur russe au sein du conseil de guerre. Dès que ces décisions sont énoncées, le montage quitte la War Rom. Lorsque l'image revient au camp du président, l'ambassadeur russe se trouve devant un buffet de victuailles. A priori, on pourrait croire qu'il patiente dans une salle quelconque, en attendant d'être convoqué au conseil de guerre. Mais très vite, le spectateur découvre qu'il est *déjà* dans la War Room. L'ordre donné par le président a été accompli pendant que le montage nous amenait à l'intérieur du bombardier. Pareillement, quand le montage revient à la base de Ripper, celle-ci est *déjà* attaquée par les troupes militaires. Ici encore, le circuit des commandements secondaires a été éclipsé par l'enchaînement des plans.

Cette transmission instantanée se retrouve dans de nombreuses autres séquences du film. A chaque fois, le montage permet de supprimer les temps morts, de suivre au plus près l'efficacité d'une parole agissante. De ceci, une leçon générale peut être retenue : dans *Le Docteur Folamour*, quand un ordre fonctionne, son déploiement n'a pas à être filmé. Un simple raccord suffit à affirmer la validité de l'opération. Dans une certaine mesure, le montage se fait aussi instrumental que la pensée qu'il met en scène. Il atteste du bon fonctionnement de la procédure en montrant comment une situation réagit immédiatement au commandement émis par sa voisine.

Les relations intersubjectives ou l'envers de la pensée procédurale

Si les différentes sphères de l'action entrent bien en contact, elles le font toujours sur un mode qui exclut le rapport intersubjectif. Le bombardier reçoit l'ordre d'attaque sous une forme codée ; la War Room fait appel à des agents de liaison que l'on n'aperçoit pas à l'écran et dont on peut supposer qu'ils n'ont qu'une connaissance partielle de la situation. Bref, à aucun moment, le spectateur ne verra les protagonistes des différents lieux s'adresser directement la parole. Aucun élément affectif ne perturbe la transmission des directives ; les connexions s'effectuent de la manière la plus automatisée possible.

Mais d'un autre côté, Kubrick dépeint également l'envers de la pensée technicienne en montrant les relations intersubjectives qui se nouent entre les personnages d'un même lieu. Or, le moins que l'on puisse dire, c'est que ces interactions ne débouchent sur aucun échange réel. Chaque personnage éprouve de grandes difficultés à communiquer avec son partenaire. Alors que la procédure fonctionne au point de ne pas devoir être montrée, la communication humaine semble vouée à l'échec, les partenaires de l'interaction ne parvenant jamais à établir un véritable contact. Enfermé dans son délire paranoïaque, le général Ripper n'entend pas les objections que lui oppose Mandrake. Pour lui, la conversation se résume en un long monologue où il expose sa vision du complot communiste. Du côté de la War Room, les échanges ne se présentent guère mieux. On parvient à joindre le Premier ministre soviétique au téléphone, mais celui-ci est saoul et la conversation ne démarre qu'après de longs préambules…

Dans le film, la plupart des personnages apparaissent comme littéralement infiltrés par l'idéologie de la Guerre froide. Contrairement à ce que pense le général Ripper, ce n'est pas le fluor qui sape les précieux fluides vitaux américains, mais bien des clichés anticommunistes qui se répandent dans l'organisme des protagonistes jusqu'à transformer ceux-ci en simples porte-parole d'un discours qui les dépasse et les contient à la fois.

En montrant les discours qui façonnent ses personnages, Kubrick révèle, du même coup, les soubassements de la pensée procédurale. Celle-ci a beau se déployer de manière rationnelle, il n'en reste pas moins que son fondement ultime repose sur une logique obsessionnelle et paranoïaque. C'est sans doute ici que la farce se fait entendre avec le plus de force. Une pensée technicienne qui aboutit à l'effet inverse de celui escompté, c'est déjà drôle en soi, mais cela le devient plus encore quand est dévoilé ce qui motive cette pensée. Plus haut, on a déjà observé que le film associait la guerre à la sexualité, mais cette observation serait plus exacte si l'on disait que ce sont des motivations sexuelles, elles-mêmes recouvertes par des alibis idéologiques, qui sont responsables de la déflagration finale. Dans son inspiration comique, *Le Docteur Folamour* peut suivre cet enchaînement et montrer comment des pulsions primaires alimentent une série d'opérations placées sous les auspices de la rationalité triomphante.

La tension entre pulsion et raison se trouve condensée en la personne du docteur Folamour. Après l'explosion de la bombe, celui-ci entame un long monologue sur la survie de l'humanité après l'holocauste. Des hommes et des femmes sélectionnés par ordinateur iront vivre dans des puits de mine à l'abri des radiations. Des harems réservés à la population mâle permettront à celle-ci d'assurer la reproduction de l'espèce. Derrière le discours de Folamour, se dessine nettement la théorie nazie de l'eugénisme, mais cette couche idéologique cache encore des soubassements plus profonds où se manifeste avant tout une pure joie de détruire et de dominer l'autre.

Fantaisies de triomphe et images anticipantes

A la fin du film, juste après que le docteur s'est écrié « Mein Führer, je marche », une série d'explosions atomiques apparaissent à l'image, accompagnées de la chanson d'amour de Vera Lynn *We'll Meet Again*. Auparavant, un premier champignon nucléaire avait déjà crevé la surface de l'écran, conséquence inéluctable de la folle chute du major Kong chevauchant la bombe et s'écrasant avec elle sur le sol soviétique.

Comme dans la comédie de Jack Arnold, les images d'archives acquièrent une fonction anticipante. Leur valeur testimoniale se voit convertie en puissance d'attestation du futur. Kubrick se sert des plans d'archives pour conclure son récit sur une apocalypse nucléaire généralisée. Dans *Le Docteur Folamour*, il n'y a pas de rémission possible : personne, pas même une petite nation, ne sauvera la planète de la destruction. Toutefois, à bien y regarder, cette apocalypse est comme mise à distance par la musique qui s'élève de l'écran. Si le premier champignon nucléaire produisait une cassure dans le récit en surprenant le spectateur par son émergence soudaine, le chapelet d'explosions finales se présente de manière plus ambiguë. Des images de destruction nous sont certes montrées, mais la chanson légère de Vera Lynn tend à venir contraster avec ces images, à leur ôter une part de leur charge traumatique.

Plutôt que de voir dans cette scène finale une position esthétisante et quelque peu cynique du réalisateur, il convient plutôt d'y voir la marque de son engagement profond dans l'époque. Tous les témoignages concordent pour affirmer que Kubrick était angoissé par la menace atomique. Selon Michel Chion, « c'est une véritable terreur que la Bombe inspirait, non sans raison, au réalisateur, et qu'il eut le courage de vouloir exorciser, tout en cherchant à contribuer, avec ses moyens d'artiste, à en écarter le péril ».[19] Dans cette perspective, *Le Docteur Folamour* doit être compris comme une tentative de la part du cinéaste de maîtriser ses propres angoisses, ce que confirme d'ailleurs le sous-titre du film : « Comment j'ai appris à ne pas m'en faire et à aimer la bombe ».

Outre sa pertinence biographique, cette interprétation s'accorde également avec l'une des principales vertus du rire. Celui-ci n'a pas seulement une fonction dénonciatrice, ce qui reviendrait à considérer *Le Docteur Folamour* comme une simple charge critique à l'encontre de la politique de double dissuasion. Plus fondamentalement, le rire permet aussi de vaincre des situations d'angoisse. C'est notamment l'hypothèse défendue par Charles Mauron dans sa *Psychocritique du genre comique*. Partant des travaux de Freud, Mauron démontre que le rire de l'adulte découle du rire enfantin, lequel exprime bien souvent un triomphe momentané sur une peur réelle. Pour Mauron, la comédie apparaît ainsi « fondée, dans l'inconscient, sur une fantaisie de triomphe, elle-même née du renversement d'un rêve d'angoisse »[20]. Face à une situation perçue comme menaçante, le sujet se projette dans une fiction où le rire suscité par le retournement lui permet de vaincre sa propre peur.

Pareil mécanisme se trouve à l'œuvre dans *Le Docteur Folamour*. Au départ, Kubrick avait songé à réaliser le film sur un mode dramatique. Ce n'est que dans un second temps, grâce à l'aide de Terry Southern, qu'il eut l'idée de traiter le sujet sous l'angle satirique. Or, ce que la satire autorise et que le drame ne permet pas, c'est le dépassement d'une situation angoissante par le rire. On se trouve ici face à une véritable catharsis comique. Eprouvant une réelle terreur à la perspective d'une guerre atomique, Kubrick pousse la logique du temps présent dans ses derniers retranchements, jusqu'à ce que celle-ci aboutisse à l'effet inverse de celui escompté. Et même là, alors que les bombes explosent à l'écran, il conjure cette menace en ajoutant, par-dessus les images, comme pour affirmer sa maîtrise, une chanson d'amour qui vient vaincre ou, du moins, équilibrer les forces de mort présentes à l'écran.

Ce processus de dépassement s'observe également dans la comédie de Jack Arnold où l'explosion atomique est commentée par la voix over du narrateur omniscient. Très vite, celui-ci précise au spectateur qu'il s'agit d'un événement qui pourrait se produire dans la vie réelle, mais qui ne surgira pas dans le récit. En effet, fantaisie de triomphe au même titre que *Le Docteur Folamour*, *La Souris qui rugissait* se termine sur une fin utopique où les petites nations veillent sur le désarmement des grandes puissances.

Reposant sur une véritable catharsis comique, *La Souris qui rugissait* et *Le Docteur Folamour* ont donc ceci de commun qu'ils tentent d'aller le plus loin possible dans la représentation du péril atomique pour mieux, lors d'une pirouette finale, conjurer ce péril et en triompher par le rire. C'est là une grande différence avec des films plus sérieux où les images de champignons nucléaires sont rarement désamorcées par l'utilisation ironique de la voix over ou de la musique.

5. Sur-performance de la parole

Les analyses de *La Souris qui rugissait* et du *Docteur Folamour* soulignent avec force le pouvoir de révélation des comédies anticipantes. De telles représentations commencent par se rapporter à un discours ambiant, puis, prenant appui sur ce discours, le déformant au besoin, elles en déplient la logique sous-jacente jusqu'à faire apparaître ses aboutissements les plus concrets. Ce qui était latent dans le monde, surgit dans le film, car la parole est passée de la puissance à l'acte, de l'intention à la réalisation.

A la différence de films réalistes comme *Point limite*, la logique discursive n'est jamais détournée de son cours initial. Lorsque l'ordre est lancé, il n'est plus possible de le rattraper. A aucun moment, les agents subordonnés ne désobéissent à la parole entendue. Et c'est bien précisément parce que cette parole fonctionne qu'elle échoue. De performant, le discours devient sur-performant : la directive est appliquée, mais avec un zèle tel qu'elle se retourne contre elle-même. Que ce soit dans *La Souris qui rugissait* ou *Le Docteur Folamour*, l'acte de langage se retourne contre l'intention première de ses énonciateurs. Ainsi, le Duché de Fenwick remporte-t-il la guerre au lieu de la perdre tandis que, chez Kubrick, le système de double dissuasion conduit à la destruction de la planète plutôt qu'à une paix relative entre les deux blocs antagonistes.

De l'énonciation jusqu'au retournement final, la parole agissante constitue donc le point nodal des comédies prospectives. Dès lors, il n'est pas surprenant que la mise en scène choisisse d'exhiber le tracé de cette parole, de l'exposer clairement au regard du spectateur. Des marques énonciatives comme la voix over ou la musique accentuent l'aspect discursif de la représentation et viennent souligner les articulations saillantes du récit pour en dégager l'ossature narrative.[21]

Cette stratégie de mise en avant contribue à détourner le spectateur de l'illusion référentielle entretenue par le récit classique. Pour se donner à voir comme telle, la parole doit en effet éviter de se faire absorber dans le réseau de motivations et de vraisemblances caractérisant la narration traditionnelle. Les comédies anticipantes refusent de jouer le jeu d'une fiction réaliste dont l'acmé serait l'explosion de la bombe. Peur et terreur sont suspendues, non seulement parce qu'il importe de faire rire, mais aussi parce que la naissance du rire – un rire noir chez Kubrick – dépend directement de la stratégie d'inversion qui se met en place. Or, un trop-plein d'émotion ou d'angoisse, une identification trop poussée aux personnages, risqueraient de distraire le spectateur de la ligne générale du récit et du sentiment d'absurdité qui s'en dégage.

6. Un pas en avant dans l'histoire : les comédies de la guerre-spectacle

Telle qu'on vient de la décrire, l'inversion prospective paraît surgir quand l'actualité du temps se fait menaçante et qu'elle laisse entrevoir, à l'horizon du futur, les nuages d'un conflit à venir. Toutefois, à bien y regarder, cette perspective temporelle doit sensiblement être élargie, car des comédies à la vertu prédictive apparaissent également en des temps moins troublés, caractérisés par une paix et une détente relatives. Plus de trente ans après *Le Docteur Folamour*, les Etats-Unis voient l'apparition d'œuvres satiriques qui reprennent le schéma anticipant, mais pour l'appliquer à un tout autre contexte sociopolitique.

Entre la menace nucléaire du début des années 60 et le milieu des années 90, le contraste ne pourrait être plus grand. « La disparition de l'Union soviétique crée un choc aux Etats-Unis. Depuis un demi-siècle, la planète était plongée dans les affres de la guerre froide. Le camp du monde libre endiguait, tant bien que mal, celui du totalitarisme. Les grands problèmes trouvaient leur solution dans le cadre d'une entente entre les deux Supergrands. La politique étrangère des Etats-Unis, leur vie politique, les fondements de leur culture avaient subi l'empreinte du conflit idéologique, et voilà que la guerre froide prenait fin brutalement. »[22] Devenue la seule superpuissance de la planète, l'Amérique de George Bush triomphe sans peine du dictateur Saddam Hussein et, quand Bill Clinton est élu à la Maison Blanche en 1992, rien ne semble pouvoir menacer le pouvoir des Etats-Unis, à tel point que certains commentateurs ont vu dans l'omnipotence américaine « le triomphe assuré de la démocratie et de l'économie de marché »[23].

Pourtant, alors que l'Amérique ne redoute plus d'adversaires sérieux, une grande part de son cinéma ne cesse de projeter la nation dans des tourments futurs. A côté de films-catastrophes comme *Independence Day* (1996) ou *Godzilla* (1998) de Roland Emmerich, la comédie s'emploie elle aussi à confronter le pays à des ennemis imaginaires. En 1996, Tim Burton réactive, avec *Mars Attacks !*, le climat paranoïaque des années 50 en exposant les Etats-Unis à une horde d'extraterrestres belliqueux. Moins d'un an plus tard, Joe Dante, le réalisateur du déjà satirique *Gremlins* (1984), tourne *The Second Civil War* (1997), un téléfilm dans lequel le gouverneur de l'Idaho fait sécession à l'intérieur de son pays.

Enfin, réalisés à deux ans d'intervalle, *Canadian Bacon* (1995) de Michael Moore et *Des hommes d'influence* (1997) de Barry Levinson nous semblent parfaitement exemplaires d'une logique anticipante qui s'applique à un autre contexte sociopolitique que la Guerre froide. De la même manière que *Le Docteur Folamour* pervertissait la pensée instrumentale, *Canadian Bacon* et *Des hommes d'influence* poussent à l'extrême les aberrations de la politique-spectacle.

L'espace spectaculaire

Répondant au schéma de la logique anticipante, les deux comédies commencent par faire état de la situation de l'Amérique contemporaine. Dans *Canadian Bacon*, Michael Moore transpose à la fiction le sujet de son documentaire *Roger et moi* (1989) en montrant une petite ville du nord des Etats-Unis ébranlée par des licenciements massifs. A la fin de la Guerre froide, le pays est privé d'ennemis d'envergure, ce qui contraint le principal employeur de la région, une usine d'armement, à fermer ses portes. Plus efficace dans sa séquence d'exposition, Barry Levinson, le réalisateur de *Good Morning Vietnam* (1987) et de *Rain Man* (1988), présente l'équipe présidentielle en situation de crise. La popularité du président est menacée dans les sondages, car une jeune femme a révélé à la presse qu'elle aurait subi des avances sexuelles de l'homme d'Etat dans les bureaux de la Maison Blanche. Même traitée de manière allusive, une telle entrée en matière n'est pas sans évoquer, pour le spectateur de 1997, les affaires Monica Lewinsky et Paula Jones ayant affecté le second mandat de Bill Clinton.

Dès les premiers instants du film, le lien avec l'actualité du temps est posé : l'Amérique va mal et le taux de popularité du président est en chute libre. C'est sur cette base que la logique prospective peut se déployer. Dans les deux cas, la comédie adopte le même angle d'attaque. Face à la crise qui frappe le pays, ne se pourrait-il pas que l'on décide d'inventer un nouvel ennemi et, tant qu'à faire, une nouvelle guerre ? Une telle solution aurait non seulement l'avantage de détourner l'Américain moyen de ses propres déboires, mais aussi de rassembler la nation derrière son président.

Apparaît ici la sphère commune aux deux représentations. A la différence de *La Souris qui rugissait* ou du *Docteur Folamour*, celles-ci ne se meuvent pas dans un espace guerrier, mais spectaculaire. Les personnages principaux ne sont plus des stratèges militaires, mais des conseillers en communication. Dans *Canadian Bacon*, sévit Stu Smiley, un expert en relations publiques qui surveille de près la cote du président dans les sondages. Ayant partie liée avec le directeur de l'usine d'armement, il conseille au chef d'Etat de se choisir un nouvel ennemi, en l'occurrence le Canada voisin. Avec *Des hommes d'influence*, l'enjeu est encore mieux défini, puisque tout le film est centré sur le travail des conseillers en communication, le président étant constamment tenu hors du champ de l'image. Spécialiste de la manipulation, Brean (Robert De Niro) décide de fabriquer une guerre virtuelle. Avec sa collaboratrice, il demande à un producteur hollywoodien, joué par Dustin Hoffman, de l'aider à mettre en scène un conflit contre l'Albanie.

Inventer une guerre, trouver les images qui permettront de sensibiliser le public à cette nouvelle croisade, tel est le point de départ des deux comédies. C'est par ce biais qu'elles vont pervertir la logique médiatique des années 90, une logique apparue pleinement au cours de la première guerre du Golfe, quand l'information s'est peu à peu transformée en spectacle. Selon Serge Daney, ce conflit n'a pas seulement consacré la puissance militaire des Etats-Unis, il a aussi accéléré la diffusion d'un nouveau discours visuel où l'image s'est contentée de valider le pouvoir technologique de la nation dominante.[24] En ce milieu des années 90, la situation d'omnipotence des Etats-Unis va donc de pair avec un contrôle quasi absolu sur les images, l'absence de l'Autre se traduisant par son éviction du flux (télé)visuel. C'est ce que résume très bien Régis Debray dans *Vie et mort de l'image* : « La notion même d'histoire, comme celle de guerre, de contradiction ou de tragique, impliquait la primauté de l'écrit et le temps cumulatif qui lui correspond. Ces inventions-là datent de la graphosphère. La vidéosphère actualise 'la fin de l'histoire', lorsque le Maître se retrouve seul avec ses reflets et ses échos. Malheureusement, la guerre est un étrange exercice où il faut être deux »[25].

S'inscrivant parfaitement dans le contexte de leur époque, *Canadian Bacon* et *Des hommes d'influence* mettent chacun en scène la transformation de la guerre en spectacle. Mais, comme ce sont aussi des œuvres comiques, animées d'une logique d'inversion, ces films montrent la perversion du spectacle, le moment critique où celui-ci se retourne contre lui-même.

Performance du spectacle

En attendant ce moment significatif, les comédies auront pris soin de suivre une parole extrêmement performante dans ses effets. A l'instar du *Docteur Folamour* et de *La Souris qui rugissait*, rien ne vient perturber le bon fonctionnement du discours. Seulement – et c'est une grande différence avec les comédies de la menace nucléaire –, un moyen terme s'est glissé entre l'énonciation de l'acte de langage et sa réalisation dans la réalité. Ce moyen terme, c'est l'image. Le pouvoir des agents de communication ne porte que sur la sphère visuelle alors que les ordres militaires entraînent directement une modification du réel. Les conseillers du président peuvent certes mesurer l'effet de leurs directives sur les images qu'ils contribuent à produire, mais en dernier recours, la manière dont ces images sont reçues échappe à leur zone d'influence. Autrement dit, dans les comédies du temps spectaculaire, la parole n'est efficace que dans le champ limité du représentable.

Des hommes d'influence est sans nul doute la représentation qui pousse le plus loin l'efficacité de la parole agissante. Par bien des points, le montage suit une modulation similaire à celui de Kubrick en ce sens qu'il supprime les moments intermédiaires entre les différentes phases de l'élaboration du spectacle. La sensation de simultanéité se voit renforcée par la technologie déployée à l'écran. Les moyens de communication les plus perfectionnés, du GSM à la console de montage numérique en passant par le jet privé, sont au service de l'équipe présidentielle. Tous ces outils ont pour but d'accroître l'efficacité des transmissions, de réduire considérablement les béances entre l'énonciation d'une idée et sa mise en scène effective. Dans *Canadian Bacon*, on assiste également à la représentation d'une parole performante. A l'intérieur d'une War Room qui doit beaucoup à celle de Kubrick, Stu Smiley propose que le Canada soit le prochain ennemi des Etats-Unis. Face au président qui s'étonne de ce choix, le conseiller demande un délai d'une semaine. Aussitôt, dans la séquence suivante, apparaissent des extraits de programmes télévisés qui exhortent à se méfier des Canadiens, considérés comme des voisins potentiellement dangereux. Encore une fois, la parole agit avec une diligence extrême. Entre l'idée de transformer le Canada en nouvel ennemi et la concrétisation médiatique de cette idée, un simple raccord entre deux séquences a suffi.

Dans un premier temps, les manipulations de l'information remportent l'effet escompté. Passant par le moyen terme qu'est l'image, les stratégies communicationnelles atteignent leur but dans la réalité. Le message médiatique semble posséder la même efficacité que la parole qui a présidé à son organisation. Dans *Canadian Bacon*, les habitants de Niagara Falls, comme ceux d'autres villes américaines, se mobilisent contre l'adversaire canadien tandis que, chez Barry Levinson, la menace de guerre contre l'Albanie ne tarde pas à faire oublier le scandale sexuel impliquant le président.

Le spectacle inversé : le passage du virtuel au réel

Pourtant, comme par un excès d'efficacité, la logique spectaculaire ne tarde pas à se retourner contre elle-même. Dans *Canadian Bacon*, le show médiatique commence à aller au-delà de l'effet prévu, quand le shérif de Niagara Falls, conditionné par la propagande télévisuelle, décide de mener un raid punitif contre le Canada voisin. Alors que les conseillers de la Maison Blanche avaient espéré installer une situation de tension comparable à celle de la Guerre froide, qui aurait assuré « cinquante ans de prospérité » au pays, voilà que le conflit s'accélère soudain. Les médias répercutent l'héroïsme du shérif et entraînent, par un effet boule de neige, une flambée de violence anti-canadienne dans tout le pays. De virtuelle, la guerre devient réelle. A la fin du film, la paix est restaurée, mais le chef de l'Etat sera battu aux élections suivantes par « un raz-de-marée électoral sans précédent ».

Dans *Des hommes d'influence*, le renversement est plus subtil, car il opère en amont et en aval de la logique spectaculaire. Quand le producteur avait accepté de mettre en scène la guerre contre l'Albanie, il s'était engagé à ne jamais révéler sa participation à la manipulation de l'opinion publique. Mais, grisé par le succès de l'opération, il décide de proclamer haut et fort qu'il est le responsable de la guerre virtuelle. Cette décision lui sera fatale, puisqu'on le retrouvera mort dans sa salle de bains. Au terme de la représentation, la logique spectaculaire se retourne contre son créateur et quoi de plus normal, puisque, à aucun moment, ne peut être mis en doute le caractère impartial de l'information. La suppression du producteur correspond à la logique ultime du spectacle : celui-ci entend se donner pour l'équivalent de la réalité et n'hésite pas, en conséquence, à supprimer toutes les 'traces' qui pourraient infirmer ce statut.

En plus de frapper l'amont de la logique spectaculaire, le retournement opéré par Barry Levinson porte sur la réception du discours médiatique. Dans la dernière séquence du récit, un présentateur de télévision annonce qu'un groupe d'Albanais revendique l'incendie du village de Klotz et que des troupes américaines vont être dépêchées sur place. Comme dans *Canadian Bacon*, la guerre virtuelle se mue en une crise réelle. Toutefois, les rumeurs de guerre sont rapportées par la télévision et l'on pourrait penser qu'il s'agit encore d'une nouvelle mise en scène. Hypothèse plausible, mais peu probable, étant donné que le producteur n'est plus là pour coordonner le spectacle. En cette fin de représentation, la campagne de désinformation paraît déboucher sur un véritable conflit dont les conséquences risquent d'être bien plus graves que le scandale sexuel auquel elle souhaitait mettre fin.

A comparer ces deux dénouements, on comprend mieux la teneur du renversement qui s'effectue. Alors que la pensée procédurale aboutissait par un excès d'automatisation à ruiner ce pour quoi elle avait été conçue, la logique spectaculaire, quand elle est poussée à l'extrême, en vient à inverser les pôles entre réel et virtuel. De manière très frappante, *Canadian Bacon* et *Des hommes d'influence* montrent tous deux un spectacle qui devient réalité. Ce n'est plus la fiction qui imite le réel, mais la réalité qui imite la fiction. Dans chaque cas, les conseillers en communication ont sous-estimé la force du discours spectaculaire. Ils avaient prévu d'agir sur les esprits, mais ils découvrent soudain que le spectacle est aussi capable, surtout lorsqu'il est transmis par les technologies modernes de l'information, de mobiliser les énergies et d'entraîner des actions. Ce qui n'était pour les dirigeants qu'une opération de diversion médiatique devient pour les spectateurs la réalité elle-même.

Dans *La société du spectacle*, Guy Debord livrait déjà le mode d'emploi de représentations comme *Canadian Bacon* ou *Des hommes d'influence* : « Le spectacle qui inverse le réel est effectivement produit. En même temps la réalité vécue est matériellement envahie par la contemplation du spectacle, et reprend en elle-même l'ordre spectaculaire en lui donnant une adhésion positive. (…) Chaque notion ainsi fixée n'a pour fond que son passage dans l'opposé : la réalité surgit dans le spectacle, et le spectacle est réel »[26].

7. D'un rire cathartique à un rire désenchanté

Si on compare les comédies du temps spectaculaire à celles de la dissuasion nucléaire, on voit apparaître, en chacune d'elles, une même fonction anticipante. Seulement, entre les deux époques, cette fonction a perdu sa force de conviction historique. Alors que *Le Docteur Folamour* et *La Souris qui rugissait* utilisaient des plans d'archives pour prédire le devenir possible de l'histoire,

Des hommes d'influence et *Canadian Bacon* déploient des images de conflit qu'ils donnent comme pures virtualités et mises en scène.

Ici s'exprime le plus nettement le désenchantement à l'égard du processus historique. Dans l'Amérique du milieu des années 90, qui se retrouve seule comme superpuissance internationale, que reste-t-il d'autre à faire que d'inventer des histoires, c'est-à-dire de la fiction ? Les attentats du 11 septembre 2001 n'ont pas encore eu lieu et aucun adversaire sérieux ne se profile à l'horizon. Dès lors ne demeure en jeu que le pouvoir étourdissant des médias, leur capacité à faire l'événement, à créer peurs et ennemis.

Malgré leur volonté prospective, des comédies comme *Canadian Bacon* et *Des hommes d'influence* sont étroitement dépendantes du climat ambiant de l'époque. Elles témoignent du fait que l'Amérique des années Clinton ne pouvait imaginer des attaques réelles contre le pays. Leur capacité anticipante se borne à retourner la logique médiatique sur elle-même, ce qui les conduit à reléguer l'histoire au second plan. Celle-ci n'est plus comprise comme l'expression d'un destin commun, mais comme une superproduction valant d'abord pour sa capacité de fascination. Ces comédies n'annoncent pas tant le surgissement d'un événement que le triomphe du spectacle total. Ce n'est pas un devenir historique qu'elles prédisent, mais bien un devenir fictionnel ou plutôt l'interpénétration grandissante du réel et de sa mise en scène.

Dans ces conditions, on comprend que le rire n'est plus le dépassement d'une angoisse, mais qu'il exprime davantage une sorte de moquerie iconoclaste à l'encontre d'un système médiatique dominant. Dans le film de Barry Levinson, le producteur est sacrifié à la bonne marche du spectacle tandis que le shérif de *Canadian Bacon* voit son rêve de passer dans l'émission *Cops* exaucé. A la fin des deux représentations, le spectacle triomphe et la charge iconoclaste, même appuyée par la logique prospective, ne peut briser le miroitement des images, leur capacité de fascination sans cesse renouvelée.

D'un rire cathartique à un rire désenchanté, tel est le glissement qui s'opère entre *Le Docteur Folamour* et *Des hommes d'influence*, entre des comédies qui croyaient encore pouvoir surmonter les menaces de l'histoire et celles qui ne peuvent que constater son engloutissement progressif dans la sphère spectaculaire…

---

1 Jacques RANCIERE, « L'historicité du cinéma », dans Antoine DE BAECQUE, Christian DELAGE (sous la direction de), *op. cit.*, p. 47.
2 Pierre BOURDIEU, « La représentation politique » [1981], dans *Langage et pouvoir symbolique*, Paris, Seuil, 2001, coll. « Points Essais », p. 240.
3 Pour Deleuze, la mutation des figures du pouvoir est liée à l'apparition de technologies comme l'informatique ou la cybernétique. Dans cette nouvelle configuration, l'autorité politique « inversait sa figure, et, au lieu de converger vers un chef unique et mystérieux, inspirateur des rêves, commandeur des actions, se diluait dans un réseau d'information dont des 'décideurs' géraient la régulation, le traitement, le stock, à travers des carrefours d'insomniaques et de voyants ».
Gilles DELEUZE, *Cinéma 2. L'image-temps*, p. 346.
4 A ce sujet, voir notamment Hélène PUISEUX, *L'apocalypse nucléaire et son cinéma*, Paris, Editions du Cerf, 1987, coll. « 7e art ».

5   Anne-Marie BIDAUD, « L'apocalypse nucléaire vue d'Amérique » [1985], dans Dominique VIDAL (coordonné par), *op. cit.*, p. 28.
6   *Id.*, p. 29.
7   Pour éviter qu'il ne sorte avant son *Docteur Folamour*, Kubrick a d'ailleurs intenté un procès pour plagiat à l'encontre de ce film.
    Michel CHION, *Stanley Kubrick. L'humain, ni plus ni moins*, Paris, Cahiers du cinéma, 2005, coll. « Auteurs », p. 138.
8   Anne-Marie BIDAUD, « L'apocalypse nucléaire vue d'Amérique », dans Dominique VIDAL (coordonné par), *op. cit.*, p. 30.
9   A tel point qu'une suite sera tournée quelques années plus tard, sous la direction de Richard Lester, mais sans le concours de Peter Sellers, *La Souris sur la lune* (1963).
10 L'affirmation est valable pour le spectateur européen, mais il n'est pas sûr que le public américain soit persuadé de l'inexistence du Duché de Fenwick. Celui-ci est présenté comme le plus petit pays du monde et, dans la suite du récit, une allusion sera faite à la Principauté de Monaco, ce qui peut être une manière d'entretenir la confusion et de faire admettre au spectateur d'outre-Atlantique qu'effectivement, il pourrait bien exister en Europe un petit pays qui s'appelle le Duché de Fenwick.
11 Au sujet du skeptron, voir Pierre BOURDIEU, « Le langage autorisé : les conditions sociales de l'efficacité du discours rituel » [1975], dans *op. cit.*, p. 161.
12 Michel SERCEAU, « Le cinéma, l'Utopie, l'Histoire : pour un point de vue anthropologique », dans Yona DUREAU (dirigé par), *CinémAction. Utopie et cinéma*, n° 115, Paris, Corlet-Télérama, 2005, p. 267.
13 Comme le remarque Michel Chion, Kubrick utilise, pour la première fois de sa carrière, la musique dans une fonction qui n'est pas d'accompagnement ou d'empathie par rapport à la scène montrée. Dans ses œuvres suivantes, il approfondira davantage cette conception de la musique, que ce soit dans *2001, l'odyssée de l'espace* avec la valse de Richard Strauss sur fond de navettes spatiales, ou dans *Orange mécanique* et son utilisation de la *Neuvième symphonie* de Beethoven.
    A ce sujet, voir Michel CHION, *op. cit.*, p. 144.
14 Voir, par exemple, les comédies guerrières de Blake Edwards, *Opération jupons* (1959) et *Qu'as-tu fait à la guerre, papa ?* (1966).
15 Tzvetan TODOROV, *Mémoire du mal, tentation du bien. Enquête sur le siècle*, Paris, Robert Laffont, 2000, p. 255.
16 La seule exception est la chambre d'hôtel au début du film où se trouvent le général Turgidson et sa maîtresse.
17 Jean-François LYOTARD, *La condition postmoderne*, Paris, Editions de Minuit, 1979, coll. « Critique », p. 25.
18 Pour être efficace, le système de dissuasion, appelé Doomsday Machine, aurait dû être révélé aux Américains, ce qui n'a pas été le cas. Les autorités soviétiques comptaient proclamer son existence au prochain congrès du Parti Communiste à Moscou et en faire ainsi la surprise au Premier secrétaire…
19 Michel CHION, *op. cit.*, p. 148.
20 Charles MAURON, *Psychocritique du genre comique. Aristophane, Plaute, Térence, Molière*, Paris, Librairie José Corti, 1964, p. 32.
21 Pour Michel Chion, l'un des principes du cinéma kubrickien est la « *mise en dehors, en évidence, de l'armature narrative comme un exosquelette*, au sens biologique, autrement [dit] d'une armature non incorporée mais visible extérieurement ». Par 'armature narrative', Chion entend tous les procédés qui aident l'histoire à se raconter, comme les cartons, les voix narratives, la musique et le montage. Non content de s'appliquer au *Docteur Folamour*, le concept d'exosquelette décrit aussi le fonctionnement de la comédie de Jack Arnold, puisque celle-ci ne manque pas de rendre visible les articulations de son récit en recourant à la voix over, aux sous-titres ou à des séquences de dessins animés.
    Michel CHION, *op. cit.*, p. 44.
22 André KASPI, *Les Américains. Les Etats-Unis de 1945 à nos jours*, tome II, Paris, Seuil, 2002 (nouvelle édition augmentée), coll. « Points Histoire », p. 641.
23 Analyse de Francis Fukuyama rapportée dans *id.*, p. 619.
24 Serge DANEY, « La guerre, le visuel, l'image » [1991], dans *Trafic. Qu'est-ce que le cinéma ?*, n° 50, Paris, été 2004, pp. 439-444.
25 Régis DEBRAY, *op. cit.*, p. 420.
26 Guy DEBORD, *La société du spectacle*, Paris, Gallimard, 1992 [1967], coll. « Folio », pp. 18-19.

Chapitre IX
Les métaphores de la guerre du Vietnam : dégradation et rabaissement

1. La logique transposante ou l'actualité renversée

Alors que certaines comédies développent une stratégie prospective, d'autres s'emploient à renverser l'actualité du temps, sans nécessairement se transporter dans un avenir proche. Loin de tirer toutes les prolongations possibles d'une situation donnée, la représentation offre un contrepoint comique à l'actualité de son époque. Tout se passe alors comme si la comédie s'efforçait de saisir l'envers du moment présent, d'en tirer le négatif au sens photographique du terme.

Très souvent, cette stratégie narrative, que nous avons proposé d'appeler transposante, s'accompagne d'un mouvement de déplacement spatio-temporel. Quand elle subvertit l'actualité en cours, il arrive fréquemment que la comédie transfère, dans un autre temps et dans un autre lieu, l'événement qu'elle souhaite détourner. Sans nul doute, cet effet de translation participe à brouiller les repères, à éviter que les foudres de la censure ne s'abattent sur des représentations qui suivent de trop près la courbe de l'histoire présente. Il ne faudrait toutefois pas confondre la transposition spatio-temporelle et la transposition comique. L'une et l'autre ne sont pas nécessairement liées. Ainsi, de nombreuses productions sérieuses, comme, par exemple, *Les Visiteurs du soir* (1942) de Marcel Carné, ne manquent pas de déplacer le cadre temporel ou spatial de leur intrigue pour contourner les interdits d'une époque, sans pour autant présenter un mécanisme d'inversion comique.

Si l'on veut saisir la spécificité des comédies transposantes, il faut donc avant tout approfondir le sens comique du mécanisme de transposition. Chez Bergson, cette notion apparaît lors de l'analyse de l'humour langagier et désigne un procédé comique qui consiste à exprimer un énoncé dans un style qui ne lui est pas adapté.[1] On parlera de dégradation, lorsqu'une chose considérée auparavant avec respect est donnée comme médiocre et vile. A l'inverse, un effet d'exagération sera obtenu si le locuteur présente un contenu trivial de manière solennelle. Pour Bergson, la transposition désigne donc le mouvement qui s'accomplit entre deux pôles opposés, qui rabat l'un sur l'autre.

Curieusement, le philosophe n'a pas établi de lien direct entre ce processus et le mécanisme d'inversion. Pourtant, la transposition joue aussi du retournement puisqu'elle renverse les hiérarchies en place. Cependant, ce retournement ne porte pas tant sur l'axe syntagmatique que paradigmatique de l'expression. C'est d'ailleurs peut-être pour cela que Bergson a soigneusement distingué l'inversion de la transposition. Dans son esprit, le retournement est toujours considéré comme une opération se déroulant sur l'axe horizontal du récit. C'est là un procédé très différent de la transposition qui opère davantage sur l'axe vertical du discours en venant inverser la position de pôles déjà constitués, que ce soit ceux du familier et du solennel, du réel et de l'idéal.

Comme on l'a déjà signalé, la transposition bergsonienne peut être rapprochée du renversement carnavalesque décrit par Bakhtine dans son étude de la culture populaire au Moyen Age. Alors que les fêtes officielles étaient caractérisées par un ton grave et sérieux, les réjouissances populaires adoptaient la logique du monde inversé, le rabaissement de toutes les valeurs consacrées sur un plan matériel et profane. « L'orientation vers le bas, écrit Bakhtine, est propre à toutes les formes de la liesse populaire et du réalisme grotesque. En bas, à l'envers, le devant-derrière : tel est le mouvement qui marque toutes ces formes. »[2]

Sous la double influence de Bergson et de Bakhtine, nous pouvons donc constituer la transposition comique en une modalité spécifique d'inversion. Contrairement au retournement narratif, elle ne porte pas sur l'axe horizontal du récit, mais sur son axe vertical ; elle ne désigne pas tant un basculement syntagmatique que paradigmatique. Pour éviter toute ambiguïté avec la transposition spatio-temporelle, on associera dorénavant la transposition comique aux notions de dégradation et de rabaissement qui paraissent bien exprimer cette idée d'une permutation des pôles supérieur et inférieur.

Arrivé en ce point, on ne peut s'empêcher de penser que le mécanisme de rabaissement est un procédé somme toute fort courant dans la comédie. Déjà, dans le burlesque, nous avons observé un certain nombre de gags qui jouaient de la dégradation, lorsque, par exemple, Charlot se saisit du Kaiser pour lui infliger une mémorable raclée, ou quand les Marx Brothers s'amusent à bombarder de pommes l'ambassadeur ennemi. Une comédie comme *Forrest Gump* présente, elle aussi, des séquences de rabaissement, notamment dans le gag où l'on voit le héros baisser son pantalon devant le président Lyndon Johnson. Cependant, ces opérations de dégradation sont souvent ponctuelles et ne concernent que des segments isolés de l'action. Or, la transposition comique est également capable d'affecter le film sur une plus grande échelle. Dans ce cas, elle met en cause l'ensemble de la représentation, aussi bien la relation entre les protagonistes que l'organisation de son univers diégétique. C'est d'ailleurs à cette condition que le renversement transposant peut se donner comme le reflet inversé de son époque, lorsque tous les paramètres de la représentation s'agencent pour inverser l'actualité du temps présent.

Pour conforter cette hypothèse, penchons-nous sur deux comédies américaines de la fin des années 60, *M.A.S.H.* (Altman, 1970) et *Catch 22* (Nichols, 1970), qui présentent chacune une transposition comique de la guerre du Vietnam. Cet intérêt porté aux années 60 n'est nullement innocent, car c'est à cette époque que surgissent, avec le plus d'éclat, des comédies aux ambitions transposantes évidentes. Sans doute, ce surgissement exemplaire a-t-il partie liée avec l'avènement de la contre-culture, l'ébranlement des valeurs traditionnelles, ainsi qu'avec la critique systématique de toute manifestation d'autorité.

2. Images de la guerre du Vietnam

De 1964, date officielle de l'entrée en guerre des Etats-Unis, jusqu'au mois d'avril 1975, lorsque les forces nord-vietnamiennes entrent dans Saigon libéré, le conflit au Vietnam aura duré plus d'une décennie et affecté en profondeur l'image que la nation américaine avait d'elle-même. Avec ses 59 000 morts et ses 30 000 blessés, l'Amérique ne ressort pas intacte d'une guerre qui, dès le milieu des années 60, avait suscité des mouvements d'opposition au sein de la population. Symbole emblématique d'une guerre injuste, point de mire des mouvements anti-impérialistes, le Vietnam, au-delà de ses retombées militaires et politiques, marque la fin du triomphalisme américain et de son optimisme inébranlable.

Contrairement à une opinion répandue, le cinéma ne donna à l'époque que très peu de films en prise directe avec l'événement. Comme le souligne Benjamin Stora, « l'avalanche de films d'après-guerre (1975-1995) ne doit pourtant pas faire oublier la rareté des grands films de fiction sur la guerre du Viêt-nam, réalisés par Hollywood, pendant le conflit lui-même. »[3] Il faut attendre trois ans après la fin du conflit pour que le cinéma fictionnel se confronte pleinement au Vietnam, avec des films comme *Voyage au bout de l'enfer* (Cimino, 1978) ou *Apocalypse Now* (Coppola, 1979). Plutôt que d'examiner les causes géopolitiques de l'événement, ces récits préfèrent évoquer l'impact de la guerre sur la psyché américaine. Très souvent, ils exposent une jeune recrue aux fracas des armes, et l'engagement au Vietnam se transforme alors en une expérience de la limite. Par la suite, le cinéma multipliera les représentations inspirées du conflit asiatique – quitte parfois à transformer la défaite américaine en une victoire individuelle éclatante (comme dans *Rambo II* avec Sylvester Stallone en 1985) –, à tel point que l'on compte, pour le dernier quart du vingtième siècle, près de cent cinquante productions, documentaires ou fictionnelles, traitant de cet événement.[4]

L'arrivée tardive de la fiction cinématographique ne signifie pas que le public de l'époque ait été privé d'images du conflit. En fait, c'est surtout la télévision qui s'emploie à répandre, quasiment en temps réel, les images de cette guerre lointaine. « Dans les années 1965-1975, la guerre du Viêt-nam a progressivement pénétré la salle à manger de tous les foyers américains, à heure fixe, par le canal des innombrables reportages pour les journaux télévisés. »[5] A chaque diffusion, les spectateurs pouvaient suivre le quotidien des soldats, découvrir des enfants mutilés, des bonzes s'immolant par le feu ou des cadavres de militaires américains transportés dans des sacs de toile.

Est-ce à dire, dès lors, que le Vietnam est totalement absent des écrans de cinéma durant les années de guerre ? En réalité, le conflit est bien présent dans les salles obscures, mais de manière détournée. Pour Benjamin Stora, « les images produites alors ne font pas de cette guerre un simple *arrière-plan*, mais jouent plus subtilement d'un *décalage*, d'une transposition allusive, laquelle induit des effets sur la manière dont la société américaine se représente et se perçoit »[6]. Alors que la télévision montre frontalement le conflit, certains films de fiction déploient des univers qui, par leur atmosphère de déliquescence, renvoient à la guerre en cours. La haine et la violence se répandent dans le cinéma américain, faisant voler en éclats la structure des genres traditionnels. L'onde de choc du Vietnam embrase des films aussi différents que *Major Dundee* (Peckinpah, 1965), *Bonnie and Clyde* (Penn, 1967) ou *Easy Rider* (Hooper, 1969).

A la fin des années 60, le registre allusif se fait plus précis. A la suite d'événements comme le massacre du village de My Lai par les troupes américaines, l'opinion publique commence à critiquer ouvertement le bien-fondé de l'engagement militaire. Les marches de protestation se multiplient tandis que la plupart des intellectuels militent en faveur de la paix.[7] Ce revirement de la mentalité collective a bien entendu un impact sur la politique des studios. Si ceux-ci rechignent toujours autant à produire des films condamnant ouvertement la politique officielle, ils laissent cependant émerger des productions qui se donnent à voir comme des métaphores explicites du Vietnam. C'est dans ce contexte très particulier que surgissent *M.A.S.H.* et *Catch 22*.

3. *M.A.S.H.* et *Catch 22* : deux films au destin contrasté

En plus de *M.A.S.H.* et de *Catch 22*, l'année 1970 voit la sortie de plusieurs productions aux qualités transposantes évidentes. Dénonçant le massacre des Indiens d'Amérique, *Soldat bleu* de Ralph Nelson et *Little Big Man* d'Arthur Penn renvoient, de façon à peine détournée, aux atrocités commises sur la population vietnamienne. La même année, Jerry Lewis réalise *Ya, ya, mon général*, une farce satirique qui prend le prétexte de la Seconde Guerre pour s'attaquer au Vietnam. Un an plus tôt, dans un casting rassemblant la fine fleur du cinéma britannique, *Dieu que la guerre est jolie* de Richard Attenborough critiquait, sur fond de comédie musicale, la guerre de 14-18 et la politique des chefs qui la provoquèrent.

En cette fin des années 60, sous un registre métaphorique de plus en plus précis, les charges critiques contre la guerre du Vietnam se multiplient donc, comme si les réalisateurs s'étaient empressés de profiter de la relative liberté de ton accordée par les instances de production. Par la suite, avec l'intensification des bombardements en Asie, le cinéma ne tardera pas à faire marche arrière, sans doute parce que la reprise des hostilités ainsi que la défaite de plus en plus évidente des Américains obligeaient les studios à un devoir de réserve. Comme le souligne Benjamin Stora, « on ne 'montre' pas lorsque l'on se sent mal aimé, et condamné par une opinion publique mondiale de plus en plus hostile »[8].

Parmi les différentes productions surgissant en ces années charnières, *M.A.S.H.* et *Catch 22* apparaissent comme les comédies les plus emblématiques, car elles s'approchent au plus près d'une critique frontale de la guerre du Vietnam. Aujourd'hui encore, ces deux films restent indissociablement liés dans les mémoires. Comme le reconnaît Mike Nichols, « ayant le même thème, ils étaient comparés l'un à l'autre »[9]. Et très souvent, la comparaison tourna en faveur du film de Robert Altman, puisque c'est *M.A.S.H.* qui remporta le Grand Prix du jury à Cannes en 1970 et qui fut plébiscité par le public de l'époque, à tel point que le film déboucha sur une série qui connut un record de longévité à la télévision. Parallèlement, *Catch 22* ne tarda pas à sombrer dans un oubli relatif, son sort étant de resurgir dans l'ombre du film d'Altman, comme une comédie aux enjeux similaires, mais à l'intérêt considérablement moindre.

Si de nombreux points communs favorisent le rapprochement entre les deux films, ils ne doivent pourtant pas masquer la spécificité foncière de chacune de ces comédies. Quand il commence à tourner *Catch 22*, Mike Nichols est un jeune réalisateur prometteur qui vient d'ébranler Hollywood avec *Qui a peur de Virginia Woolf ?* (1966) et *Le Lauréat* (1968). Désireux de profiter de ce jeune talent, la Paramount lui confie l'adaptation du roman de Joseph Heller *Catch 22*. En soi, le choix de ce roman constitue un gage de réussite, puisque, aux États-Unis, cette satire anti-guerre s'est déjà vendue à plus de dix millions d'exemplaires. Pour mener à bien cette adaptation, Nichols dispose d'un budget confortable : une base aérienne est reconstituée au Mexique et l'on restaure à grands frais une flotte de B-25. Le réalisateur peut aussi s'appuyer sur un casting impressionnant. A côté d'étoiles montantes comme Jon Voight ou Alan Arkin, apparaissent également des stars reconnues parmi lesquelles Anthony Perkins et Orson Welles dans le rôle d'un général tyrannique.

Le contraste avec la production de *M.A.S.H.* ne pourrait être plus grand. En 1969, lorsqu'il accepte de travailler sur le projet, Altman a la quarantaine passée et n'est pas encore parvenu à s'imposer comme un réalisateur de premier plan, sans doute parce qu'il traîne avec lui une réputation de tête brûlée, dont le comportement détonne sur les plateaux de cinéma et de télévision. Avant d'être soumis à Altman, le scénario de Ring Lardner Junior – l'un des dix artistes hollywoodiens assignés en justice et emprisonnés pendant les années du maccarthysme – avait été proposé à une quinzaine d'autres réalisateurs qui tous avaient refusé le projet. Altman est peut-être le seul qui saisit d'emblée la portée subversive du script de Lardner.[10] Pour le rédiger, celui-ci s'est inspiré librement d'un roman de Richard Hooker, basé sur les péripéties d'une équipe de médecins pendant la guerre de Corée.

Soutenu par Richard Zanuck et Ingo Preminger, le film est mis en chantier par la Fox, parallèlement à deux grosses productions : *Tora, Tora, Tora* (Fleischer, 1970) et *Patton* (Schaffner, 1970). Contrairement à ces films de guerre qui bénéficient de toutes les attentions du studio, *M.A.S.H.* est réalisé pour une somme dérisoire et certains producteurs estiment que la comédie finira directement dans les drive-in. Au générique, on ne trouve guère de vedettes emblématiques. Seuls Elliott Gould et Donald Sutherland ont alors un semblant de notoriété, la plupart des autres comédiens ayant été recrutés par Altman dans une troupe de théâtre de San Francisco.

Tournés à un moment clé de la guerre du Vietnam, *M.A.S.H.* et *Catch 22* apparaissent donc comme des productions très dissemblables, ce qui ne les empêche pas de déployer chacune un renversement transposant. Cependant, alors qu'Altman tend à promouvoir une sorte d'utopie collective, le film de Mike Nichols, beaucoup plus formel, se termine par une émancipation individuelle, centrée sur un héros singulier. Une comparaison plus poussée devrait permettre de préciser davantage cette opposition entre l'individuel et le collectif. Cette analyse comparée sera aussi l'occasion de dégager différents niveaux de monde inversé, depuis celui de la réhabilitation joyeuse et carnavalesque de *M.A.S.H.* jusqu'à l'univers beaucoup plus sombre, pour ne pas dire crépusculaire, de *Catch 22*.

4. La référence dédoublée

Parce qu'elle critique un événement du temps présent, il est fréquent que la comédie animée d'un mouvement de rabaissement choisisse de transposer cet événement dans un autre univers spatio-temporel afin d'éviter les coupes de la censure. Réalisés à une période où la représentation du conflit vietnamien fait encore l'objet d'un interdit très vif, *M.A.S.H.* et *Catch 22* opèrent chacun de la sorte : ils n'évoquent pas directement le Vietnam, mais ils mettent en scène un conflit qui en est visuellement proche.

De manière assez naïve, on pourrait penser que l'opération de translation est orientée à sens unique. Voulant dénoncer l'absurdité de la guerre en Asie, Robert Altman et Mike Nichols auraient décidé, de façon quasi arbitraire, de localiser leur intrigue dans un conflit présentant une ressemblance suffisamment grande avec le Vietnam. Dans cette perspective, l'effort de transposition aurait essentiellement consisté à ramener la guerre du Vietnam dans un contexte voisin, à configurer celle-ci de telle sorte qu'elle puisse se couler dans le moule d'un autre événement. Or, lorsqu'on prête attention à la genèse de ces productions, on s'aperçoit que le processus transposant est plus complexe qu'un simple déplacement à sens unique. *M.A.S.H.* et *Catch 22* sont tous deux des adaptations d'œuvres littéraires qui situent leur intrigue à une autre époque que celle du Vietnam. Publié en 1961, le roman de Joseph Heller se base sur l'expérience de son auteur pour dépeindre le quotidien d'une escadrille d'aviateurs pendant la Seconde Guerre. Quant à la farce de Richard Hooker, elle est écrite par un médecin qui s'inspire de ses aventures sur le front de la guerre de Corée.

Le travail d'adaptation à l'œuvre dans ces films ne consiste donc pas seulement à transposer le conflit vietnamien dans un autre cadre temporel. Il s'agit aussi d'aménager le référent littéraire de telle sorte qu'il puisse se lire comme une métaphore du Vietnam. Ainsi, l'adaptation filmique de *M.A.S.H.* vise-t-elle aussi bien à ramener le Vietnam à la Corée que la Corée au Vietnam. De la même manière, dans *Catch 22*, Mike Nichols et son scénariste ont dû agencer le cadre référentiel du roman pour que la Seconde Guerre puisse évoquer le conflit vietnamien.

Au final, ce jeu d'adaptation et de réajustement réciproques conduit à la construction d'un univers filmique qui échappe à toute contrainte référentielle précise. Un tel phénomène est particulièrement observable dans *M.A.S.H.* Evoquant le tournage du film, Altman souligne à de nombreuses reprises qu'il a souhaité faire de la guerre de Corée un substitut du Vietnam : « Je voulais que les gens fassent l'amalgame. Je ne voulais pas que ça leur évoque la Corée, mais l'époque actuelle, les événements qui se déroulent en 1970 »[11]. Dans ce but, le réalisateur a supprimé de son film tous les éléments factuels qui auraient pu faire allusion de manière trop explicite à la Corée. Seul l'avertissement après le générique précise le lieu de l'action, mais cette annonce a été placée à la demande expresse des dirigeants de la Fox qui espéraient ainsi amoindrir la portée de la satire. Si Altman efface toute référence à la Corée, il n'ajoute pas non plus d'allusions particulières au conflit vietnamien. *M.A.S.H.* se contente de retracer la vie quotidienne d'un hôpital militaire basé à l'arrière du front, un front qui pourrait aussi bien être celui de la Corée que du Vietnam, voire même celui d'une autre guerre moderne. Bien entendu, lorsque le film est sorti en 1970, c'est l'option Vietnam qui a été privilégiée, car cette potentialité référentielle s'inscrivait dans l'horizon d'attente des spectateurs.

Cette opération d'indifférenciation historique se retrouve également dans *Catch 22*, quoique de manière moins marquée. Respectant le cadre du roman, le réalisateur a reconstitué une base militaire située sur une petite île au large de l'Italie. Les bombardiers B-25, l'allusion aux Allemands, ou encore les uniformes portés par les personnages font clairement référence à la guerre 40-45. Toutefois, l'entreprise d'ancrage référentiel ne porte pas plus loin que ce décorum de surface. La confrontation avec l'ennemi est occultée et, comme dans *M.A.S.H.*, la base vit repliée sur elle-même. Par ailleurs, Nichols a soigneusement évité que sa satire ne ressemble à un film de guerre classique. Toutes les scènes tournées avec des figurants ont été supprimées pour ne pas donner au film un cachet trop réaliste : « dès qu'on s'est débarrassés des figurants, ça a pris l'aspect du rêve, car ces gars sont seuls, ce qui est bien sûr impossible et ça correspond à ce qu'on voulait »[12].

Comme on le voit, la transposition joue dans les deux sens. Il faut que la séquence d'accueil soit aménagée de telle sorte qu'elle puisse ressembler à l'actualité transposée. Parallèlement, l'événement contemporain doit perdre certaines de ses caractéristiques les plus visibles s'il veut pouvoir se couler dans le cadre d'une autre période historique.

Ce double jeu de la transposition amène à considérer de telles représentations comme des énoncés métaphoriques au sens dégagé par Paul Ricœur dans *La métaphore vive*. Les deux comédies sont, en effet, tout entières placées sous le signe du *voir comme*. Elles invitent à voir la Seconde Guerre mondiale (ou la Corée) *comme* la guerre du Vietnam. Au cours de cette opération, la référence se dédouble : le référent littéral coexiste avec le référent métaphorique. Cependant, comme le souligne Ricœur, la suspension du référent littéral est nécessaire au déploiement du référent métaphorique. « De même que l'énoncé métaphorique est celui qui conquiert son sens comme métaphorique sur les ruines du sens littéral, il est aussi celui qui acquiert sa référence sur les ruines de ce qu'on peut appeler, par symétrie, sa référence littérale. »[13] Ainsi, les altérations de la séquence d'accueil, l'imprécision qui entoure certains de ses traits historiques, sont la condition même pour que la référence seconde puisse s'épanouir. Si l'événement premier est dépeint avec trop de précision, la représentation ne pourra orienter l'attention du spectateur vers la référence seconde. L'échappée métaphorique se trouvera comme bloquée par la densité référentielle de la période réceptrice.

Par rapport à ces développements, un dernier point doit être précisé. Dans l'opération de métaphorisation, c'est en dernier recours au spectateur qu'il revient d'actualiser la référence seconde, de percevoir celle-ci à travers l'univers visible de la représentation. En ce sens, *Catch 22* et surtout *M.A.S.H.* doivent en grande partie leur succès au contexte de l'époque, car ces comédies ont pu rencontrer les attentes d'un public capable d'extraire de l'œuvre son référent véritable. Il est certain que de telles représentations n'auraient pas remporté un tel succès si elles avaient été projetées devant un public peu concerné par la situation au Vietnam. Prolongeant cette réflexion, on peut même avancer que le spectateur est capable de percevoir un référent second là où il n'y en avait pas a priori. Ainsi, au milieu des années 60, sort *Le Roi de cœur* (1966) de Philippe de Broca. Au cours de la Première Guerre, les habitants d'un village français fuient leur maison, laissant la place libre aux occupants d'un asile d'aliénés qui vont instaurer une nouvelle société donnant tous les pouvoirs à l'imagination. Si, lors de sa sortie en France, le film passe relativement inaperçu, il n'en va pas de même trois ans plus tard aux Etats-Unis, lorsque les étudiants des campus les plus engagés en font une œuvre culte et décisive.[14] Contrairement au spectateur français, l'étudiant américain y voit non pas une simple comédie sur la guerre 14-18, mais bien une métaphore du Vietnam ainsi qu'un appel à changer la société par la réinvention du quotidien. Encore une fois, cette interprétation a été rendue possible par le caractère fantaisiste du film. Comme la Première Guerre n'est pas décrite avec un grand souci d'exactitude historique, le public peut ramener ce conflit à une situation qui le concerne davantage.

5. La verticalité comme principe organisateur

Jusqu'à présent, nous n'avons encore rien dit sur ce qui autorise le rapprochement entre deux conflits situés en des points différents de l'histoire. Quels sont les traits pertinents de la métaphore ? Les points de ressemblance ? Sur quelle base rapprocher des événements distincts dans le temps et dans l'espace ?

Dans le décalque d'une époque sur l'autre, l'invariant est surtout constitué par les rapports d'autorité en place. Ce n'est d'ailleurs pas pour rien que *M.A.S.H.* et *Catch 22* sont souvent qualifiés de comédies antimilitaristes, car leur portée subversive est tout entière centrée sur l'exercice du pouvoir. Bien sûr, de tels rapports d'autorité sont dans une large mesure intemporels : ils se retrouvent dans toute opération militaire et au sein de chaque corps d'armée. En se centrant sur cet aspect de la réalité guerrière, les comédies peuvent sans difficulté rapprocher des événements éloignés dans le temps : le Vietnam ressemble à la Corée dans la mesure où chacun de ces conflits met en jeu l'armée, une institution intangible se caractérisant par les mêmes échelons hiérarchiques, la même aliénation du soldat par le commandement militaire.

Dans *M.A.S.H.* et *Catch 22*, le rapport à la verticalité structure l'ensemble de la représentation. L'axe vertical se mue en un principe organisateur de l'espace et c'est tout l'univers diégétique qui se trouve sous-tendu par le mouvement entre le bas et le haut. Toute proportion gardée, cette organisation spatiale s'apparente à la topologie médiévale décrite par Bakhtine. « Dans le tableau du monde médiéval, le haut et le bas, l'inférieur et le supérieur ont une signification absolue tant sous le rapport de l'espace que sous celui de la valeur. C'est pourquoi les images du mouvement vers le haut, la voie de l'ascension, ou celle contraire de la chute, ont joué un rôle exceptionnel dans le système conceptuel. (…) L'absence presque totale dans toutes ces images motrices du mouvement horizontal, en avant ou en arrière, est particulièrement frappante. Le mouvement horizontal n'avait aucune importance, il ne changeait rien à la situation de valeur de l'objet, à son destin véritable, il était compris comme un piétinement sur place, un mouvement insensé dans un cercle sans issue. »[15]

Conformément à la topologie décrite par Bakhtine, l'organisation verticale des comédies apparaît d'autant mieux qu'elles sacrifient délibérément toute perspective horizontale. Chacun des films privilégie une conception centripète de l'espace. A l'exception de deux courtes sorties, les chirurgiens de *M.A.S.H.* ne quittent guère leur hôpital de campagne. S'il s'aventure parfois à l'extérieur de la base, Yossarian (Alan Arkin), le héros de *Catch 22*, se trouve rapidement pris au piège de nouveaux lieux sans issue. A la différence du film classique, l'espace n'est pas porteur d'aventures et de découvertes ; il évoque davantage un cercle fermé dans lequel les personnages piétinent inlassablement.

L'absence de progression horizontale est renforcée par la composition narrative des comédies qui ne s'orchestrent pas autour d'un principe dynamique moteur. Les combats restent dans le hors-champ et aucune action d'envergure n'est menée par les personnages, contrairement à ce qui se produisait dans des films comme *Charlot soldat* ou *Le Mur de l'Atlantique*. A la place d'une intrigue soutenue, *M.A.S.H.* et *Catch 22* préfèrent jouer sur l'éclatement de l'action et proposer une série de micro-événements se déroulant dans un lieu unique.

A partir du moment où la représentation évite toute avancée significative de l'action et qu'elle se déroule dans un espace replié sur lui-même, l'écoulement du temps prend également une importance secondaire. Dans *M.A.S.H.* et *Catch 22*, les séquences sont traitées comme des blocs de durée, les réalisateurs optant prioritairement pour le plan-séquence. Composés de la sorte, les films ne paraissent pas comporter d'avancée temporelle significative, mais plutôt se jouer dans un présent étiré. Le recours au plan long ne répond toutefois pas aux mêmes objectifs. Chez Nichols, la suspension du temps permet surtout de renforcer l'impression de cauchemar éveillé : les aviateurs évoluent dans un univers dont toute progression temporelle est exclue, la fin des missions étant sans cesse reportée à plus tard. Chez Altman, par contre, la construction du film en longs tableaux participe à amplifier l'état d'esprit des personnages, leur philosophie du *carpe diem* : « il s'agit, malgré les circonstances, de saisir l'instant et de jouir vaille que vaille d'un présent dont le sens s'effiloche, sans jamais transiger sur la responsabilité ni l'adresse professionnelle »[16].

Au refus de l'horizontalité répond la promotion du vecteur vertical, puisque les comédies s'organisent autour des rapports hiérarchiques se nouant entre les personnages. Cependant, il faut bien avoir conscience que l'univers vertical est mis en place pour être aussitôt désorganisé. Très vite, le dessus bascule dans le dessous, et inversement. Sous la pression du renversement, le monde ancien se lézarde, laissant apparaître d'autres valeurs et de nouveaux héros.

6. Rabaissement de l'autorité hiérarchique

La dégradation du tableau vertical de l'autorité passe inévitablement par un processus comique de rabaissement. Aussi n'est-il pas étonnant de trouver dans *M.A.S.H.* et *Catch 22* les traits caractéristiques du renversement carnavalesque défini par Bakhtine, avec notamment cette prédominance du corps et du 'bas matériel'.

La prévalence de la sphère inférieure peut s'observer dans le point de vue adopté par les comédies transposantes. Alors que des satires comme *Des hommes d'influence* ou *Le Docteur Folamour* dépeignent les hautes sphères du pouvoir, *M.A.S.H.* et *Catch 22* sont des comédies de troupe, c'est-à-dire des représentations qui abordent la guerre par le bas. Et tout le travail de ces comédies consiste à faire prévaloir ce point de vue, à rabaisser les idéaux dogmatiques pour mieux rehausser la pulsion de vie qu'ils mettent en péril. La lâcheté est préférée au courage, la survie à l'engagement téméraire.

Cela étant, il faut observer que la dégradation n'a pas la même ampleur dans les deux films. Autant la dégradation est joyeuse et revigorante dans *M.A.S.H.*, autant celle à l'œuvre dans *Catch 22* est sinistre et porteuse d'amertume. Sans doute, cette différence tient-elle à la qualité de l'univers mis en scène. Chez Altman, les personnages ont encore prise sur le monde qui les entoure ; ils peuvent multiplier les farces, car le pouvoir militaire se présente sous un jour humain, avec ses faiblesses et ses déficiences. A l'inverse, dans le film de Mike Nichols, le héros évolue au cœur d'un cauchemar où les figures de l'autorité apparaissent comme des entités caricaturales et menaçantes. En un certain sens, *Catch 22* démarre à un niveau inférieur à celui de *M.A.S.H.* : l'espace dans lequel piétine Yossarian est un univers *déjà* dégradé, une dégradation qui ira s'accélérant tout au long du film.

M.A.S.H. : le rire comme correction

Avant même que la narration ne se mette en place, *M.A.S.H.* se positionne comme un anti-film de guerre dégradant les conventions les plus visibles du genre. A la différence d'un film comme *Patton*, la comédie d'Altman se caractérise par une image granuleuse, qui évoque certes le reportage de guerre, mais qui consacre surtout une esthétique du souillé et du négligé. Expressément voulue par Altman – « Nous voulions une lumière diffuse et un peu sale, et non parfaitement nette »[17] –, la mise en scène d'apparence brouillonne trouve sa justification dans le propos du film qui est précisément d'instaurer la prévalence du bas sur le haut, de l'inférieur sur le supérieur.

Confortant cet aspect visuel, la comédie montre un univers hiérarchique qui se dégrade insensiblement, contaminé par une folie venue du dehors. Au moment où commence le film, le chirurgien Hawkeye (Donald Sutherland) débarque dans la clinique militaire. Enrôlé pour les besoins du conflit, ce civil refuse de se conformer à la hiérarchie en place. Bientôt rejoint par deux autres comparses, il bouleverse l'organisation de l'hôpital et transforme presque celui-ci en un camp de vacances. Comme s'écriera plus tard l'infirmière Hot Lips, « ce n'est pas un hôpital, mais un asile de fous ». Voici résumée, de façon lapidaire, l'inversion opérée par Hawkeye et ses complices. Sous l'influence des trois chirurgiens, le personnel médical oublie l'horreur des opérations chirurgicales en se réfugiant dans les plaisirs corporels, qu'il s'agisse d'alcool, de sexe ou de sport.

Bien entendu, la promotion des plaisirs charnels ne manque pas de heurter les préceptes moraux de certains personnages épris de discipline et de patriotisme. Ainsi, l'infirmière en chef, le major Burns, ou encore le colonel en poste au Japon essayent-ils de s'opposer au vent libertaire qui souffle sur la base. De manière très significative, ces figures incarnent la bonne conscience américaine, prônant le respect des autorités et l'obéissance aux ordres. Intransigeants, de tels personnages ne tardent pas à être ramenés à une plus juste perception des choses par les farces potaches de Hawkeye et de son équipe.

Derrière leur apparence sévère, l'infirmière et le major Burns répriment en fait des pulsions désordonnées, qu'ils ne pourront tenir longtemps cachées. Dans une scène déterminante, ces deux personnages se retrouvent sous une tente et se livrent à des ébats passionnés. Mais, manque de chance, leur étreinte est surprise par un soldat qui glisse un micro sous la tente. Bientôt, les cris du couple sont transmis par les haut-parleurs jalonnant le camp. Le lendemain matin, l'infirmière sera surnommée 'Hot Lips' par ses collègues masculins, pendant que Burns, incapable de se contenir plus longtemps, laissera exploser ses pulsions destructrices, à tel point qu'on lui passera la camisole de force avant de l'emmener loin de la base. Alors que Burns et l'infirmière prétendaient se comporter comme de purs esprits, entièrement au service de leur pays, voilà que le corps et la chair, trop longtemps refoulés, font leur retour en force. Ces personnages sont précipités dans le bas corporel, ce qui porte évidemment atteinte à l'image qu'ils souhaitaient donner d'eux-mêmes.

Ce premier rabaissement en cache un second, tout aussi subversif. Burns et l'infirmière sont démasqués grâce aux haut-parleurs qui normalement assurent la transmission de la voix officielle de l'autorité. Au cours du film, ces haut-parleurs étaient déjà détournés de leur fonction normale en communiquant des informations aussi saugrenues que l'arrivée de recueils de cantiques ou que l'annonce du service religieux pour le Yom Kippour. Lors de la scène des ébats amoureux, le détournement est porté à son point maximal : le haut-parleur ne se fait plus l'écho des décisions prises au sommet de la hiérarchie, mais laisse entendre la voix débridée du plaisir sexuel.[18]

Après avoir été surprise en position compromettante, l'infirmière devient la risée du camp. Plutôt que de renoncer à son comportement revêche, elle continue de se maintenir à l'écart des autres, jusqu'à ce que l'équipe de chirurgiens décide de vérifier s'il s'agit bien d'une 'vraie blonde'. Pour ce faire, la petite troupe se rassemble devant la douche en plein air, prend place comme au théâtre, puis abaisse le rideau qui abritait Hot Lips des regards. Humiliée, la jeune femme n'a d'autre choix que de se jeter à terre pour essayer de dissimuler sa nudité.

Dans *M.A.S.H.*, les différentes scènes de rabaissement ont souvent comme corollaire le rire qui les accompagne. L'autorité n'est pas rabaissée au seul profit du spectateur, mais également au bénéfice de l'équipe médicale. Chaque dégradation se déroule devant un public prêt à rire de la victime. Le caractère ostentatoire du rabaissement n'est nullement anodin, car la farce peut ici être perçue comme une forme de châtiment. A ce propos, il faut se souvenir de Bergson et de la fonction corrective qu'il prête au rire. Par la crainte qu'il inspire et l'impression pénible qu'il donne à celui qui en est la victime, le rire assouplit « tout ce qui peut rester de raideur mécanique à la surface du corps social »[19].

En humiliant les figures de l'autorité, les chirurgiens de *M.A.S.H.* s'élèvent donc contre toute attitude figée. Ce qu'ils rejettent dans le pouvoir militaire, ce n'est pas tant le contenu de ses ordres que son inaptitude à évoluer, à s'adapter à la richesse mouvante de la vie. La discipline se voit combattue en raison de la raideur qu'elle impose. A la place, les joyeux héros d'Altman célèbrent les vertus du laisser-faire et de l'esprit 'cool'. Plutôt que de s'inquiéter de l'avenir, ils préfèrent profiter du moment présent. L'opposition haut/bas est redoublée par l'opposition contracté/décontracté, tendu/détendu. Une telle opposition se trouve évidemment connectée aux nouvelles valeurs de la contre-culture dont le trait le plus caractéristique est cette volonté de changement, ce refus de se laisser enclore dans des institutions sclérosées. C'est là une perspective très différente de celle de *Catch 22*.

Catch 22 : un univers déjà dégradé

Dans *Anatomie de la critique*, alors qu'il étudie les différentes phases de la satire, Northrop Frye pointe un moment où le renvoi au sens commun ne suffit plus à se prémunir contre l'absurdité des attitudes autoritaires. « La seconde phase [de la satire] opposait aux tendances dogmatiques la ligne de défense des réalités, mais ici la satire va écarter toute interprétation dogmatique, y compris celle du sens commun. Car le sens commun se fonde encore sur des croyances implicites : celle, entre autres, que l'on peut faire confiance aux données des sens pour interpréter l'expérience et que les associations d'idées habituelles forment une base solide pour la compréhension du présent et l'appréhension de l'avenir. »[20]

L'allusion faite par Frye aux données des sens renvoie parfaitement à l'analyse de *M.A.S.H.* : les chirurgiens peuvent encore corriger l'autoritarisme de certains de leurs supérieurs en ramenant ceux-ci aux principes les plus élémentaires de la réalité corporelle. Cependant, comme le souligne Frye, il vient un moment où la ligne de défense des réalités succombe sous la charge de l'absurdité environnante. Il suffit parfois « d'un léger changement de perspective, d'une coloration émotive quelque peu différente, pour que l'existence terrestre devienne sous nos yeux un spectacle d'horreur »[21]. C'est ce qui se produit dans *Catch 22*. Cette fois, même le renvoi aux réalités les plus élémentaires ne sert à rien, car le monde est présenté dans une sorte de cauchemar halluciné, si bien que les données des sens se révèlent trompeuses et fallacieuses.

L'impression de cauchemar tient tout d'abord à l'univers qui environne le héros. *Catch 22* présente un monde beaucoup plus sinistre que le film de Robert Altman. La base militaire s'apparente à une antichambre de l'enfer où les figures de l'autorité apparaissent comme des caricatures d'elles-mêmes. A l'image de la reine de cœur dans *Alice au pays des merveilles*, le général menace de fusiller ses soldats à tout bout de champ. Ses subordonnés immédiats sont, quant à eux, obsédés par les honneurs : au mépris de la vie des pilotes, ils augmentent le nombre de missions pour parfaire la renommée de la base. Plus tard, ils collaboreront avec le lieutenant Milo dans le but d'accroître leurs bénéfices personnels. Interprété par Jon Voight, ce personnage transforme le camp en poste avancé du capitalisme. Pour assurer le développement économique de son consortium (M&M), tout devient monnaie d'échange : les parachutes des aviateurs sont troqués contre des stocks de coton, les moteurs diesels contre des statues antiques…

Dans cet univers délirant, Yossarian est pris au piège. Non content de devoir affronter les figures dégradées de l'autorité, il se trouve également sous l'emprise d'une parole qui se dérobe au sens commun. Ainsi, toutes ses tentatives d'échapper au système vont-elles échouer, car elles se heurtent au redoutable Article 22. A moins de périr en mission, le seul moyen pour un pilote de se faire réformer est d'être interdit de vol pour raisons psychiatriques. Il lui suffit alors d'introduire une demande de mise à pied, précisant qu'il ne se sent pas suffisamment sain d'esprit pour participer aux missions. Cependant – et c'est là que réside l'entourloupe (*catch* en anglais) –, le règlement stipule aussi que celui qui veut être suspendu de vol n'est pas réellement fou. C'est, en effet, une preuve de bonne santé mentale que de craindre pour sa vie devant le danger. Par conséquent, le pilote qui a rédigé sa demande n'est pas dérangé mentalement et doit continuer à voler.

Déjà présent dans le roman de Joseph Heller, cet article du règlement militaire constitue un bel exemple d'énoncé paradoxal. En se conformant à un tel énoncé, Yossarian n'a aucune chance d'échapper aux ordres de mission : s'il est vraiment fou, il continuera de voler et n'effectuera pas sa demande de mise à pied ; s'il ne l'est pas, il pourra rédiger sa demande, mais ne sera pas réformé. En perturbant le fonctionnement du langage, le commandement militaire parvient à brouiller les frontières entre folie et raison. Comme le note Watzlawick, « le monde de la guerre, comme tout monde qui utilise la violence totalitaire, est en lui-même déséquilibré ; et la raison y devient une manifestation de folie ou de malfaisance. Que la scène se joue dans le cockpit d'un bombardier ou devant un 'tribunal populaire' (…), les valeurs humaines et les lois de la communication sont mises la tête en bas et l'obscurité du malentendu enveloppe autant les victimes que leurs bourreaux »[22].

Que ce soit à travers la parole ou le comportement des autorités, l'univers de *Catch 22* apparaît donc comme déjà dégradé. Alors que *M.A.S.H.* se structurait sur l'opposition contracté/décontracté, le film de Mike Nichols tend lui à intervertir les pôles de la raison et de la folie : c'est l'acte insensé qui devient raisonnable et la raison qui devient démente. Dans cet univers inversé, les tentatives de Yossarian pour se faire passer pour fou sont condamnées à l'échec, car elles surgissent dans un monde qui a hissé l'aberration et la déraison au rang de préceptes normatifs.

L'impuissance du héros apparaît de manière flagrante quand celui-ci tente de perturber le bon déroulement des cérémonies militaires. Se détachant du rang, Yossarian se présente nu pour recevoir une médaille des mains du général. Plus tard, toujours dans le plus simple appareil, il est perché sur un arbre pendant l'enterrement de son camarade de combat. Contrairement à ce qui se passait dans *M.A.S.H.*, de tels éclats n'ébranlent nullement l'autorité, pas plus qu'ils ne suscitent le rire de l'escadrille. Le général remet la médaille à Yossarian et, lors de l'enterrement, les officiers n'échangeront qu'une simple remarque au sujet du pilote qui se tient dans l'arbre.

Dans un tel univers, il est clair que le registre de la comédie éprouve des difficultés à se maintenir, car les points d'appui sur lesquels elle pourrait rebondir n'offrent plus de prises suffisamment solides. A mesure que le film avance, le comique se fait de plus en plus rare pour céder la place à un univers proprement angoissant.

Le basculement dans l'aberration la plus complète se produit quand le camp est bombardé par des avions américains. Les Allemands ont accepté de racheter des stocks de coton aux Alliés à la condition que ceux-ci bombardent leur propre base. Après ce pilonnage insensé, Yossarian erre longuement dans les rues de Rome au fil d'une séquence d'inspiration fellinienne qui le voit croiser différentes images de l'enfer : des scènes de dépravation, l'image d'un cocher qui fouette un cheval à terre, ou encore Milo qui, tel un chef nazi, parade sur une jeep de l'armée américaine. Le voyage au bout de la nuit se termine face au cadavre d'une jeune Italienne assassinée par l'un des pilotes de la base.

Avec cette balade hallucinée, le personnage touche le fond de l'enfer. La dégradation ne peut aller beaucoup plus loin dans son mouvement descendant. La dernière partie du film correspond au stade ultime de la satire décrit par Frye. Cette phase « nous offre, avec un relief presque intolérable, une image de l'existence humaine enchaînée. Elle a pour décors favoris la prison, l'asile de fous, les lieux d'exécution où se déchaîne une foule en furie, et le monde où se déroule l'existence humaine est en tout point assimilable à l'enfer, sauf que l'on peut en sortir par la mort »[23]. Cette évocation des enfers n'est pas non plus sans rappeler Bakhtine qui voyait dans le monde infernal l'un des lieux emblématiques de la tradition carnavalesque[24] : les enfers, c'est en effet le point le plus bas que l'on puisse atteindre, mais c'est aussi le lieu d'où procède la renaissance. Aussi, la longue chute de Yossarian ne doit-elle pas être uniquement perçue de manière négative. Au contraire, la descente dans les tréfonds est souvent le passage obligé vers la remontée salvatrice, la condition nécessaire à un rebond émancipateur.

7. Mort et renaissance symboliques

Tout au long de l'œuvre de Bakhtine court une idée importante, tenue en réserve jusqu'ici, et qui concerne la double valeur du processus de rabaissement. Dans la tradition carnavalesque, celui-ci apporte aussi bien la mort que la vie. « C'est la raison pour laquelle il n'a pas seulement une valeur destructive, négative, mais encore positive, régénératrice : il est *ambivalent*, il est à la fois négation et affirmation. On précipite non seulement vers le bas, dans le néant, dans la destruction absolue, mais aussi dans le bas productif, celui-là même où s'effectuent la conception et la nouvelle naissance, d'où tout croît à profusion. »[25]

Un tel mouvement régénérateur apparaît dans *M.A.S.H.* et *Catch 22*. Le rabaissement comique n'est pas seulement orienté vers la dégradation des autorités. Il est aussi le garant d'un renouveau possible, surgissant des décombres de l'ancien monde.

M.A.S.H. ou le triomphe du corps collectif

Lors de la projection des rushes de *M.A.S.H.*, les dirigeants de la Fox avaient été choqués par la crudité des scènes d'opération chirurgicale. Il faut dire qu'Altman et son équipe avaient souhaité être les plus réalistes possibles lors du tournage de ces séquences et que l'on avait même veillé à obtenir les différentes nuances de la couleur du sang. Scandalisée, la production songea à retirer les passages les plus explicites du montage final, ce à quoi s'opposa violemment le réalisateur. « Sans les opérations, confie-t-il, il ne serait resté que les blagues de potaches. »[26]

Loin d'être une simple anecdote de tournage, la réaction d'Altman révèle la dynamique qui sous-tend le film. Les farces grivoises des chirurgiens n'expriment pas seulement un refus de l'autorité et de toute attitude dogmatique. Plus fondamentalement, cette descente vers le bas corporel correspond aussi à un principe de survie. Face aux blessés arrivant de toutes parts, le refuge dans les plaisirs charnels s'avère une échappée salutaire. C'est pourquoi le réalisateur a tenu à ce que les scènes de chirurgie figurent dans le film, car elles constituent le contrepoint indispensable aux plaisanteries infantiles. On ne peut penser les unes sans les autres. A la dégradation physique des blessés correspond la dégradation, régénératrice celle-là, du comique carnavalesque. Le corps vivant est exalté dans ses fonctions les plus basiques, et cette exaltation est d'autant plus nécessaire qu'elle doit faire oublier les corps meurtris et souffrants qui arrivent en flux continu dans la salle d'opération.[27]

Dans *M.A.S.H.*, la plongée régénératrice dans le bas corporel est nettement associée à la naissance du sens communautaire. Elle ne concerne pas un seul individu, mais soude la communauté dans son ensemble. Les blagues grivoises comme les banquets improvisés permettent de briser les rapports hiérarchiques et d'instituer une troupe vivante et fraternelle. Ce vaste corps collectif ne manque pas d'offrir la possibilité d'un renouveau pour ceux qui acceptent de s'y laisser absorber. Un tel phénomène apparaît de manière évidente avec la mort et la renaissance symboliques de Hot Lips. Après avoir été humiliée sous la douche, l'infirmière recouvre un second souffle en s'intégrant à la vie du camp : elle connaît une relation amoureuse avec un chirurgien et devient l'une des plus ferventes supportrices de l'équipe de football. Ici donc, la dégradation est gage de régénération. C'est parce qu'elle a été ramenée plus bas que terre que l'infirmière peut renaître à elle-même, une telle renaissance passant par l'incorporation à la troupe.

Un même processus de régénération se produit avec Painless, le dentiste du camp. Celui-ci s'isole du reste du groupe, car il doute profondément de ses capacités sexuelles. Son désespoir est tel qu'il envisage de se suicider. Pour fêter son départ vers l'autre monde, les chirurgiens font mine d'organiser une fête d'adieu. Dans une séquence qui parodie *La Dernière Cène*, le dentiste avale une fausse capsule de poison, puis s'allonge dans un cercueil. Par la suite, alors que Painless est à moitié endormi, Hawkeye convainc Dish, une autre infirmière, de se glisser sous les draps du dentiste… Au petit matin, après une nuit initiatique, le dentiste, entièrement confiant en ses capacités retrouvées, est de nouveau prêt à participer à la vie du camp. On ne pourrait être plus clair : le rabaissement a produit son effet revigorant ; la mort a débouché sur une nouvelle naissance.

Dans l'une des dernières séquences du film, le corps collectif se trouve encore célébré lors du match de football américain qui oppose l'équipe du camp aux joueurs professionnels d'un général va-t-en-guerre. Dans cette séquence, filmée comme une métaphore du champ de bataille, les corps s'entrechoquent les uns contre les autres. Au début de la partie, l'équipe du M.A.S.H. est littéralement enfoncée par ses adversaires. Mais encore une fois, cette apparente défaite n'est qu'un point de passage obligé vers la performance finale. Le point décisif prendra même la forme métaphorique d'une naissance, puisque, lors de la dernière phase de jeu, Donald Sutherland dissimule le ballon sous sa tenue avant de le retirer pour le poser sur la ligne de but…

Parce qu'Altman a consacré tout au long du film le triomphe d'une confrérie joyeuse et bon enfant, il n'est pas étonnant que la fin de la représentation provoque comme un déchirement aussi bien chez les personnages que dans le public. Pendant tout le film, le spectateur s'était fait complice de la communauté libertaire présente à l'écran ; il avait partagé ses blagues, participé à ses farces. Le rire qui rassemblait les personnages liait aussi le spectateur à la petite troupe, lui donnant presque l'illusion d'en faire partie. Mais voilà que la comédie s'achève sur le départ soudain de deux chirurgiens, sans apporter ni surprise ni révélation.[28]

Malgré cette fin brutale, il semblerait pourtant que le réalisateur ait voulu rendre visible le lien unissant le spectateur à son film. Alors que les deux médecins s'apprêtent à partir, le haut-parleur entame une nouvelle litanie. Cette fois, l'annonce concerne la projection d'un film au ciné-club du camp. De manière surprenante, la comédie annoncée est celle que nous venons de voir. D'ailleurs, la voix se met à égrener les noms des acteurs de *M.A.S.H.* avant de s'éteindre brutalement, en même temps que l'image. Même si cette conclusion est abrupte, elle constitue pourtant, par le jeu réflexif qu'elle met en œuvre, une invitation à reprendre la projection du film et à restaurer ainsi ce lien qui s'était noué durant la représentation. Altman nous incite encore une fois à partager l'utopie communautaire de ses personnages, comme si, au final, la salle de cinéma était le seul lieu où une telle utopie pouvait réellement advenir.

Catch 22 : le salut dans la fuite

A l'inverse de la comédie d'Altman, *Catch 22* ne joue à aucun moment sur le caractère régénérateur d'un corps collectif qui absorberait et émanciperait les héros. Au contraire, à mesure que le film avance, l'unité des pilotes se désagrège pour laisser Yossarian seul face aux images de son enfer personnel. Dès lors, c'est autour de ce seul personnage que s'articule le processus de mort et de renaissance symboliques.

Cette structuration est d'autant plus visible si on la compare à celle du roman. A la différence de l'œuvre littéraire, le film s'ouvre par la scène du coup de poignard, lorsqu'une prostituée, dépitée par la mort de son amant, décide de se venger sur Yossarian. Dès le début du récit, celui-ci est frappé au flanc et sombre dans l'inconscience. Contrairement au roman, le film insiste particulièrement sur la chute corporelle du héros. Elle constitue le point charnière qui articule la représentation. Cette importance narrative est renforcée par la composition visuelle du plan. Sur Yossarian allongé le long de la piste se projettent les ailes des bombardiers qui s'apprêtent à décoller, si bien que le corps du héros passe sans cesse de l'ombre à la lumière, de l'obscurité à l'exposition la plus crue. C'est là une manière très remarquable de souligner l'entre-deux dans lequel se trouve le soldat, l'oscillation de ce dernier entre la vie et la mort.

Si cette attaque est ainsi soulignée, c'est qu'elle ponctue la descente aux enfers de Yossarian. En effet, quand on replace les séquences du film dans l'ordre chronologique, on s'aperçoit que le héros ne cesse de chuter de plus en plus bas. Précédemment, nous avons déjà fait allusion à sa balade hallucinée dans Rome, une balade dont les images étaient comme un condensé du monde infernal. Mais la descente ne s'arrête pas là. Après avoir été arrêté par la police militaire, Yossarian se retrouve devant ses supérieurs hiérarchiques qui lui proposent un marché. Il peut retourner aux Etats-Unis, mais à la condition de chanter les louanges de la base. S'il refuse cette proposition, il sera conduit devant la cour martiale. De nouveau, se met en place un énoncé à double contrainte qui ne laisse pas de choix au héros : dans les deux cas, Yossarian reste sous l'emprise de l'autorité militaire.

Pour rentrer chez lui, Yossarian accepte de vanter les mérites de ses supérieurs. Ici se marque le seuil en deçà duquel le héros ne peut plus descendre. L'aliénation est à présent complète. En acceptant de servir le pouvoir, le héros a cessé de s'appartenir pour devenir un rouage de la machine militaire. Peut-être est-ce une forme de châtiment, mais, en tout cas, c'est après avoir conclu ce pacte que Yossarian reçoit le coup de poignard et que débute le flash-back qui constitue la majeure partie du film.

Dans les brumes de l'inconscience, comme pour clore ce parcours initiatique, Yossarian devra affronter une dernière image de l'enfer, une image qui n'a cessé de le hanter tout le film et dont il a toujours repoussé le dénouement. Pendant une mission, il se trouve dans la tourelle du bombardier en compagnie d'un mitrailleur blessé. Dans une atmosphère de rêve éveillé, il s'approche de son compagnon et, pour mieux le soigner, il arrache les boutons de sa combinaison. Comme dans le roman, Yossarian « s'entendit hurler de terreur : les tripes de Snowden dégringolaient sur le plancher en une masse pâteuse, dégoulinante »[29]. Cette image brutale et ô combien corporelle n'est pas sans éveiller certains échos avec le film d'Altman. Dans *M.A.S.H.* aussi, les opérations chirurgicales exposaient des corps dégradés et mutilés. Cependant, chez Nichols, cette image a un caractère beaucoup plus traumatique : elle représente le souvenir que Yossarian ne cessait de refouler. Et son apparition à la fin du récit est aussi une manière pour le réalisateur de parachever sa description de l'enfer guerrier.

Après avoir affronté ce souvenir, Yossarian peut se réveiller. Quand il ouvre les yeux dans la chambre d'hôpital, il est un homme nouveau. Le héros refuse dorénavant de jouer le jeu de ses supérieurs. Il n'accepte plus de servir de faire-valoir aux autorités. Mieux encore, apprenant qu'un de ses collègues a réussi à déserter, Yossarian décide d'agir de même. Il saute par la fenêtre, s'approche de la plage et déploie un canot pneumatique. Les dernières images du film le montrent pagayant sur la mer tandis que la caméra recule et s'élève, le laissant seul dans l'immensité de l'espace.

Par cet acte totalement spontané, Yossarian renaît à lui-même. Il a compris que l'émancipation ne pouvait survenir qu'en dehors du système. Si, jusqu'alors, il était soumis aux injonctions paradoxales, il brise ce rapport aliénant en se retirant du jeu. La désertion permet au héros de s'éprouver comme un individu à part entière, responsable de ses décisions. Evidemment, cette renaissance ne peut s'accomplir qu'à titre individuel puisque c'est en se détachant du corps de l'armée que Yossarian est capable de retrouver la liberté.

8. Ouverture temporelle : le rire liquidateur

A priori, on pourrait penser que *M.A.S.H.* et de *Catch 22* se caractérisent tous deux par une dimension transhistorique. En effet, ces comédies rabaissent les rapports de force et d'autorité tels qu'ils s'expriment dans tout conflit. L'axe haut/bas est préféré à l'axe horizontal ; la courbe de l'ascension et de la chute remplace la ligne du progrès en avant. Pareille axialisation du récit facilite grandement la transposition spatio-temporelle, puisque rien n'empêche de rapprocher des conflits éloignés dans le temps, étant entendu que ceux-ci perpétuent, d'un âge à l'autre, les mêmes rapports hiérarchiques.

Toutefois, on passerait à côté de la dynamique de ces représentations si on n'insistait pas sur l'ouverture temporelle qui apparaît au terme du processus de rabaissement. C'est lorsque l'univers vertical finit par se fissurer et que les figures de l'autorité sont précipitées dans le bas matériel que resurgit avec force l'horizontalité du temps historique. La destruction du monde ancien, immobile et hiérarchique, est la condition nécessaire à l'émancipation vers le futur. Pour Bakhtine, la dégradation comique vise à donner « une description de la métamorphose du monde, de son changement de visage, du passage de l'ancien au nouveau, du passé à l'avenir »[30].

Tournés dans une société américaine en pleine mutation, *M.A.S.H.* et de *Catch 22* expriment le changement et la transition. Les rapports hiérarchiques sont balayés, car ils marquent la perpétuation du passé dans le présent. C'est d'ailleurs pour cela que le double jeu référentiel de la métaphore doit être immédiatement perceptible. Même si la satire est située dans un autre contexte temporel, il importe que le spectateur comprenne que l'aliénation du passé continue à se maintenir dans l'époque contemporaine. Pour que la prégnance de l'ancien soit dépassée, il faut attendre la fin de la représentation, quand la comédie, tablant sur le progrès de l'homme ou de la communauté, s'ouvre à la promesse d'un renouveau symbolique.

Que ce soit dans *M.A.S.H.* ou dans *Catch 22*, le présent n'est donc pas saisi comme une étendue stable, mais comme un point de bascule entre l'ancien et le nouveau. Et le rire est, dans une certaine mesure, ce qui permet d'accélérer la transition, de faciliter le passage d'un état à l'autre. C'est en ce sens que nous parlerons de *rire liquidateur* : le rabaissement comique liquide le passé qui se maintient dans le présent et laisse place au monde nouveau dont ce présent est porteur.

Evidemment, l'annonce d'un monde nouveau prend des formes différentes dans les comédies. Et c'est à ce niveau que nous sommes le mieux à même de comprendre le succès rencontré par *M.A.S.H.* et l'indifférence relative dans laquelle est sorti *Catch 22*. Par son allure libre et échevelée, le film d'Altman rencontrait les aspirations de la jeunesse d'alors. En exaltant les joies du corps et le caractère régénérateur de la communauté, il trouvait un écho plus que favorable auprès des différents mouvements de gauche qui souhaitaient changer la société et qui préféraient faire l'amour à la guerre. Cet aspect libertaire ne manquait pas de renvoyer à l'esprit du temps, que ce soit aux écrits d'Herbert Marcuse prônant la révolution sexuelle ou aux collectivités hippies fleurissant un peu partout sur le continent, et particulièrement sur la Côte Ouest, aux alentours de San Francisco, d'où étaient précisément originaires la plupart des comédiens du film.

A l'inverse, la promesse de *Catch 22* était beaucoup plus ténue. Le film ne consacrait pas une nouvelle manière de vivre, pas plus qu'il ne faisait l'éloge du collectif. Au contraire, la comédie se terminait par la promotion d'un individualisme forcené et soulignait une méfiance viscérale à l'égard de tout regroupement ou institution. Sans doute, un tel état d'esprit était-il davantage redevable au contexte (contre-)culturel des années 50 qu'à celui des années 60. En adaptant de manière fidèle le roman de Joseph Heller, Mike Nichols conservait aussi la vision du monde que l'ouvrage promulguait. Une vision imprégnée d'existentialisme et d'un virulent nihilisme aux accents céliniens. Dans ces conditions, surtout avec la concurrence de *M.A.S.H.*, on comprend que cette comédie, dont les éléments comiques étaient de plus en plus discrets à mesure de son déroulement, n'ait pas rencontré le succès escompté. La rédemption d'un seul individu n'offrait pas la garantie d'un renouveau suffisant au regard d'une société qui sentait ses forces vives s'éveiller et qui réclamait un changement à l'échelle nationale. D'une certaine manière, *Catch 22* a pâti de sa trop grande proximité avec l'œuvre de Joseph Heller : son mouvement de révolte individuelle apparaissait comme dépassé face à une volonté d'émancipation collective qui ne cessait de croître.

9. Retour sur le renversement transposant

Face à l'absurdité de certains événements contemporains, à l'aliénation qu'ils entraînent ou à l'horreur qu'ils suscitent, la comédie transposante offre un rire éminemment libérateur. Les autorités sont précipitées dans le bas matériel tandis que les grands idéaux révèlent leur absurdité en se fracassant sur le sol. Mais ce mouvement de destruction n'est pas purement stérile, il offre aussi la possibilité d'un recommencement. Il aide à prendre distance des habitudes anciennes pour se tourner vers l'avenir.

Comme ces comédies se structurent selon l'axe haut/bas, on comprend qu'elles n'accordent qu'une importance secondaire à l'axe horizontal du récit. Dans un univers où seuls comptent les rapports verticaux, le mouvement en avant ne change rien à la situation des personnages, à leur valeur intrinsèque. Très souvent, les représentations se déroulent dans des lieux repliés sur eux-mêmes. Une telle pratique a pu être observée dans *M.A.S.H.* et *Catch 22*, mais une analyse semblable pourrait être tenue pour d'autres comédies comme, par exemple, *Opération jupons* (1959) de Blake Edwards dont l'essentiel du récit se déroule dans un sous-marin, ou encore *Touche pas à la femme blanche* (1973) de Marco Ferreri qui transpose, dans le chantier des Halles à Paris, la bataille indienne de Little Big Horn.

Parfois aussi, la narration adopte une structure circulaire : le personnage a beau avancer, il revient toujours au même point. Le mouvement en avant n'est qu'une illusion, car les tribulations du héros sont surtout l'occasion de mesurer la dégradation verticale de l'univers. Ainsi, dans *Little Big Man* d'Arthur Penn, l'itinéraire de Dustin Hoffman le conduit à repasser par deux fois devant des figures emblématiques de la mythologie américaine. D'un passage à l'autre, ces figures se sont irrémédiablement dégradées : la femme vertueuse du pasteur est devenue prostituée, le commerçant s'est transformé en voleur tandis que le plus grand tireur de l'Ouest est abattu par un enfant.

Si la transposition comique se double souvent d'une transposition spatio-temporelle, il peut aussi arriver que le référent véritable ne soit pas évoqué par une relation métaphorique, mais métonymique. C'est alors le lien unissant la partie au tout qui est mobilisé, et non plus une relation de ressemblance entre deux conflits éloignés dans le temps. Dans *If* (1969) de Lindsay Anderson, des étudiants se rebellent contre l'autorité d'un collège anglais. Par un effet de synecdoque, le spectateur comprend très vite que la critique d'un collège huppé vise en fait l'establishment en général, un establishment dont ce collège est éminemment représentatif. De la même manière, lorsque Milos Forman tourne *Au feu, les pompiers !* (1967), un an avant le Printemps de Prague, sa satire des fonctionnaires du feu doit être perçue comme renvoyant à un contexte plus large : le microcosme tourné en dérision par Forman équivaut à un échantillon prélevé sur le corps plus vaste de la bureaucratie communiste.

Insistons sur le fait que ces différents procédés de substitution ne sont pas nécessaires à la bonne marche de la transposition comique. Lorsque la société se fait plus libérale ou moins sourcilleuse, l'événement peut être rabaissé sans passer par un processus de déplacement. Ainsi, en 2000, moins de cinq ans après la fin de la guerre en Yougoslavie, sort *No man's land* de Danis Tanovic. L'intrigue du film se déroule sur la ligne de front serbo-croate et cette immersion directe dans une actualité proche n'empêche pas la satire de fonctionner selon une entreprise de dégradation classique, avec une intrigue relativement statique et l'enfermement des personnages dans un même lieu, ici une tranchée isolée au milieu de nulle part. Le dernier plan du film constitue une illustration parfaite du rabaissement décrit par Bakhtine. Immobilisé sur une mine, un soldat reste seul au fond de la tranchée. A mesure que la caméra prend de la hauteur, le corps de l'homme finit par se confondre avec le sol environnant, dans un véritable processus d'enfouissement corporel.

Partant de cette représentation, risquons-nous à formuler une dernière considération au sujet des comédies transposantes. Même si le film de Tanovic est ancré dans la réalité de son temps, on ne peut s'empêcher, en le regardant, de lui trouver une portée universelle. L'absurdité qu'il épingle est certes valable pour la guerre en ex-Yougoslavie, mais vaut aussi pour tous les conflits passés, présents et à venir. Pareille observation s'applique bien entendu aux autres comédies examinées. Leur portée généralisante est même souvent plus forte que celle de *No man's land*, puisque, grâce à leur détour métaphorique ou métonymique, elles laissent au spectateur le soin d'actualiser le référent second, de le rapporter à une actualité toujours en marche.

Nous en arrivons alors à mieux comprendre la force intacte et sans cesse renouvelée d'un tel type de comédie. Parce qu'elles saisissent la verticalité à l'œuvre dans l'histoire, ces comédies acquièrent une pertinence critique qui dépasse l'actualité à laquelle elles sont attachées. Dans un monde idéal, si la renaissance carnavalesque avait véritablement eu lieu, l'aliénation hiérarchique aurait disparu et la société se présenterait comme une communauté fraternelle qui pourrait rire de ce reliquat du passé. Mais ce n'est pas le cas et il faut bien constater que le renouveau symbolique est sans cesse remis à plus tard, la société ne cessant de perpétuer les mêmes rapports d'aliénation. Dès lors, il n'y a rien d'étonnant à ce que ces comédies aient pu préserver leur pouvoir de dénonciation. Elles ne paraissent pas historiquement datées comme cela peut être le cas pour les satires de la menace nucléaire. Au contraire, bien que leur actualité soit depuis longtemps dépassée, les rapports d'autorité qu'elles dénonçaient à un moment précis de l'histoire se sont maintenus dans ce présent qui est désormais le nôtre.

---

1 Au sujet du procédé de transposition, voir Henri BERGSON, *op. cit.*, pp. 93-99.
2 Mikhaïl BAKHTINE, *op. cit.*, p. 368.
3 Benjamin STORA, *Imaginaires de guerre. Les images dans les guerres d'Algérie et du Viêt-nam*, Paris, Editions La Découverte/Poche, 2004 [1997], coll. « Essais », pp. 126-127.
4 Pour une analyse détaillée de cette période, voir Shlomo SAND, *op. cit.*, pp. 444-452.
5 Benjamin STORA, *op. cit.*, p. 126.
6 *Id.*, p. 146.
7 Bien que le mouvement pour la paix ait exercé une influence déterminante, il faut noter que, d'après les sondages de l'époque, la moitié des Américains continuent à approuver la poursuite de la guerre. A ce sujet, voir André KASPI, *op. cit.*, p. 527.
8 Benjamin STORA, *op. cit.*, p.128.
9 Commentaire du réalisateur sur le DVD de *Catch 22* (Editions Paramount Pictures, 2004).
10 Si Altman accepte de réaliser le film, c'est aussi parce que celui-ci lui permet de reprendre, sous un autre angle, un projet avorté. Ce dernier avait pour titre *The Chicken and the Hawk* et devait mettre en scène une escadrille d'aviateurs pendant la Première Guerre mondiale.
Voir l'interview d'Altman sur le DVD bonus de l'édition spéciale de *M.A.S.H.* (Editions Twentieth Century Fox, 2002).
11 Commentaire du réalisateur sur le DVD du film.
12 Commentaire du réalisateur sur le DVD du film.
13 Paul RICŒUR, *La métaphore vive*, Paris, Seuil, 1975, coll. « Points Essais », p. 279.
14 Sur la réception de ce film, voir Shlomo SAND, *op. cit.*, pp. 107-108.
15 Mikhaïl BAKHTINE, *op. cit.*, pp. 397-398.
16 Youri DESCHAMPS, « Studio Altman », dans *Positif. Spécial Hollywood années 70*, n°s 545-546, Paris, juillet-août 2006, p. 51.
17 Commentaire du réalisateur sur le DVD du film.
18 La subversion de la voix radiophonique est une constante que l'on retrouve dans de nombreuses comédies du parlant. Déjà Chaplin, à la fin du *Dictateur*, faisait entendre au monde son discours

humaniste en profitant de la tribune initialement destinée à Hynkel. Dans *Lune de miel mouvementée*, Cary Grant profite lui aussi d'une émission de radio pour dénoncer l'ambition d'un proche d'Adolf Hitler. Enfin, pour ce qui est du Vietnam, il faut mentionner le film de Barry Levinson, *Good Morning Vietnam*, comédie dans laquelle Robin Williams remonte le moral des troupes américaines en diffusant sur les ondes une émission éminemment subversive.

19 Henri BERGSON, *op. cit.*, p. 15.
20 Northrop FRYE, *Anatomie de la critique*, Paris, Gallimard, 1969 [1957], coll. « Bibliothèque des sciences humaines », p. 285.
21 *Id.*, p. 286.
22 La réflexion de Watzlawick découle, en partie, d'une analyse du paradoxe inscrit dans le roman de Joseph Heller.
    Paul WATZLAWICK, *La réalité de la réalité. Confusion, désinformation, communication*, Paris, Seuil, 1978 [1976], coll. « Points Essais », p. 34.
23 Northrop FRYE, *op. cit.*, p. 289.
24 Au sujet de l'image des enfers dans la tradition carnavalesque, voir Mikhaïl BAKHTINE, *op. cit.*, pp. 374-396.
25 *Id.*, p. 30.
26 Commentaire du réalisateur sur le DVD du film.
27 Bakhtine note que la science expérimentale et la culture comique populaire se développent conjointement pendant la Renaissance, car elles témoignent toutes deux d'une nouvelle expérience du monde, fondée sur l'empirisme et le matérialisme. Cette nouvelle perception du monde « permettait de toucher n'importe quelle chose, de la tâter de toutes parts, de pénétrer dans ses profondeurs, de la retourner à l'envers, de la confronter avec n'importe quel autre phénomène, si élevé et sacré fût-il ». Il est très curieux de retrouver dans *M.A.S.H.* ce dialogue entre deux explorations voisines de la réalité corporelle.
    Mikhaïl BAKHTINE, *op. cit.*, p. 378.
28 N'oublions pas que *M.A.S.H.* a été suivi par une série télévisée qui prolongea les aventures cinématographiques des chirurgiens. La volonté de maintenir, même avec un autre réalisateur et des acteurs différents, l'univers du film initial témoigne de ce lien privilégié qui se noua entre le spectateur et les personnages de *M.A.S.H.* D'une certaine manière, la série relança sur le petit écran cette communauté que le dénouement du film avait si brutalement dissoute.
29 Joseph HELLER, *Catch 22*, Paris, Editions Grasset & Fasquelle, 1985 [1961], coll. « Le Livre de Poche », p. 619.
30 Mikhaïl BAKHTINE, *op. cit.*, p. 408.

Chapitre X
Les comédies de la Shoah : l'appel à une mémoire du bien

1. Mouvement ascendant et inversion référentielle

Avec la logique ascendante surgit un mécanisme de retournement très différent de ceux examinés jusqu'à présent. Il ne s'agit plus de prospecter l'avenir ou de renverser le présent, mais bien de retourner un événement du passé qui a marqué durablement la mémoire collective. Puisque l'événement s'est déjà écoulé, l'enjeu de l'inversion ascendante est à situer dans une perspective mémorielle. On dira qu'en retournant le passé l'inversion affecte les modalités du souvenir, en renverse les priorités. Face à une mémoire collective qui se structure autour d'événements tragiques, le retournement ascendant est celui qui mobilise notre aspiration au bonheur, même au sein des images les plus traumatiques. Dans tous les cas, il s'agit de surmonter la douleur d'un événement passé pour retourner au souvenir d'une époque heureuse, antérieure au cataclysme. Pour le dire plus simplement, la comédie remonte par-delà le mal vers une mémoire du bien.

Ce projet de renouveau est extrêmement difficile à maintenir. Il ne suffit pas que la comédie exprime son intention de surmonter une mémoire douloureuse, il faut aussi que, concrètement, elle s'emploie à retourner l'événement et qu'elle aménage celui-ci de telle sorte qu'il autorise un dénouement positif. C'est pourquoi, très souvent, le mouvement ascendant se concrétise, au sein de la représentation, par une inversion référentielle. Ce qui est mis en cause, c'est le statut factuel de l'événement lui-même : alors que celui-ci a été circonscrit par les historiens, la comédie en donne une interprétation délibérément faussée. Certains repères sont inversés, et au dénouement tragique succède une fin optimiste, ouverte sur l'avenir.

Arrivé à ce point de la réflexion, on mesure combien l'inversion référentielle est, de tous les procédés comiques envisagés, le plus délicat à mettre en place. En remaniant à ce point la matière historique, la comédie avance sur un fil et s'expose à tout moment à ne plus faire rire. Que penser, en effet, d'une représentation qui retourne le cours de l'histoire ? Le spectateur ne risque-t-il pas de percevoir cette représentation comme une tentative de falsification historique, une falsification d'autant plus dommageable qu'elle s'applique à des événements ayant causé la mort de milliers, voire de millions d'individus ? De manière plus alarmante encore, le mouvement ascendant qui entraîne ce type d'inversion peut également être suspecté d'une visée révisionniste. Le retour vers un passé heureux n'est-il pas une façon d'éluder la question du mal historique et de consacrer la promotion d'une mémoire édulcorée, basée sur l'oubli et le déni du traumatisme passé ? Les enjeux sont graves et il faut réfléchir précisément aux conditions de possibilité du comique lorsqu'il cherche à retourner de façon aussi frontale un événement du passé.

Contre toute attente, la logique ascendante se cristallise de manière emblématique dans les comédies portant sur la Shoah[1]. C'est là un phénomène apparemment paradoxal, car on aurait pu penser que cette logique d'inversion serait survenue dans un contexte historique moins délicat, ne suscitant pas autant de précautions éthiques. Pourtant, comme par un effet de balancier, l'appel à une mémoire du bien surgit avec force quand la comédie se mesure à l'un des événements les plus traumatiques du vingtième siècle. Dans un tel contexte, on sera particulièrement attentif à la manière dont les comédies procèdent pour retourner la représentation de cet événement et en faire naître non pas seulement le rire, mais également une promesse de bonheur et cela, sans pour autant renier la singularité historique du traumatisme.[2]

2. Rire de la Shoah

A la fin des années 90, en l'espace d'un an, sortent trois comédies qui opèrent, à des degrés divers, un retournement comique de la Shoah : *La Vie est belle* (1998) de Roberto Benigni, *Train de vie* (1998) de Radu Mihaileanu et *Jakob le menteur* (1999) de Peter Kassovitz. Même si ces productions ont pour origine des pays différents – l'Italie, la France et les Etats-Unis –, elles annoncent, par la liberté qu'elles prennent à l'égard de l'histoire, un tournant important dans la configuration filmique du judéocide. Loin d'être accidentelle, cette émancipation référentielle s'inscrit en fait dans un contexte très précis et découle d'une longue évolution des représentations du traumatisme.

Alternant des images tournées lors de la libération des camps et des prises de vue contemporaines réalisées à Auschwitz, le documentaire d'Alain Resnais *Nuit et brouillard* (1956) constitue une première étape essentielle dans le travail de la mémoire cinématographique autour de l'horreur concentrationnaire. Une vingtaine d'années plus tard, comme en réponse à ce film, Claude Lanzmann s'attelle au tournage de *Shoah* qui sort en 1985, après un long travail d'enquête et de recherche. Contrairement au documentaire de Resnais, le film de Lanzmann ne recourt à aucune image d'archives. Il repose exclusivement sur les témoignages des contemporains du judéocide, tout en montrant ce qu'il reste aujourd'hui des lieux d'exécution. Bien que ces deux œuvres utilisent des stratégies radicalement différentes, elles ont en commun de refuser l'approche fictionnelle et de déjouer le piège du voyeurisme qui consisterait à représenter frontalement l'extermination de masse. Par ailleurs, plutôt que d'enclore le judéocide dans le passé, les réalisateurs le montrent comme agissant toujours dans le présent, *Nuit et brouillard* étant d'ailleurs explicitement conçu comme un dispositif d'alerte à l'attention des générations futures.

A la fin des années 70, pendant que Lanzmann travaille au montage de son film, sort sur les écrans américains la série télévisée *Holocauste* (1978) de Marvin J. Chomsky. D'un impact considérable, la série retrace le destin d'une famille juive allemande depuis les premiers temps du nazisme jusqu'au dénouement tragique dans les camps d'extermination. Contrairement aux films de Resnais et de Lanzmann, cette production applique au traumatisme les recettes éprouvées de la reconstitution historique. Au cours des années 80, dans le prolongement de cette série, apparaissent d'autres films qui donnent eux aussi une pleine visibilité au traumatisme, certains n'hésitant pas à reconstituer les chambres à gaz pour faire de ce lieu le point culminant de la logique dramatique du récit.[3]

Progressivement, la Shoah tend à se transformer en un sous-genre cinématographique à part entière, avec ses figures clés et ses motifs récurrents. D'après Shlomo Sand, « tous ces films donnèrent à ce grand traumatisme une audience populaire jamais connue jusqu'alors. L'iconographie en devint, en quelque sorte, familière : les uniformes nazis, les pyjamas rayés des détenus, les baraquements des camps, les barbelés, les miradors et les murs des ghettos revenaient sans cesse »[4].

C'est dans ce contexte d'une représentativité sans cesse plus grande – et alors que la mémoire de la Shoah connaît parallèlement « une véritable métamorphose, en passant progressivement de l'indifférence généralisée à la reconnaissance publique »[5] – que sort *La Liste de Schindler* en 1993. Le film de Spielberg parachève l'entreprise de représentation totale entamée par *Holocauste* quinze ans plus tôt. Coulant son récit dans le moule familier du mélodrame hollywoodien, Spielberg retrace le sauvetage d'un millier de Juifs polonais par un industriel allemand, Oskar Schindler. Cette histoire, véridique au demeurant, est l'occasion de reconstituer les grandes phases du génocide. Si l'on excepte l'image des chambres à gaz[6], il semble qu'aucun événement, même le plus dramatique, ne résiste à la mise en scène du réalisateur. Tourné presque exclusivement en noir et blanc, le film tend à se présenter comme une vision fidèle du judéocide, comme un reflet qui serait encore plus réel que son modèle.

Dans *L'histoire infilmable*, Vincent Lowy ne manque pas d'insister sur la postérité de *La Liste de Schindler*. En fixant les codes de représentation du génocide dans la conscience collective, cette reconstitution historique ouvre du même coup la voie à d'autres modalités de configuration, moins soucieuses des contraintes du réel. Pour Lowy, « le film de Spielberg a eu un rôle prédictif incontestable : il a provoqué une accélération du phénomène de représentativité cinématographique en même temps qu'un renouvellement maladroit, mais réel, du modèle classique de représentation de l'histoire récente »[7].

Surgissant à la fin des années 90, *La Vie est belle*, *Train de vie* et *Jakob le menteur* s'inscrivent directement dans le sillage de *La Liste de Schindler*. Si ces comédies apparaissent à ce moment précis de l'histoire, c'est qu'elles peuvent s'appuyer sur la norme représentative instaurée par le film de Spielberg tout en bénéficiant, plus largement, de l'intérêt grandissant suscité par l'histoire de la Shoah.

Cela étant, il faut tout de même remarquer que l'application du comique à un sujet aussi tragique que le judéocide n'est pas nouvelle en soi. Dans les années 40, des comédies comme *Le Dictateur* (Chaplin, 1940), *Jeux dangereux* (Lubitsch, 1942) ou *Lune de miel mouvementée* (Mc Carey, 1942) tournaient déjà en dérision la barbarie nazie. Dans le film de McCarey, Cary Grant et Ginger Rogers sont arrêtés à Varsovie et emprisonnés, le temps d'une séquence, avec des victimes juives qui sont manifestement sur le point d'être déportées. Cependant, si les intentions des réalisateurs sont louables, ils n'ont à l'époque qu'une faible idée de ce qui se passe réellement dans les camps de concentration. Même Chaplin, lorsqu'il s'attaque aux persécutions dont sont victimes les Juifs, ne peut éviter d'en donner une version dérisoire, surtout en regard des événements qui allaient se produire après 1941.

Avec des comédies comme *La Vie est belle* ou *Train de vie*, la perspective est radicalement différente. Ces représentations se situent à distance de l'événement, bien après que l'horreur des camps d'extermination a été révélée au monde. Le rire n'est pas seulement au service d'une dénonciation de la folie totalitaire, comme c'était le cas pour Lubitsch, McCarey et Chaplin. Il participe aussi à une volonté de donner forme et sens au génocide, de continuer à l'inscrire dans les mémoires.

Un autre point décisif est que ces comédies ont rencontré un large écho auprès du grand public. Alors qu'on aurait pu craindre que l'application du comique à un sujet aussi grave que le judéocide soit réprouvée par les spectateurs, c'est l'inverse qui se produit. Primé à Cannes et récompensé par l'Oscar du meilleur film étranger, *La Vie est belle* suscite, au-delà des débats et polémiques, un engouement mondial. Bien qu'ils ne connaissent pas un impact comparable, *Train de vie* et *Jakob le menteur* trouveront également un accueil favorable lors de leur diffusion. Cette reconnaissance n'aurait sans doute pas été possible quelques années plus tôt et il n'est d'ailleurs pas sûr que les projets de ces films auraient pu être menés à bien. Pour s'en convaincre, il suffit de songer à l'échec de Jerry Lewis qui, dès 1972, avait commencé à tourner une tragi-comédie sur les camps de concentration, provisoirement intitulée *The Day the Clown Cried*, mais qui dut vite renoncer à son projet, faute de crédits et de soutien.[8] On peut aussi évoquer la première version de *Jakob le menteur*, *Jakob der Lügner* (Beyer, 1974). Pourtant nominé aux Oscars, le film ne bénéficia, en définitive, que de faibles retombées commerciales et critiques.

Le succès rencontré par *La Vie est belle*, et dans une moindre mesure par *Train de vie* et *Jakob le menteur*, montre donc qu'en cette fin des années 90 la société était prête à recevoir des représentations de la Shoah qui alliaient le comique au tragique et qui, de manière plus générale, faisaient la part belle à la fiction.

3. Le retournement de l'histoire comme fiction

En plus de se situer dans un espace-temps déterminé, les comédies de la Shoah ont comme point commun de procéder à un retournement évident de la matière historique : le camp d'extermination de *La Vie est belle* est présenté comme un espace de jeu ; Jakob le menteur diffuse de fausses nouvelles qui transforment le quotidien du ghetto ; quant à *Train de vie*, il montre une communauté juive se déportant elle-même. Dans chaque cas, la comédie met en place une inversion référentielle en détournant la réalité factuelle d'une étape clé du processus d'extermination (ghetto, déportation, camp).

Face à de tels retournements, il convient tout d'abord de s'interroger sur les conditions de possibilité du rire. Les comédies de la Shoah introduisent certes une anomalie historique dans le tissu événementiel de l'histoire, mais cette anomalie ne garantit pas à elle seule le surgissement du plaisir comique. Le détournement ne peut être perçu que si l'on est capable de le rapporter à une norme et il est donc nécessaire que le public ait intégré une certaine connaissance de l'événement historique. Si le savoir propre à chaque spectateur est difficile à évaluer, on peut néanmoins supposer que *La Liste de Schindler* ainsi que les autres films qui l'ont précédé ont installé, en cette fin des années 90, une norme de référence dans les esprits. Remarquons que cette norme ne recoupe que partiellement les résultats de la recherche historique. Elle ne découle pas d'un savoir livresque, mais repose avant tout sur l'expérience visuelle du spectateur. Pour Sylvie Lindeperg, un tel phénomène n'a rien de surprenant, car il est à présent établi que la mémoire fonctionne essentiellement « sur le souvenir de l'image, par un effet d'intertextualité cinématographique et télévisuelle »[9].

Cependant, pour que le rire survienne, il ne suffit pas que le spectateur ait acquis une certaine connaissance de l'événement. Il faut encore que le renversement soit annoncé comme tel. Si l'écart n'est pas ostensiblement mis en scène, les comédies de la Shoah risquent de manquer leur objectif et de ne pas susciter le rire. Que penser, en effet, d'un film qui conte la déportation des Juifs par eux-mêmes ? Ou d'une représentation qui transforme un camp d'extermination en espace de jeu ? En aucun cas, le retournement ne peut se confondre avec l'univers référentiel du génocide. Il doit être tenu à l'écart et se dissocier clairement de la norme de référence. L'inversion référentielle n'est possible que si elle se donne comme illusion et fiction. Sans cette condition, la comédie deviendrait inconvenante à l'égard de la réalité traumatique et risquerait de semer le trouble dans l'esprit du spectateur en présentant une vision falsifiée du judéocide.

C'est sans nul doute pour éviter ce risque que les trois comédies font surgir l'inversion référentielle par le biais d'une parole explicitement mensongère. Que ce soit *Jakob le menteur*, *La Vie est belle* ou *Train de vie*, tous ces films présentent le personnage d'un menteur confronté à l'horreur du génocide. Face à l'ampleur du traumatisme, la distance nécessaire au comique est obtenue à travers la mise en scène d'un discours fabulateur. Le cours de l'histoire est inversé, mais cette inversion est donnée comme fictive, c'est-à-dire qu'est mis en avant son caractère fallacieux et imaginaire. C'est à ce prix seulement que la comédie peut voir le jour, quand la réalité historique est retournée par un mensonge qui s'annonce comme tel.

Reste maintenant à examiner la portée de cette parole fabulatrice, la façon dont elle compose avec l'univers visuel du récit. Le mensonge trouve-t-il en l'image une partenaire complice qu'il peut plier à son énonciation fallacieuse, ou, au contraire, l'image est-elle donnée comme un lieu de résistance qui viendrait restreindre l'essor de la parole mensongère ?

Jakob le menteur : une déformation prudente de l'histoire

L'histoire de *Jakob le menteur* se déroule dans le ghetto juif d'une ville polonaise. Envoyé dans le bureau d'un officier nazi, Jakob (Robin Williams) entend par mégarde une nouvelle importante à la radio : les Russes ne seraient qu'à 400 km de la ville. De retour dans le ghetto, Jakob révèle l'information et bientôt le bruit se répand qu'il possède un poste récepteur. Pour donner de l'espoir à ses compatriotes, Jakob diffuse de fausses nouvelles jusqu'au jour où les nazis suspectent la présence d'une radio dans le ghetto. Après avoir été torturé, le héros est abattu tandis que les autres habitants sont déportés vers les camps.

Des trois représentations, *Jakob le menteur* est sans doute celle qui pousse le moins loin la déformation historique. L'inversion référentielle au sens strict ne surgira que dans la dernière séquence du récit, lorsque la voix off du héros parviendra, par-delà la mort, à retourner le sens attendu de l'histoire : alors que tout semble perdu pour les déportés, l'armée soviétique intervient miraculeusement et libère le convoi.

Ce retournement final apparaît comme le seul moment du film où la parole de Jakob acquiert une véritable fonction performative, capable de reconfigurer la réalité historique. Pendant le reste de la représentation, les mensonges se montrent beaucoup plus prudents dans leur manipulation du réel. Ainsi, les fictions qu'élabore Jakob sont-elles de l'ordre du probable : elles portent sur l'extérieur du ghetto et concernent l'hypothétique avancée de l'armée russe. De telles fictions s'enracinent d'ailleurs dans un élément factuel, entendu à la radio : les Russes sont maintenant tout proches de la ville. Jakob se contente d'amplifier cette information de base en ajoutant des éléments fantaisistes, comme, par exemple, ces orchestres de jazz américains qui accompagnent, selon lui, les chars soviétiques.

A aucun moment du film, Jakob ne tente de transformer la réalité dramatique qui l'entoure. La manipulation verbale de la réalité s'effectue presque toujours en l'absence d'images qui viendraient confirmer ou réfuter cette manipulation. Une telle option narrative permet de rendre d'autant plus présent le poids de l'histoire au sein de la représentation. La réalité du ghetto est montrée avec force, car son apparition visuelle dans le récit ne risque pas de venir démentir les propos du héros. A côté de quelques scènes comiques, *Jakob le menteur* se déploie fréquemment sur un registre tragique. Des morts sont ramassés dans les rues, certains Juifs sont exécutés et le meilleur ami de Jakob est retrouvé pendu dans son salon de coiffure. Le héros lui-même est torturé et abattu par les nazis. Même si la description du ghetto peut paraître stéréotypée, car renvoyant à des représentations antérieures, il n'en reste pas moins qu'elle inscrit, au cœur de la comédie, la marque visible de ce qu'a pu constituer la barbarie nazie. Tout au long du film, l'esprit de la comédie est sans cesse sur le point de se déliter, car l'horreur du ghetto n'est jamais atténuée par les mensonges du héros. C'est là une option de mise en scène très différente de celle de *La Vie est belle*.

La Vie est belle : l'image complice du mensonge

La Vie est belle est la première comédie de la Shoah à sortir sur les écrans. Bien que Radu Mihaileanu, le réalisateur de *Train de vie*, ait précédé Benigni dans l'écriture du scénario, le cinéaste italien a pu monter plus rapidement son film, sans doute parce qu'il disposait d'un crédit suffisant en Italie pour que les producteurs lui accordent carte blanche. Par la suite, la comédie de Benigni s'imposera sur la scène mondiale, aidée en cela par la nomination au festival de Cannes et par la société américaine Miramax qui en acheta les droits de distribution.

Lors de sa sortie, *La Vie est belle* suscita des réactions fort contrastées. En appliquant pour la première fois le comique à la Shoah, la comédie de Benigni entraîna de nombreuses polémiques, particulièrement en France, et cette agitation médiatique a certainement contribué au succès du film. Toutefois, celle-ci n'aurait pas été aussi vive si le réalisateur n'avait pas choisi de détourner la phase finale du traumatisme que sont les camps d'extermination.

La Vie est belle comprend deux grandes parties. La première retrace les péripéties de Guido, libraire juif incarné par Roberto Benigni, dans l'Italie fasciste. La seconde s'ouvre lorsque Guido et sa famille sont déportés dans un camp d'extermination. Pour cacher à son fils l'horreur de la situation, Guido imagine un énorme mensonge : le camp est un vaste espace de jeu, un jeu au cours duquel il faut réunir le plus de points possibles dans le but de gagner un véritable char. Par ce stratagème, Guido parvient à sauver la vie de son petit garçon. Peu après la défaite des Allemands, celui-ci repart à bord d'un char allié et retrouve sa maman. Quant à Guido, il est exécuté par les nazis lors de l'évacuation du camp.

En regard de *Jakob le menteur*, la parole fabulatrice de *La Vie est belle* apparaît d'une tout autre portée. Elle ne vise pas l'au-dehors de la représentation, mais contredit ce qui est montré à l'image. Malgré les dures conditions de vie qui règnent dans le camp, Guido tente de convaincre l'enfant que les privations subies font partie du jeu auquel ils sont censés participer. Cette puissance performative de la parole culmine lors d'une scène particulièrement emblématique. Peu après l'arrivée au camp, Guido se porte volontaire pour traduire les consignes d'un officier allemand. Plutôt que de rapporter les propos nazis, il se met à improviser un règlement fantasque, censé correspondre à l'organisation du jeu. Dans cette scène, le mensonge supplante le réel diégétique et apparaît comme une incroyable vérité aux yeux de l'enfant.

Cependant, pour que la parole soit opérante, il est nécessaire que l'image se fasse complice du mensonge, qu'elle présente une vision des camps autorisant son interprétation comme espace de jeu. Sans cette complicité, il est clair que le film ne peut fonctionner. Dès lors, on ne s'étonnera pas que la représentation du judéocide soit à ce point aseptisée. La réalité concentrationnaire doit être présentée de telle sorte qu'elle ne puisse venir mettre en doute la parole performative du père. Dans *La Vie est belle*, la plupart des scènes renvoient à d'autres images, d'autres stéréotypes de la mémoire concentrationnaire. Et encore ces éléments stéréotypés sont-ils fréquemment dépourvus de tout potentiel traumatique, comme si Benigni n'avait retenu de la Shoah qu'une version simplifiée et schématique, suffisamment évocatrice pour renvoyer à la mémoire des camps et suffisamment lacunaire pour rendre possible le décalage comique.[10]

Alors que *Jakob le menteur* configurait de manière assez réaliste l'horreur du ghetto, *La Vie est belle* ne retient de l'événement passé qu'une toile de fond appauvrie et édulcorée. Parmi les images antérieures des camps, la comédie a surtout prélevé un dispositif topographique ainsi qu'un traitement caricatural des personnages. Et c'est peut-être là que réside la grande ambiguïté du film de Benigni. En faisant porter le mensonge sur une réalité historique présente à l'écran, le réalisateur est presque contraint, s'il veut que le retournement comique ait lieu, d'affaiblir la représentation de l'univers concentrationnaire, le risque de ce parti pris étant évidemment de laisser croire au spectateur qu'un tel mensonge était possible dans les camps.

Train de vie : une narration trompeuse

Chronologiquement, même s'il a été occulté par le succès de *La Vie est belle*, *Train de vie* est le premier projet comique des années 90 à se confronter à la Shoah. Le synopsis du film est déposé dès 1994 à la SACD, soit moins d'un an après la sortie de *La Liste de Schindler*. Cette proximité temporelle par rapport au film de Spielberg explique probablement que *Train de vie* est la comédie qui entretient le plus grand décalage avec la norme référentielle. On peut supposer que *La Liste de Schindler* a produit un impact suffisamment fort dans les esprits pour que puisse se développer, immédiatement après, un projet de fiction libéré des contraintes du réel.

Et il est vrai que l'histoire de *Train de vie* peut se présenter, dans un premier temps du moins, comme totalement contraire à la réalité historique. En 1941, Schlomo, le fou du village, prévient les habitants de son shtetl de l'arrivée imminente des Allemands. Pour échapper à la mort, les villageois décident de se déporter eux-mêmes. Le film retrace les préparatifs du départ, puis le périple du faux train de déportés dans l'Europe de l'Est. Mais, alors que le convoi parvient à pénétrer en Union soviétique, le référent traumatique refait brusquement surface dans la représentation. Le dernier plan du film montre Schlomo en tenue de prisonnier dans un camp de concentration. Il apparaît alors au spectateur que ce fabuleux récit d'évasion n'était qu'une histoire racontée par un fou, la fiction qu'imagine un déporté pour oublier l'horreur du camp dans lequel il est enfermé.

Plus encore que dans *La Vie est belle*, l'inversion référentielle se manifeste de façon évidente. Le film entier s'organise autour d'un retournement de la réalité historique : les Juifs ne sont plus déportés, ils se déportent eux-mêmes ; le train ne conduit pas à la mort, mais à la vie. Et les scènes les plus drôles du film sont celles qui montrent l'inversion des rôles et des actions, comme quand on découvre de faux soldats allemands effectuer la prière juive dans un champ.

Pour mener à bien ce retournement de grande ampleur, le récit de Schlomo peut compter sur une totale connivence des images. Dans *Train de vie*, le rapport au mensonge connaît une nouvelle déclinaison : contrairement aux comédies précédentes, la narration filmique épouse le point de vue du personnage principal et l'image s'avère aussi menteuse que l'énoncé qu'elle est chargée d'illustrer. Elle nous conduit à penser que les événements racontés par le héros sont effectivement arrivés dans la diégèse du film alors qu'ils n'ont eu lieu que dans son esprit.

Cependant, l'ampleur du mensonge est telle qu'il n'est pas sûr que le spectateur doive attendre la fin de la représentation pour se rendre compte de la nature fallacieuse du récit. Face à une inversion qui retrace la déportation des Juifs par eux-mêmes, le public n'est pas dupe et tend à rectifier de lui-même le statut qu'il faut attribuer aux images. Manifestement, celles-ci ne relèvent pas d'une narration sérieuse, mais semblent davantage illustrer un conte ou une fable. Avant même la révélation finale, la mise à distance nécessaire au comique est établie grâce au caractère ostentatoire du retournement effectué.

Parce qu'elle épouse le point de vue d'un fou, la comédie de Mihaileanu relègue du même coup la norme de référence dans le creux de la représentation. La perception de l'inversion repose sur les seules connaissances du spectateur et c'est à ce dernier qu'il revient d'identifier le retournement mis en scène en le comparant à sa propre connaissance de l'événement. Dans le film, seules quelques scènes viennent rappeler la barbarie nazie, sans pour autant entraîner de réelles conséquences dramatiques : l'incendie d'un village déserté, la capture du tailleur, rapidement libéré par ses compatriotes…

L'unique exception à ce traitement est bien entendu le dernier plan du film lorsque le spectateur découvre Schlomo dans un camp de concentration. C'est à travers cette seule image que la brutalité de l'histoire fait retour dans la représentation. Au dénouement euphorique de la fable succède l'issue tragique de l'histoire : la déportation pour tous, sans échappatoire possible. Le dévoilement du mensonge frappe le récit écoulé du sceau de l'utopie. Le retournement comique de la Shoah est impossible : il ne peut être qu'une fiction, une fiction d'autant plus dramatique qu'elle est proférée depuis un camp de concentration.

4. Bienfaits de l'inversion référentielle

Que ce soit dans *Jakob le menteur*, *Train de vie* ou *La Vie est belle*, le renversement du passé est rendu possible par la mise en scène d'une parole fabulatrice qui s'annonce comme telle. A aucun moment, le décalage comique ne fait mine de se confondre avec le cours normal de l'histoire. La distance nécessaire au rire est toujours maintenue, l'écart entre la norme et son détournement constamment souligné.

Pour important qu'il soit, ce premier niveau d'analyse est purement fonctionnel. Il consiste simplement à vérifier si les comédies satisfont aux grandes règles du genre. Mais pour saisir pleinement saisir la portée de ces représentations, il faut aller plus loin dans la réflexion et voir à quel dessein répond le retournement comique. On ne peut se contenter d'avancer que l'inversion référentielle, même déployée avec précaution, a pour seul but de provoquer le rire. Si le retournement s'opérait dans l'unique intention de susciter le plaisir du spectateur, alors on voit bien ce que ces comédies auraient d'inconvenant par rapport à l'événement détourné.

Il nous semble que l'inversion obéit à une visée plus constructive, dont la finalité excède largement la question du plaisir spectatoriel. Comme nous allons le voir, l'inversion référentielle procure un double bienfait : aux protagonistes des comédies, elle donne l'occasion de résister, ne serait-ce que momentanément, à la réalité concentrationnaire, tandis qu'elle autorise, chez le public, une sorte de relâchement qui le dispose à se tourner vers une mémoire du bien, respectueuse du souvenir du traumatisme, mais ouverte sur l'avenir.

La fiction comme évasion

Indéniablement, la fuite dans l'imaginaire constitue l'une des issues privilégiées pour échapper à l'oppression d'une situation éprouvante. L'évasion rêvée vers un autre monde permet de tenir provisoirement le réel à distance et d'y revenir par la suite mieux armé pour l'affronter, car, durant cette brève échappée, une autre alternative a été donnée à voir.

A cet égard, il n'est pas inutile de rappeler que de nombreux déportés ont trouvé la force de survivre en maintenant leur conscience en éveil et en refusant de se laisser totalement enclore dans la réalité génocidaire. Dans *The Strength to Survive*, Selma Leydesdorff rapporte les propos d'un ancien rescapé d'Auschwitz qui se souvient avoir entendu jouer un orchestre tzigane alors qu'il était enfermé dans le camp. Le plaisir que lui procura la musique est décrit de la sorte : « Nous nous sommes échappés en esprit. Nous n'étions plus dans un camp de concentration. Nous étions dans de plus hautes sphères, à haute altitude, nous nous sentions libres, libres de toute contrainte »[11].

Toute proportion gardée, c'est un mouvement d'évasion similaire qui est mis en scène dans les comédies de la Shoah. Quand le héros imagine une autre issue à l'histoire, il offre du même coup un espace d'espoir à ceux qui veulent bien l'écouter. Dans chaque représentation, la narration fabulatrice permet aux personnages de survivre à l'horreur concentrationnaire en se projetant dans une réalité parallèle à celle-ci.

Un tel phénomène est particulièrement visible dans *Jakob le menteur* où la fiction inventée par le héros est partagée par la communauté juive. Cette dernière est prête à croire ce que lui dit Jakob, et cela d'autant plus que ses paroles portent sur le hors-champ de la représentation. Elles font miroiter une promesse de délivrance qui tranche avec la réalité sordide du quotidien. Diffusant l'espoir au sein de la collectivité, les mensonges donnent même une impulsion suffisante pour que la résistance s'organise. Ce pouvoir mobilisateur de la fiction ne se trouvera démenti qu'en fin de film, lorsque Jakob sera exécuté.

Plus le mensonge est audacieux dans son retournement, moins il rencontre un auditoire susceptible de le partager et de l'écouter. Ainsi, dans *La Vie est belle*, la fiction qui consiste à transformer le camp en un espace de jeu est trop improbable pour être acceptée par les autres prisonniers. Ceux-ci se contentent d'assister, passifs, au spectacle orchestré par Guido à destination de son fils. Privée de dimension communautaire, la fiction n'a d'autre enjeu que de cacher à l'enfant la véritable horreur des camps.

De la même manière, le retournement systématique de *Train de vie* ne manque pas d'isoler le personnage de Schlomo. Celui-ci trouve la force de résister à l'enfermement en imaginant une fiction qui renverse l'issue tragique de l'histoire. Mais cette fiction, il ne peut la partager avec aucun autre déporté, sans doute parce qu'elle est trop aberrante pour être reçue à l'intérieur du camp. A la fin du film, le héros est donc représenté seul, en plan serré, derrière les barbelés. Dès lors, sa parole ne peut s'adresser qu'au spectateur, comme si, par-delà le temps, Schlomo entendait tout de même transmettre son rêve d'une communauté préservée à un public attentif, fût-il imaginaire et coupé de la réalité concentrationnaire.

Dans chaque comédie, la fable requiert un engagement total de la part de ceux qui souscrivent à son projet narratif. La parole porteuse d'espoir ne peut être efficace que si l'auditeur accepte de suspendre son incrédulité et d'oublier momentanément la réalité dramatique qui l'entoure. Pour être surmonté, le traumatisme demande une puissance imaginative plus grande qu'à l'ordinaire. C'est, en effet, par une véritable traction de l'imagination que les personnages peuvent s'arracher à la pesanteur du réel historique. Aussi n'est-il pas surprenant de constater que les comédies de la Shoah réservent une place centrale à la thématique de l'innocence enfantine, car l'enfant, plus que l'adulte, a gardé intacte cette faculté de croire et de se laisser emporter par la rêverie.

Dans *La Vie est belle*, Josué ne met jamais fondamentalement en doute la fable de son père. Il y croit aveuglément, ce qui lui vaudra de garder la vie sauve et de bénéficier de la récompense promise, un véritable char américain. Un même principe est visible dans *Jakob le menteur*, quoique de manière plus discrète. Si Jakob s'adresse à tous les membres de la communauté, il n'en reste pas moins que son auditrice privilégiée est la fillette qu'il a recueillie auprès de lui. Pour permettre à celle-ci de garder espoir, Jakob retrouve une seconde jeunesse et réinvente le quotidien, en imitant, par exemple, les différentes voix de la radio ou en entraînant la fillette dans un pas de danse. Enfin, dans *Train de vie*, Schlomo incarne lui aussi une figure de l'enfance. C'est parce qu'il a la capacité d'imaginer une histoire heureuse que ce personnage pourra survivre dans le camp de concentration. D'ailleurs, faut-il le rappeler, il est le fou du village, celui qui est maintenu à l'écart du monde des adultes et dont l'innocence est perçue comme une source de sagesse par les membres de la communauté.

A travers les trois comédies, l'innocence apparaît donc comme une qualité essentielle pour se préserver de l'oppression du réel. Etymologiquement, on le sait, l'innocent désigne celui qui n'est pas marqué par le mal. Or, c'est précisément cette qualité que la comédie entend préserver. Les personnages ne peuvent s'évader que s'ils parviennent à se détacher de la noirceur environnante, à maintenir en eux une certaine forme de virginité qui les empêche d'être totalement soumis au pouvoir nocif du bourreau.

Encore une fois, le processus décrit ici n'est pas si éloigné des mécanismes de survie qui ont été réellement mis en œuvre par les déportés. D'après Selma Leydesdorff, « les gens survécurent dans les camps à travers une combinaison d'habiletés sociales, de force physique, de résilience émotionnelle et mentale et *en se souvenant constamment qu'il y avait un autre monde avec des alternatives* »[12].

Le relâchement mémoriel

Dans une certaine mesure, l'échappée permise par la fiction est aussi valable pour le spectateur, à la différence que celui-ci a une conscience beaucoup plus aiguë du dénouement réel de l'histoire. Contrairement aux personnages des comédies, nous savons très bien que la parole porteuse d'espoir est mensongère et qu'elle ne risque pas de déboucher sur une issue libératrice. Alors que les protagonistes peuvent croire de toutes leurs forces en une alternative possible, notre connaissance du génocide nous interdit de souscrire à une telle vision du passé. Et de fait, nous ne pouvons ignorer la falsification opérée par le retournement comique : le camp de la mort n'est pas un espace de jeu, les Juifs ne se sont pas déportés eux-mêmes, et la plupart des habitants des ghettos ont été emmenés dans des camps d'où ils ne sont jamais revenus.

Pourtant, malgré le souvenir de l'histoire, ces comédies nous invitent tout de même à suspendre notre incrédulité et à accepter le jeu mis en scène. Elles nous demandent de faire comme s'il était réellement possible qu'un tel retournement historique ait lieu. Pour parvenir à susciter ce mouvement d'adhésion, les représentations doivent se montrer convaincantes, car la croyance du spectateur est plus difficile à mobiliser que celle des personnages. Le public ne peut se contenter d'adhérer à la seule parole du héros. Son assentiment découle plus largement de la stratégie persuasive développée par l'ensemble de la configuration. Il faut ainsi que la comédie aménage son espace filmique de telle sorte que celui-ci autorise le déploiement de la parole mensongère.

Comme nous l'avons vu, ce processus d'aménagement conduit les comédies à présenter des visions du traumatisme qui tranchent avec celles auxquelles nous sommes habitués. Dans *La Vie est belle*, la représentation des camps est délibérément simplifiée ; même si *Jakob le menteur* use souvent d'un registre dramatique, il ne craint pas de faire surgir des scènes ouvertement comiques dans le quotidien tragique du ghetto ; quant à *Train de vie*, il se place presque entièrement sous les auspices de la fable.

A la suite de cet affaiblissement de la norme historique, il se produit dans l'esprit du spectateur un mouvement similaire à celui que décrit Freud dans *Le mot d'esprit et sa relation à l'inconscient*. Rappelons que, pour Freud, le rire naît « quand un montant d'énergie psychique antérieurement utilisé pour investir certaines voies psychiques est devenu inutilisable, de sorte qu'il peut connaître une libre décharge »[13]. Dans les comédies de la Shoah, un même phénomène d'économie est à l'œuvre, mais, plutôt que de conduire vers un franc éclat de rire, il semble davantage mener vers une sorte d'allégement de la mémoire, une relâche soudaine des représentations mobilisées. Alors que le spectateur mobilise ses connaissances historiques au sujet de la Shoah, voilà que les comédies donnent à voir des représentations qui déjouent et même renversent ces connaissances. De cette différence entre la représentation attendue et celle qui apparaît à l'écran naît une épargne d'énergie qui entraîne ce que nous pourrions nommer un *relâchement mémoriel* ou, pour reprendre les termes de Freud, « une brusque mise au repos de la tension intellectuelle »[14].

Indispensable au bon fonctionnement de la représentation, le relâchement mémoriel prépare le spectateur au dénouement heureux de la comédie. Si le public veut pouvoir s'abandonner au retournement mis en scène et croire lui aussi en la possibilité d'un monde meilleur, il est nécessaire que le carcan de la mémoire collective desserre son étreinte. De la même manière que les personnages des comédies doivent parvenir à se détacher du réel concentrationnaire pour s'adonner à la fable, le spectateur doit accepter de se détourner du souvenir du mal historique pour accueillir le surgissement d'une autre réalité possible. C'est à ce prix seulement qu'il peut participer à la fiction mise en scène et accepter l'orientation générale de la comédie qui est de conduire vers un dénouement autrement plus réconfortant que l'issue réelle de l'histoire.

Cette ouverture du public à une conclusion positive n'est pas sans évoquer la position que Frye assigne au spectateur des comédies. Dans *Anatomie de la critique*, Frye montre que la comédie se termine toujours sous le signe de la réconciliation et que l'heureux dénouement répond « à l'attente du public, à ce qui, pour lui, devrait arriver, et qui correspond dans sa pensée à une appréciation morale »[15]. Une appréciation morale, et non historique, devrait-on ajouter. Ainsi, face à *Train de vie* ou à *La Vie est belle*, désirons-nous ardemment – en dépit de ce que nous savons à propos du traumatisme – que les personnages échappent à leur destin, car une fin heureuse nous paraîtrait plus juste que l'issue tragique à laquelle les condamne l'histoire. Comme le souligne Frye, « ce n'est pas par leur vraisemblance que nous touchent les heureux dénouements, mais parce que nous les trouvons désirables »[16].

Cependant, avant que ne surgisse le dénouement positif, il semblerait que la réalité historique doive d'abord reprendre son dû. Dans les trois comédies, il existe une étape charnière qui interrompt le relâchement mémoriel mis en place par l'inversion référentielle. Au cours de cette étape, l'issue réconfortante promise par la comédie paraît reportée, voire annulée. Le menteur est mis à mort, de manière symbolique ou réelle, comme si le traumatisme se tenait en embuscade dans les replis de la représentation et qu'il ne pouvait autoriser le passage vers une révélation positive qu'en prélevant une sorte de tribut sur les personnages qui avaient eu l'audace de vouloir franchir son col abrupt.

5. La mise à mort du menteur

Même si la fable parvient à déformer le réel historique, il vient un moment où le rire s'enraye et où le décalage comique éprouve de plus en plus de difficultés à se maintenir. De même que l'historien, le récit comique a « une *dette* à l'égard du passé, une dette de reconnaissance à l'égard des morts, qui fait de lui un débiteur insolvable »[17]. C'est pourquoi, sur le chemin qui mène au dénouement heureux, les comédies répondent à ce principe de réalité en sacrifiant le personnage le plus emblématique de leur projet narratif.

Ainsi, dans *Jakob le menteur*, le héros est-il finalement exécuté. Pour les Allemands, les nouvelles diffusées deviennent gênantes à partir du moment où elles entraînent des actions concrètes de résistance. Emmené sur un échafaud, Jakob est abattu d'un coup de revolver devant ses compatriotes. A ce stade du film, le décalage introduit par la fiction se voit rattrapé par la réalité historique. L'émotion prend le pas sur la distance : le corps du héros est étendu sans vie sur l'estrade pendant que les autres Juifs sont emmenés pour être déportés.

La Vie est belle se termine également par l'exécution du fabulateur. Si les mensonges de Guido ont pu faire un temps illusion, ils finissent par se montrer inopérants face à la gravité du génocide. Alors que les nazis évacuent le camp, le héros cache son fils dans une sorte de boîte aux lettres et lui fait promettre de ne pas sortir tant qu'il y aura encore des soldats. C'est la dernière étape du concours, la plus importante, celle qui précède la fin du jeu. Peu après avoir caché son fils, Guido est arrêté par un garde. Après une dernière pitrerie à destination de l'enfant, le père est abattu dans le hors-champ de l'image, dans les coulisses du conte, là où se manifeste la terrible réalité de la Shoah.

Dans *Train de vie*, la révélation du mensonge n'intervient qu'en fin de représentation et c'est alors tout le récit de Schlomo qui est frappé d'impossibilité. Alors que le récit imaginé par le héros se termine sur un plan montrant la fuite du train en Union soviétique, la dernière image du film signifie clairement qu'une telle fuite n'a pas eu lieu. Le plan d'ensemble fait place à un plan serré, l'évasion à l'enfermement. En filmant Schlomo derrière les barbelés, Mihaileanu remet du même coup le spectateur à sa véritable place, c'est-à-dire hors des camps. A la différence de *La Vie est belle*, la caméra ne peut se résoudre à pénétrer à l'intérieur de l'horreur concentrationnaire. Toutefois, il suffit au réalisateur de présenter l'image du héros incarcéré pour que s'écroule l'utopie d'une évasion réussie.

Dans chacune des comédies, la réalité historique fait donc brutalement surface dans la représentation et paraît réduire à néant le renversement porté par la parole fabulatrice. Cependant, il serait faux de conclure que ces épisodes tragiques mettent un terme à l'esprit réconciliateur de la comédie. Paradoxalement, la mort du menteur garantit aussi le plein épanouissement du projet comique. En effet, si la comédie va « dans le sens d'une délivrance »[18], il importe que soit montré ce qui fait obstacle à cette délivrance. C'est même la condition pour que celle-ci soit ressentie comme telle. Par conséquent, on comprend que la question du mal historique ne peut être éludée. La visée réconciliatrice de la comédie n'acquiert sa légitimité qu'en traversant l'épreuve du traumatisme. Une fois que la dette à l'égard du passé a été réglée, la représentation peut s'acheminer vers un dénouement heureux et placer le spectateur sur la voie d'une mémoire réconciliée.

6. Dénouement heureux et apparition du mouvement ascendant

Alors qu'une comédie classique peut se diriger sans peine vers une réconciliation générale, cette ambition intégratrice est revue à la baisse quand elle se confronte à un événement aussi traumatique que la Shoah. Avec la mort du menteur et le retour brutal de la réalité historique, la comédie est forcée d'amender son projet narratif initial. Le prix à payer au traumatisme s'avère trop élevé pour que la représentation puisse se terminer sur l'image d'une communauté heureuse et rassemblée.

Cependant, même si un tel dénouement n'est pas envisageable, les comédies de la Shoah ont la possibilité d'évoquer en fin de récit le souvenir d'une époque heureuse qui a précédé la barbarie nazie et qui est capable de lui survivre. On trouve ici l'idée de Frye selon laquelle la comédie se compose d'une structure ternaire : le héros triomphe d'un ordre social considéré comme injuste et tyrannique, mais la nouvelle forme de collectivité qui apparaît en fin de récit renvoie à un âge d'or antérieur à celui de la représentation. Régnait en cet âge, dit Frye, « un ordre stable et harmonieux qui fut détruit par l'effet de la folie, de l'oubli, de l'obsession, par 'les préjugés et l'orgueil', par des événements que les personnages eux-mêmes ne peuvent comprendre, et cet ordre en fin de compte sera rétabli »[19].

D'après Frye, la structuration de la comédie répond au mouvement cyclique des saisons, au passage de l'été au printemps par le biais de l'automne et de l'hiver. Cette structuration s'apparente également « au traitement d'une névrose ou à une cure psychique permettant de recouvrer l'intégrité de la mémoire et de l'énergie spirituelle »[20]. Quelle que soit la métaphore adoptée, les comédies sont donc animées, pour Frye, d'un mouvement régénérateur qui conduit à la réapparition d'un âge d'or.

De telles considérations participent grandement à éclairer l'enjeu des comédies de la Shoah. Si celles-ci ne renouent pas avec un temps mythique et fabuleux, elles laissent tout de même entrevoir, à l'issue de leur déroulement, le passage d'une société à une autre. Bien que la folie nazie ait disloqué la communauté et séparé les familles, les comédies entendent annoncer le retour d'un temps heureux dont l'origine est à chercher dans la période précédant le cataclysme. Après un dur hiver, le renouveau peut s'accomplir, même si certains des plus courageux ont péri durant l'épreuve. C'est à ce niveau qu'apparaît avec force la logique ascendante : celle-ci remonte par-delà le mal absolu pour évoquer le souvenir d'une époque idéale qui est en même temps gage de foi en l'avenir.

Jakob le menteur : le réenchantement du monde

Quand Jakob est abattu par l'officier allemand, il est difficile d'imaginer que la représentation peut encore évoluer vers une fin positive. Les habitants du ghetto sont emmenés dans un train pour être déportés tandis que le corps sans vie du menteur reste sur l'échafaud. Même la voix du héros qui s'élève, cette voix d'outre-tombe, n'est pas faite pour rassurer. « C'est comme ça que ça finit. On les envoya dans les camps et on ne les revit plus jamais. ». A cet instant du film, la communauté juive paraît plus que jamais menacée et il semblerait que les mensonges de Jakob n'aient servi qu'à retarder l'issue tragique de l'histoire. Cependant, après un court instant de silence, la voix de Jakob reprend : « Mais peut-être que ça ne s'est pas passé comme ça… ». S'élève alors une musique joyeuse, d'inspiration yiddish. Celle-ci résonne dans l'un des wagons avant d'être amplifiée par les chœurs de l'armée rouge, quand la caméra passe à l'extérieur du train pour montrer les blindés soviétiques libérant le convoi.

Dans cette séquence, apparaît l'heureux dénouement promis par la comédie. Si Jakob a péri, sa parole continue à orienter la narration, à tel point qu'il est difficile d'attribuer un statut définitif aux images de libération. Elles peuvent aussi bien correspondre à la réalité diégétique du récit qu'illustrer le dernier mensonge du héros. En tout cas, ce qui est certain, c'est que la comédie propose ici comme une consolation à la vraie fin de l'histoire : la déportation et la mort. Dès lors peut-être faut-il voir dans ce dénouement positif une manière de compenser l'échec de la parole fabulatrice. Pareille conclusion vient assurer au spectateur que le retournement comique n'a pas été déployé en vain. Jakob est abattu, mais ses mensonges ont permis à la communauté de faire bloc contre l'envahisseur, de trouver les ressources nécessaires pour résister le plus longtemps possible à l'oppression nazie, et, au final, cette opiniâtreté sera récompensée.

Mais la communauté n'est pas simplement sauvée. Le dénouement montre aussi, de manière déterminante, qu'une certaine forme d'innocence originelle a pu se maintenir à travers l'épreuve du traumatisme. Le sens profond de la comédie se cristallise autour du personnage de l'enfant qui survit aux exactions nazies sans perdre pour autant sa capacité à porter un regard neuf sur le monde.

Pendant que les Russes libèrent le convoi, la fillette ferme les yeux et se revoit danser avec Jakob dans la salle du petit restaurant. Lorsqu'elle sort de sa rêverie, elle découvre un orchestre de jazz américain juché sur un char soviétique. Ouvertement fantaisiste, la scène apparaît comme la concrétisation des mensonges de Jakob. Plus tôt dans le film, celui-ci avait raconté à Lina que les tanks soviétiques étaient accompagnés d'orchestres venus d'outre-Atlantique. Dans cette scène, seule Lina est capable d'enchanter le réel. C'est à travers ses yeux que nous découvrons l'apparition onirique du jazz-band. Alors qu'on aurait pu craindre que la déportation ait définitivement brisé l'innocence de la fillette, le dernier plan du film assure du contraire. Même ébranlée par la mort de Jakob, Lina a gardé intact son pouvoir d'émerveillement. Par un simple regard, et avec l'aide de la musique, elle est capable de transfigurer la réalité extérieure pour faire en sorte que les prédictions de son ami se réalisent.

Pour transformer le réel environnant, il est significatif de constater que Lina doit d'abord fermer les yeux et se laisser emporter par le mouvement de sa mémoire. Celle-ci ne la conduit pas vers des épisodes dramatiques comme la mort de Jakob, mais elle l'amène à se souvenir des moments heureux passés en sa compagnie. Dans le court flash-back qui précède la révélation finale, les deux héros dansent au ralenti dans le restaurant de Jakob. Ces images renvoient à un moment de complicité parfaite entre les deux personnages, quand ceux-ci essayaient d'oublier le temps oppressant du ghetto pour remonter vers une époque où il était encore possible, en toute insouciance, de se livrer à quelques pas de danse.

Si cette échappée dans le passé s'avère déterminante, c'est parce qu'elle permet à Lina de trouver l'énergie nécessaire pour revenir au présent et transformer la réalité qui l'entoure. Dans la dernière séquence du récit, un fil est tendu par-dessus le mal, un fil qui relie le souvenir d'un moment insouciant à la promesse de bonheur que contient cette réminiscence. On ne pourrait exprimer plus clairement la dialectique du mouvement ascendant : en convoquant sa mémoire du bien, Lina se rappelle un temps heureux et c'est dans le souvenir de ce temps délié de l'histoire qu'elle trouve la force d'ouvrir à nouveau les yeux et d'enchanter le monde.

La Vie est belle : la musique comme vecteur temporel

Comme *Jakob le menteur*, le film de Benigni aménage une issue réconfortante et compensatoire au récit. Après l'exécution de Guido, l'enfant reste caché dans la boîte jusqu'à ce que les derniers soldats allemands aient quitté le camp. Une fois les lieux déserts, l'enfant sort de l'abri. Si le film se terminait ici, avec cet enfant livré à lui-même, alors il est clair que la comédie n'aurait que partiellement atteint son objectif. Certes l'enfant serait sauvé, mais il ne retrouverait pas sa mère et resterait isolé dans un environnement hostile. Heureusement, un bruit en provenance du hors-champ se fait entendre : un char américain vient délivrer le camp.

C'est à ce moment que l'esprit de la comédie refait son apparition. Parce qu'il a respecté les règles du jeu, l'enfant gagne le char que lui avait promis son père. La fable reprend ses droits quand Josué grimpe sur le blindé et ce moment coïncide avec la réapparition sonore du thème principal du film, réorchestré en une marche militaire. A l'instar de *Jakob le menteur*, la musique joue un rôle déterminant, car c'est par son entremise que s'accomplit pleinement la visée réconciliatrice de la comédie. Assurant la jonction entre le camp libéré et la route sur laquelle marchent les anciens déportés, le thème musical accompagne l'enfant jusqu'à ce qu'il retrouve sa maman.

Plus fondamentalement, la musique fonctionne aussi comme un vecteur temporel qui ramène le spectateur à des moments antérieurs du récit. Sous son impulsion, la séquence finale parvient à renvoyer aux temps insouciants précédant la barbarie nazie. En effet, la première fois que le thème du film retentit, c'est au tout début du récit, lorsque Guido et son ami sont dans une voiture en pleine campagne. Soudain, les freins lâchent et, à mesure que la voiture dévale la pente, la musique augmente en intensité. Après avoir traversé un village, la voiture finit par s'immobiliser dans la cour d'une ferme où Guido rencontre pour la première fois sa future femme. Or, il est surprenant de constater que la dernière scène du film réutilise le thème musical initial en le superposant également à l'image d'une route de campagne, une route différente certes, mais que la musique colore d'une tonalité joyeuse. Sur une marche triomphale, le char descend la route comme la voiture au début du film. L'analogie ne s'arrête pas là, puisqu'au bord du chemin Josué retrouvera sa maman comme autrefois Guido avait rencontré son épouse.

En cette fin du récit, la musique autorise donc le rapprochement entre deux situations opposées sur l'axe narratif. Surgit alors l'idée qu'un recommencement est possible. Le film opte pour une structure circulaire qui ne conduit certes pas à la répétition du même, mais qui autorise, en dépit de l'horreur des camps, la reprise d'un certain état de liberté et d'insouciance. Même si le père a été abattu, la joie peut toujours surgir au bout du chemin. Ce chemin, le héros l'avait déjà emprunté et c'est maintenant au tour du fils de continuer la route, épaulé par le souvenir du père disparu.

Comme on le voit, *La Vie est belle* se place indéniablement sous les auspices d'une mémoire du bien. L'émergence de cette mémoire positive est renforcée par les dernières paroles de l'enfant devenu grand : « Voilà mon histoire. Voici le sacrifice que fit mon père. C'est le cadeau que j'ai reçu de lui ». Dans cette courte conclusion, l'enfant ne se souvient pas tellement de l'horreur du traumatisme, mais du dévouement paternel, du don qui lui a été transmis. Quand il se tourne vers son passé, Josué remercie Guido de l'avoir aidé à survivre, mais aussi d'avoir préservé en lui une ouverture à la vie et à l'enchantement que celle-ci procure.

Dans *Psychanalyse des contes de fées* – dont le titre original est précisément *The Uses of Enchantment* –, Bruno Bettelheim, ancien déporté de Dachau et de Buchenwald, montre que certains contes ont le pouvoir de configurer la relation d'amour qui unit les parents aux enfants. « Quelle que soit la réalité, l'enfant qui écoute des contes de fées en vient à croire que, par amour pour lui, son père est prêt à risquer sa vie pour lui rapporter le cadeau qu'il désire par-dessus tout. Le même enfant croit en même temps qu'il est digne de ce dévouement, parce qu'il serait prêt à sacrifier lui-même sa vie par amour pour son père. Ainsi, l'enfant grandira pour apporter paix et bonheur même à ceux qui ont le malheur de ressembler à des bêtes. En se comportant ainsi, l'enfant, plus tard, assurera son propre bonheur et celui du partenaire de sa vie, ainsi que celui de ses parents. »[21] Tel est peut-être le but ultime de la fable racontée par Guido : assurer à son fils et à ses proches la possibilité du bonheur.

Train de vie : la célébration de l'âge d'or

Avec la comédie de Radu Mihaileanu, on assiste à un tout autre type de dénouement. Contrairement aux films précédents, *Train de vie* ne propose aucune échappatoire. C'est même l'inverse qui se produit puisque la fin de la comédie montre le héros enfermé derrière les barbelés d'un camp de concentration. Malgré cette conclusion tragique, il n'empêche que *Train de vie* tend lui aussi à se structurer autour d'une mémoire du bien. Plus que dans *La Vie est belle* ou *Jakob le menteur*, apparaît avec force l'idée d'un âge d'or qui se détache du temps empirique de l'histoire et dans lequel le narrateur puise sa force pour résister à la déportation.

L'idée d'un âge d'or, antérieur au mal, prend forme dès les premières séquences du récit imaginé par Schlomo. La communauté juive ne vit pas dans le ghetto d'une grande ville, mais au sein d'un petit village, entouré de forêts verdoyantes. Le shtetl du héros n'est pas sans évoquer une sorte de jardin d'Eden, coupé du monde et préservé des perturbations du siècle. Une fois que les habitants du village embarquent dans le faux train de déportés, le film développe un récit qui est avant tout la fiction d'une utopie communautaire, comme si, chassés du paradis terrestre, les villageois entendaient maintenir, durant leur exode forcé, ce qui constitue le sel et le ferment de leur communauté.

A cet égard, les scènes de préparatifs révèlent bien la solidarité qui unit la collectivité : chacun prend une part active à la réalisation du projet. Au son de la musique yiddish, les femmes rassemblent la nourriture, le tailleur confectionne les uniformes, tandis que le marchand de bois améliore son allemand avec un professeur de langues. A la fin du film, la communauté est même élargie, puisque les villageois tombent nez à nez avec un groupe de Tsiganes qui a également eu l'idée d'affréter un train pour échapper aux Allemands. Pour célébrer leur rencontre, les deux peuples persécutés organisent alors une grande fête au coin du feu. Au cours de ce banquet improvisé, la musique et les autres réjouissances ne manquent pas de consacrer l'esprit d'ouverture et d'intégration cher à la comédie.

Même si le récit d'une échappée fabuleuse s'avère illusoire, le dénouement du film n'est pas aussi pessimiste qu'il n'y paraît de prime abord. Dans les films précédents, le menteur trouvait en l'enfant un public privilégié pour transmettre un certain état d'innocence. Ici, dans *Train de vie*, le héros s'adresse directement au spectateur. Même enfermé dans le camp, le fou du village peut, par le biais d'un regard caméra, prendre à témoin le public et lui transmettre son histoire.

Et que raconte le héros ? Plutôt que de retracer l'histoire réelle de la déportation, il préfère, sur le registre de l'imaginaire, déposer en nos esprits une autre mémoire de son peuple, une mémoire qui ne cantonnerait pas celui-ci dans le rôle unique de la victime. Le récit de Schlomo réactive la force vive de la communauté, la richesse de ses traditions et de sa culture. Du fond de l'enfer, Schlomo triomphe de la barbarie nazie non pas seulement parce qu'il résiste à l'enfermement en s'évadant dans une histoire imaginaire, mais, plus fondamentalement, parce que cette histoire, entendue et reçue par le spectateur, assure que le souvenir heureux de la communauté ne sera pas effacé, ainsi que l'avaient voulu les dirigeants du IIIe Reich. Là est la vraie victoire du héros : sa capacité de transmettre une mémoire du bien à l'intérieur du mal historique.

Cette capacité de mobiliser une mémoire heureuse garantit aussi au personnage principal de ne pas désespérer en l'avenir. Même lorsque l'image a cessé d'illustrer son mensonge, Schlomo continue d'évoquer le destin futur des membres de son village : « Arrivés en territoire soviétique, la plupart y restèrent et épousèrent la cause communiste. D'autres se rendirent en Palestine, surtout des Tsiganes, d'autres en Inde, en grande partie des Juifs ». Lors d'une première écoute, ces paroles peuvent apparaître comme une tentative dérisoire de lutter contre l'inéluctable. Bien que le sort réel des villageois ne soit pas montré, on peut deviner qu'ils ont fini dans les camps et que la plupart d'entre eux ont sans doute péri. Mais, d'un autre côté, le récit de Schlomo n'est pas sans évoquer la diaspora qui a suivi le traumatisme, la dispersion des Juifs à travers le monde et surtout l'installation d'une grande partie de ceux-ci sur le territoire d'Israël. En prolongeant sa fable au-delà des camps, Schlomo en vient donc à imaginer un futur possible pour son propre peuple, un futur qui n'est pas sans recouper le réel devenir historique de celui-ci.

Même fantasmé et réinventé, le passé vers lequel se tourne le héros n'est donc pas un passé clôturé sur lui-même. L'évocation d'un temps originaire permet à Schlomo de surmonter l'événement traumatique pour considérer le futur avec une certaine sérénité. Comme dans *Jakob le menteur* ou *La Vie est belle*, la logique ascendante trouve ici sa justification finale : il s'agit de remonter par-delà le mal pour trouver, dans le souvenir d'une époque heureuse, la force d'affronter le présent et d'envisager l'avenir.

7. Vers une mémoire du bien

Par le dénouement qu'elles mettent en place, les comédies de la Shoah parviennent à proposer une relecture du passé qui, sans faire l'impasse sur la réalité historique, est tournée vers l'idée d'un renouveau et d'un recommencement possibles. Cette modalité de configuration n'est évidemment pas sans lien avec le contexte mémoriel dans lequel apparaissent les comédies. Aussi, convient-il de donner une assise plus solide à la notion de mémoire positive et d'étendre son champ d'application à la pratique sociale du souvenir.

De la mémoire privée à la mémoire collective

Dans le domaine psychologique, le recours à une mémoire du bien pour surmonter l'épreuve du passé a déjà été amplement démontré. Sans même évoquer la notion de résilience, on peut convoquer ici le témoignage de Luciana Nissim, ancienne déportée d'Auschwitz, qui a conservé, malgré l'horreur des camps, le souvenir de sentiments positifs comme ceux de l'amour et de la solidarité. Après le traumatisme, ces souvenirs lui ont permis de dépasser la nécrose du passé et de « choisir, *après* l'holocauste, de devenir une psychanalyste de l'enfance, animée du désir de construire un monde nouveau »[22]. Si ce témoignage est significatif, c'est qu'il montre bien que la mémoire heureuse est orientée vers l'avenir. Elle suppose de rechercher dans le passé, aussi éprouvant soit-il, des raisons de continuer à croire en la possibilité d'un futur meilleur. Comme le confirme Beatrice Barbalato, la mémoire du bien n'est pas « une virginité primordiale, mais une culture, une adaptation, une transmission »[23].

Dans une certaine mesure, ce travail mémoriel gagne à être rapproché de l'effort de perlaboration analysé par Freud et détaillé chez Ricœur dans *La mémoire, l'histoire, l'oubli*. Confronté au rappel d'un événement traumatique, le patient peut n'avoir aucun souvenir de ce qu'il a oublié et refoulé. Il répète alors, de manière inconsciente, le traumatisme qui l'a affecté. Pour Freud, le rôle du psychanalyste est d'aider le malade à vaincre les résistances que sa conscience oppose à la remontée du souvenir obsédant. Pour que ce travail de perlaboration (*Durcharbeiten*) puisse être efficace, le malade est invité à accepter son état. Il ne doit plus « considérer sa maladie comme quelque chose de méprisable, mais la regarder comme un adversaire digne d'estime, comme une partie de lui-même dont la présence est bien motivée et où *il conviendra de puiser de précieuses données pour sa vie ultérieure* »[24]. C'est seulement une fois ces résistances franchies que la remémoration en tant que telle pourra s'effectuer, lorsque le patient, enfin réconcilié avec lui-même, donnera à entendre un récit structuré de l'événement passé, ce dernier étant clairement situé dans le temps.

Rapprochant cette analyse d'un autre texte de Freud, *Deuil et mélancolie*, Paul Ricœur associe étroitement l'effort de remémoration au travail de deuil. En effet, si le deuil consiste à se délier psychiquement de l'objet perdu, alors on comprend que le travail du souvenir est fort semblable puisqu'il vise aussi à se libérer de la présence obsédante du passé. Dans les deux cas, un certain temps de travail est demandé : « le temps de deuil n'est pas sans rapport avec la patience que l'analyse demandait concernant le passage de la répétition au souvenir. Le souvenir ne porte pas seulement sur le temps : il demande aussi du temps – un temps de deuil »[25].

Sous cet éclairage, la notion de mémoire positive s'explicite grandement. Elle ne peut surgir qu'au terme d'un travail de deuil, lorsque le sujet a accepté de se détacher de l'emprise paralysante du traumatisme. Une fois que la remémoration est pleinement achevée, le patient acquiert une perspective élargie du passé qui englobe aussi bien les souvenirs des moments heureux que malheureux, les premiers étant nécessaires pour pouvoir envisager l'avenir avec une confiance et une sérénité retrouvées.

Lorsqu'on passe du plan de la mémoire personnelle à celui de la mémoire collective[26], ces considérations permettent de mieux mesurer l'apport des comédies de la Shoah. Ainsi, il n'est pas étonnant de constater que celles-ci surgissent à une période où la mémoire du judéocide est très présente dans les esprits. Et l'on pourrait avancer – avec la prudence qu'implique une telle hypothèse – que ces comédies apparaissent à l'issue d'un long travail de deuil et qu'elles annoncent l'émergence d'une mémoire collective moins crispée sur la douleur du passé. Alors qu'en cette fin des années 90 de nombreuses commémorations du judéocide mobilisent l'espace public – à tel point que certains ont pu parler, outre-Atlantique, de *Shoah business*[27] – vient peut-être un moment où la société éprouve le besoin de se délier de ce trop-plein de mémoire. Les comédies du traumatisme apparaîtraient alors comme le symptôme concret de cette évolution. Au niveau collectif, elles accompliraient le même rôle que joue une remémoration réussie sur le plan individuel, c'est-à-dire qu'elles laisseraient entrevoir comme un assouplissement de la mémoire, une volonté de surmonter le souvenir obsédant du passé.

Une telle hypothèse repose bien entendu sur la configuration des comédies et sur les variations narratives qu'elles apportent à la représentation de l'événement. Pour Ricœur, les changements apportés aux récits du passé sont déterminants, parce qu'ils annoncent la mise en avant d'éléments saillants qui avaient été occultés ou atténués par les générations précédentes. « Ces variations narratives ont une fonction critique remarquable au regard des formes les plus figées par la répétition, les plus ritualisées par la commémoration. On voit là à l'œuvre le travail du souvenir mais aussi celui du deuil. Raconter autrement et être raconté par les autres, c'est déjà se mettre sur le chemin de la réconciliation avec les objets perdus d'amour et de haine. »[28]

Alors que des films comme *La Liste de Schindler* ou *Holocauste* s'étaient efforcés de donner forme et image au mal historique que constitue la Shoah, les comédies s'éloignent singulièrement de cette option narrative pour mettre en scène des récits qui ne visent plus nécessairement à reconstituer l'horreur du traumatisme passé. Dans ce travail de reconfiguration, l'élément le plus significatif est sans nul doute la mise en place d'une orientation positive qui recoupe le travail accompli parallèlement par les mémoires individuelles et collectives. Une telle orientation était déjà présente dans un film comme *La Liste de Schindler*. A la fin du récit, dans un passage au registre documentaire, on pouvait voir les déportés juifs sauvés par Schindler se recueillir sur la tombe de leur bienfaiteur. Au cours de cette commémoration, ils célébraient le souvenir d'un homme, mais également l'idée qu'une survie avait été possible dans les camps et que, même au sein du cataclysme, des valeurs comme le courage et l'altruisme n'avaient pas totalement disparu.

Toutefois, la conclusion du film de Spielberg est sans commune mesure avec le projet narratif des comédies. Sorties en l'espace d'un an, celles-ci consacrent pour la première fois, de manière évidente et répétée, l'idée d'une ouverture à la vie en dépit du mal historique. C'est par cet aspect totalement neuf que les comédies marquent un tournant dans l'histoire des représentations du judéocide et qu'elles annoncent, dans le même temps, un changement significatif au sein de la mémoire collective qui s'était édifiée autour de cet événement.

La comédie comme espace de configuration privilégié

Le fait que cette nouvelle perception du traumatisme surgisse dans des comédies ne doit pas surprendre. Dotée d'une visée réconciliatrice, la comédie se présente comme le véhicule narratif idéal pour conduire la représentation sur le chemin d'une mémoire apaisée. Sa structure spécifique lui permet de montrer la disparition d'un ordre totalitaire au profit d'une communauté plus accueillante et ouverte à l'autre. Mieux encore, animée d'un mouvement cyclique, la comédie est capable, en fin de récit, de faire resurgir le souvenir d'un temps heureux qui se transforme en promesse de bonheur pour ceux qui ont échappé à l'horreur concentrationnaire.

Par ailleurs, il faut bien voir que seule la comédie pouvait à ce point secouer le joug mémoriel en place. Contrairement aux genres sérieux, la représentation comique n'est pas tenue de respecter les normes de référence en vigueur. Au contraire, elle est censée provoquer le rire en s'écartant des codes représentatifs établis. Avant même d'entrer dans la salle de cinéma, le public s'attend à trouver une représentation qui déstabilisera ses connaissances usuelles du passé. Cependant, face à un événement d'une ampleur telle que la Shoah, l'investissement psychique mis en place par le spectateur est si important que, pour pouvoir être relâché – déchargé, aurait dit Freud –, il nécessite un renversement de grande envergure. Dans chaque cas, l'événement historique est renversé dans sa teneur factuelle : le camp d'extermination se transforme en un espace de jeu, les Juifs se déportent eux-mêmes, tandis que le ghetto rompt son isolement en se connectant aux informations du monde extérieur. Bien que ces retournements soient toujours présentés comme des fabulations, rattrapées tôt ou tard par la réalité de l'événement, il n'en reste pas moins que les comédies parviennent ainsi à ébranler nos repères historiques et à nous préparer au dénouement heureux de la représentation.

De façon tout à fait significative, il apparaît donc la mémoire positive évoquée par les comédies de la Shoah ne peut survenir qu'au prix d'un relâchement mémoriel, lui-même garanti par une inversion référentielle de grande ampleur. Lorsqu'on prend en compte l'ensemble de ces paramètres, on réalise que ces comédies sont étroitement dépendantes du contexte de leur époque. Il fallait que le temps de deuil ait progressé au niveau collectif pour autoriser l'émergence d'une mémoire apaisée et que, parallèlement, les comédies puissent s'appuyer sur des normes de référence solidement implantées dans les esprits pour mener à bien leur projet de détournement comique.

Pour finir, remarquons que la logique ascendante ne s'applique pas seulement aux comédies de la Shoah et qu'elle peut survenir, avec moins d'ampleur il est vrai, dans d'autres représentations comiques. A cet égard, le film de Wolfgang Becker *Good Bye Lenin !* (2001) est tout à fait exemplaire. Dans l'Allemagne de l'Est, une mère dont le mari s'est enfui à l'Ouest se dévoue à la cause communiste. A la suite d'un accident, elle tombe dans le coma et manque la chute du mur de Berlin ainsi que l'effondrement du bloc soviétique. Lorsqu'elle se réveille, son fils décide de la ménager en créant à sa seule intention un monde inversé où le communisme serait toujours en vigueur et où ce ne serait pas l'Est qui passe à l'Ouest, mais l'inverse. A la fin du récit, peu après la mort de la mère, les images d'un film de famille apparaissent à l'écran. Par un mouvement ascendant dont nous sommes maintenant coutumiers, cette séquence finale renvoie au début du film, au temps de l'enfance, lorsque la famille était encore heureuse et soudée. La voix du narrateur évoque d'ailleurs explicitement cet attrait pour l'ex-RDA qui ne correspond pas à la réalité, mais à l'idée qu'il veut s'en faire.

En cette fin de film surgit donc le souvenir d'une époque heureuse et, en même temps, l'annonce que cette époque ne sera pas oubliée. Toutefois, contrairement à ce qui se produisait dans les comédies de la Shoah, la représentation ne débouche sur aucune perspective d'avenir, comme si, face aux défis imposés par la réunification de l'Allemagne, le narrateur avait préféré se replier dans l'évocation idyllique d'un passé imaginaire. En somme, nous découvrons ici une autre issue de la logique ascendante. La comédie remonte vers un âge idéal, mais ne trouve pas l'énergie nécessaire pour rebondir ensuite vers le futur, car le narrateur se trouve en quelque sorte piégé dans la contemplation du passé. A la promesse de renouveau portée par les comédies de Benigni ou de Kassovitz succède alors le sentiment d'une profonde nostalgie, c'est-à-dire le regret mélancolique d'une époque que l'on imagine être meilleure que le temps présent sans pourtant l'avoir vraiment connue.

---

1   Dans la suite de l'analyse, 'judéocide' et ' Shoah' seront tenus comme des synonymes, sachant que ces termes présentent des différences sémantiques spécifiques. Si la notion de 'judéocide' centre l'attention sur les victimes juives, elle exclut du même coup les autres victimes des crimes nazis comme les Tsiganes et les homosexuels. Quant à 'Shoah', terme popularisé par le film de Lanzmann, il désigne en hébreu une catastrophe naturelle, puis un anéantissement. Nous ne retiendrons pas ici le terme 'holocauste', car sa connotation sacrificielle nous semble impropre à désigner les massacres commis par les nazis.
Au sujet de ces différences sémantiques, voir Vincent ENGEL, « Holocauste, shoah ou judéocide ? », dans *Le Nouvel Observateur. La mémoire de la Shoah*, hors-série, Paris, décembre 2003/janvier 2004, pp. 14-16.

2   Ce chapitre reprend et développe deux articles que nous avons déjà consacrés aux comédies de la Shoah.
    Sébastien FEVRY, « Trois comédies de la Shoah : *La vie est belle, Train de vie, Jakob le menteur*», dans *Cahier international sur le témoignage audiovisuel*, n° 10, Bruxelles, Fondation Auschwitz, juin 2004, pp. 67-79, « Les comédies de la Shoah : le rire au service d'une mémoire du bien », dans Andréa Lauterwein, Colette Strauss-Hiva (coordonné par), *Rire, Mémoire, Shoah*, Paris-Tel Aviv, Editions de l'éclat, 2009, pp. 323-335.
3   Parmi les films ayant procédé à une reconstitution des chambres à gaz, on peut citer : *Holocauste, Les Uns et les autres* (Lelouch, 1981), *Au nom de tous les miens* (Enrico, 1983)…
    A ce sujet, voir Sylvie LINDEPERG, *Clio de 5 à 7. Les actualités filmées de la Libération : archives du futur*, Paris, CNRS Editions, 2000, coll. « CNRS Histoire », pp. 194-195.
4   Shlomo SAND, *op. cit.*, p. 326.
5   Enzo TRAVERSO, « Du refoulement au dévoilement », dans *Le Nouvel Observateur. La mémoire de la Shoah*, p. 21.
6   Dans le film de Spielberg, les protégés de Schindler ne sont pas emmenés dans des chambres à gaz, mais dans de 'vraies' salles de douche.
    Au sujet de cette séquence et de la polémique suscitée par celle-ci, voir Vincent LOWY, *L'histoire infilmable. Les camps d'extermination nazis à l'écran*, Paris, L'Harmattan, 2001, coll. « Champs visuels », pp. 187-191.
7   *Id.*, pp. 193-194.
8   Le film devait raconter l'histoire d'un clown déporté (Jerry Lewis) qui entraîne les enfants vers la chambre à gaz en usant de son talent comique pour les distraire.
    Pour plus de détails au sujet de ce film avorté, voir Jean-Philippe GUERAND, « Chaplin, Lewis, Benigni : rire de la Shoah », dans *Le Nouvel Observateur. La mémoire de la Shoah*, pp. 44-45.
9   Sylvie LINDEPERG, *Clio de 5 à 7*, p. 196.
10 Dans la préface du scénario de *La Vie est belle*, Benigni se défend d'avoir voulu montrer un camp de concentration précis. Au contraire, dit-il, le camp mis en scène « représente tous les camps de concentration du monde, de toute époque ». Il renvoie « à notre imaginaire, à l'horreur que nous portons désormais tous en nous ».
    Roberto BENIGNI, « Présentation », dans Roberto BENIGNI, Vincenzo CERAMI, *La Vie est belle*, Paris, Gallimard, 1998, coll. « Folio », p. 12 et p. 13.
11 Selma LEYDESDORFF, « The Strength to Survive : an Anthropology of Survival", dans *Cahier international sur le témoignage audiovisuel*, n° 12, Bruxelles, Fondation Auschwitz, juin 2006, p. 82 (traduit par nous).
12 *Id.*, p. 79 (traduit et souligné par nous).
13 Sigmund FREUD, *Le mot d'esprit et sa relation à l'inconscient*, pp. 268-269.
14 *Id.*, p. 303. Le mot allemand pour 'mise au repos' est *Auslassen*. Dans *Le temps d'un rire*, Samuel Weber montre que ce terme a pu aussi être traduit par 'relâchement' ou par 'défaillance subite'.
    Pour une analyse détaillée de cette notion, voir Samuel WEBER, « Le temps d'un rire », dans *Critique. Quatre essais sur le rire*, n°s 488-489, Paris, Editions de Minuit, janvier-février 1988, pp. 73-74.
15 Northrop FRYE, *op. cit.*, p. 204.
16 *Id.*, p. 208.
17 Paul RICŒUR, *Temps et récit*, tome III, p. 253.
18 Northrop FRYE, *op. cit.*, p. 218.
19 *Id.*, p. 209.
20 *Ibid.*
21 Bruno BETTELHEIM, *Psychanalyse des contes de fées*, Paris, Robert Laffont, 1976, coll. « Pocket », p. 454.
22 Pour plus de détails au sujet de l'expérience de Luciana Nissim, voir Beatrice BARBALATO, dans « Une littérature physiognomonique : un viatique pour créer des images », dans Beatrice BARBALATO (sous la direction de), *Vincenzo Cerami. Le récit et la scène*, Louvain-la-Neuve, Presses universitaires de Louvain, 2004, p. 78.
23 *Id.*, p. 79.
24 Sigmund FREUD, cité par Paul RICŒUR dans *La mémoire, l'histoire, l'oubli*, Paris, Seuil, 2000, coll. « L'ordre philosophique », p. 85 (souligné par nous).
25 *Id.*, p. 89.
26 En ce qui concerne la pertinence de transposer, sur le plan collectif, les modalités psychologiques du souvenir, on se rapportera à l'analyse éclairante de Paul RICŒUR, dans *id.*, pp. 94-97.

27 Au sujet de ce slogan et de sa récupération en France dans des écrits antisémites, voir Vincent LOWY, *op. cit.*, p. 75.
28 Paul RICŒUR, « Histoire et mémoire », dans Antoine DE BAECQUE, Christian DELAGE (sous la direction de), *op. cit.*, p. 23.

Reprise (2) : la triple orientation temporelle de l'inversion

Qu'elles portent sur la menace nucléaire, le Vietnam ou la Shoah, les comédies de l'inversion répondent chacune à une attente similaire, qui est finalement de s'affranchir de l'oppression d'une situation donnée. A bien des égards, pareil mouvement pourrait être rapproché de celui qui avait lieu dans les comédies de l'interférence historique, lorsque le héros parvenait à triompher des obstacles du passé, que ce soit en recourant au gag d'agressivité, au quiproquo, ou encore à un mouvement de retrait volontaire. Cependant, le combat est ici de plus grande ampleur, puisque l'inversion affecte l'ensemble de la représentation et qu'elle donne de l'événement une image retournée. Dès lors, on comprend que le héros comique n'est plus seul à triompher de l'histoire, mais que c'est la comédie qui exprime, en tant que telle, l'émergence d'une alternative victorieuse.

1. Le présent comme point originaire

Face aux différentes acceptions possibles de l'inversion, nous avons privilégié une hypothèse de travail qui prenait en compte l'orientation temporelle du processus de retournement, selon que la comédie renverse l'avant, l'après ou le pendant d'un événement localisé dans le temps. Pour féconde qu'elle ait été, cette hypothèse reste ambiguë dans sa formulation, car elle fait l'impasse sur le point originaire d'où procède le triple renversement. Avec le recul dont nous disposons maintenant, il s'avère que le mouvement d'inversion, quelle que soit son orientation, est toujours en prise directe avec le temps présent à partir duquel il s'exprime. On ira même jusqu'à soutenir que tout l'effort des comédies de l'inversion vise à dépasser et à retourner ce moment présent.

Bien sûr, une telle proposition ne manque pas d'apparaître comme énigmatique, surtout en regard des logiques ascendante et anticipante. En effet, comment est-il possible de retourner l'avant d'un moment présent, puisque celui-ci, par définition, n'est pas encore passé ? De la même manière, il peut sembler paradoxal de vouloir inverser l'après d'un instant qui ne s'est pas encore transformé en futur. En apparence insoluble, cette énigme peut être levée si l'on se rapporte à la fameuse définition du présent donnée par Augustin. Pour Augustin, le présent n'est pas un, mais triple : il se subdivise en présent du passé, présent du présent et présent du futur : « Le récit du passé, c'est la mémoire, le présent du présent, c'est la vision (…), le présent du futur, c'est l'attente »[1]. On ne peut se souvenir des choses passées qu'en les ayant présentes à l'esprit, tandis que notre perception du futur découle directement de notre capacité à anticiper les événements à partir du point présent où s'exerce la vigilance de notre conscience. Quant au présent, il exprime l'attention portée aux données immédiates de l'expérience.

Cette conception du temps est déterminante. Dorénavant, on peut être plus précis et avancer que les comédies renversent certes l'histoire, mais à partir de sa perception dans le temps présent. Chaque mouvement d'inversion découle d'une modalité particulière d'appréhension du moment présent, qu'il s'agisse du présent de l'attente, de celui de la mémoire ou de l'actualité en cours.

Reprenons sous cet angle nos trois logiques respectives. Avec le mouvement anticipant, la comédie s'élabore dans l'attente d'un moment futur que l'on appréhende avec angoisse. C'est évidemment le cas du *Docteur Folamour*, lorsque Kubrick, sincèrement terrorisé à l'idée d'une guerre nucléaire, en vient à se projeter par-delà l'instant présent pour envisager le devenir apocalyptique de l'espèce humaine. Apparaissant dans des comédies comme *M.A.S.H.* ou *Catch 22*, le mouvement transposant réagit au vif de l'actualité et donne l'image renversée d'un événement contemporain, sans se préoccuper de ses extensions temporelles. Enfin, sous l'impulsion du mouvement ascendant, ce n'est pas le passé que détournent les comédies, mais bien le souvenir présent de ce passé dans les esprits : les comédies de la Shoah ne visent pas tant à subvertir la réalité historique du traumatisme qu'à instaurer une mémoire plus apaisée de l'événement, tournée vers l'avenir et un renouveau possible.

Chaque logique d'inversion trouve donc son origine dans la volonté de dépasser une situation présente. La comédie peut chercher à vaincre le poids d'un souvenir passé, l'oppression de l'actualité ou l'angoisse suscitée par un avenir pressenti comme apocalyptique.

2. Révélation et transformation

Aux mouvements anticipant, transposant et ascendant répondent trois processus d'inversion spécifiques qui suscitent des effets comiques sensiblement différents. C'est en ce point que se nouent, de manière étroite, le statut narratif des comédies et l'orientation temporelle exprimée par celles-ci, une telle collusion exprimant pleinement le pouvoir de l'acte configuratif dégagé par Paul Ricœur, à savoir, justement, cette capacité de donner forme et sens à l'expérience du temps.

Si les comédies de l'inversion expriment bien un dépassement du temps présent, il faut encore montrer que ce dépassement découle de la structure du processus d'inversion. Pour ce faire, il est utile de se rapporter à ce qu'avance Paul Ricœur à propos de la fiction dans *Temps et récit*. Selon Ricœur, la fiction a une double fonction, révélante et transformante : elle est « révélante, en ce sens qu'elle porte au jour des traits dissimulés, mais déjà dessinés au cœur de notre expérience praxique ; transformante, en ce sens qu'une vie ainsi examinée est une vie changée, une vie autre »[2].

Dans les comédies, cette double capacité de la fiction se trouve portée à un point de visibilité maximale par le processus d'inversion. Le renversement révèle aussi bien l'envers que l'endroit. En même temps qu'elle révèle la norme, l'inversion en annonce le dépassement. Et le rire surgit précisément à la jonction de ce double mouvement, lorsque le spectateur tire plaisir de la confrontation de deux représentations antagonistes et qu'il rit de voir l'une, la plus inhabituelle, celle contraire au sens commun, triompher de l'autre, celle recommandée et instituée par la raison.

C'est sur la base de ce double processus que nous pouvons faire retour sur la capacité libératoire de la comédie historique et sur son inscription temporelle. En fonction de la perception du temps présent, chaque type de comédie propose un mécanisme d'inversion qui révèle de manière aiguë un état donné du monde, tout en conduisant vers sa transformation effective.

Retournement et comique de l'absurde

Par le biais du retournement narratif[3], les comédies anticipantes optent pour un mécanisme d'inversion qui participe pleinement à dénoncer la menace future contenue dans une situation présente. Dans *Le Docteur Folamour* ou *La Souris qui rugissait*, la représentation prend le parti de se projeter dans un avenir proche en retournant jusqu'à son point le plus ultime la logique sous-jacente du discours politique ambiant. Et c'est lorsque les bombes éclatent enfin à l'écran que se révèlent *rétrospectivement* les enjeux du temps présent. Ceux-ci apparaissent au grand jour, parce qu'ont été montrées, de manière explicite, leurs retombées futures.

Voilà pour la révélation. Mais il est évident que la logique d'inversion porte aussi son propre mouvement de dépassement. En devançant l'actualité, les cinéastes de la menace nucléaire ne font pas autre chose que d'essayer de conjurer le sort. Ils montrent l'explosion de la bombe, puis aussitôt après ils en éloignent le spectre traumatique par une pirouette comique. L'attente est actualisée dans ses prolongements les plus terrifiants pour ensuite être contrecarrée par un processus de distanciation, que ce soit par un effet de contraste musical chez Kubrick ou par un jeu de mise entre parenthèses chez Arnold. En procédant de la sorte, *La Souris qui rugissait* et *Le Docteur Folamour* s'apparentent aux fantaisies de triomphe décrites par Charles Mauron : elles provoquent un rire cathartique qui permet de surmonter l'angoisse inscrite dans le temps présent.

Il faut noter que ces pirouettes finales ne sont pas toujours suffisantes pour assurer le triomphe du rire et conjurer la menace qui pèse sur l'ensemble de la représentation. Le retournement narratif tire principalement son effet comique de la perversion de la logique qu'il met en œuvre. Il n'y a pas ici de contradiction flagrante avec une norme de référence qui viendrait faire office de contrepoint et assurer à l'anomalie comique d'être perçue comme telle. Au contraire, les ordres sont appliqués avec sérieux et l'univers de la représentation garde souvent l'apparence d'un univers rationnel. Mais à mesure que la comédie avance, cette apparente rationalité se détraque et le spectateur découvre alors que les consignes suivies avec autant d'application finissent par donner naissance à un univers chaotique. C'est là un comique proche de celui de l'absurde, lorsque les événements se présentent comme « des délires de la raison, du comportement ou des choses qui ne sont pas nés de l'erreur, de la bêtise ou de la pathologie, mais d'un *jeu*, extrême, délibéré, affiché et reconnu comme tel, avec la logique et avec le déterminisme »[4].

Sans nul doute, le surgissement de ce type de comique explique que les comédies anticipantes soient celles qui suscitent le moins d'éclats de rire, car la perversion d'une logique inscrite dans l'air du temps a aussi quelque chose d'effrayant. Face à l'altération du discours ambiant, le rire fonctionne surtout comme un mécanisme de défense et ressemble à une « protestation explicite, devant une impression vraiment (trop) forte d'illogisme »[5]. D'ailleurs, il s'en faut parfois de peu – surtout dans *Le Docteur Folamour* et *Des hommes d'influence* – pour que la comédie vire au tragique. En effet, l'effondrement du monde mis en scène est aussi celui de notre univers et vient un moment où le spectateur n'est plus assuré de disposer de repères suffisamment stables au sein de la représentation pour pouvoir contempler, avec distance, l'emballement de l'actualité et sa transformation en un récit cauchemardesque.

Renversement et comique de rabaissement

Dans le cas du mouvement transposant, la comédie ne se projette plus dans le futur, mais s'en prend à l'actualité immédiate en opérant un vaste mouvement de renversement[6]. La représentation privilégie une organisation verticale qui traduit la volonté d'opérer une coupe franche dans l'actualité du temps, de saisir l'événement dans son immanence en le détachant de toute implication temporelle. A l'intérieur de cet univers vectorisé selon l'axe de l'ascension et de la chute, les valeurs les plus élevées, comme l'héroïsme ou le patriotisme, sont ramenées dans le bas corporel, suivant en cela la courbe du rabaissement décrite par Bakhtine.

Avec ce deuxième type de comédies, le mouvement de révélation/transformation est sensiblement différent. Qu'il s'agisse de *M.A.S.H.* ou de *Catch 22*, les comédies transposantes rabaissent les figures autoritaires, mais ce faisant, elles révèlent aussi le caractère oppressant de l'autorité. En effet, si ces figures sont perçues comme dégradées, c'est bien parce que le spectateur a conscience de leur position habituellement dominante. D'ailleurs, très souvent, ces comédies tendent à exagérer le caractère tyrannique de la hiérarchie supérieure, comme pour mieux souligner la hauteur de la chute qui ne manquera pas de suivre.

Mais, d'un autre côté, l'entreprise de rabaissement n'est pas purement nihiliste. Ce que les comédies condamnent dans le présent, c'est la reproduction de l'ancien, c'est-à-dire la reprise et la perpétuation de modèles de domination qui se retrouvent à travers tous les âges de l'humanité. Quand ces modèles s'effondrent sous l'impulsion du renversement comique, surgit un rire que nous avons appelé liquidateur. Ce rire entérine la suppression du passé dans le présent et garantit une émancipation possible, un déliement des habitudes anciennes. L'émancipation peut tantôt passer par un seul individu (*Catch 22*), tantôt par la renaissance d'un corps collectif, uni dans les plaisirs de la chair (*M.A.S.H.*).

L'effet comique suscité par le renversement est distinct de celui causé par le retournement narratif. Ici, le rire ne découle pas d'un jeu délibéré avec la logique ordinaire, mais trouve sa source dans l'écart opéré par le processus de rabaissement. Alors que le public est souvent enclin à considérer les figures de l'autorité avec crainte et respect, voilà que celles-ci lui sont présentées sous un jour caricatural et ridicule. Face à ces figures dégradées, le spectateur est amené à donner libre cours à un esprit irrévérencieux qui ne peut s'exercer en temps normal, dans les circonstances ordinaires de la vie. Le rabaissement comique rend à nouveau disponible des sources de plaisir jusque-là refoulées et son travail s'apparente en bien des points à celui du mot d'esprit à tendance hostile décrit par Freud : « En rendant l'ennemi petit, bas, méprisable, comique, nous réussissons par un biais à jouir de l'avoir dominé, jouissance dont la tierce personne, qui n'a dépensé aucun effort, nous donne témoignage par son rire »[7].

En raison de leur tendance hostile et de leur rapport au présent, les comédies transposantes partagent de nombreux points communs avec l'entreprise burlesque. Comme dans les films de Chaplin ou des Marx Brothers, la fonction d'agressivité s'exerce prioritairement dans un temps de combat, lorsqu'il est possible de saisir sur le vif les mécanismes de répression qui perturbent l'actualité en cours. Cependant, à la différence des représentations burlesques d'avant-guerre, le rabaissement n'apparaît plus de manière ponctuelle, lors du surgissement d'un gag particulier, mais coordonne l'ensemble de la représentation en faisant de celle-ci un miroir renversé des événements de son époque.

Inversion et relâchement mémoriel

Avec le mouvement ascendant, la comédie subit une nouvelle distorsion temporelle puisqu'elle cherche cette fois à dépasser l'image obsédante d'un traumatisme passé pour remonter vers le souvenir d'une époque heureuse, antérieure au mal historique. En termes configuratifs, une telle orientation se traduit dans la représentation par une inversion référentielle[8]. Il s'agit d'un retournement complexe dont l'ampleur est plus grande que les inversions examinées précédemment. Il n'est pas seulement question de rabattre les figures hiérarchiques dans le bas corporel ou de montrer une action qui se retourne contre elle-même, mais d'altérer les paramètres factuels de l'événement historique en prenant la précaution de présenter cette altération sous la forme d'une fable ou d'un mensonge annoncé comme tel.

Cependant, la fable ne dure qu'un temps et le mensonge porté par l'inversion référentielle tourne court. Lors de sa remontée vers une mémoire du bien, la comédie est appelée à rencontrer sur sa route le souvenir du mal historique. Celui-ci ne peut être contourné ni évité, car il y va de la crédibilité même de la représentation. Les comédies de la Shoah payent leur tribut à la réalité historique en sacrifiant, au terme du récit, les personnages qui avaient eu l'audace de vouloir la transfigurer. En s'acquittant de cette dette, les comédies révèlent, avec une acuité brutale, l'ampleur dramatique de l'événement passé. Celle-ci surgit avec une force renouvelée lorsqu'elle apparaît au détour d'une narration qui semblait jusque-là détachée des contraintes du réel.

Bien que cette étape soit décisive dans le rapport que la comédie entretient au passé, elle ne gomme pas tout à fait l'effet mis en place par la fable. Même temporaire, l'inversion du référent suffit à ébranler le poids des souvenirs en vigueur. C'est d'ailleurs par ce biais que se manifeste le plus nettement la capacité transformante de la comédie. Alors que le spectateur investit son énergie mentale dans les représentations d'un passé douloureux, voilà que la comédie provoque un saisissant effet de contraste entre l'image traumatique attendue et celle effectivement déployée par le jeu comique. Avec toutes les précautions qu'implique sa mise en place, l'inversion référentielle apparaît comme la condition nécessaire au relâchement de la mémoire : elle ne vaut pas tellement pour elle-même, mais en tant que point de passage vers une appréhension plus positive du passé.

Une fois que la vigilance historique a été suspendue, le public se trouve prêt à suivre la représentation dans son dénouement positif et à accepter la mémoire apaisée du passé qu'elle évoque. Loin de renier la singularité de l'événement historique, la conscience l'englobe dans une perspective élargie qui trouve, dans le rappel des moments heureux, la force et l'énergie nécessaires pour envisager l'avenir.

---

1   AUGUSTIN, cité par Paul RICŒUR, dans *Temps et récit*, tome I, pp. 32-33.
2   Paul RICŒUR, *Temps et récit*, tome III, p. 285.
3   Si nous avons considéré jusqu'ici les termes de renversement, d'inversion et de retournement comme des synonymes, il nous paraît préférable de privilégier l'expression 'retournement narratif', car le mécanisme comique décrit ci-dessus renvoie à une action qui fait retour sur elle-même.
4   Jean EMELINA, *op. cit.*, p. 153.
5   Christian METZ, cité par Daniel PERCHERON, « Rire au cinéma », dans *Communications. Psychanalyse et cinéma*, n° 23, Paris, Seuil, 1975, p. 195.
6   Toujours dans un souci terminologique, l'expression 'renversement' nous semble la plus adéquate, dans la mesure où apparaît ici la racine 'envers' qui indique bien la direction prise par le mouvement de rabaissement, lequel consiste précisément à basculer l'envers dans l'endroit, et réciproquement. Dans l'une de ses acceptions, le terme 'renversement' désigne d'ailleurs le passage en bas de la partie haute, ce qui confirme l'adéquation de ce terme avec le processus comique décrit ci-dessus.
7   Sigmund FREUD, *Le mot d'esprit et sa relation à l'inconscient*, pp. 198-199.

8 Dernière précision terminologique : 'inversion' est sans doute le terme le plus général et c'est pourquoi nous le réservons en priorité au processus comique pourvu de la portée la plus importante, celui qui vise à ébranler le statut de l'événement historique lui-même. Par ailleurs, ce terme désigne aussi, en physique, le changement de sens d'un courant électrique. Or, il est tout à fait possible d'étendre cette notion de changement de sens à l'orientation prise par la mémoire quand elle inverse le courant du souvenir en trouvant dans le rappel d'une époque préservée la force de remonter vers le présent.

Partie conclusive
Triple retour et ouverture

Des aventures de Charlot sur le front de la Grande Guerre aux fabulations de Benigni dans les camps d'extermination, c'est une histoire revisitée du cinéma et du siècle écoulé qui s'est précisée tout au long de cet ouvrage. A côté des films à vocation sérieuse, animés du souci de dire le vrai et de s'approcher au plus près de la réalité historique, les comédies entretiennent elles aussi un rapport privilégié avec l'histoire, à tel point que chaque période du passé finit par susciter, après un délai d'attente plus ou moins long, sa repartie comique, celle-ci venant déstabiliser la gravité des discours établis et des représentations officielles.

Face à la diversité des comédies et des contextes spatio-temporels dans lesquels elles apparaissaient, nous avons vite renoncé à adopter un point de vue surplombant qui aurait postulé l'existence d'une vision proprement comique de l'histoire au cinéma. Plutôt que de vouloir plier vainement les comédies à une vision unificatrice du passé, nous avons choisi d'interroger la tension en jeu dans ces films, tension entre, d'une part, la visée du genre comique qui est de susciter le rire et, d'autre part, la nature du référent historique dont la charge dramatique paraît s'opposer à pareille visée. Cette tension fondatrice, on aurait pu la dissimuler sous d'autres questionnements, la reporter sans cesse aux marges de l'analyse, mais on aurait alors perdu de vue la spécificité première des comédies historiques, qui est tout de même de concilier le plaisir et la perte, le rire et la douleur.

Penser les comédies historiques en termes de tensions et de solutions, voilà sans nul doute le questionnement le plus significatif de cet ouvrage. Par un effet de ricochet, le questionnement s'est répercuté sur les trois grands axes de la réflexion. Sur l'axe méthodologique tout d'abord, puisque nous avons dû mettre en place une procédure permettant d'analyser les comédies sous l'angle de la tension générique. Sur l'axe configuratif ensuite, car il a fallu penser l'espace filmique comme un lieu de négociation entre le poids référentiel de l'événement et les codes spécifiques du genre comique. Sur l'axe pragmatique enfin, si l'on tient compte du fait que la réponse narrative apportée par la comédie s'inscrit dans un espace social donné et que le rire marque très souvent l'approbation du public à la solution proposée.

Pour conclure, nous souhaiterions effectuer un retour sur ces trois axes et suivre l'évolution des grandes lignes de force qui ont structuré l'analyse. Ensuite, dans un dernier mouvement et comme ouverture finale, nous insisterons sur les modalités d'action de la comédie dans le champ social : celles-ci seront agencées au sein d'une perspective d'histoire comparée qui établira des rapprochements entre les différentes époques examinées.

1. Retour méthodologique : l'approche en tension générique

L'établissement d'une méthode

Lors d'un premier mouvement, nous nous étions fixé pour objectif de donner une définition opérationnelle de la comédie historique afin de constituer cette dernière en entité cohérente. Cette opération de modélisation a connu un tournant décisif lorsque nous sommes passé à une étude détaillée de l'essai de Bergson sur le rire. Si la répétition, l'interférence et l'inversion sont à la base du comique de situation, ces procédés acquièrent une pertinence singulière quand ils s'appliquent à l'écriture de l'histoire, car ils permettent de donner du passé une vision contrariée. La comédie subvertit la linéarité de l'histoire événementielle en jouant sur le retour du même, l'interpénétration des époques entre elles ou encore la réversibilité des phénomènes historiques.

En appliquant les procédés relevés par Bergson à la figuration de l'histoire, nous pensions disposer d'une définition suffisamment solide pour travailler la comédie historique comme une entité relativement stable, aux caractéristiques récurrentes. C'est à ce moment qu'est apparue la tentation du genre. La comédie historique ne gagnait-elle pas à être considérée comme une formule générique réglant la production et la réception d'un certain nombre de productions comiques diffusant dans le champ social des configurations spécifiques de la grande histoire ?

Très vite, il est apparu que cette question débouchait sur une impasse. Les comédies historiques étaient trop disparates, aussi bien dans le temps que dans l'espace, pour pouvoir être rassemblées sous un même label générique. Par ailleurs, les principes dégagés par Bergson dégageaient certes des configurations récurrentes, mais ils étaient loin d'assurer à la comédie historique une identité narrative remarquable, et cela d'autant plus que cette identité était couplée à une grande diversité thématique qui regroupait des événements portant sur l'ensemble de l'histoire du XXe siècle. Enfin, des structures communes avaient beau être dégagées, il manquerait toujours à la comédie historique une reconnaissance sociale qui en assurerait la production et la réception.

Qu'elle soit envisagée sous l'angle structurel ou fonctionnel, la comédie historique ne constituait donc pas une entité suffisamment pertinente pour être considérée comme un genre à part entière, ou même comme un sous-genre de la comédie, doté d'une formule filmique stable et reconnue.

Loin d'être paralysant, ce détour méthodologique a permis de retourner à un état originaire du questionnement. Plutôt que de vouloir établir une formule générique définitive, ne fallait-il pas revenir à ce qui constitue la spécificité des comédies historiques, à savoir précisément cette tension entre le rire et l'histoire ? Dans cette perspective, l'approche générique n'avait pas à être rejetée, mais déplacée. Au lieu d'étudier un (sous-)genre à l'existence problématique, il paraissait plus profitable d'envisager l'irruption d'un événement historique au sein du genre comique et de montrer comment ce genre accueille en son sein des éléments qui risquent à tout instant de le déstabiliser.

C'est ce que nous avons appelé la méthode d'analyse en tension générique : quelles sont les contraintes issues de la comédie qui pèsent sur la figuration de l'histoire et, parallèlement, quel est l'impact de cette figuration sur la dynamique du genre ? Tout au long de l'ouvrage, cette méthode semble avoir fait ses preuves, mais nous souhaiterions revenir ici sur ses principales caractéristiques.

Intérêt de l'approche en tension générique

Le but de l'approche en tension générique n'est pas tant d'examiner le fonctionnement du genre comme tel, mais d'étudier ce qui le met en question et le travaille de l'intérieur. Cette approche repose sur une idée simple, à savoir qu'il est des moments dans l'histoire où le genre, espace codé et fortement balisé, succombe à une poussée du réel qui l'amène à réorganiser sa logique figurative pour accueillir un corps étranger venu du dehors. A une problématique donnée correspond une réponse générique témoignant de l'effort similaire d'un groupe de films pour surmonter les difficultés posées par la figuration d'un élément qui a priori ne rentrait pas dans le cadre préétabli. Présentée de la sorte, l'analyse en tension pourrait s'étendre à d'autres corpus comme le film d'horreur américain qui, à la fin des années 60, se voit obligé de renforcer sa dramaturgie interne sous la charge conjuguée de la guerre du Vietnam et de l'assassinat du président Kennedy.[1]

Loin de se focaliser uniquement sur des modalités de réaménagement interne, l'approche en tension générique permet également de mieux comprendre l'action du genre dans l'espace public, sa capacité de proposer des solutions narratives partagées par le plus grand nombre. Si l'on avait choisi d'examiner la tension à l'œuvre dans des films isolés, on n'aurait guère reçu l'assurance de découvrir des mécanismes de réponse significatifs. Par contre, lorsqu'on constate qu'un même processus de réponse se reproduit à travers un ensemble de comédies localisées dans le temps et portant sur un même événement historique, on peut commencer à envisager de dépasser le plan configuratif pour examiner dans quelle mesure ce processus interagit avec un cadre socioculturel déterminé.

Nous rejoignons ici les approches fonctionnelles qui envisagent le genre comme une forme d'expression culturelle collective proposant, sur un plan imaginaire, « des médiations, qui calment les conflits et aident la société à se maintenir »[2]. Même si une telle conception du genre présente, d'après Raphaëlle Moine, l'inconvénient de postuler « un public homogène, qui partage les mêmes valeurs, qui est sensible aux mêmes conflits »[3], il n'en reste pas moins que la diffusion de réponses similaires dans le champ social autorise à dégager des zones de visibilité commune, chacune témoignant d'un consensus assez large au sujet de la perception d'un même événement passé. Selon Pierre Sorlin, « les flottements du visible n'ont rien d'aléatoire : ils répondent aux besoins, ou au refus d'une formation sociale. Les conditions qui influencent les métamorphoses du visuel, et le champ même du visuel sont étroitement liés : un groupe voit ce qu'il peut voir, et ce qu'il est capable de percevoir définit le périmètre à l'intérieur duquel il est en mesure de poser ses propres problèmes »[4].

Si l'on en reste au niveau méthodologique, on remarquera que l'approche en tension générique permet de mettre au jour une question fondamentale : comment expliquer qu'un genre accueille dans son espace filmique une thématique qui se trouve si opposée à son esthétique de base ? L'histoire ne surgit pas par hasard dans les filets de la comédie. Au contraire, des instances de production ont choisi consciemment l'option comique pour figurer un événement dramatique et, en retour, des spectateurs ont trouvé dans le spectacle d'un passé détourné une source de plaisir manifeste.

Par conséquent, il importe de comprendre ce qui justifie l'emboîtement de deux éléments aussi contradictoires. En guise d'amorce de réponse, on se contentera d'indiquer que c'est justement parce que la comédie semblait le genre le moins approprié qu'elle a été choisie pour configurer la matière historique, car le bénéfice espéré d'une telle opération était de faire apparaître une vision du passé qui s'écarte des représentations habituelles tout en répondant aux attentes d'un public le plus large possible. C'est sur la teneur de cette vision et sur son implication pragmatique que nous reviendrons dans les derniers points de la conclusion.

Difficultés et usages de l'approche en tension générique

Parce qu'elle est centrée sur le travail de la ressemblance, l'approche en tension générique conduit à écarter de l'analyse des films qui apparaissent comme trop singuliers pour pouvoir être rattachés à un sous-ensemble précis. Dans notre cas, un tel phénomène s'est produit avec certains films inclassables comme *Le Dictateur* de Chaplin, mais aussi avec des comédies comme *Colonel Blimp* de Michael Powell ou *Brigands (chapitre VII)* d'Otar Iosseliani, des comédies qui se structuraient selon le principe de répétition, mais qu'on ne parvenait pas à assembler au sein d'un contexte cohérent, faisant sens au sein d'une époque déterminée.

Une autre difficulté de la méthode tient dans la définition du contexte lui-même. Pour qu'une analyse en tension générique puisse être efficace, un préalable indispensable est que le genre interrogé soit déjà délimité par ailleurs. Le contexte générique doit d'abord être éclairci avant d'être travaillé par la logique de la mise en tension. Or, force est de reconnaître que cette définition préliminaire a posé problème dès que nous avons voulu circonscrire le genre comique. Ne bénéficiant pas d'une formule filmique clairement établie, la comédie s'oppose a priori à toute entreprise de délimitation.[5] Aussi a-t-il fallu proposer une définition opératoire de la comédie en sélectionnant les traits du genre qui seraient les plus susceptibles de réagir à la figuration de l'histoire. A cet égard, le critère du plaisir comique était incontournable, de même que les conditions d'anomalie, de distance et d'innocuité qui doivent normalement le garantir. D'un point de vue narratif, les procédés d'interférence, de répétition et d'inversion ont été privilégiés dans la mesure où ils assuraient d'avoir affaire à des détournements significatifs de l'histoire.

Par la suite, ce problème de définition s'est à nouveau posé lorsqu'on est passé à l'examen de sous-ensembles plus réduits. Alors que le burlesque et les comédies françaises de la Seconde Guerre mondiale se présentaient d'emblée comme des ensembles définis par la tradition critique, il n'en a pas été de même pour les autres groupes de films repérés, tels les comédies de la Shoah ou celles de la menace nucléaire, qui ne coïncidaient pas nécessairement avec les sous-genres déjà établis de la comédie. Pour surmonter cette difficulté, nous avons dû faire confiance aux principes dégagés par Bergson et les considérer comme des indicateurs de mises en réseau possibles.

Parfois, l'opération de mise en réseau a conduit à mettre en évidence des sous-genres comiques nouveaux, jamais repérés à notre connaissance par les analyses précédentes. Ainsi, les comédies de la Shoah sont-elles apparues comme un ensemble pertinent, témoignant d'une configuration inédite du passé et mettant en œuvre une déclinaison spécifique de l'inversion. Parfois aussi, nous avons sciemment refusé le concours d'un genre établi pour mieux cerner l'originalité de certains groupes de représentations. A ce titre, le cas de la satire s'est révélé exemplaire. Comme la définition de ce genre paraissait trop floue, nous avons préféré considérer les comédies appartenant au domaine satirique selon l'orientation temporelle du processus d'inversion. Sous ce nouveau point de vue, des films qu'on aurait a priori rassemblés sous la même bannière générique n'ont pas tardé à présenter des différences radicales dans leur façon d'envisager la configuration de l'histoire, certains tendant à se projeter dans le futur (*Le Docteur Folamour*), d'autres préférant dégrader l'image du temps présent (*M.A.S.H.*). En procédant de la sorte, il va sans dire que l'analyse en contexte générique s'est essentiellement déroulée sur le mode exploratoire. C'est peut-être en ce point qu'on s'est le plus rapproché de la logique générique définie par Todorov, celle qui consiste à découvrir des relations de signifiance entre des œuvres jusque-là jamais rassemblées.

Le dernier point à considérer concerne l'usage de la méthode d'analyse en tension générique. Dans quel sens, pour quelle utilisation est-elle employée ? A priori, deux types d'application sont possibles : synchronique et diachronique.

Dans le premier cas, la recherche se contente de travailler sur un sous-genre déterminé afin d'éclairer le fonctionnement du comique quand il est en prise avec l'actualité d'une époque donnée. On aurait pu ainsi se concentrer sur les rapports du burlesque et de la Grande Guerre. Mais alors, l'analyse aurait dû se déployer davantage en amont et en aval des films. Il n'aurait pas suffi de considérer la réponse apportée par le burlesque ; il aurait également fallu étudier la position des cinéastes à l'égard du conflit, détailler les stratégies de production employées et, parallèlement, mener à bien des études de réception qui auraient permis de décoder l'attitude du public face à des spectacles comme *Charlot soldat* ou *Harry monte en grade*. En opérant de cette manière, on aurait sans doute fini par montrer comment la société d'après-guerre avait trouvé dans le burlesque une solution narrative permettant de critiquer l'horreur du premier conflit mondial, tout en restant socialement approuvée.

Pour notre part, nous avons préféré la seconde option, l'option diachronique. Plutôt que d'opérer une coupe franche dans le temps, il a paru plus profitable de multiplier l'étude des sous-ensembles de telle sorte que pouvait émerger une histoire comparée des diverses façons de rire des événements passés au cinéma. Bien entendu, une telle perspective suppose un survol plus rapide des stratégies de production et de réception, car l'analyse n'est pas guidée par l'exploration d'un contexte particulier, mais bien par la mise en résonance de différents contextes entre eux. Au fil de l'ouvrage, nous avons ainsi mis en relation les réponses que la comédie, actualisée dans ses différents sous-genres, apportait à la question de la figuration de l'histoire.

C'est à la synthèse de cette démarche que nous convions à présent le lecteur, puisque la conclusion est aussi le lieu où il s'agit de surmonter les différences perçues pour essayer de retirer un enseignement d'une portée plus générale.

2. Retour configuratif : la comédie comme système homéostatique

Si l'on quitte les lignes de crête de la méthode pour redescendre vers l'espace concret des représentations, on constate que le questionnement problématique se répercute à l'intérieur même des comédies. Jusqu'à présent, ce questionnement a été formulé de manière assez abrupte en opposant la gravité de l'histoire à la légèreté supposée du genre comique. En cette fin de parcours, il est temps de donner une interprétation plus théorique de la tension à l'œuvre dans la comédie en envisageant celle-ci comme un système homéostatique capable d'intégrer le surplus de réel apporté par le référent historique.

D'un vraisemblable à l'autre

Alors que le réel historique est habituellement configuré sous la logique d'un discours vraisemblabilisant, il se trouve soudain propulsé au sein d'un genre filmique répondant à un autre type de régime discursif. C'est sur ce passage d'un discours à l'autre qu'il convient d'ouvrir la discussion, car un tel mouvement de translation permettra de mieux comprendre la portée référentielle des comédies de l'histoire.

Avant toute chose, remarquons que l'événement ne prend sens et existence que lorsqu'il est détaché du continuum historique par une opération de configuration : il surgit dans l'espace social à travers un discours qui le constitue comme tel. Toutefois, cette opération discursive ne doit pas occulter le fait qu'à la différence de la fiction, le récit se déroule sous le signe du 'c'est arrivé'.[6] Quelle que soit la forme d'expression choisie, la narration historique n'est jamais une narration à dénotation nulle : elle renvoie toujours à un événement qui lui est extérieur et dont la factualité a été établie par les travaux des historiens.

Constitué en objet de connaissance et de souvenir, l'événement se voit fréquemment rapporté par une narration qui entend effacer toute trace de son origine énonciative. La plupart des grandes reconstitutions filmiques recourent à la puissance d'illusion du cinéma pour donner au spectateur l'impression d'une restitution parfaite de l'événement historique. Celui-ci semble surgir directement sous nos yeux et nous en oublions alors le travail effectué par la représentation sur la matière du passé. Si elle n'est pas systématique, cette option configurative tend à plonger le discours historique du côté du vraisemblable. D'après Christian Metz, « l'œuvre vraisemblable se veut, et veut qu'on la croie, directement traduisible en termes de réalité. C'est alors que le Vraisemblable trouve son plein emploi : il s'agit de *faire vrai* »[7]. Pour Barthes, ce vraisemblable se distingue de l'ancien, car « il n'est ni le respect des 'lois du genre' ni même leur masque, mais procède de l'intention d'altérer la nature tripartite du signe pour faire de la notation la pure rencontre d'un objet et de son expression »[8].

L'effacement du discours au profit de l'événement est une convention narrative, mais cette convention est naturalisée à un point tel qu'elle devient la garante d'une expression légitime de la vérité historique. Comme le souligne Metz, l'œuvre vraisemblable essaye de persuader le public « que les conventions qui lui font restreindre les possibles ne sont pas des lois de discours ou des règles d'écriture (…), et que leur effet, constatable dans le contenu de l'œuvre, est en réalité l'effet de la nature des choses et tient aux caractères intrinsèques du sujet représenté »[9].

C'est de ce discours vraisemblabilisant que se détache l'événement lorsqu'il est repris par la comédie. A la différence du récit historique traditionnel, celle-ci ne répond pas à une logique narrative reposant sur l'illusion référentielle. Au contraire, la comédie, en tant qu'espace générique, affiche ses conventions d'écriture. Son vraisemblable est très différent du précédent dans la mesure où il obéit d'abord à un effet de genre et non à un souci de réalisme. On rejoint ici une autre conception du vraisemblable, plus proche de celle véhiculée par la tradition antique, et qui se définit par la relation de conformité qu'une œuvre entretient avec un corpus d'œuvres préexistant[10]. Comme tout genre institué, la comédie est une représentation « qui donne l'œuvre pour ce qu'elle est, c'est-à-dire pour le produit d'un genre réglé destiné à être jugé *comme performance de discours* et par rapport aux autres œuvres du même 'genre' ; ainsi, le langage de l'œuvre se refuse au propos retors de donner l'illusion qu'il serait traduisible en termes de réalité : il *renonce au Vraisemblable*, et cela dans toute la force du terme, puisque ce à quoi il renonce est de *sembler vrai* »[11].

Même si certaines comédies cherchent à trouver des motivations réalistes aux comportements de leurs personnages, la représentation comique s'agence surtout en fonction d'un ensemble de conventions propres au genre auquel elle appartient. Quand le spectateur regarde une comédie, il ne s'attend pas tellement à ce que celle-ci lui présente une vision réaliste du monde environnant ; il espère davantage retrouver certains traits récurrents (comme les gags ou le happy end) qui lui assureront d'avoir affaire à une représentation emblématique du genre comique.

Par cette réévaluation des forces en présence, on perçoit le déplacement que fait subir la comédie au référent historique. En passant d'un vraisemblable à un autre, celui-ci est obligé de se dépouiller de l'illusion référentielle qui l'entourait jusque-là. Ce déplacement ne signifie pas pour autant que l'événement succombe tout entier aux lois du genre comique. Au contraire, sa charge référentielle est préservée, même si elle n'obéit plus à la logique du discours réaliste. Dès lors, ce qu'il faut examiner à présent, c'est la manière dont la comédie préserve la singularité de l'événement tout en l'intégrant à sa propre logique configurative.

La mise en tension ou le jeu de la cohérence

Pour comprendre cette opération, un concept clé est celui de cohérence. Grâce notamment aux réflexions d'André Gardies[12], on sait que la cohérence est une règle de base de tout énoncé fictionnel. Elle apparaît même comme la gardienne du vraisemblable dans la mesure où un récit sera jugé plausible si son univers n'offre pas de dissonances aux yeux du spectateur. Comme le rappelle François Jost, « pour être jugés vrais, une action ou un événement n'ont pas à correspondre à la réalité, mais à obéir aux lois qui gouvernent la diégèse en organisant les relations entre les personnages et les événements, lois qui permettent, du même coup, de comprendre et les événements, et les réactions des individus »[13].

Dans le cadre d'un discours réaliste comme le récit historique, la cohérence de l'univers diégétique s'apparente à celle organisant notre univers de référence : les déplacements dans l'espace, les actions entreprises, les enchaînements d'événements obéissent aux mêmes règles (causales, physiques…) que celles qui gouvernent le monde réel et produisent, de ce fait, une impression de réalité. Au cinéma, cette impression de réalité est encore renforcée par le « défilement de l'image à l'écran qui donne à la fiction l'apparence du surgissement événementiel, de la 'spontanéité' du réel »[14].

Mais la cohérence n'est pas nécessairement liée à l'organisation d'univers semblables aux nôtres, car elle découle avant tout du respect des postulats diégétiques installés par le récit, que ceux-ci soient réalistes ou non. Ainsi, en regardant *Superman*, le spectateur n'est nullement étonné de voir le héros s'envoler du toit d'un immeuble. Par contre, si, sans raison apparente, le personnage se met à tomber comme une pierre, la cohérence diégétique sera immédiatement mise en cause : la chute du héros paraîtra incohérente alors qu'elle aurait été perçue comme tout à fait normale si elle s'était déroulée dans le monde de notre expérience quotidienne.

Dans une perspective générique, le principe de cohérence désigne avant tout un système de règles et de conventions – c'est ce qu'on appelle les lois du genre – auquel est censée souscrire l'organisation de l'univers diégétique.[15] Loin d'être stable et immuable, ce système peut modifier sa dynamique interne pour mieux accueillir les perturbations venues du dehors et préserver l'état de cohérence initial. C'est pourquoi nous parlerons de la capacité homéostatique du genre, c'est-à-dire de la capacité qu'a le film d'autoréguler son fonctionnement à partir d'un équilibre générique préétabli. Dans *Univers de la fiction*, Thomas Pavel avait déjà souligné – notamment à propos de la tragédie – cette propriété propre aux genres institués : lorsqu'une perturbation locale vient mettre en danger l'identité du genre, elle est immédiatement « compensée par une surdétermination en un autre endroit »[16].

Et c'est bien ce qui se produit, pensons-nous, dans les comédies de l'histoire. Quand celles-ci accueillent le référent historique au sein de l'espace filmique, elles sont conduites à réaménager leur mode de fonctionnement interne en vue de préserver la cohérence propre au genre comique. Ainsi, chaque représentation est-elle le lieu d'une négociation entre la visée référentielle qu'entraîne immanquablement toute représentation du passé et le projet narratif de la comédie. Cette négociation ne débouche pas sur un consensus mou qui affaiblirait à la fois l'image de l'événement et la charge comique du genre. Au contraire, lors de l'opération de mise en tension, le rapport au réel est réaffirmé avec force, mais de manière déplacée, sans plus recourir à l'illusion référentielle. Quant à la comédie, il semblerait que l'épreuve de l'histoire l'amène à apparaître davantage comme une performance de discours. A la prise en charge de l'histoire par la comédie, répondrait une réaffirmation de l'entreprise comique, réaffirmation nécessaire au maintien de la stabilité générique.

Le basculement de l'axe référentiel

Face à des films comme *Harry monte en grade* ou *Forrest Gump*, le spectateur sait très bien que la 'véritable' histoire ne s'est pas déroulée de la sorte. Les exploits du héros sont bien trop improbables pour se placer sous le signe (trompeur) d'une représentation véridique. Plus qu'un constat apparemment objectif de l'événement, la comédie se présente comme une performance de discours qui vient reconfigurer la matière historique sous l'angle du comique.

Dans cette performance affichée comme telle, la relation au passé ne passe plus par le biais de l'illusion référentielle, c'est-à-dire par la simulation d'une relation d'homologie entre la représentation et l'univers réel. Le rapport de la comédie à l'histoire se manifeste sur un autre registre de cohérence, dans un autre type de vraisemblable qui n'est pas celui du récit réaliste, mais celui, très différent, du genre comique.

Le déplacement que fait subir la comédie à la visée référentielle est un déplacement d'ordre intérieur. La représentation ne nie pas la singularité du passé, mais elle la reporte en quelque sorte sur l'axe syntaxique du récit, par un effet de basculement horizontal. Ainsi, si l'on peut dire que la comédie tient compte du poids du passé, ce n'est pas parce qu'elle donne une image 'vraie' de l'histoire, mais parce qu'elle répercute l'impact de l'événement sur sa propre structure narrative. Pour le dire autrement, la comédie remplace le principe de référence, orienté vers le dehors, par une contrainte interne, venant affecter la cohérence du genre lui-même.

Dans cette perspective, il n'y a rien d'étonnant à ce que les comédies présentent des zones de distension qui marquent un relâchement du genre face à la pression du référent. Quand un point d'ancrage surgit au début de *Charlot soldat*, il renvoie certes à la réalité de l'événement, mais il témoigne surtout d'une hésitation de l'entreprise comique, comme si celle-ci avait dû suspendre, ne serait-ce que momentanément, sa logique habituelle pour s'adapter à cet événement venu du dehors. De la même manière, l'exécution de Guido à la fin de *La Vie est belle* n'a pas pour fonction de renvoyer à l'extérieur de la représentation, mais de rappeler l'atrocité de la Shoah à l'intérieur du cadre narratif en faisant surgir une mort violente dans un genre qui n'en comporte pas a priori. Dans *La Soupe au canard* ou *La Souris qui rugissait*, les images d'archives laissent apparaître un contrepoint circonstancié au sein de fables satiriques qui se déroulaient jusque-là dans des royaumes imaginaires.

Il est important de souligner que ces zones de distension apparaissent souvent à travers des séquences visuelles, comme si les films faisaient davantage confiance à l'image qu'au langage verbal pour ébranler le système générique du comique. Dans la plupart des cas, l'image cause rupture soit parce qu'elle ramène dans le tissu de la représentation la trace indicielle de l'événement (l'archive), soit parce qu'elle exemplifie certains traits saillants du traumatisme passé dans une mise en scène particulièrement emblématique (les opérations chirurgicales dans *M.A.S.H.*, la séquence du charnier dans *La Vie est belle*).

Ces moments de rupture ne découlent pas nécessairement de la formation d'une image nouvelle qui viendrait ébranler le système cognitif du spectateur. Il arrive plus fréquemment que les zones de distension recyclent des stéréotypes visuels issus d'autres productions en leur redonnant leur vigueur première. Ainsi, ce qui pouvait passer pour un cliché dans un récit réaliste sera reçu comme une image au sens fort du terme quand il s'insère dans la trame comique, car ses codes figuratifs ne sont pas les mêmes que ceux du film qui l'accueille. L'image cause un choc, non pas tellement par ce à quoi elle renvoie, mais par sa composition plastique qui tranche avec celle de la comédie. A cet égard, le plan final de *Train de vie* est tout à fait exemplaire : l'image de Schlomo enfermé dans un camp de déportés se réfère certes à d'autres images de la vie concentrationnaire, mais ce stéréotype retrouve sa puissance originale en surgissant de manière inattendue à la fin d'un récit qui se déroulait jusque-là sous le signe d'une utopie rêvée. Dans cette comédie comme dans d'autres, la capacité de rupture surgit de la force retrouvée du cliché, lorsque celui-ci est détaché de son régime de visibilité habituel.

Voilà donc éclairé le fonctionnement référentiel des comédies : le renvoi au passé ne passe plus par l'illusion référentielle, mais par une cassure dans la logique du genre, une cassure causée par la puissance d'ébranlement de l'image qui garde trace de l'événement passé ou qui exhibe certains de ses traits les plus saillants.

Cependant, on doit avoir conscience que l'opération décrite ici correspond à une phase donnée de la comédie, celle où, pour la première fois, l'événement émerge dans le tissu de la représentation en emmenant avec lui la charge traumatique du passé. Par la suite, si d'autres représentations comiques se développent autour de l'événement, il est à peu près certain que celui-ci va perdre de sa force perturbatrice. Peu à peu, le réel historique est traité comme un élément thématique parmi d'autres, sans entraîner de contrainte interne particulière. Ce moment marque la fin du passage d'un vraisemblable à l'autre : l'événement ne pose plus de difficultés à la représentation et se trouve intégré à la logique interne du genre. Une telle phase de sédimentation a pu s'observer dans les comédies françaises de la Seconde Guerre mondiale, lorsque le référent de l'Occupation finissait par faire partie intégrante du décor, à tel point que son évocation mobilisait les mêmes figures stéréotypées (l'Allemand stupide et brutal) et les mêmes lieux récurrents (la kommandantur). Le stade ultime de cette évolution, que l'on pourrait appeler parodique, aura lieu dans les années 70 et 80 avec des comédies comme *Papy fait de la Résistance* qui ne détournent plus le passé en tant que tel, mais bien ses formes figées, reprises et répétées de film en film.

L'exemplification du discours comique

Bien que leur structure soit déstabilisée par la configuration de l'événement historique, les comédies parviennent tout de même à rétablir l'équilibre nécessaire à leur cohérence interne. C'est à ce niveau que se manifeste le plus nettement la capacité homéostatique du genre : la comédie surmonte l'obstacle du référent en exemplifiant davantage ses procédés comiques et en développant des stratégies qui compensent le déficit générique provoqué par l'apparition des zones de distension.

Ces stratégies sont apparues tout au long des analyses. Dans le burlesque, par exemple, un processus de dérive fictionnelle permet d'aménager un espace propice à la confrontation entre le héros et l'histoire. Avec les comédies de la Shoah, le stratagème employé est différent, puisque l'horreur du judéocide est surmontée par le biais d'une parole fabulatrice annoncée comme telle.

On pourrait multiplier les exemples, mais il est plus pertinent de souligner que toutes ces stratégies ont pour point commun de proposer une reconfiguration positive du passé. A cet égard, la conclusion des comédies est significative, car c'est souvent dans les derniers moments du récit qu'apparaît pleinement le résultat des stratégies employées. Quelle que soit l'ampleur de la dette référentielle à honorer, les films finissent par triompher des malheurs de l'histoire pour déboucher sur un dénouement apaisé, porteur d'espoir en l'avenir. A la fin de *La Vie est belle*, l'enfant sera sauvé ; le héros de *Catch 22* parviendra à s'échapper de la base militaire ; Zelig et Forrest Gump réussiront à sortir sans encombre du flux périlleux de l'histoire pour enfin se révéler à eux-mêmes.

En soi, l'opération de clôture apparaît dans tout récit et consiste, selon Paul Ricœur, à composer une synthèse de l'hétérogène : « Les fictions ne sont pas arbitraires, dans la mesure où elles répondent à un besoin dont nous ne sommes pas les maîtres, le besoin d'imprimer le sceau de l'ordre sur le chaos, du sens sur le non-sens, de la concordance sur la discordance »[17]. Dans le cas des comédies, la demande de concordance se trouve rehaussée pour être placée à la hauteur du désenchantement suscité par les événements du siècle écoulé. A la douleur et aux larmes, aux morts et aux blessés, bref à toutes les blessures du passé, les comédies répondent par une fin réconfortante qui fait contrepoids au dénouement réel de l'histoire.

Trait constitutif du genre comique, le happy end ne doit en aucun cas s'évaluer à l'aune d'une logique réaliste. Il ne découle pas d'une action menée selon des motifs plausibles et rationnels. Le dénouement heureux apparaît comme un tour de force narratif, comme la dernière torsion que fait subir le genre comique à la configuration de l'histoire. La fin des comédies est trop improbable pour être vraie. Elle ne se situe pas sur un plan réaliste, mais dans un espace imaginaire, gouverné par les lois du genre, où il devient possible qu'un vagabond donne une raclée à l'homme le plus puissant d'Allemagne[18] ou qu'un enfant échappe aux camps de la mort parce qu'il a respecté les règles du jeu que lui avait enseignées son père.

Indéniablement, de tels dénouements confirment l'idée selon laquelle la comédie est contrainte d'exemplifier ses procédés narratifs. En temps normal, la représentation comique apparaît déjà comme une performance de discours, notamment par le caractère outrancier des péripéties qui composent son intrigue. Mais quand la comédie traverse l'épreuve de l'histoire, cet aspect discursif est renforcé par le fait que la représentation a dû se détacher avec force des représentations habituelles du passé. Ainsi, la conclusion heureuse apparaît-elle d'autant plus comme une convention interne au genre quand elle s'applique à un événement qui exclut toute issue positive. De la même manière, les conditions de distance, d'anomalie et d'innocuité reçoivent une visibilité accrue en portant sur un épisode douloureux du passé dont on ne peut ignorer les dommages réels.

Cependant, il ne faudrait pas croire que cette performance de discours, affichée comme telle, soit jugée irrecevable par le spectateur. Au contraire, celui-ci est prêt à accueillir la recomposition comique de l'événement, car il accepte de se placer dans la logique du genre. Il est venu voir une comédie et s'attend en conséquence à ce que les conventions génériques puissent retravailler le souvenir du passé.

En ouvrant la porte à la réception de la comédie historique, notre récapitulation entre dans sa dernière phase. De quelle manière la performance de la représentation est-elle reçue par le spectateur ? Comment rencontre-t-elle les attentes du temps présent ? Ces questions ne peuvent être résolues sur le seul plan configuratif et il faut passer ici à une pragmatique élargie du rire quand il s'applique à l'histoire.

3. Retour pragmatique : l'expérience du rire

Alors que nous quittons l'espace interne de la comédie pour envisager son impact auprès du public, se manifeste à nouveau l'idée de tension, mais une tension déplacée cette fois sur le plan de la mémoire collective. Bien que les analyses aient porté sur des contextes génériques différents, une constante s'est toujours dégagée, à savoir que le comique permet comme un dépassement de l'histoire. Les comédies surgiraient pour entériner le fait qu'une société est dorénavant prête à se débarrasser des contraintes d'un passé trop présent, ou, à l'inverse, du poids d'un présent qu'il conviendrait de faire passer. Et le rire, ce petit problème comme disait Bergson, signifierait alors que la tension est résolue et que la solution apportée par la comédie trouve chez les spectateurs un auditoire complice, prêt à se délier des représentations anciennes.

La comédie comme espace de médiation générique

En aucun cas, nous ne voulons défendre l'idée que seules les comédies ont la capacité de proposer un dépassement de l'histoire. D'autres films, avec des moyens d'expression différents du comique, peuvent exercer une charge salutaire à l'égard des formes les plus crispées de la mémoire collective. Il suffit de songer à des œuvres comme *Les Sentiers de la gloire* (1957) de Stanley Kubrick ou *Le Chagrin et la pitié* (1969) de Marcel Ophuls. Mais, bien souvent, ces représentations agissent dans l'espace social sur le mode de la polémique et de la dissension. Elles cristallisent des prises de position antagonistes et les résistances rencontrées par les films témoignent surtout du fait que la société n'est pas encore parvenue à se libérer du poids du passé.

Avec les comédies, l'interaction dans le champ social s'effectue de manière plus apaisée. Les représentations comiques de l'histoire rencontrent fréquemment l'adhésion du public et ne suscitent guère, sauf en certaines occasions[19], de débats particulièrement houleux. A la différence des charges polémiques, les comédies laissent entrevoir des zones de visibilité commune où producteurs et récepteurs s'accordent autour d'une vision transformée du passé.

Ce phénomène découle sans nul doute de la position de la comédie au sein du champ culturel. C'est en en effet parce que la comédie occupe une position relativement dévalorisée dans la hiérarchie des genres qu'elle est capable de détourner un événement historique tout en conservant l'assentiment d'un vaste public. Les libertés prises avec l'histoire seront d'autant mieux acceptées qu'elles surgiront à l'intérieur d'un genre dont la marque de fabrique est précisément le manque de sérieux. Autrement dit, la comédie agit comme un espace de médiation générique qui facilite la diffusion de représentations plus émancipées de l'histoire.

En vertu du pacte générique qui se met en place dès les premiers instants du récit – et même en amont lors de la présentation médiatique du film –, le spectateur ne s'attend pas à ce que la comédie lui offre une vision respectueuse du passé. Au contraire, il espère découvrir un certain décalage par rapport aux versions officielles de l'histoire. Parallèlement, des réalisateurs comme Chaplin ou Benigni trouvent dans l'espace comique un lieu approprié pour diffuser leur point de vue sur les événements. La comédie fournit aux artistes une sorte d'alibi générique qui leur permet de travailler en se réfugiant derrière les licences permises par le genre.

Si l'on continue à inspecter les clauses du contrat générique, on s'aperçoit que le comique est aussi perçu comme un genre synonyme de détente et de divertissement. Ce point est le corollaire du précédent : ce que le spectateur vient chercher dans la salle de cinéma n'est pas une représentation fidèle de la réalité, mais un spectacle qui le distrait des contraintes du monde extérieur. Comme l'avait déjà remarqué Freud, la prédisposition à la détente constitue l'une des conditions préalables du plaisir comique : le spectateur est enclin à rire « lorsqu'il se souvient d'avoir ri, lorsqu'il s'attend à rire, c.-à-d. dès l'entrée en scène de l'acteur comique, avant même que celui-ci ait pu essayer de le faire rire »[20].

Dans notre cas, l'anticipation du plaisir comique exerce un rôle décisif, puisqu'elle dote le spectateur d'un état d'esprit approprié pour accepter le détournement du passé. Quand le public vient regarder un film comme *Le Mur de l'Atlantique*, il est déjà prêt, en s'asseyant devant l'écran, à recevoir une représentation qui s'écarte du sérieux parfois trop pesant des reconstitutions historiques. Aussi, ne s'offusquera-t-il pas des libertés prises avec l'histoire, étant donné que celles-ci correspondent justement à ses attentes.

Tel qu'il vient d'être présenté, ce formatage générique ne constitue qu'un formatage préalable qui délimite simplement l'espace de réception de la comédie historique. Celle-ci ne recevra l'assentiment définitif du public que lorsque ce dernier aura effectivement pris plaisir à la représentation et qu'il aura pu apposer le sceau de son rire en bas du contrat générique. En tant que performance de discours, la comédie ne tire pas sa validité d'une adéquation supposée avec la réalité historique. Sa pertinence se mesure en fonction de la réussite ou de l'échec de son énonciation : la production est-elle parvenue à faire rire ? A-t-elle rencontré les attentes du public en lui procurant une certaine dose de plaisir sur un sujet aussi grave que l'histoire ?

Le rire comme garant d'une bonne réception

Le rire du spectateur s'avère une expérience décisive qui est souvent le signe d'une expérience visuelle réussie. En manifestant ouvertement son plaisir, le spectateur montre qu'il approuve la subversion de l'événement historique. Si ce point est important à souligner, c'est qu'il se pourrait très bien que le public ne rie pas. Dans ce cas, la représentation manque son objectif en échouant à produire l'effet voulu. Le spectateur peut ne pas disposer des connaissances suffisantes pour comprendre le détournement mis en scène, mais il peut aussi juger que le détournement est trop inconvenant en regard du souvenir de l'événement et de sa prégnance dans la mémoire collective.

Par conséquent, on comprend que le rire, lorsqu'il s'élève, exprime le sentiment d'une entente profonde entre les instances de production et de réception. A travers l'hilarité secouant la communauté des rieurs, est approuvé le détournement proposé par les responsables du film. Le rire des uns vient valider l'intention comique des autres, et, dans ce mouvement de reconnaissance réciproque, surgit une même volonté de dépasser le caractère figé des représentations traditionnelles du passé.

En plaçant la réception comique sous le signe de l'entente, on voit réapparaître avec force les zones de visibilité évoquées par Pierre Sorlin. C'est, en effet, le rire du spectateur, et celui plus large encore du public rassemblé dans la salle, qui permet d'affirmer que les comédies montrent des positions communes à l'égard d'un fait historique donné. Par la suite, si la comédie est fortement plébiscitée par le public, les producteurs peuvent se sentir encouragés à réitérer leur démarche et à réaliser des films qui réaffirment des positions similaires à l'égard de l'histoire. Les comédies françaises de la Seconde Guerre mondiale se sont développées comme un sous-genre à part entière en reproduisant la vision de l'Occupation qui se trouvait déjà applaudie dans *Le Père tranquille* et *Babette s'en va-t-en guerre*.

Cela étant, il serait réducteur de considérer seulement le rire comme le signe de la bonne réception de la représentation. Plus fondamentalement, la venue du plaisir comique n'est pas sans ébranler la conscience du spectateur, à un point tel que nous avons envie d'avancer que le rire n'est que la partie émergente d'un processus plus profond, conduisant au déliement de représentations anciennes.

Relâchement mémoriel et plaisir préliminaire

Pour mieux comprendre ce phénomène, nous voudrions étendre ici la notion de relâchement mémoriel qui a été dégagée lors de l'analyse des comédies de la Shoah. Quel que soit le procédé comique employé, il nous semble que les comédies historiques tendent à provoquer chez leurs spectateurs une détente provisoire, la suppression d'inhibitions qui entourent d'ordinaire la perception de certains grands événements.

L'idée de relâchement mémoriel découle, on le sait, de la théorie freudienne du rire. Pour Freud, le plaisir comique surgit d'une libre décharge, occasionnée par l'économie d'une dépense de représentation. Alors que le spectateur avait investi son énergie psychique dans les représentations mentales d'un événement donné, voilà que la comédie lui soumet une vision de l'histoire qui déjoue grandement ses attentes et qui conduit, de ce fait, à une épargne d'énergie, bientôt dissoute par le rire.

Bien que cette hypothèse présente l'intérêt de s'appliquer à l'ensemble des comédies historiques, il paraît utile de l'affiner davantage, surtout en ce qui concerne la nature exacte de l'économie psychique réalisée. S'il est vrai d'avancer que les comédies épargnent aux spectateurs l'investissement d'une énergie de représentation, cette économie représentative suffit-elle à expliquer le sentiment de libération provoqué par ces productions ? Le rire n'est-il pas le signe d'un mouvement d'épargne plus important, dont le gain est à situer sur un autre plan que celui provenant du seul relâchement des contenus représentationnels ? En d'autres termes, peut-on faire reposer la levée des inhibitions entourant la perception de certains faits historiques sur un simple effet de décalage comique ?[21]

Pour répondre à ces questions, il faut faire appel à la notion de plaisir préliminaire. Dans sa réflexion sur le rire, Freud remarque que de nombreux mots d'esprit parviennent à surmonter les tendances répressives en utilisant comme marchepied le plaisir procuré par le jeu de mots en lui-même. « La tendance réprimée peut recevoir, grâce à l'aide que lui apporte le plaisir procuré par le mot d'esprit, la force nécessaire pour surmonter l'inhibition, qui, sinon, serait la plus forte. »[22] Pour Freud, ce contentement initial fonctionne comme une prime d'incitation, car « à l'aide d'un petit montant de plaisir que l'on a offert, on en a gagné un très grand, qui, autrement, eût été difficile à atteindre »[23]. En venant apporter sa force aux pulsions réprimées, le plaisir préliminaire rend donc possible « la libération d'un plaisir plus grand, émanant de sources psychiques plus profondes »[24].

Grâce à la notion de plaisir préliminaire, nous pouvons mieux asseoir la portée des comédies historiques. Le détournement comique qu'elles mettent en œuvre, ainsi que l'économie de représentation qui en résulte, s'apparentent en bien des points à la prime d'incitation décrite par Freud. Quand nous découvrons les exploits de Charlot soldat ou de Forrest Gump, notre attention se détend, c'est-à-dire qu'elle s'autorise à relâcher l'énergie mobilisée par l'investissement de représentations ayant trait à la Grande Guerre ou au Vietnam. C'est ce qu'on pourrait appeler le moment esthétique de la réception : le spectateur s'amuse à reconnaître des fragments d'histoire et à tirer plaisir de leur retournement manifeste. Mais, derrière cette façade comique, se cache un travail de sape plus important qui conduit à ébranler des mécanismes de défense mieux retranchés, dont le lieu d'action se situe, selon Freud, au niveau de l'inconscient.[25]

D'une certaine manière, le rire est donc à double détente. Il commence par naître d'une économie de représentation, puis, très vite, ce plaisir premier en entraîne un second qui, cette fois, découle de la levée des inhibitions entourant la perception habituelle du passé. Cette hypothèse est confirmée par le fait que les comédies historiques sont rarement suspectées par le spectateur de présenter une version falsifiée des événements. Le relâchement mémoriel est une suspension de surface qui ne met nullement en cause la factualité de l'événement, son inscription dans une temporalité précise et son déroulement établi. Par contre, ce qui est plus profondément ébranlé, c'est notre manière même de considérer l'événement. La comédie s'appuie donc sur la détente initiale, celle qui naît du relâchement mémoriel, pour délier le spectateur des contraintes pesant sur les souvenirs de l'histoire.

Pour préciser davantage la nature de ces contraintes, c'est curieusement Bergson, et non Freud, qui est d'un grand secours. Quand il réfléchit à la fonction du comique, le philosophe dégage une idée importante, à savoir que le rire a pour utilité principale de corriger les raideurs de l'individu et de la société. Selon Bergson, de telles raideurs sont contraires à la richesse mouvante de la vie, car elles sont « le signe possible d'une activité qui s'endort et aussi d'une activité qui s'isole »[26]. Souvent critiquée, cette conception du rire est, au contraire, d'une très grande pertinence, surtout si on la rapporte à l'état des consciences en prise avec la matière historique. Car, finalement, que font les comédies de l'histoire si ce n'est assouplir notre rapport au passé ? Face à une société qui tend à se replier sur des formes figées de commémoration, les comédies viennent réintroduire, par le biais du rire, une certaine forme d'élasticité dans les mémoires, c'est-à-dire une ouverture au présent et à l'avenir.

Cette idée trouve un écho décisif dans une autre remarque de Bergson. Quand l'élasticité vient à manquer à la conscience, celui-ci note que surgissent alors « tous les degrés de la pauvreté psychologique, toutes les variétés de la folie »[27]. Or, il est tout à fait éclairant pour notre propos de relier cet appauvrissement de la conscience aux abus de mémoire relevés par Paul Ricœur dans *La mémoire, l'histoire, l'oubli*, étant donné que ceux-ci conduisent précisément à une dégradation de la fonction mémorielle.

Paul Ricœur distingue trois mésusages de la mémoire collective qu'il nomme respectivement la mémoire empêchée, la mémoire manipulée et la mémoire abusivement commandée.[28] Dans le premier cas, à un niveau proprement pathologique, la mémoire ne parvient pas à faire le deuil d'un événement passé et le répète de manière compulsive. Le deuxième abus se situe à un niveau idéologique et désigne les différentes manipulations de l'histoire qu'exercent les détenteurs du pouvoir pour asseoir leur légitimité. Enfin, le dernier niveau de mésusage, le niveau éthico-politique, transforme le devoir de mémoire en une obsession commémorative, centrée sur la sacralisation excessive du passé.

Ces trois abus de la mémoire collective, étroitement enchevêtrés, ont des incidences sur le plan individuel et permettent de mieux cerner les inhibitions que dépasse le comique lorsqu'il s'en prend aux représentations figées de l'histoire. Le rire peut surmonter la compulsion de répétition pour délier le spectateur des représentations obsédantes du passé, mais il peut également s'élever contre les versions mensongères de l'histoire et secouer, par sa force subversive, la chape de plomb qui accompagnait jusqu'alors la présentation officielle des grands événements fondateurs. Il peut enfin contrebalancer l'impératif d'un souvenir mortifère et culpabilisant par une force plus joyeuse, débouchant sur une mémoire apaisée, tournée vers un renouveau possible.

En surmontant ces forces inhibitrices, séparément ou prises ensemble, le rire parvient à libérer des sources de plaisir jusque-là entravées, des sources dont l'émergence est indéniablement plus importante que le seul contentement procuré par le décalage comique. Ramenées ainsi à l'air libre, parfois pour le seul temps de la représentation, ces tendances autrefois réprimées ont comme principale inclination une ouverture à la vie. Encore une fois, il ne s'agit pas de renier l'histoire, mais de pouvoir vivre avec, de la transformer en une force motrice et non rédhibitoire. C'est d'ailleurs cette idée d'une histoire émancipée qui permet de faire retour sur la portée sociale des comédies. Finalement, leur réception démontre – en tout cas, quand elle est accompagnée du rire des spectateurs – que la société est désormais prête à aller de l'avant en se détachant des formes les plus figées de célébration mémorielle.

A la lumière du principe de plaisir préliminaire s'éclaire la portée du rire provoqué par les comédies historiques. Cependant, cette description est encore incomplète dans la mesure où elle fait l'impasse sur l'inscription temporelle de l'œuvre filmique. Jusqu'à présent, nous avons exposé le mécanisme comique de manière synchronique en affectant de croire que le contexte historique dans lequel surgit la comédie n'a que peu d'incidence sur l'impact de la représentation. En guise d'ouverture finale, il convient de spécifier davantage les différents types de réponses mises en place par la comédie historique dans le champ social.

4. Les répétitions comiques de l'histoire

La répétition comme modalité d'action

Pour accomplir ce dernier pas, nous devons revenir sur un concept qui était déjà apparu dans l'espace de la réflexion, sans pourtant jamais acquérir une portée décisive. Ce concept, c'est celui de répétition. Depuis l'étude de Bergson, on sait qu'il s'agit d'un procédé comique important, au même titre que l'interférence ou l'inversion. Mais ce procédé peut être envisagé dans un sens plus étendu et désigner la modalité d'action de la comédie à l'intérieur du champ social. Davantage qu'un principe de configuration, la répétition apparaît alors comme l'opération par laquelle la représentation comique réinscrit l'image de l'histoire au cœur du temps présent.

Cette proposition n'est pas sans faire référence à la célèbre formule de Karl Marx, selon laquelle « les grands événements et personnages de l'histoire mondiale surgissent pour ainsi dire deux fois (...) la première fois comme tragédie, la seconde fois comme farce »[29]. Selon Marx, un événement n'est jamais totalement neuf dans son surgissement, mais il s'inspire toujours, d'une manière ou d'une autre, d'un épisode historique antérieur. La répétition du passé dans le présent peut tantôt conduire à une avancée de la société, tantôt marquer une régression de celle-ci qui se sert alors d'un modèle ancien pour dissimuler les réels enjeux de son temps. Pour Marx, c'est le second type de répétition qui est perçu comme farcesque, car il révèle un décalage entre la situation historique réelle et l'idéologie qui la recouvre.

De cette rapide analyse, nous retiendrons deux idées essentielles pour notre propos. La première, de portée générale, est que la répétition, plus qu'un simple procédé comique, peut effectivement désigner une modalité de réinscription de l'histoire dans le présent. Loin de conduire à une reprise à l'identique, cette modalité de réinscription obéit fréquemment à une volonté de transformation. Pour Jean-François Hamel, les poétiques de la répétition parviennent à « fracturer le déterminisme qui condamne l'avenir à la reproduction mélancolique de ce qui est perdu. Il s'agit en quelque sorte *d'hériter du passé sans être agi par lui*, autrement dit de reprendre dans l'avenir ce qui aurait pu être plutôt que ce qui a été »[30].

Dans ce pouvoir transformateur de la répétition, on ne peut s'empêcher de retrouver comme un écho de ce que nous avons avancé précédemment au sujet du pouvoir libérateur des comédies historiques. Celles-ci viennent répéter l'histoire dans le présent, mais sous un angle déformé qui autorise le public à se délier des représentations anciennes. Le passé n'est pas restitué à l'identique, mais repris sous un jour nouveau. En agissant de la sorte, les comédies répondent à la puissance créatrice de la répétition, une puissance qui découle, d'après Paul Ricœur, « d'un rappel, d'une réplique, d'une riposte, voire d'une révocation des héritages »[31].

La seconde idée que nous retirons de Marx concerne l'ordre d'apparition des répétitions : les événements se reproduisent deux fois, d'abord sur le mode du tragique, ensuite sur le mode de la farce. Bien que Marx situe l'action de cette double répétition au sein du processus historique, un même ordre de succession opère également sur le plan de l'évolution des représentations. Nous avons souligné, à de nombreuses reprises, que les comédies de l'histoire surgissaient toujours dans l'après-coup des discours officiels. Il faut attendre que les commémorations aient rappelé le caractère dramatique de l'événement avant que ne survienne son détournement humoristique. En tant que genre second, la comédie ne peut se constituer comme telle qu'en s'appuyant sur des normes figuratives déjà solidement implantées dans les esprits.

En partant de la formule de Marx, nous voyons se dessiner de manière plus précise la portée temporelle de la comédie ainsi que sa modalité d'insertion dans le champ social. D'une part, la production reprend le passé, mais de telle sorte que cette répétition, loin de conduire à une duplication à l'identique, produise une transformation à l'intérieur du présent. D'autre part, la comédie ne peut apparaître que lorsque les discours sérieux de l'histoire ont accompli leur travail de formatage des consciences. Envisager l'action de la comédie sur le mode de la répétition, c'est donc placer la représentation sur le mode de la reprise et de la transformation.

Au cinéma, ce double jeu est favorisé par la capacité analogique du médium. Plus que le roman ou la peinture, le cinéma possède la propriété de pouvoir re-convoquer les représentations antérieures du passé et de les restituer quasiment à l'identique. Le film comique peut réinscrire dans sa trame des images d'archives ou se proposer comme un décalque plus ou moins fidèle de certaines grandes reconstitutions. Dès lors, on comprend que la comédie historique trouve dans le cinéma un partenaire privilégié, puisque la répétition acquiert une force singulière quand elle est portée par un médium capable de rejouer l'événement, de faire mine de le reproduire à nouveau, même si c'est pour mieux le détourner par la suite.

A partir de là, il faut voir que la répétition comique n'introduit pas nécessairement les mêmes variations dans la reprise de l'histoire, car ces variations sont conditionnées par la place qu'occupe la comédie dans le temps présent et par l'usage qu'elle souhaite faire du détournement de l'événement. C'est à ce niveau que nous pouvons proposer une synthèse des modalités d'action de la comédie historique. En fonction de la distance temporelle entre l'événement et sa reconfiguration comique surgissent quatre modes de répétition qui sont autant de solutions proposées par la comédie quand elle affronte une période précise de l'histoire. Pour mieux souligner l'attitude qu'ils expriment à l'égard du passé, nous nommerons ces modes de répétition *critique*, *nostalgique*, *perlaborateur* et *parodique*.

Quatre déclinaisons de la répétition comique

Commençons par examiner la pointe critique de la répétition. Dans ce cas, la comédie redouble l'actualité de son époque, mais elle le fait de telle façon que les difficultés du temps présent trouvent une solution à l'issue de la représentation. Cette phase critique est notamment apparue avec *Charlot soldat*. Tourné quelques semaines avant la fin de la Grande Guerre, ce film laisse entrevoir un dénouement positif au conflit par l'entremise de Charlot qui ramène le Kaiser dans les tranchées alliées. Des années plus tard, un même mouvement critique s'observe dans les comédies de la menace nucléaire, quand la potentialité d'une guerre atomique est actualisée, puis mise à distance à la toute fin du récit par une dernière pirouette comique. On trouve également cette volonté subversive chez Robert Altman ou chez Mike Nichols, dans des satires faisant référence à la guerre du Vietnam.

A chaque fois, la comédie entend surmonter les craintes et les injustices liées à l'histoire en marche : les tensions qui posent problème sont reprises, puis dépassées, c'est-à-dire rejetées en arrière, comme si la représentation entendait les renvoyer dans le temps clôturé d'une actualité déjà écoulée pour laisser place à une dynamique tournée vers le changement et l'avenir.

D'un point de vue historique, cette fonction critique s'est tout d'abord exprimée dans la confrontation burlesque, mais, à l'approche de la Seconde Guerre mondiale, on distingue un essoufflement de ce mode de confrontation, peut-être parce que les événements se font plus violents et qu'ils réclament d'autres traitements narratifs que la seule interférence corporelle. Dans une certaine mesure, les artistes du cinéma muet avaient déjà anticipé ce phénomène, puisque *Charlot soldat* ou *Harry monte en grade* annonçaient l'impuissance du corps burlesque à se mesurer seul à l'histoire. Sous cet éclairage, il n'y a rien d'étonnant non plus à ce que, dans *Le Dictateur*, Chaplin abandonne Charlot et qu'il choisisse de mettre en scène l'Allemagne nazie sur le mode de la farce satirique, s'éloignant ainsi du registre traditionnel du splastick.

A mesure que l'histoire gagne en atrocités – des camps d'extermination au Vietnam en passant par Hiroshima –, les comédies paraissent donc constater la vulnérabilité du corps burlesque, ce qui les conduit à s'alimenter à d'autres forces comiques. Parmi ces forces, il est certain que le processus d'inversion, tel qu'il s'exprime dans *Le Docteur Folamour* ou dans *M.A.S.H.*, constitue une stratégie extrêmement efficace de détournement. Bien sûr, cela ne veut pas dire qu'avant-guerre l'inversion était absente des comédies historiques, puisque *Le Dictateur* comme *Le Dernier milliardaire* de René Clair jouaient déjà sur un processus de retournement. Cependant, ces exemples restent isolés et il nous semble que l'inversion comique, couplée à la forme satirique, a relayé, dans la seconde moitié du XXᵉ siècle, la tentative faite par l'homme burlesque pour se confronter de manière critique à l'histoire.

Très différent du moment critique, un deuxième mode de répétition conduit la représentation sur la pente de la nostalgie. Cette fois, la comédie reprend un événement du passé pour en donner une image idéalisée, une telle image rencontrant les attentes d'une société désireuse de se projeter dans le récit mythifié d'une époque révolue. La réinscription de l'histoire dans le présent s'effectue sur le mode d'un souvenir-écran qui occulte aussi bien les enjeux réels de la mémoire collective que ceux, tout aussi cruciaux, des événements contemporains.

Pareil phénomène est apparu avec force dans les comédies françaises de la Seconde Guerre mondiale. Loin de présenter un regard critique sur l'Occupation, ces comédies tendent plutôt à considérer cette période à travers le prisme déformant d'une France volontaire et victorieuse, unanimement soudée dans la Résistance. Reprise de film en film, la répétition nostalgique conduit à une double dissimulation. D'une part, la représentation substitue au passé trouble de la Collaboration le souvenir fabriqué d'une époque héroïque où chaque citoyen était un héros potentiel, capable de tenir tête à l'envahisseur. D'autre part, elle constitue une diversion de taille par rapport aux déchirures du temps présent, qu'il s'agisse des ravages de la guerre d'Algérie ou du malaise social annonçant les troubles de Mai 68.

Si ce type de répétition apparaît avec les comédies françaises des années 60, il survient également dans des œuvres plus contemporaines. Un film comme *Good Bye Lenin !* joue lui aussi la carte de la nostalgie – outre-Rhin, il est d'ailleurs emblématique d'un mouvement appelé 'Ostalgie' – en présentant une image idéalisée de l'Allemagne de l'Est, une image qui non seulement évacue la complexité historique de cette période, mais qui permet aussi de distraire le spectateur du désarroi provoqué par la réunification du pays.

Parfois, le recours à la nostalgie peut être contrarié et c'est alors la tentation passéiste qui devient l'objet de l'attaque orchestrée par la comédie. A cet égard, le film de Corneliu Porumboiu *12:08 à l'est de Bucarest* (2006) s'avère exemplaire. Dans cette satire corrosive, les participants d'une émission de télévision essayent d'établir si la révolution roumaine de 1989 s'est déroulée dans une petite ville de province. A l'antenne, un professeur d'histoire porté sur la boisson affirme qu'il a pris part au soulèvement et donne une version enjolivée des événements. Bien vite, les réactions des spectateurs démentent ses allégations, sans que l'on sache, au final, qui a tort ou raison. En tout cas, la mise en cause du témoin permet au film d'échapper à l'illusion nostalgique et d'évoquer sans complaisance la situation contemporaine d'un pays qui essaye de s'adapter à l'économie de marché.

Infiniment plus libératrice que la réitération nostalgique est la répétition perlaboratrice marquant la fin du deuil d'une période passée. La reprise comique de l'événement atteste que la mémoire s'est débarrassée de la hantise de l'histoire et de la névrose causée par l'obsession commémorative. Ce type de répétition ne peut survenir qu'après un nécessaire temps de deuil. La société ne se délie pas aisément d'un souvenir traumatique et il faut attendre que les consciences individuelles et collectives aient atteint comme un trop-plein de mémoire pour qu'enfin elles acceptent de relâcher leur étreinte et de s'ouvrir à des représentations moins figées du passé.

La différence entre les répétitions nostalgique et perlaboratrice doit être soulignée avec force, car elles marquent une perception totalement distincte de l'histoire. Alors que la première tend à idéaliser l'image du passé, la seconde, portée par le travail de remémoration, parvient à trouver un fragile point d'équilibre entre la restitution du caractère dramatique de l'événement et la fantaisie réclamée par l'invention comique. En aucun cas, il ne s'agit d'évacuer la charge traumatique de la réalité historique au profit d'un retour en arrière illusoire. Il s'agit, au contraire, de rappeler, au sein de la représentation, l'aspect douloureux du passé et de mettre en place, dans le même temps, un mouvement émancipateur tourné vers le renouveau.

Les comédies de la Shoah sont apparues comme l'exemple le plus emblématique d'une répétition positive, ouvrant sur une réconciliation avec le passé. Surgissant dans le sillage de reconstitutions comme *La Liste de Schindler*, ces comédies jouent sur un décalage comique de grande ampleur tout en acquittant leur dette à l'égard de ce qui fut. Les fabulateurs sont mis à mort, mais, en échange, la représentation conduit le spectateur vers une mémoire du bien, laquelle situe le souvenir traumatique dans une perspective élargie où les réminiscences d'instants heureux concourent à reconstruire un avenir meilleur.

Contrairement aux modalités d'action précédentes, la répétition parodique ne soulève guère d'enjeux importants dans la conscience du temps. La comédie ne vise pas à dépasser l'oppression d'une actualité menaçante, pas plus qu'elle ne songe à alléger le fardeau de la mémoire. L'histoire a cessé de questionner le présent, si bien qu'elle peut être rejouée pour satisfaire le simple plaisir de reconnaissance du spectateur et amuser celui-ci par le détournement sans conséquence d'images stéréotypées du passé. Un tel mode de répétition s'effectue souvent après un délai d'attente assez long, lorsque les événements se sont transformés en clichés au sein de la conscience collective. Des films comme *Zelig* et *Forrest Gump* attestent bien de ce phénomène, puisqu'ils revisitent, à distance et de manière accélérée, une histoire qui se présente comme une succession de cartes postales issues d'un passé dépourvu de profondeur. D'ailleurs, ce n'est pas un hasard si ces films apparaissent dans une société américaine triomphante où la marche de l'histoire semble s'être arrêtée pour laisser place à un éternel présent, centré sur l'épanouissement de l'individu.

On trouve un même mouvement ludique dans les parodies au sens strict du terme. Subvertissant des genres historiques comme le péplum ou le film de guerre, ces représentations jouent sur un comique du second degré qui prend appui sur des représentations déjà éprouvées du passé, ce dernier étant perçu, dans le meilleur des cas, comme un référent lointain et inoffensif. Le film de Mel Brooks, *La Folle histoire du monde*, est entièrement placé sous le registre de la citation détournée, preuve s'il en est que l'histoire a cessé de poser difficulté et qu'elle constitue avant tout le prétexte à un échange complice avec le spectateur.

Pourtant, le sens donné à un événement n'est jamais fixé de manière définitive et le passé peut être revitalisé en fonction de l'avancée de la recherche historique ou de configurations narratives qui lui redonnent une épaisseur nouvelle. C'est ce que rappelle Paul Ricœur dans *La mémoire, l'histoire, l'oubli* : « Si l'on ne peut plus défaire ce qui a été fait, ni faire que ce qui est arrivé ne le soit pas, en revanche, le sens de ce qui est arrivé n'est pas fixé une fois pour toutes ; outre que des événements du passé peuvent être racontés et interprétés autrement, la charge morale liée au rapport de dette à l'égard du passé peut être alourdie ou allégée »[32]. Dès lors, il ne faut pas voir dans la répétition parodique la conséquence d'un appauvrissement du passé, mais plutôt l'attitude d'une société qui a renoncé à interroger certaines périodes de son histoire pour en retirer un plaisir immédiat.

Au final, voilà donc quatre déclinaisons de la répétition qui permettent de saisir les modalités d'action de la comédie historique au sein de l'espace social. Ces déclinaisons s'agencent selon un ordre croissant qui tient compte de la distance temporelle entre l'événement détourné et sa représentation comique. A la proximité la plus grande répond la répétition critique, tandis qu'au décalage le plus important correspond la répétition parodique. Cependant, il est évident qu'un même événement ne passe pas forcément par ces quatre phases, pas plus qu'il n'obéit nécessairement à l'ordre de succession présenté ici.

Ainsi, il se peut très bien que la phase critique de la comédie n'ait pas l'occasion de se mettre en place. Dans ce cas, au moment où l'événement surgit dans l'histoire, les conditions ne sont pas réunies pour réaliser une comédie dénonciatrice, soit parce que les instances de censure imposent leur droit de veto, soit parce que, matériellement, il est difficile de tourner dans un pays en proie au chaos et à l'instabilité. D'ailleurs, même si une telle comédie était réalisée, il n'est pas sûr qu'elle remporte l'adhésion du public, car celui-ci pourrait refuser de plébisciter une production remettant en cause les valeurs liées à l'actualité en cours.

Les enchaînements entre les différents modes de répétition échappent eux aussi à une logique schématique. Dans les années 70, les comédies françaises de la Seconde Guerre évoluent de la répétition nostalgique à la réitération parodique, sans passer par la phase de deuil, comme si le temps de la réconciliation était sans cesse remis à plus tard. Pour que ces comédies puissent témoigner d'une mémoire apaisée, il faudra attendre le début du XXIe siècle, quand des films comme *Effroyables jardins* ou *Monsieur Batignole* parviendront à dépasser la veine parodique pour inclure dans leur trame narrative la charge dramatique du passé. Enfin, soulignons qu'une répétition perlaboratrice ne débouche pas nécessairement sur une reprise ludique et distanciée. En raison de sa charge traumatique, le souvenir de la Shoah continuera longtemps encore à décourager les tentatives comiques qui voudraient réduire cet événement à un simple amusement parodique.

Quelle que soit l'orientation exprimée, il est certain que les comédies historiques constituent de précieux indicateurs pour observer les mouvements de la mémoire collective. A la fin de son ouvrage, Bergson comparait le rire à l'écume surgissant à la surface des vagues : « Le rire naît ainsi que cette écume. Il signale, à l'extérieur de la vie sociale, les révoltes superficielles. Il dessine instantanément la forme mobile de ces ébranlements »[33]. Prolongeant cette métaphore, nous dirons que nous avons suivi, tout au long de cet ouvrage, les fluctuations du genre comique, quand il se heurte aux récifs de l'histoire. Mais, contrairement à ce que pensait Bergson, ces fluctuations n'attestent pas seulement d'une crise superficielle. Elles renvoient à des courants de fond plus conséquents, révélateurs des positions qu'une société entretient à l'égard de son passé, ou plutôt des changements qui sont en passe de s'opérer dans la conscience du temps. Plus qu'une écume de surface, le rire apparaît alors comme une faille bien plus profonde, témoignant des glissements de la mémoire ainsi que de sa dynamique toujours changeante.

---

1 A ce sujet, voir Jean-Baptiste THORET, *Le cinéma américain des années 70*, Paris, Cahiers du cinéma, 2006, coll. « Essais ».
2 Raphaëlle MOINE, *Les genres du cinéma*, p. 76.
3 *Id.*, p. 77.
4 Pierre SORLIN, *Sociologie du cinéma*, p. 69.
5 L'interrogation sur la délimitation du genre pose bien sûr la question de sa 'pureté'. Reconnaissons, avec Raphaëlle Moine, qu'un genre n'est jamais 'pur' en soi et qu'il se mélange souvent dans la pratique avec des éléments venus d'autres genres. Cette propension à l'hybridation est particulièrement forte dans le cadre de la comédie. Celle-ci présente une structure relativement lâche, ce qui la rend capable d'accueillir des éléments sémantiques appartenant à des registres génériques très variés.
A ce sujet, voir Raphaelle MOINE, « Le mythe du genre pur », dans *Les genres du cinéma*, pp. 102-107.
6 A ce sujet, voir Paul RICŒUR, « La réalité du passé historique », dans *Temps et récit*, tome III, pp. 252-283.
7 Christian METZ, « Le dire et le dit au cinéma : vers le déclin d'un vraisemblable ? » [1967], dans *Communications. Le vraisemblable*, n° 11, Paris, Seuil, 1968, p. 31.
8 Roland BARTHES, « L'effet de réel » [1968], dans *op. cit.*, p. 174.
9 Christian METZ, « Le dire et le dit au cinéma : vers le déclin d'un vraisemblable ? », dans *Communications. Le vraisemblable*, n° 11, pp. 30-31.
10 Etant donné que le vraisemblable procède d'un effet de corpus, « il sera d'autant plus solide à l'intérieur d'une longue série de films proches, par leur expression comme par leur contenu, les uns des autres, comme c'est le cas à l'intérieur d'un genre : il y a, en ce qui concerne le vraisemblable, un *effet-genre* ». Jacques AUMONT, Alain BERGALA (*et alii*), *op. cit.*, p. 102.
11 Christian METZ, « Le dire et le dit au cinéma : vers le déclin d'un vraisemblable ? », dans *Communications. Le vraisemblable*, n° 11, p. 30.
12 L'univers de la fiction, note Gardies, « existe par lui-même, ou du moins en donne la forte illusion. Sa cohérence est déjà un fort indice de fiction, bien qu'elle ne suffise pas à l'établir ».
André GARDIES, *Le récit filmique*, Paris, Hachette, 1993, coll. « Contours littéraires », pp. 43-44.
13 François JOST, *La télévision du quotidien. Entre réalité et fiction*, Bruxelles, Editions De Boeck Université/ INA, 2001, coll. « Médias recherches », pp. 44-45.

14 Jacques AUMONT, Alain BERGALA (*et alii*), *op. cit.*, p. 107.
15 Pour Marc Vernet, un film de genre « *doit* regrouper un certain nombre de traits obligatoires pour qu'il soit reconnu comme tel », mais il doit aussi ne pas comprendre « certains éléments, car la 'loi du genre' est aussi inclusive qu'exclusive ».
Marc VERNET, « Genre », dans Jean COLLET (*et alii*), *op. cit.*, p. 110.
16 Thomas PAVEL, *Univers de la fiction*, Paris, Seuil, 1988 [1986], coll. « Poétique », p. 169.
17 Paul RICŒUR, *Temps et récit. La configuration dans le récit de fiction*, tome II, Paris, Seuil, 1984, coll. « Points Essais », pp. 53-54.
18 Dans *Charlot soldat*, Chaplin prend tout de même la précaution de terminer son récit par un plan qui montre le réveil de Charlot et son départ pour la 'vraie' guerre, ce qui est une façon de marquer nettement la césure entre le dénouement heureux du récit comique et l'issue incertaine du conflit réel.
19 On peut évoquer à ce propos les résistances que rencontra Chaplin lors de la préparation du *Dictateur* ou la polémique qui accueillit en France la sortie de *La Vie est belle*.
20 Sigmund FREUD, *Le mot d'esprit et sa relation à l'inconscient*, p. 384.
21 La question est d'autant plus importante que Freud prend soin de distinguer le plaisir du comique de celui procuré par le mot d'esprit. Alors que le premier provient de l'*économie d'une dépense de représentation*, le second découle de l'*économie d'une dépense d'inhibition*. Quant à l'humour, toujours selon Freud, il proviendrait davantage de l'*économie d'une dépense de sentiment*.
Sigmund FREUD, *Le mot d'esprit et sa relation à l'inconscient*, pp. 410-411.
22 *Id.*, p. 252.
23 *Id.*, p. 253.
24 Cette définition du plaisir préliminaire ne provient pas du *Mot d'esprit et sa relation à l'inconscient*, mais du bref essai *Le créateur littéraire et la fantaisie* où Freud reprend, dans le contexte de la création artistique, ce principe fondamental qu'il avait déjà mis au jour dans ses *Trois essais sur la théorie sexuelle*.
Sigmund FREUD, « Le créateur littéraire et la fantaisie » [1908], dans *L'inquiétante étrangeté et autres essais*, Paris, Gallimard, 1985, coll. « Folio Essais », p. 46.
25 Pour Freud, la principale différence entre le comique et le mot d'esprit tient dans leur localisation psychique. La comparaison comique de deux représentations est attribuée au préconscient, tandis que le mot d'esprit triomphe des inhibitions pour s'alimenter à des sources de plaisir situées dans l'inconscient.
A ce sujet, voir Sigmund FREUD, *Le mot d'esprit et sa relation à l'inconscient*, pp. 365-366.
26 Henri BERGSON, *op. cit.*, p. 15.
27 *Id.*, p. 14.
28 Paul RICŒUR, *La mémoire, l'histoire, l'oubli*, pp. 82-111.
29 Pour une analyse plus détaillée de la formule de Marx, on se rapportera à l'essai de Jean-François Hamel, *Revenances de l'Histoire*.
Karl MARX, cité dans Jean-François HAMEL, *Revenances de l'Histoire. Répétition, narrativité, modernité*, Paris, Editions de Minuit, 2006, coll. « Paradoxe », p. 112.
30 *Id.*, p. 15.
31 Paul RICŒUR, *La mémoire, l'histoire, l'oubli*, p. 495.
32 *Id.*, p. 496.
33 Henri BERGSON, *op. cit.*, pp. 152-153.

Bibliographie sélective

1. Le champ du comique

a) Réflexions et perspectives générales

Mikhaïl BAKHTINE, *L'œuvre de François Rabelais et la culture populaire au Moyen Age et sous la Renaissance*, Paris, Gallimard, 1970 (pour la traduction française), coll. « Tel ».
Henri BERGSON, *Le rire. Essai sur la signification du comique*, Paris, PUF, 2002 [1901], coll. « Quadrige ».
Jean-Marc DEFAYS, *Le comique. Principes, procédés, processus*, Paris, Seuil, 1996, coll. « Mémo ».
Jean EMELINA, *Le comique. Essai d'interprétation générale*, Paris, Sedes, 1991, coll. « Présences critiques ».
Sigmund FREUD, *Le mot d'esprit et sa relation à l'inconscient*, Paris, Gallimard, 1988 [1905], coll. « Folio Essais ».
Sigmund FREUD, « L'humour » [1927], dans *L'inquiétante étrangeté et autres essais*, Paris, Gallimard, 1985, coll. « Folio Essais », pp. 317-328.
Linda HUTCHEON, *A Theory of Parody. The Teachings of Twentieth-Century Art Forms*, Urbana and Chicago, University of Illinois Press, 2000 [1985].
Linda HUTCHEON, « Ironie, satire, parodie. Une approche pragmatique de l'ironie », dans *Poétique*, n° 46, Paris, Seuil, avril 1981, pp. 140-155.
Charles MAURON, *Psychocritique du genre comique. Aristophane, Plaute, Térence, Molière*, Paris, Librairie José Corti, 1964.
Olivier MONGIN, *Eclats de rire. Variations sur le corps comique*, Paris, Seuil, 2002, coll. « La couleur des idées ».
Véronique STERNBERG-GREINER (textes choisis et présentés par), *Le comique*, Paris, Flammarion, 2003, coll. « GF Corpus ».
Samuel WEBER, « Le temps d'un rire », dans *Critique. Quatre essais sur le rire*, n°s 488-489, Paris, Editions de Minuit, janvier-février 1988, pp. 61-76.

b) Le comique au cinéma

Sylvain DU PASQUIER, « Les gags de Buster Keaton », dans *Communications. L'analyse des images*, n° 15, Paris, Seuil, 1970, pp. 132-144.
François MARS, *Le gag*, Paris, Editions du Cerf, 1964, coll. « 7e art ».
Edgar MORIN, « Les idiots » [1957], dans *Les stars*, Paris, Seuil, 1972, coll. « Points Civilisation », pp. 167-170.
Daniel PERCHERON, « Rire au cinéma », dans *Communications. Psychanalyse et cinéma*, n° 23, Paris, Seuil, 1975, pp. 190-201.
Daniel PERCHERON, Jean-Paul SIMON, « Gag », dans Jean COLLET (*et alii*), *Lectures du film*, Paris, Editions Albatros, 1980, coll. « Ça/Cinéma », pp. 104-107.
Françoise PUAUX (coordonné par), *CinémAction. Le comique à l'écran*, n° 82, Paris, Corlet-Télérama, 1997.

Christian ROLOT et Francis RAMIREZ (textes réunis par), *Cinéma. Le genre comique. Actes du colloque de Montpellier, 9 et 10 mai 1996*, Montpellier, Centre d'étude du XXe siècle, Université Paul-Valéry, 1997.

Jean-Paul SIMON, *Le filmique et le comique. Essai sur le film comique*, Paris, Editions Albatros, 1979, coll. « Ça/Cinéma ».

c) Les genres comiques (au cinéma et en littérature)

Patrice BLOUIN, Christophe KIHM (coordonné par), *Art Press. Le burlesque. Une aventure moderne*, n° 24, Paris, 2003.

Jean-Jacques COUDERC, *Les petits maîtres du burlesque américain. 1909-1929*, Paris, CNRS Editions, 2000.

Sophie DUVAL, Marc MARTINEZ, *La satire (littératures française et anglaise)*, Paris, Armand Colin, 2000, coll. « U ».

Matthew HODGART, *La satire*, Paris, Hachette, 1969, coll. « L'univers des connaissances ».

Petr KRAL, *Le Burlesque ou Morale de la tarte à la crème*, Paris, Editions Stock, 1984, coll. « Cinéma ».

Petr KRAL, *Les Burlesques ou Parade des somnambules*, Paris, Editions Stock, 1986, coll. « Cinéma ».

Philippe-Alain MICHAUD, Isabelle RIBADEAU DUMAS (sous la direction de), *L'horreur comique. Esthétique du slapstick*, Paris, Editions du Centre Pompidou, 2004.

Daniel SANGSUE, *La parodie*, Paris, Hachette, 1994, coll. « Contours littéraires ».

2. Le champ de l'histoire

a) Réflexions et perspectives générales

Roland BARTHES, « Le discours de l'histoire » [1967], suivi de « L'effet de réel » [1968], dans *Le bruissement de la langue. Essais critiques IV*, Paris, Seuil, 1984, coll. « Tel Quel », pp. 153-166, pp. 167-174.

Jean-François HAMEL, *Revenances de l'Histoire. Répétition, narrativité, modernité*, Paris, Editions de Minuit, 2006, coll. « Paradoxe ».

Paul RICŒUR, *La mémoire, l'histoire, l'oubli*, Paris, Seuil, 2000, coll. « L'ordre philosophique ».

Paul RICŒUR, *Temps et récit. L'intrigue et le récit historique*, tome I, Paris, Seuil, 1983, coll. « Points Essais ».

Paul RICŒUR, *Temps et récit. La configuration dans le récit de fiction*, tome II, Paris, Seuil, 1984, coll. « Points Essais ».

Paul RICŒUR, *Temps et récit. Le temps raconté*, tome III, Paris, Seuil, 1985, coll. « Points Essais ».

Tzvetan TODOROV, *Mémoire du mal, tentation du bien. Enquête sur le siècle*, Paris, Robert Laffont, 2000.

b) Histoire et cinéma

Joseph DANIEL, *Guerre et cinéma. Grandes illusions et petits soldats. 1895-1971*, Paris, Armand Colin, 1972.
Antoine DE BAECQUE, Christian DELAGE (sous la direction de), *De l'histoire au cinéma*, Bruxelles, Editions Complexe, 1998, coll. « Histoire du temps présent ».
Christian DELAGE, Vincent GUIGUENO, *L'historien et le film*, Paris, Gallimard, 2004, coll. « Folio Histoire ».
Yona DUREAU (dirigé par), *CinémAction. Utopie et cinéma*, n° 115, Paris, Corlet-Télérama, 2005.
Marc FERRO, *Cinéma et Histoire*, Paris, Gallimard, 1993 (édition refondue), coll. « Folio Histoire ».
Michèle LAGNY, *De l'Histoire du cinéma. Méthode historique et histoire du cinéma*, Paris, Armand Colin, 1992, coll. « Cinéma et audiovisuel ».
Michèle LAGNY, « La double mise en scène de l'histoire au cinéma », dans Jacques AUMONT (sous la direction de), *La mise en scène*, Bruxelles, Editions De Boeck Université, 2000, coll. « Arts et cinéma », pp. 289-301.
Sylvie LINDEPERG, *Clio de 5 à 7. Les actualités filmées de la Libération : archives du futur*, Paris, CNRS Editions, 2000, coll. « CNRS Histoire ».
Sylvie LINDEPERG, *Les écrans de l'ombre. La Seconde Guerre mondiale dans le cinéma français (1944-1969)*, Paris, CNRS Editions, 2001.
Vincent LOWY, *L'histoire infilmable. Les camps d'extermination nazis à l'écran*, Paris, L'Harmattan, 2001, coll. « Champs visuels ».
Hélène PUISEUX, *L'apocalypse nucléaire et son cinéma*, Paris, Editions du Cerf, 1987, coll. « 7e art ».
Shlomo SAND, *Le XXe siècle à l'écran*, Paris, Seuil, 2004 [2002], coll. « XXe siècle ».
Pierre SORLIN, *Sociologie du cinéma. Ouverture pour l'histoire de demain*, Paris, Aubier Montaigne, 1977, coll. « Histoire ».
Dominique VIDAL (coordonné par), *Manière de voir. Cinémas engagés*, n° 88, Paris, Le Monde diplomatique, août-septembre 2006.

c) Mises en perspective historiques

Stéphane AUDOIN-ROUZEAU, Annette BECKER, *La Grande Guerre. 1914-1918*, Paris, Gallimard, 1998, coll. « Découvertes Gallimard ».
André KASPI, *Les Américains. Les Etats-Unis de 1945 à nos jours*, tome II, Paris, Seuil, 2002 (nouvelle édition augmentée), coll. « Points Histoire ».
Selma LEYDESDORFF, « The Strength to Survive : an Anthropology of Survival », dans *Cahier international sur le témoignage audiovisuel*, n° 12, Bruxelles, Fondation Auschwitz, juin 2006, pp. 77-84.
Le Nouvel Observateur. La mémoire de la Shoah, hors-série, Paris, décembre 2003/janvier 2004.
Henry ROUSSO, *Le syndrome de Vichy de 1944 à nos jours*, Paris, Seuil, 1990 (2e édition revue et mise à jour), coll. « Points Histoire ».
Benjamin STORA, *Imaginaires de guerre. Les images dans les guerres d'Algérie et du Viêt-nam*, Paris, Editions La Découverte/Poche, 2004 [1997], coll. « Essais ».

3. Réflexion sur les genres (littéraires et cinématographiques)

Rick ALTMAN, *La comédie musicale hollywoodienne. Les problèmes de genre au cinéma*, Paris, Armand Colin, 1992 [1987].

Rick ALTMAN, « Emballage réutilisable : les produits génériques et le processus de recyclage », dans *Iris. Sur la notion de genre au cinéma*, n° 20, Paris/Iowa City, automne 1995, pp. 13-30.

Raphaëlle MOINE (sous la direction de), *Le cinéma français face aux genres*, Paris, Association Française de Recherche sur l'Histoire du Cinéma, 2005.

Raphaëlle MOINE, *Les genres du cinéma*, Paris, Nathan, 2002, coll. « Nathan Cinéma ».

Jean-Marie SCHAEFFER, *Qu'est-ce qu'un genre littéraire ?*, Paris, Seuil, 1989, coll. « Poétique ».

Michel SERCEAU (coordonné par), *CinémAction. Panorama des genres au cinéma*, n° 68, Paris, Corlet-Télérama, 1993.

Tzvetan TODOROV, « Les genres littéraires », dans *Introduction à la littérature fantastique*, Paris, Seuil, 1970, coll. « Poétique », pp. 7-27.

Marc VERNET, « Genre », dans Jean COLLET (*et alii*), *Lectures du film*, Paris, Editions Albatros, 1980, coll. « Ça/Cinéma », pp. 108-114.

4. Perspectives théoriques et critiques sur le cinéma

Jacques AUMONT, Alain BERGALA (*et alii*), *Esthétique du film*, Paris, Nathan, 1994 (2e édition revue et augmentée), coll. « Fac Cinéma ».

André BAZIN, *Qu'est-ce que le cinéma ? Edition définitive*, Paris, Editions du Cerf, 1975, coll. « 7e art ».

Alain BOILLAT, *La fiction au cinéma*, Paris, L'Harmattan, 2000, coll. « Champs visuels ».

Francesco CASETTI, *Les théories du cinéma depuis 1945*, Paris, Nathan, 1999 [1993], coll. « Nathan Cinéma ».

Michel CHION, *La musique au cinéma*, Paris, Fayard, 1995, coll. « Les chemins de la musique ».

Gilles DELEUZE, *Cinéma I. L'image-mouvement*, Paris, Editions de Minuit, 1983, coll. « Critique ».

Gilles DELEUZE, *Cinéma 2. L'image-temps*, Paris, Editions de Minuit, 1985, coll. « Critique ».

André GARDIES, *Le récit filmique*, Paris, Hachette, 1993, coll. « Contours littéraires ».

Christian METZ, « Le dire et le dit au cinéma : vers le déclin d'un vraisemblable ? » [1967], dans *Communications. Le vraisemblable*, n° 11, Paris, Seuil, 1968, pp. 22-33.

François NINEY, *L'épreuve du réel à l'écran. Essai sur le principe de réalité documentaire*, Bruxelles, Editions De Boeck Université, 2002 (2ème édition), coll. « Arts et cinéma ».

Jean-Baptiste THORET, *Le cinéma américain des années 70*, Paris, Cahiers du cinéma, 2006, coll. « Essais ».

5. Réflexions sur les images au sens large

Serge DANEY, « La guerre, le visuel, l'image » [1991], dans *Trafic. Qu'est-ce que le cinéma ?*, n° 50, Paris, été 2004, pp. 439-444.
Guy DEBORD, *La société du spectacle*, Paris, Gallimard, 1992 [1967], coll. « Folio ».
Régis DEBRAY, *Vie et mort de l'image. Une histoire du regard en Occident*, Paris, Gallimard, 1992, coll. « Folio Essais ».
Laurent GERVEREAU, *Histoire du visuel au XXe siècle*, Paris, Seuil, 2003, coll. « Points Histoire ».
François JOST, *La télévision du quotidien. Entre réalité et fiction*, Bruxelles, Editions De Boeck Université/INA, 2001, coll. « Médias recherches ».
Ignacio RAMONET, *Propagandes silencieuses. Masses, télévision, cinéma*, Paris, Gallimard, 2000, coll. « Folio actuel ».
Serge TISSERON, *Psychanalyse de l'image. Des premiers traits au virtuel*, Paris, Dunod, 1997 (2e édition), coll. « Psychismes ».

6. Ouvrages (et articles) sur des comédies ou des cinéastes particuliers

Beatrice BARBALATO, « Une littérature physiognomonique : un viatique pour créer des images », dans Beatrice BARBALATO (sous la direction de), *Vincenzo Cerami. Le récit et la scène*, Louvain-la-Neuve, Presses universitaires de Louvain, 2004, pp. 59-85.
Robert BENAYOUN, *Les Marx Brothers ont la parole*, Paris, Seuil, 1991, coll. « Points Virgule ».
Roberto BENIGNI, Vincenzo CERAMI, *La Vie est belle*, Paris, Gallimard, 1998, coll. « Folio ».
Michel CHION, *Stanley Kubrick. L'humain, ni plus ni moins*, Paris, Cahiers du cinéma, 2005, coll. « Auteurs ».
Youri DESCHAMPS, « Studio Altman », dans *Positif. Spécial Hollywood années 70*, n°s 545-546, Paris, juillet-août 2006, pp. 49-52.
Sébastien FEVRY, « Trois comédies de la Shoah : *La vie est belle*, *Train de vie*, *Jakob le menteur* », dans *Cahier international sur le témoignage audiovisuel*, n° 10, Bruxelles, Fondation Auschwitz, juin 2004, pp. 67-79.
Sébastien FEVRY, « Les comédies de la Shoah : le rire au service d'une mémoire du bien », dans Andréa Lauterwein, Colette Strauss-Hiva (coordonné par), *Rire, Mémoire, Shoah*, Paris-Tel Aviv, Editions de l'éclat, 2009, pp. 323-335.
Jean-Luc GODARD, « Cinéma, de notre temps », entretien avec Frédéric BONNAUD et Arnaud VIVIANT [1998], repris dans *Les Inrockuptibles. Godard. Comment JLG a révolutionné le cinéma*, hors-série, Paris, 2006, pp. 42-49.
Bill KROHN, « Zelig médium », dans *Cahiers du cinéma*, n° 352, Paris, octobre 1983, pp. 22-25.
Jean-Marc LALANNE, « *Bon voyage* de Jean-Paul Rappeneau. Fin de partie », dans *Cahiers du cinéma*, n° 579, Paris, mai 2003, pp. 116-117.
David ROBINSON, *Charlot. Entre rire et larmes*, Paris, Gallimard, 1995, coll. « Découvertes Gallimard ».

Charles TESSON, « L'enfance de la mémoire. A propos de *La Vie est belle* », dans *Cahiers du cinéma*, n° 529, Paris, novembre 1998, pp. 46-48.
Paul D. ZIMMERMAN, Burt GOLDBLATT, *Les Marx Brothers au cinéma*, Paris, Solar, 1972 [1968], coll. « Scope ».

7. Dictionnaires

Jean-Luc DOUIN, *Dictionnaire de la censure au cinéma. Images interdites*, Paris, PUF, 2001, coll. « Quadrige ».
Eric LEGUEBE, *Cinéguide 2004. Plus de 25 000 films de A à Z suivis d'un index des titres originaux et de 900 filmographies (réalisateurs, acteurs, compositeurs)*, Paris, Omnibus, 2003.
Jean-Loup PASSEK (sous la direction de), *Dictionnaire du cinéma*, Paris, Larousse, 2001.
Vincent PINEL, *Ecoles, genres et mouvements au cinéma*, Paris, Larousse-Bordas, 2000, coll. « Comprendre et reconnaître ».
Georges SADOUL, *Dictionnaire des films*, Paris, Seuil, 1990 (nouvelle édition revue et augmentée par Emile BRETON), coll. « Microcosme ».

8. Autres références

Bruno BETTELHEIM, *Psychanalyse des contes de fées*, Paris, Robert Laffont, 1976, coll. « Pocket ».
Lorenzo BONOLI, « Fiction et connaissance. De la représentation à la construction », dans *Poétique*, n° 124, Paris, Seuil, novembre 2000, pp. 485-501.
Pierre BOURDIEU, *Langage et pouvoir symbolique*, Paris, Seuil, 2001, coll. « Points Essais ».
Gilles DELEUZE, *Présentation de Sacher-Masoch. Avec le texte intégral de* La Vénus à la fourrure *traduit de l'allemand par Aude Willm*, Paris, Editions de Minuit, 1967, coll. « Arguments ».
Sigmund FREUD, « Le créateur littéraire et la fantaisie » [1908], dans *L'inquiétante étrangeté et autres essais*, Paris, Gallimard, 1985, coll. « Folio Essais », pp. 29-46.
Northrop FRYE, *Anatomie de la critique*, Paris, Gallimard, 1969 [1957], coll. « Bibliothèque des sciences humaines ».
Gérard GENETTE, *Palimpsestes. La littérature au second degré*, Paris, Seuil, 1982, coll. « Points Essais ».
Gilles LIPOVETSKY, *L'ère du vide. Essais sur l'individualisme contemporain*, Paris, Gallimard, 1983 (et 1993 pour la postface), coll. « Folio Essais ».
Jean-François LYOTARD, *La condition postmoderne*, Paris, Editions de Minuit, 1979, coll. « Critique ».
Thomas PAVEL, *Univers de la fiction*, Paris, Seuil, 1988 [1986], coll. « Poétique ».
Paul RICŒUR, *La métaphore vive*, Paris, Seuil, 1975, coll. « Points Essais ».
Paul RICŒUR, *Parcours de la reconnaissance. Trois études*, Paris, Editions Stock, 2004, coll. « Les essais ».
Jean-Marie SCHAEFFER, *Pourquoi la fiction ?*, Paris, Seuil, 1999, coll. « Poétique ».
Paul WATZLAWICK, *La réalité de la réalité. Confusion, désinformation, communication*, Paris, Seuil, 1978 [1976], coll. « Points Essais ».

Index

12:08 à l'est de Bucarest [A fost sau n-a fost ?] 264
2001, l'odyssée de l'espace [2001 : A Space Odyssey] 179
Allez coucher ailleurs [I Was a Male War Bride] 27, 111
A nous la liberté 26, 60
Apocalypse Now 126, 183
Arroseur arrosé (L') 60
Athlète incomplet (L') [The Strong Man] 73
Au feu, les pompiers ! [Hori, ma panenco] 202
Au nom de tous les miens [For Those I Loved] 230
Aux postes de combat [The Bedford Incident] 156
Babette s'en va-t-en guerre 21, 33, 43, **87-112**, 144, 257
Bananas 120
Bataille de la Somme (La) [The Battle of the Somme] 85
Bataille du rail (La) 38, 88
Bienvenue Mister Chance [Being there] 113
Bombe (La) [The War Game] 45, 155
Bond (The) 62, 70
Bonnie and Clyde 184
Bon voyage 110, 112
Bout-de-Zan 84
Brigands (chapitre VII) 22, 44, 53, 246
Buster s'en va-t-en guerre [Doughboys] 61
Canadian Bacon **153-179**
Carabiniers (Les) 21, 22, 44, 53
Catch 22 .... 21, 41, 145, 148, 150, 151, **181-204**, 234, 236, 237, 254
Cercle rouge (Le) 139
Chagrin et la pitié (Le) 92, 255
Charlot débute [His New Job] 85
Charlot soldat [Shoulder Arms] 15, 21, 57, **59-86**, 137, 190, 248, 252, 263, 268
Chemin des écoliers (Le) 111
Cinq survivants [Five] 155
Civilisation à travers les âges (La) 23, 147
Cœurs du monde (Les) [Hearts of the World] 62
Colonel Blimp [The Life and Death of Colonel Blimp] 44, 53, 246
Cuirassé Potemkine (Le) [Bronenosets Potiemkin] 15
Cuisine au beurre (La) 111
Culottes rouges (Les) 111
Démons de l'aube (Les) 88
Dernier milliardaire (Le) 79, 80, 85, 154, 263
Dernier rivage (Le) [On the Beach] 155, 156, 157

Des hommes d'influence [Wag the Dog] 21, 147, **153-179**, 191, 236
Dick, les coulisses de la présidence [Dick] 113, 131
Dictateur (Le) [The Great Dictator] 15, 22, 26, 33, 50, 53, 82, 83, 84, 86, 111,
203, 208, 246, 263, 268
Dieu que la guerre est jolie ! [Oh ! What a Lovely War] 184
Docteur Folamour [Doctor Strangelove or : How I Learned to Stop Worrying and Love the Bomb] 15, 33, 42, 144, 145, 147, 149, 150, **153-179**, 191,
234, 235, 236, 247, 263
Drôles d'espions [Spies Like Us] 113
Easy Rider 184
Effroyables jardins 110, 266
Et Dieu créa la femme 94
Etrange créature du lac noir (L') [The Creature from the Black Lagoon] 157
Fanfan la Tulipe 94
Faut pas s'en faire [Why Worry ?] 71
Folle histoire du monde (La) [History of the World] 147, 266
Forrest Gump 15, 17, 22, 57, **113-132**, 133, 135, 137, 139, 182, 251, 265
Führer en folie (Le) 102, 110
Général nous voilà ! 22
Godzilla 173
Good bye Lenin ! 29, 32, 33, 34, 42, 148, 150, 229, 264
Good Morning Vietnam 174, 204
Grande parade (La) [The Big Parade] 77
Grande vadrouille (La) 21, 22, 23, 90, 91, 94, 95, 108, 111, 112, 137
Gremlins 173
Gross Paris 102, 110
Guerre et amour [Love and Death] 120, 147
Harry monte en grade [Soldier Man] **59-86**, 248, 251, 263
High C's 77
Hiroshima mon amour 155
Holocauste [Holocaust] 207, 227, 230
Homme qui rétrécit (L') [The Incredible Shrinking Man] 157
Hot Shots II [Hot Shots Part Two] 29, 146
If 202
Il faut sauver le soldat Ryan [Saving Private Ryan] 28, 38
Independence Day 173
Intervention divine [Yadon ilaheyya] 21, 84
Intolérance 44
Jakob le menteur [Jakob der Lügner] 208
Jakob le menteur [Jakob the Liar] 21, 34, **205-231**
Jeux dangereux [To Be or Not to Be] 21, 22, 43, 98, 111, 139, 208
Jour le plus long (Le) [The Longest Day] 15, 28
Jour où le clown pleura (Le) [The Day the Clown Cried] 208

Lacombe Lucien	92
Lauréat (Le) [The Graduate]	185
Lily la tigresse [What's up, Tiger Lily ?]	120
Liste de Schindler (La) [Schindler's List]	15, 126, 207, 208, 209, 212, 213, 227, 265
Little Big Man	184, 202
Lolita	164
Lune de miel mouvementée [Once Upon a Honeymoon]	139, 204, 208
Machiniste (Le) [Behind the Screen]	85
Major Dundee	184
Malec chez les Indiens [The Paleface]	61
Mariés de l'an II (Les)	112
Mars Attacks !	173
Martin soldat	91, 94, 107, 108, 111, 112
M.A.S.H.	15, 41, 50, 145, 147, 150, 151, **181-204**, 234, 236, 237, 247, 252, 263
Mécano de la « Général » (Le) [The General]	61
Mille-pattes fait des claquettes (Le)	92, 110
Monde, la chair et le diable (Le) [The World, the Flesh and the Devil]	155
Monnaie de singe [Monkey Business]	78
Monsieur Batignole	27, 28, 32, 110, 266
Mort vous va si bien (La) [Death Becomes Her]	117
Mur de l'Atlantique (Le)	27, 29, 43, **87-112**, 135, 190, 256
Naissance d'une nation (La) [Birth of a Nation]	15, 132
Noix de coco [The Cocoanuts]	78
No man's land	53, 202, 203
Nuit et brouillard	89, 206, 207
Opérateur (L') [The Cameraman]	61, 68
Opération jupons [Operation Petticoat]	22, 179, 202
Orange mécanique [A Clockwork Orange]	179
Orfeu negro	95
Panic in the City	156
Papy fait de la Résistance	22, 110, 253
Paris brûle-t-il ?	91
Patton	186, 191
Père tranquille (Le)	21, 88, 89, 90, 257
Petite tête de troufion [The Sad Sack]	113
Platoon	126
Plein les bottes [Tramp, Tramp, Tramp]	73
Plumes de cheval [Horse Feathers]	78
Point limite [Fail Safe]	155, 156, 157, 164, 172
Prisonnier de Zenda (Le) [The Prisoner of Zenda]	75, 76, 85
Qu'as-tu fait à la guerre, papa ? [What Did You Do in the War, Daddy ?]	179
Qui a peur de Virginia Woolf ? [Who's Afraid of Virginia Woolf ?]	185

Qui veut la peau de Roger Rabbit ? [*Who Framed Roger Rabbit ?*]	117
Rain Man	174
Rambo II [*Rambo, First Blood, Part II*]	183
Roger et moi [*Roger and Me*]	174
Roi de cœur (Le)	188
Rois du désert (Les) [*Three Kings*]	27, 28
Second Civil War (The)	173
Sentiers de la gloire (Les) [*Paths of Glory*]	255
Shells and Shivers	84
Sherlock Junior	68
Shoah	206
Soldat bleu [*Soldier Blue*]	184
Soldat récalcitrant (Le) [*At War with the Army*]	113
Soupe au canard (La) [*Duck Soup*]	21, 43, **59-86**, 117, 154, 252
Souris qui rugissait (La) [*The Mouse That Roared*]	42, 144, 145, 148, 149, **153-179**, 235, 252
Souris sur la lune (La) [*The Mouse on the Moon*]	179
Temps modernes (Les) [*Modern Times*]	26, 36, 60, 86
Têtes de pioche [*Blockheads*]	85
Tora, Tora, Tora	186
Touche pas à la femme blanche [*Non toccare la donna bianca*]	202
Train de vie	21, 32, 33, 42, 150, **205-231**, 253
Traversée de Paris (La)	89, 90, 94
Trois âges (Les) [*The Three Ages*]	44, 53, 57, 61
Une défense canon [*Best Defense*]	113
Uns et les autres (Les)	230
Uranus	90
Vache et le prisonnier (La)	22, 91
Vie de château (La)	**87-112**
Vie est belle (La) [*La vita e bella*]	21, 32, 33, 34, 148, 150, **205-231**, 252, 254, 268
Visiteurs du soir (Les)	181
Voyage au bout de l'enfer [*The Deer Hunter*]	183
Woody et les robots [*Sleeper*]	120
Ya, ya, mon général [*Which Way to the Front ?*]	184
Zelig	17, 43, 57, **113-132**, 133, 139, 265
Zigoto aux manœuvres [*Spuds*]	77

Cinéma
aux éditions L'Harmattan

Dernières parutions

OMELETTE (NEZ-DE-PIED) – Film-journal
Lange Rémi
Première version inédite, en Super 8, du film *Omelette*, sorti en salles en 1998 et diffusé sur Canal + en 1999. Le 2 mars 1993, Rémi, un jeune homme fatigué de réécrire un scénario, commence un journal filmé... Peut-être parce qu'il ne se passe rien d'extraordinaire, il décide d'annoncer son secret à sa mère, caméra au poing : l'existence d'Antoine, le garçon qui partage sa vie, le «squelette de son placard». Mais attention, un squelette peut en cacher un autre !
(20.00 euros) *ISBN : 978-2-336-00747-2*

JOSEPH MORDER
Courant Gérard
Trois films, trois DVD. *Le Journal de Joseph M* (1999, 59 minutes). *Une Cérémonie secrète* (1996, 49 minutes). *23 portraits de groupe avec Joseph Morder* (1985-2012, 1h32). Depuis 1967, le cinéaste Joseph Morder tient son journal filmé. Mis en scène avec malice par Gérard Courant, il rencontre proches et amis (Dominique Noguez, Boris Lehman, Marcel Hanoun, Françoise Michaud, Dominique Païni, Noël Godin...) et devise avec eux de son journal, des films et de la vie.
(39.00 euros) *ISBN : 978-2-296-56736-8*

PHILIPPE GARREL (VOLUME 3)
Courant Gérard
«L'Art, c'est se perdre dans les châteaux du rêve (entretien avec Philippe Garrel III)» et «L'œuvre d'art est utile car elle protège notre liberté» (entretien avec Philippe Garrel IV) sont les captations sonores, réalisées les 13 et 18 juin 1982, des deux derniers des quatre entretiens que Gérard Courant a eus en 1982 avec lui. Garrel parle de son cinéma («»Le Bleu des origines»», «»La Cicatrice intérieure»») et de celui des autres (Godard, Eustache, Akerman, Warhol)...
(25.00 euros) *ISBN : 978-2-296-56731-3*

HISTOIRE TROUBLE
Lefdup Jérôme
Dans les années 1930, des liens étranges se tissent entre la jeune Edmée, son frère Jean-Paul, leur père, l'infatigable professeur Fokelby, leur mère, qui s'appelle Maman, l'Abbé Curé, ami (très) proche de la famille, et Léon Trotski, de passage à Chamonix... Entrecoupée d'actualités « parallèles », de réclames improbables, cette histoire (entièrement réalisée à partir de photos stéréoscopiques trouvées dans une brocante) est un véritable voyage dans le temps et l'espace.
(20.00 euros) *ISBN : 978-2-296-57477-9*

LUC MOULLET
Courant Gérard
Trois films, trois DVD. Luc Moullet (Éric Pauwels et Jeon Soo-Il) à Manosque I»(2011, 1H35). Luc Moullet à Manosque II (2011, 1H15) . Luc Moullet (et Patricio Guzmán) à Manosque III (2011, 1H30). Ces trois épisodes des «Carnets filmés» de Gérard Courant, tournés lors des 24e Rencontres cinéma de Manosque avec Luc Moullet, sont des captations de six débats publics.
(39.00 euros) *ISBN : 978-2-296-56734-4*

L'Harmattan, Italia
Via Degli Artisti 15; 10124 Torino

L'Harmattan Hongrie
Könyvesbolt ; Kossuth L. u. 14-16
1053 Budapest

Espace L'Harmattan Kinshasa
Faculté des Sciences sociales,
politiques et administratives
BP243, KIN XI
Université de Kinshasa

L'Harmattan Congo
67, av. E. P. Lumumba
Bât. – Congo Pharmacie (Bib. Nat.)
BP2874 Brazzaville
harmattan.congo@yahoo.fr

L'Harmattan Guinée
Almamya Rue KA 028, en face du restaurant Le Cèdre
OKB agency BP 3470 Conakry
(00224) 60 20 85 08
harmattanguinee@yahoo.fr

L'Harmattan Cameroun
BP 11486
Face à la SNI, immeuble Don Bosco
Yaoundé
(00237) 99 76 61 66
harmattancam@yahoo.fr

L'Harmattan Côte d'Ivoire
Résidence Karl / cité des arts
Abidjan-Cocody 03 BP 1588 Abidjan 03
(00225) 05 77 87 31
etien_nda@yahoo.fr

L'Harmattan Mauritanie
Espace El Kettab du livre francophone
N° 472 avenue du Palais des Congrès
BP 316 Nouakchott
(00222) 63 25 980

L'Harmattan Sénégal
« Villa Rose », rue de Diourbel X G, Point E
BP 45034 Dakar FANN
(00221) 33 825 98 58 / 77 242 25 08
senharmattan@gmail.com

L'Harmattan Togo
1771, Bd du 13 janvier
BP 414 Lomé
Tél : 00 228 2201792
gerry@taama.net

651196 - Avril 2016
Achevé d'imprimer par